La separación

John Bowlby
La separación

Ira y ansiedad
Vol. 2

PAIDÓS Esenciales de Psicología

Obra editada en colaboración con Editorial Planeta – España

Bajo el sello editorial PAIDÓS M.R.
Avenida Presidente Masaryk núm. 111,
Piso 2, Polanco V Sección, Miguel Hidalgo
C.P. 11560, Ciudad de México
www.planetadelibros.com.mx
www.paidos.com.mx

Primera edición impresa en España en esta presentación: enero de 2024
ISBN: 978-84-493-4188-5

Primera edición impresa en México: mayo de 2026
ISBN: 978-607-639-217-1

Impreso en los talleres de Corporación en Servicios
Integrales de Asesoría Profesional, S. A. de C.V.,
Calle E #6, Parque Industrial
Puebla 2000, C.P. 72225, Puebla, Pue.
Impreso en México – *Printed in Mexico*

A tres amigos:
Evan Durbin
Eric Trist
Robert Hinde

Sumario

Prefacio

En el prefacio al primer volumen[1] de esta serie me referí a las circunstancias que le dieron origen. La experiencia clínica con niños que padecían de perturbaciones, la investigación de su ambiente familiar y la oportunidad de leer bibliografía especializada y analizar problemas de salud mental con colegas de diversos países en 1950 me llevó a formular el siguiente principio, en un informe redactado a pedido de la Organización Mundial de la Salud: «Consideramos esencial para la salud mental que el bebé y el niño pequeño experimenten una relación cálida, íntima y continuada con la madre (o sustituto materno permanente), en la que ambos hallen satisfacción y goce» (Bowlby, 1951). Con el fin de corroborar este postulado se presentaron pruebas de que muchas formas de psiconeurosis y trastornos de la personalidad han de atribuirse a la carencia de cuidados maternos o a las interrupciones en la relación del niño con la figura materna.

Aunque por ese entonces el contenido del informe fue objeto de controversias, en la actualidad ha llegado a aceptarse la mayoría de sus conclusiones. No obstante, no existe reseña alguna de los procesos mediante los cuales se producen los muchos y variados efectos perniciosos atribuidos a la carencia materna o a las interrupciones sufridas en el vínculo madre-hijo. Es esta la brecha que mis colegas y yo procuramos salvar. Con ese fin, hemos adoptado una estrategia de investigación que consideramos muy poco explotada en el terreno de la psicopatología.

En su labor cotidiana, sea con niños, adultos o familias que adolecen de perturbaciones, los especialistas se vieron siempre obligados a enfocar los procesos causales en sentido inverso al normal, partiendo del trastorno actual para rastrear los hechos y condiciones pasadas que lo desencadenaron. Aunque este método ha permitido obtener conocimientos muy valiosos acerca de los posibles incidentes patogénicos y de los tipos de proceso patológico a los que parecen haber dado lugar, como método de investigación presenta graves limitaciones. Con el fin de complementarlo, en otras ramas de la investigación médica se adopta un segundo método con cierta regularidad: una vez identificado el posible agente patogénico, se estudian sus efectos en perspectiva. Si dicho agente ha sido correctamente identificado y los estudios de sus efectos a corto y a largo plazo se llevan a cabo con habilidad, será posible describir los procesos puestos en marcha por el agente patogénico, así como el modo en que estos desencadenan las diversas afecciones resultantes. En dichos estudios no solo debe prestarse atención a los procesos puestos en marcha por el agente patogénico, sino también a las muchas condiciones internas y externas al organismo que afectan su curso. Solo entonces podrá adquirirse cierto conocimiento de los procesos, condiciones y secuencias específicas que llevan, a partir de un incidente potencialmente patogénico, a los tipos específicos de perturbación que en principio interesaban al especialista.

Al adoptar dicha estrategia de investigación mis colaboradores y yo nos sentimos profundamente impresionados por las observaciones de nuestro colega James Robertson, quien había registrado, por escrito y en película, el modo en que los niños pequeños en su segundo y tercer año de vida responden a un alejamiento del hogar, cuando están al cuidado de una serie de personas extrañas en un sitio desconocido, así como sus respuestas al producirse el reencuentro con la madre y tras su retorno al hogar (Robertson, 1952; 1953; Robertson y Bowlby, 1952). Durante el período de alejamiento, quizá transcurrido en una guardería con internado o en la sala de un hospital, por lo general el niño pequeño siente aguda zozobra durante cierto tiempo, y resulta difícil consolarlo. Tras su retorno al hogar suele demostrar gran desapego emocional o, por el contrario, da en aferrarse a la madre con suma intensidad; por regla general el período de desapego (breve o prolongado, lo cual depende, sobre todo, de la extensión del período de separación) precede a un lapso durante el cual el pequeño exige con ahínco la presencia de la madre. Si por alguna razón el niño llega a creer entonces que corre el riesgo de afrontar una nueva separación, suele caer en un estado de aguda ansiedad.

Al reflexionar acerca de estas observaciones llegamos a la conclusión de que la «pérdida de la figura materna, por sí misma o en conjunción con otras variables aún no identificadas claramente, puede producir reacciones y procesos que ofrecen el mayor interés para la psicopatología». Una razón para albergar esta creencia reside en que las respuestas y procesos observados parecían ser idénticos a los que se manifiestan en los individuos de más edad, perturbados por separaciones sufridas en épocas anteriores de su existencia. Se trata, por un lado, de la tendencia a plantear exigencias desmedidas a los demás y a mostrarse ansioso y airado cuando no se las ve satisfechas, condición común en las personas tildadas de neuróticas; y, por el otro, del bloqueo de la capacidad de entablar relaciones profundas, como ocurre con las personalidades incapaces de afecto y psicopáticas.

Desde un comienzo ha revestido suma importancia, a la vez que dado origen a controversias, el papel que desempeñan en las respuestas de los niños ante una separación de la madre ciertas variables ajenas a la separación en sí. Entre ellas figuran la enfermedad, el ambiente extraño en que se encuentra el niño, el tipo de cuidados sustitutivos que recibe durante su alejamiento del hogar, el tipo de relaciones sostenidas antes y después de ese hecho. Es evidente que estos factores pueden intensificar en grado sumo (o mitigar, en algunos casos) las respuestas infantiles. No obstante, existen datos de peso en el sentido de que la presencia o ausencia de la figura materna es de por sí una condición de suma importancia para determinar el estado emocional del niño. Este problema ya ha sido analizado en el capítulo 2 del primer volumen de esta serie, en el que se suministraba una descripción de los descubrimientos de importancia, y se retoma la cuestión en el capítulo 1 del presente volumen, en el que se presta atención a los resultados de un proyecto de cuidados sustitutivos emprendido en años recientes por James y Joyce Robertson, en el cual «buscaban crear una situación de separación en la que se eliminaban muchos de los factores que complican los estudios efectuados en el marco de una institución, y en la cual una madre sustituta totalmente disponible para el niño procuraría satisfacer, en la medida de lo posible, sus necesidades emocionales» (Robertson y Robertson, 1971).[2] El estudio de los descubrimientos de Robertson ha llevado a efectuar algunas modificaciones de los puntos de vista expresados en publicaciones anteriores, en las cuales no se adjudicaba la importancia debida a la influencia que ejercen los cuidados hábiles brindados por un sustituto materno.

Paralelamente a la realización de los estudios empíricos de mis colegas he emprendido el estudio de las implicaciones teóricas y clínicas de los datos obtenidos. En particular, he procurado elaborar un esquema que permitiera incorporar datos derivados de una serie de fuentes diversas:

a. Observaciones sobre el modo en que los niños pequeños se comportan durante los períodos en que se hallan separados de la madre, y tras su retorno al hogar.
b. Observaciones del modo en que sujetos de mayor edad, tanto niños como adultos, se comportan durante y después de la separación de una figura amada, o después de experimentar una pérdida permanente.
c. Observaciones de las dificultades enfrentadas durante la labor clínica con niños y adultos que, durante la infancia o la adolescencia, han experimentado una separación prolongada o una pérdida, o albergaron temores en ese sentido; entre ellas se incluyen varias formas de ansiedad y depresión aguda o crónica, y dificultades de toda índole para forjar lazos de afecto estrechos y mantenerlos, sea en relación con figuras parentales, con miembros del sexo opuesto o con los propios hijos.

Los primeros pasos dirigidos a formular un esquema teórico están representados por varios trabajos publicados entre 1958 y 1963. Los tres volúmenes que integran la presente serie constituyen un nuevo intento en ese sentido.

El primer volumen (*El apego*) se halla dedicado al estudio de problemas originariamente tratados en «La naturaleza del vínculo que une al niño con su madre» (1958b). Con el fin de analizar efectivamente los datos empíricos relativos al desarrollo de ese vínculo y de formular una teoría que lo explicara, se consideró necesario examinar primero todo el problema de la conducta instintiva y el mejor modo de conceptualizarla. En su examen se aplicaron exhaustivamente las ideas y descubrimientos de los etólogos, así como conceptos derivados de la teoría del control.

El segundo volumen, que aquí presentamos, aborda primordialmente los problemas de la ansiedad de separación, y cubre diversos puntos originariamente tratados en otros dos trabajos, titulados «Ansiedad de separación» (1960a) y «Ansiedad de separación: reseña crítica de bibliografía» (1961a). Una vez más, con el fin de comprender cabalmente los problemas planteados (la zozobra producida durante el curso de una separación y la ansiedad a menudo puesta de manifiesto como resultado de ella), resultó conveniente considerar primero una amplia serie de teorías y fenómenos conexos, en particular las distintas formas de conducta que se consideran indicativas de temor y la naturaleza de las situaciones que por lo común producen temor. Dicho análisis ocupa la segunda parte de este volumen y suministra un marco de referencia para el estudio, en la tercera parte, de las grandes diferencias en la susceptibilidad al miedo y la ansiedad que se advierten al comparar a un individuo con otro. Como no disponemos de todos los datos requeridos para completar esta tarea, es necesario recurrir en muchos casos a la extrapolación, y el cuadro obtenido resulta desparejo. En algunas partes se obtiene un panorama detallado; en otras, solo impresiones difusas. El objetivo perseguido es proporcionar a los clínicos algunos principios que permitan orientar sus acciones, así como problemas dignos de estudio e hipótesis que puedan convalidar a los investigadores interesados en ese campo.

Un tercer volumen enfocará los problemas del dolor y el duelo causados por la pérdida de un ser querido, y los procesos de defensa a los que pueden dar lugar la ansiedad y la pérdida. Incluirá una revisión y ampliación de material inicialmente publicado en los trabajos «El dolor y el duelo en la niñez» (1960b), «Procesos de duelo» (1961b) y «Duelo patológico y duelo en la niñez» (1963). En el ínterin dos de mis colegas, Colin Murray Parkes y Peter Marris, han escrito sendas obras en las que enfocan los problemas ocasionados por la pérdida de un ser querido de manera muy similar. Las citadas obras son *El duelo*, de Parkes (1972), y *Pérdida y cambio*, de Marris (en prensa).

En el prefacio al primer volumen expliqué que partía del marco de referencia del psicoanálisis. Las razones para ello son varias. En primer lugar, mis reflexiones iniciales sobre el tema se inspiraron en el trabajo analítico, tanto en el mío propio como en el de otras personas. En segundo término, a pesar de todas sus limitaciones, el psicoanálisis y sus derivados siguen siendo el método más utilizado en la actualidad para encarar los problemas surgidos en el ámbito de la psicopatología y la psicoterapia. En tercer lugar, y ello es sumamente importante, mientras que muchos de los conceptos centrales de mi esquema —las relaciones objetales (o lazos afectivos, denominación esta última que considero más adecuada), la ansiedad de separación, el duelo, los traumas, las defensas, los períodos sensibles en los comienzos de la vida— constituyen el tema central del pensamiento psicoanalítico, hasta hace una o dos décadas las demás ciencias de la conducta les prestaban escasa atención.

No obstante, aunque el marco inicial de referencia sea el psicoanalítico, la teoría aquí propuesta difiere en muchos aspectos de las teorías clásicas formuladas por Freud y ulteriormente desarrolladas por sus discípulos. Varias de esas diferencias ya se puntualizan en el primer capítulo del volumen anterior de esta serie. Otras se enfocan a lo largo del presente, en especial en los capítulos 2, 5 y 16.

Primera parte

SEGURIDAD, ANSIEDAD Y SUFRIMIENTO

1
Prototipos de la aflicción humana

> La infelicidad del niño aumenta al no vislumbrar salida alguna de su oscuro túnel. Las trece semanas de un período lectivo pueden muy bien parecerle trece años.
>
> GRAHAM GREENE, *A Sort of Life*

REACCIONES QUE SE OBSERVAN EN LOS NIÑOS PEQUEÑOS QUE HAN SIDO SEPARADOS DE SUS MADRES[1]

Desde que Dorothy Burlingham y Anna Freud registraron sus experiencias sobre el cuidado de los bebés y niños pequeños en el marco de una guardería con internado ya hemos visto pasar a toda una nueva generación. En dos modestos folletos publicados durante la segunda guerra mundial (Burlingham y Freud, 1942, 1944), aquellas describen el problema complejo que representa el hacerse cargo de niños pequeños alejados de la madre. En particular, las autoras subrayan la imposibilidad de suministrar al chiquillo, en el ambiente de la guardería, una figura sustituta que pueda dispensarle cuidados maternos con tanta propiedad como la madre verdadera. Cuando se reorganizaron las Guarderías de Hampstead de manera tal que cada niñera pudiera hacerse cargo de un grupo reducido de niños, estos comenzaron a mostrarse sumamente posesivos y celosos si la mujer prestaba atención a cualquier otro pequeño: «Antonio (tres años y medio) [...] no permitía que la niñera María utilizara la mano "que era de él" para manejar a otros niños. Juan (dos-tres años) rompía a llorar siempre que "su" niñera salía de la habitación. Susana (cuatro años) daba muestras de depresión y perturbaciones profundas cuando "su" Marta se ausentaba por cualquier motivo».

Cabe entonces preguntarse por qué esos niños desarrollan un sentimiento de posesión tan intenso con respecto a la niñera y dan señales de inquietud tan profunda cuando aquella se ausenta. ¿Acaso sucede, como bien podrían suponer algunos tradicionalistas, que se los malcría al prestárseles demasiada atención y al dejar que de continuo se salgan con la suya? ¿O, por el contrario, ocurre que desde el momento mismo en que dejaron el hogar donde nacieron se vieron expuestos a demasiados cambios en la figura materna y/o tuvieron acceso muy limitado a quienquiera que actuase temporalmente en calidad de tal en el marco de la guardería? De la respuesta a estos interrogantes depende la elección de la totalidad de las prácticas de crianza infantil aplicadas en nuestra sociedad.

Los niños citados, amén de mostrarse sumamente posesivos y celosos de «su» niñera, también solían desarrollar una insólita hostilidad o rechazo hacia ella, o bien mostrarse retraídos y dar señales de un profundo desapego emocional, tal como lo ilustra el siguiente informe:

> *Juan* fue separado de la madre, una mujer muy simpática y afectuosa, a los diecisiete meses, y se crio satisfactoriamente en nuestra guardería. Durante su estancia desarrolló un fuerte vínculo de afecto* con dos jóvenes niñeras que sucesivamente se hicieron cargo de él. Aunque, por lo demás, se trataba de un pequeño bien adaptado, activo y sociable, su conducta se tornó imposible en relación con esos dos vínculos afectivos. Se aferraba con desesperación a la niñera, se mostraba exageradamente posesivo, renuente a que lo dejaran solo ni por un minuto, y de continuo exigía cosas sin poder definir a ciencia cierta lo que deseaba. No resultaba insólita la visión de Juan tirado en el suelo, sollozando desesperado. Estas reacciones se interrumpían cuando su niñera favorita se hallaba ausente, incluso durante

* *Attachment* en el original. Traducimos este término indistintamente por «apego», «vínculo de afecto» o «vínculo afectivo»; análogo criterio seguimos en el caso de expresiones como *attachment behaviour* y *attachment figure*. El lector debe tener presente que, en este contexto, términos como *afecto* o *afectivo* no se emplean en sentido genérico, sino para denotar el vínculo específico que une al niño pequeño con su madre y que constituye un tema fundamental en las investigaciones del autor. *(N. del T.)*

períodos cortos. Entonces el niño se mostraba tranquilo e impersonal en sus actitudes.

Ricardito, que había llegado a nuestra guardería siendo un bebé de cinco meses, regresó junto a su madre al año y ocho meses de vida, y desde su retorno a la guardería dos meses después permaneció siempre con nosotros. Durante su estancia desarrolló dos vínculos de afecto apasionados con dos niñeras jóvenes que se hicieron cargo de él durante períodos diferentes. El segundo de esos vínculos se quebró de improviso, a los dos años y ocho meses, cuando «su» niñera contrajo matrimonio. Tras la partida de aquella, el niño se sintió totalmente perdido y sumido en la desesperación, y cuando la joven lo visitó un par de semanas después rehusó mirarla siquiera. Cuando aquella le habló volvió la cabeza en otra dirección, pero tras su partida se quedó mirando fijamente la puerta por la cual había salido. Por la noche se sentó en la cama y exclamó: «¡Mi Ana María! Pero ya no la quiero».

Estas observaciones, registradas apresuradamente en tiempos de guerra y a la manera de anécdotas, con escasos detalles, iluminan no obstante la naturaleza de muchos tipos de trastornos psiquiátricos. Sostiénese que los estados de ansiedad y depresión producidos en la vida adulta, así como ciertas características del psicópata, pueden relacionarse de manera sistemática con los estados de ansiedad, desesperación y desapego descritos por Burlingham, Freud y, más adelante, por otros investigadores; esos estados se provocan con suma facilidad siempre que se separa a un niño pequeño de la figura materna durante un período prolongado, cuando aquel prevé dicha separación, o bien, como ocurre algunas veces, cuando la separación es definitiva. En tanto que durante su vida posterior a menudo resulta sumamente difícil determinar la relación existente entre las perturbaciones emocionales de una persona y sus experiencias pasadas, o las de su vida actual, durante los primeros años de la infancia la relación existente entre un estado emocional y las experiencias actuales o recientes suele ser tan clara como el agua. Sostiénese que en esas perturbaciones infantiles tempranas puede discernirse la índole de muchas condiciones patológicas de años posteriores.

Por supuesto, resulta un lugar común advertir que la mayoría de los niños con experiencias de este tipo logran recuperarse y proseguir su desarrollo normal, al menos en apariencia. A menudo, por consiguiente, se plantean dudas respecto de si los procesos psicológicos descritos tienen en realidad una relación tan estrecha con los trastornos de personalidad de la vida adulta. A falta de mayores datos al respecto, esas dudas siguen siendo legítimas. No obstante, hay poderosas razones para adherir a la tesis propuesta anteriormente. En primer lugar, es posible disponer y organizar datos provenientes de muchas fuentes distintas en un esquema dotado de coherencia interna y que se ajusta, asimismo, a las teorías biológicas en boga. En segundo término, muchos médicos clínicos y asistentes sociales hallan que el esquema resultante les permite comprender más cabalmente los problemas que deben enfrentar y, por lo tanto, ayudar a sus pacientes en forma más eficaz.

Un interrogante central, al que no es fácil dar respuesta, es el siguiente: ¿Por qué algunos individuos se recuperan en gran medida o completamente de las experiencias de separación y pérdida, en tanto que a otros, en apariencia, les resulta imposible lograrlo? En los seres vivos la variación de las respuestas es la regla, y la explicación suele ser difícil de hallar. Del total de las personas que contraen poliomielitis menos del 1 % desarrollan parálisis, y solo una fracción de ese 1 % siguen siendo inválidas. Todavía no se ha podido determinar con claridad por qué una persona responde de determinada manera y otra de un modo distinto. Evidentemente, sería absurdo argumentar que, porque el 99 % de los enfermos se recobran de ese mal, la poliomielitis es una infección inofensiva. De manera similar, y volviendo al tema que nos interesa, sería desatinado argumentar que, porque la mayoría de los individuos se recobran de los efectos de una separación o pérdida, esas experiencias carecen de importancia.

No obstante, sigue revistiendo primacía el problema de la respuesta diferencial. Las condiciones que desempeñan cierto papel al respecto pueden agruparse en dos categorías centrales:

a. Las intrínsecas a la separación en sí, o estrechamente relacionadas con ella, en particular las condiciones en que se cuida al niño en ausencia de la madre.
b. Las presentes en la vida del pequeño durante un período más prolongado; en particular, sus relaciones con los padres durante los meses o años anteriores y posteriores al hecho.

En el presente capítulo se consideran las variables incluidas dentro de la categoría a). Las correspondientes a la categoría b) se analizan en los últimos capítulos de la tercera parte.

Comencemos por ver algunas observaciones de la conducta infantil cuando se cría al niño en uno de dos contextos sumamente diferenciados. El primero es el de una guardería corriente para internos, en la que el pequeño se halla en un lugar desconocido y rodeado por extraños, ninguno de los cuales se halla mayormente a su disposición, por lo que solo pueden brindarle cuidados maternos muy limitados. El segundo es el hogar de padres sustitutos, donde el niño recibe plena atención y cuidados expertos de una madre sustituta con la cual ya de antemano se había familiarizado hasta cierto punto.

CONDICIONES QUE PROVOCAN RESPUESTAS INTENSAS

En el curso de nuestros estudios iniciales se observó a los niños durante su estancia en un marco institucional, y sobre la base de esas observaciones se delineó por primera vez la secuencia de respuestas denominadas de protesta, desesperación y desapego (Robertson y Bowlby, 1952). A partir de entonces se llevaron a cabo otros dos estudios, a cargo de colegas de la Tavistock Child Development Research Unit (Unidad de Investigación del Desarrollo Infantil de Tavistock); emprendió el primero Christoph Heinicke (1956), y desarrollaron el segundo Heinicke e Ilse Westheimer (1966). Aunque en cada una de estas investigaciones solo se observó a un grupo reducido de niños (seis en la primera, diez en la segunda), se trata de estudios únicos por el cuidado de su diseño y la cantidad de observaciones sistemáticas efectuadas. Por añadidura, para cada muestra de hijos separados de sus padres se seleccionó y observó un grupo de contraste: en el primer estudio se trataba de un grupo de niños bastante bien integrado, al que se observó durante las primeras semanas de su asistencia a una guardería diurna; en el segundo, de un grupo análogamente integrado por pequeños a quienes se observó en el transcurso de su existencia cotidiana en el seno de sus propios hogares. Heinicke y Westheimer enfocan sus datos desde un punto de vista estadístico, a la vez que describen con cierto detalle la conducta de los niños individuales.

En la investigación más extensiva (1966) los trabajos se desarrollaron en tres guarderías con internado. La disposición del lugar y sus instalaciones eran bastantes similares. En cada caso el niño pertenecía a un grupo perfectamente definido de varios pequeños y estaba al cuidado de una o dos niñeras. Había amplias oportunidades para jugar libremente, ya fuera en habitaciones de grandes dimensiones o en un jardín, al aire libre. Antes de que el chiquillo ingresara a la guardería una asistente social psiquiátrica (Ilse Westheimer) entablaba contacto con la familia; la asistente, entonces o posteriormente, debía también recabar información completa acerca de la familia y el niño. Se observaba la llegada del pequeño a la guardería, y, en el curso de su estancia, se observaba a cada niño mientras jugaba libremente en seis ocasiones por semana. Cada uno de los dos observadores (uno del sexo masculino, Christoph Heinicke, y una mujer, Elizabeth Wolpert) realizó observaciones de por lo menos una hora de duración durante cada uno de los tres períodos de muestra en que se dividía la semana (lunes y martes, miércoles y jueves, viernes, sábado y domingo). El método que utilizaron, de clasificar las unidades de conducta en función de agente, objeto, relación, modo e intensidad, había sido aplicado en el estudio anterior, y demostró ser confiable.

Aparte de las observaciones de la conducta libre, clasificadas por categorías, se efectuaron observaciones similarmente clasificadas de la conducta de cada niño en sesiones estandarizadas de juego con muñecos; asimismo, se llevó una serie de registros diferentes sobre la estancia de cada pequeño en la guardería.

Originariamente se procuró seleccionar a los niños por separado, de acuerdo con los cinco criterios adoptados en el primer estudio: 1) que el sujeto no hubiera sufrido separaciones anteriores de más de tres días de duración; 2) que entrara dentro de los límites de edad propuestos, de quince a treinta meses; 3) que no ingresara a la guardería con un hermano; 4) que en la época en que se produjo la separación estuviera viviendo con padre y madre, y 5) que no hubiera pruebas fehacientes de que el hecho de ser colocado en una guardería implicara un rechazo paterno. Debido a la dificultad que presentó la obtención de casos, no obstante, debieron modificarse esos criterios para dotarlos de mayor amplitud.

Aunque la mayoría de los niños considerados no había sufrido ninguna separación, o bien solo separaciones muy breves, antes de la que fuera objeto de estudio, en uno de los casos la duración de la separación anterior fue de cuatro semanas, y en dos de ellos de tres semanas. Los límites de edad se extendieron ligeramente, y fueron de los trece a los treinta y dos meses, en vez de los quince a los treinta meses. Pero el ejemplo más notorio de excepción a los criterios previamente adoptados fue el de cuatro de los niños que ingresaron a la guardería en compañía de un hermano: en tres de esos casos el hermano contaba cuatro años, y en uno de ellos era más pequeño. Los dos criterios restantes no sufrieron ninguna modificación: cada uno de los niños vivía con el padre y la madre en el momento de producirse la separación, y no había indicio alguno de que su ingreso a la guardería significase un rechazo paterno.

La razón por la cual los diez pequeños objetos de estudio fueron confiados a una guardería era que, ante un repentino problema de familia, ningún pariente o amigo pudo hacerse cargo de ellos de manera temporal. En el caso de siete familias la madre debió internarse en una clínica para dar a luz a un hermanito. En otros dos, la madre debió permanecer en el hospital para recibir tratamiento médico. En el décimo caso la familia se quedó sin vivienda.

Entre muchos otros aspectos, en su obra *Brief Separations* (*Separaciones breves*, 1966) Heinicke y Westheimer describen la conducta típica de los diez niños durante su estancia en la guardería y, de manera similar, la conducta característica de los pequeños tras su retorno al hogar. En los párrafos siguientes se presentan algunos de sus principales descubrimientos. En el curso de sus estudios anteriores, que aunque menos sistemáticos fueron más extensivos, Robertson también observó y registró cada una de las pautas analizadas.

Conducta durante el período de separación

Los pequeños llegaron a la guardería en compañía de uno o ambos progenitores. Cuatro de ellos, que vinieron con el padre, permanecieron próximos a él, y desde un principio parecían ya dar muestras de sometimiento y ansiedad. Otros, que llegaron con la madre o ambos progenitores, parecían más confiados y dispuestos a explorar el ambiente nuevo. Se aventuraron en incursiones de mayor o menor duración, para luego regresar al punto de partida.

Llegado el momento de la partida del progenitor o progenitores que acompañaban al niño, por regla general este rompía a llorar. Un pequeño trató de seguir a los padres, les preguntó ansiosamente adónde iban y, finalmente, la misma madre debió hacerlo volver a la sala a empujones. Otro se arrojó al suelo y se negó a aceptar consuelo. A poco de partir los padres ocho de los niños lloraban a lágrima viva. A la hora de acostarse también se produjeron muchas escenas de llanto. Los dos que no habían llorado antes comenzaron a berrear cuando se los depositó en la cuna, y no hubo manera de calmarlos. Otros, cuyo llanto inicial se había interrumpido, comenzaron a sollozar nuevamente a la hora de irse a dormir. Una niñita, que llegó por la noche y fue depositada de inmediato en el lecho, insistió en seguir con el abrigo puesto, se aferró desesperadamente a la muñeca y rompió a llorar a viva voz, de manera alarmante. Por fin se quedó dormida presa de la fatiga, pero de tanto en tanto se despertaba y clamaba a gritos por la presencia de la madre.

El llanto provocado por la ausencia de los padres (o de la madre en particular) fue una de las respuestas más características de los tres primeros días lejos del hogar. Aunque desde entonces disminuyó su intensidad, dicha pauta se registró esporádicamente para cada uno de los niños durante, por lo menos, los nueve primeros días. Se trataba de una conducta particularmente común a la hora de dormir y durante la noche. Durante las primeras horas de su segundo día de separación una de las pequeñas, Catalina, de dieciocho meses, se despertó gritando y clamando por la presencia de la madre. Permaneció despierta hasta el mediodía, y continuó exigiendo su presencia a gritos. Durante los primeros días una visita del padre produjo renovadas escenas de llanto. Otra niñita, cuyo padre la visitó al tercer día de la separación, comenzó a llorar frenéticamente y no cejó hasta veinte minutos después de la partida del progenitor.

Catalina también inició la búsqueda de la madre, y su conducta fue particularmente evidente. Después de transcurrida su primera semana en la guardería, empero, la pequeña dejó de llorar y de clamar por la presencia de la madre y, por el contrario, parecía contenta de mirar televisión sentada en la falda de la niñera. De tanto en tanto, no obstante, exigía ir al piso superior, y cuando se le preguntaba qué esperaba encontrar allí respondía sin vacilar «a mamá».

Debido a su orientación con respecto a los padres ausentes, los pequeños no estaban de humor como para colaborar con las niñeras o para aceptar que los consolaran. Inicialmente los niños rehusaban que los vistieran o desvistieran, comer, orinar en la bacinilla. Durante el primer día todos ellos, con una sola excepción (el más pequeño), rechazaban la proximidad de cualquier persona y sus intentos por levantarlos en brazos o consolarlos. Al cabo de uno o dos días disminuyó su resistencia, pero incluso después de transcurridas dos semanas todavía seguían resistiéndose a cumplir la tercera parte de los pedidos y exigencias de las niñeras.

No obstante, aunque la resistencia a las niñeras seguía siendo frecuente, ocasionalmente los pequeños también buscaban despertar en ellas alguna respuesta afectuosa o alentadora. Al principio esa búsqueda de afecto no se efectuaba de manera discriminada, pero antes de transcurridas dos semanas algunos chiquillos comenzaban a dar muestras de albergar ciertas preferencias. Graciela, por ejemplo, quien durante los primeros días había rechazado todo trato con las niñeras, al sexto día había seleccionado una niñera de su preferencia y parecía hallarse contenta sentada en su regazo. Por añadidura, cuando la niñera salía de la habitación, Graciela miraba la puerta con ansiedad. No obstante, sus sentimientos hacia la niñera eran contradictorios: cuando esta regresaba, la niña se apartaba de su lado.

Las relaciones de los niños con los dos investigadores a cargo de su observación también poseían un carácter contradictorio. Durante el primer día la mayoría de los pequeños en apariencia se mostraron amistosos, al menos con respecto a uno de los observadores. Con el tiempo comenzaron a evitarlos deliberadamente, apartándose de su lado, volviendo la cabeza, saliendo de la sala, cerrando los ojos o hundiendo la cabeza en una almohada. Fueron muy llamativas las ocasiones en que un niño era presa del pánico cuando uno de los observadores entraba a la habitación. Al verlo, el pequeño lanzaba un grito y corría a aferrarse a su niñera. A veces un chiquillo daba claras muestras de alivio apenas se marchaba el observador.

Por supuesto, los observadores procuraron pasar inadvertidos, tanto como fuera posible. Por lo general, el papel que les cabía no era el de iniciar la interacción, sino el de responder de manera amistosa siempre que un pequeño se les aproximara. No obstante, y como parte del plan, en un momento tardío de cada uno de los períodos de observación el investigador «de manera activa, aunque con cautela, se aproximaba al niño para observar sus reacciones». En capítulos posteriores de este volumen (capítulos 7 y 8) se advertirá que, involuntariamente, el plan generó condiciones que, en combinación, suelen constituir un motivo especial de pánico. Hasta cierto punto, al menos, el temor que los niños experimentaban ante la presencia de los observadores puede atribuirse a esas circunstancias.

Con excepción de uno, los diez niños trajeron con ellos a la guardería un objeto favorito de sus hogares. Durante los tres primeros días, aproximadamente, se aferraban con fuerza a ese objeto y se tornaban particularmente inquietos si una niñera, procurando serles de ayuda, por casualidad lo tomaba en sus manos. Con el tiempo, sin embargo, el pequeño modificaba su enfoque del objeto favorito: en determinado momento se aferraba a él, en otro lo hacía a un lado. Una niñita, por ejemplo, alternaba sus conductas: a veces iba de un lado a otro con la muñeca de trapo en la boca, como una madre gata con su cría, y otras la arrojaba al suelo gritando «se fue».

La conducta hostil, aunque infrecuente, solía intensificarse durante las dos semanas de observación. A menudo adoptaba pautas tales como morder a otro niño o maltratar al objeto favorito traído del hogar.

También eran frecuentes las conductas regresivas en el control de esfínteres. De los ocho niños que antes de llegar a la guardería habían adquirido cierto grado de control al respecto, con la sola excepción de uno todos lo perdieron. La excepción era Isabel, la mayor de los pequeños, por ese entonces de dos años y ocho meses.

Aunque ciertas pautas de conducta eran comunes a todos o casi todos los niños, estos diferían en otros aspectos. Cuatro, por ejemplo, desarrollaban una actividad constante, en tanto que otros dos preferían permanecer sentados en un lugar específico. Algunos se mecían otros, que parecían estar constantemente al borde de las lágrimas, se frotaban los ojos de continuo.

Adviértase que cuatro de los niños de la muestra ingresaron a la guardería con un hermano, que en tres de los casos contaba cuatro años y era más pequeño en el cuarto. Como era de esperar, la frecuencia e intensidad de las respuestas típicas de los pequeños residentes en la guardería eran muy atenuadas en esos chiquillos. Durante los primeros días, en particular, los hermanos buscaban estar en mutua compañía, hablaban y jugaban entre sí. Además presentaban un frente unido ante los extraños, prorrumpiendo en exclamaciones tales como «Ella no es tu hermana, es mi hermana».

Conducta durante y después del reencuentro

Inevitablemente, en una situación de esta índole varía el tiempo durante el cual los niños permanecen alejados de sus hogares. En el presente estudio seis de los sujetos permanecieron alejados de doce a diecisiete días; los otros cuatro permanecieron alejados de sus hogares durante varias semanas (siete, diez, doce y veintiuna semanas respectivamente). El modo en que los niños respondieron individualmente a su regreso al hogar difería en muchos aspectos; parte de esa diferencia tenía relación con el período durante el cual habían permanecido lejos, descubrimiento previsible a partir de los resultados de las observaciones iniciales de Robertson.

En esta fase de la investigación se aplicaron dos lecciones básicas aprendidas de los estudios anteriores de Tavistock. En primer lugar, era necesario efectuar observaciones directas continuas sobre el modo en que el niño respondía al reunirse con la madre nuevamente y durante las horas siguientes. En segundo término, se debía prestar atención especial a las respuestas del pequeño cuando visitaba su casa un observador al que había visto con regularidad en la guardería. En consecuencia, y hallándose disponibles para la experiencia tres investigadores, se adoptaron las siguientes disposiciones:

Uno de los investigadores, Ilse Westheimer, quien había entablado contacto con cada una de las familias antes de que el niño ingresara en la guardería, mantuvo ese contacto durante la ausencia del pequeño, por ejemplo, visitando a la madre en el hospital, y se hallaba presente para reanudar sus observaciones en el mismo momento en que el pequeño se volvió a reunir con sus padres. Excepto por una breve visita, la investigadora rehuyó todo contacto con los niños durante la permanencia de estos en la guardería. Cumpliendo un rol complementario, Christoph Heinicke y Elizabeth Wolpert, los dos investigadores responsables por todas las observaciones de los niños en la guardería, no desempeñaron papel alguno en relación con las familias; a la vez, evitaron visitar al pequeño en su hogar tras su retorno, hasta que exactamente dieciséis semanas después se efectuó una visita planificada.[2] (La única excepción a lo convenido se produjo cuando Ilse Westheimer no pudo hallarse presente en oportunidad del retorno de un niño a su hogar; las observaciones pertinentes fueron efectuadas por Elizabeth Wolpert.)

En siete casos Ilse Westheimer conoció a la madre en la guardería, fue testigo del encuentro entre madre e hijo y los condujo en auto a sus hogares. En otros tres casos conoció al padre en la guardería, fue también testigo del reencuentro y los transportó al hogar, donde los aguardaba la madre. (En uno de los casos recogieron a la madre deteniéndose en el hospital donde se había hallado internada.)

Al ver a la madre por primera vez tras días o semanas de separación los diez niños dieron, en su totalidad, ciertas muestras de desapego. Dos de ellos no parecieron reconocerla. Los ocho restantes se apartaron e incluso se alejaron de ella. La mayoría rompieron a llorar o estuvieron a punto de hacerlo, y algunos oscilaban entre mostrar un rostro lloroso o uno carente de expresión.

Por contraste con ese rechazo inexpresivo o lloroso de la madre, con la sola excepción de uno, todos los niños respondieron afectuosamente ante el reencuentro con el padre. Por añadidura, cinco de ellos también se mostraron amistosos con Ilse Westheimer.

En cuanto a las muestras de desapego, en el presente estudio se confirmaron de modo fehaciente dos descubrimientos efectuados en investigaciones anteriores. El primero de ellos es que ese desapego es especialmente característico del modo en que el pequeño separado de sus progenitores se comporta al reunirse nuevamente con la madre, aunque mucho menos evidente en circunstancias de reencontrarse con el padre. El segundo es que la duración de esa conducta de desapego infantil para con la madre se da en correlación elevada y significativa con la duración de la separación entre ambos.

En nueve de los casos el desapego hacia la madre persistió hasta cierto punto durante prácticamente los tres primeros días de reunión. En cinco de los niños era tan acentuado que las respectivas madres se quejaron, de modo característico, de que sus hijos las trataban como si fuesen extrañas; ninguno de ellos puso de manifiesto ninguna tendencia a aferrarse a la madre. En los cuatro restantes, las pautas de desapego eran menos pronunciadas: las fases durante las cuales se apartaban de la madre se alternaban con fases durante las cuales se aferraban a ella. Solo una de las niñas, Isabel (la mayor de todos, y cuya separación se hallaba entre las más breves), se mostró afectuosa hacia la madre hacia fines del primer día del regreso a su hogar. Tanto Isabel como los cuatro chiquillos que oscilaban en sus conductas pronto comenzaron a dar muestras de temor al quedarse solos y a apegarse a la madre mucho más que lo que era común en ellos antes de su partida.

Hay razones para creer que después de una separación muy prolongada o que se repite durante los tres primeros años de vida el desapego experimentado puede prolongarse de manera indefinida; en el tercer volumen de esta serie se analizarán los problemas a que ello da lugar. Tras separaciones más breves desaparece esa conducta de desapego, por lo común tras un período de horas o días. Por lo general, la sucede una fase durante la cual el niño muestra una notoria ambivalencia hacia sus padres. Por un lado, exige su presencia y llora amargamente si lo dejan solo; por otro, puede dar señales de rechazo hacia ellos o mostrarse hostil o desafiante. De los diez niños estudiados, ocho pusieron de manifiesto un notable grado de ambivalencia, conducta que en cinco de ellos persistió durante no menos de doce semanas. Entre los factores determinantes de la duración de esa ambivalencia, uno de los más importantes suele ser el modo en que responde la madre.

A partir de las descripciones suministradas resulta evidente que cuando el hijo regresa a su hogar tras un período de separación su conducta plantea grandes problemas a sus padres, y en especial a la madre. El modo en que esta responde depende de muchos factores: por ejemplo, el tipo de relación que haya tenido con el pequeño antes de la separación, y el hecho de considerar que conviene más tratar a un niño exigente y perturbado dándole muestras de seguridad y procurando calmarlo, o bien recurriendo a medidas disciplinarias. Una variable en la cual centra su atención Westheimer (1970) es el modo en que los sentimientos de la madre hacia el hijo pueden modificarse en el curso de una prolongada separación (de varias semanas o meses) durante la cual no lo ve. Los sentimientos anteriormente cálidos tienden a enfriarse y la vida en familia se organiza de acuerdo con esquemas tales que no dan lugar a que el niño pueda adaptarse a ella a su retorno.

Hay abundantes pruebas de que cuando el hijo ha permanecido lejos de su hogar en un lugar extraño y al cuidado de personas desconocidas, siempre sigue albergando temor de que lo alejen nuevamente del ambiente familiar. Robertson tomó conciencia de esta situación en el curso de algunos de sus estudios iniciales. Según descubrió, los pequeños que habían estado internados en un hospital tendían a experimentar pánico ante la visión de cualquier persona con chaqueta blanca o delantal de enfermera, y dieron claras muestras de temer un posible reingreso al hospital. Varios niños se mostraron llenos de aprensión cuando el propio Robertson los visitó en sus hogares. Procuraron evitar su presencia y, siempre que no experimentaran desapego por ella, se aferraron con insistencia a la madre.

En el estudio de Heinicke-Westheimer uno de los dos observadores que se hallaban presentes en la guardería visitó a cada pequeño a las dieciséis semanas de su regreso al hogar. Todos los niños parecían recordar claramente al observador y reaccionaron con energía; con excepción de uno, todos ellos efectuaron «esfuerzos desesperados» por rehuirlo. Las madres denotaron viva sorpresa ante el temor de los pequeños, y afirmaron que otros extraños que visitaron el hogar no habían provocado reacciones semejantes.

El caso de Josefina, que contaba dos años cuando pasó trece días en la guardería, y que ahora tenía dos años y cuatro meses, ilustra la conducta ansiosa y hostil que los niños exhibían de modo característico en ocasión de esas visitas.[3]

Cuando C. Heinicke se acercó a la puerta del hogar suburbano distinguió los sonidos vivaces y gozosos que producía Josefina. Cuando la madre abrió la puerta, sin embargo, la niñita exclamó de inmediato «¡No!», corrió hacia la escalera, se sentó, emitió otro «no», recogió el muñeco que había llevado con ella a la guardería y lo arrojó en dirección al visitante. La madre, el observador y la niña fueron entonces a sentarse al jardín. Josefina no podía estarse quieta en su silla, sin embargo, ni ocultar su excitación. Comenzó a tirar las ropas colgadas para secar en una soga y arrojarlas en el suelo. Aunque sus acciones parecían una provocación deliberada, al principio la madre no hizo nada al respecto.

Josefina comenzó a mostrarse cada vez más excitada, corriendo por doquier y lanzándose repetidamente por los aires para caer sobre sus asentaderas, aunque parecía ignorar todo mal que pudiera haberse causado. Posteriormente dio muestras de agresividad hacia la madre, se lanzó contra ella y comenzó a morderla, primero el brazo y luego el collar. La madre se mostró muy sorprendida ante su conducta ya que durante algún tiempo no había ocurrido nada parecido, y por fin decidió coartar sus actos.

Durante todo ese lapso, Josefina había experimentado temor del observador y evitado reiteradamente su presencia. Al verlo avanzar hacia ella el rostro de la pequeña denotó viva preocupación, gritó «mamá» y corrió hacia ella. Aunque Josefina seguía emprendiendo la retirada ante cualquier intento de acercamiento por parte del observador, mientras este permanecía quieto procuraba acercársele a hurtadillas y golpearlo en la espalda. A veces disparaba a la carrera, para luego volver hacia él y asestarle un golpe repentino. Por último, mientras el observador permanecía tranquilamente sentado en un lugar, Josefina se le aproximó lo bastante como para cubrirlo con una pequeña manta y gritó «se fue». Entonces retiró la manta.

La madre puntualizó que el modo en que Josefina había tratado al observador difería por completo del modo en que solía tratar a otros extraños, y se mostró sorprendida por el hecho de que su hijita procurara evitar tan ansiosamente a alguien a quien no había visto durante dieciséis semanas.

La comparación de las reacciones de esos niños con las del correspondiente grupo de chiquillos que no habían estado alejados de sus hogares confirma la tesis de que los primeros respondían dando muestra de temor específico ante el visitante que habían conocido en la guardería. Para el grupo de control se estableció un período de varias semanas como equivalente del período de separación de los niños alejados de sus hogares, y otro período posterior de varias semanas como equivalente del período de reencuentro con sus padres de los pequeños separados de ellos. Durante el período equivalente a la separación los niños del grupo de control recibieron en sus hogares la visita de Christoph Heinicke o de Elizabeth Wolpert, quienes aplicaron los mismos procedimientos del juego con muñecas que habían utilizado con los niños de las guarderías. En ambas muestras cada pequeño atravesó por dos o tres sesiones de ese tipo. En el caso de los niños separados de sus padres aquellas tuvieron lugar el tercer y el undécimo día de la separación y, cuando esta última duraba más de tres semanas, nuevamente pocos días antes del retorno a sus hogares. (En el caso de todos los niños del grupo de control esas sesiones tuvieron lugar el tercer, el undécimo y el vigésimoprimer día.) Al finalizar la semana número dieciséis del período equivalente al de reencuentro todos los niños del grupo de control recibieron la visita de uno de los dos investigadores que había estado a cargo de los procedimientos del juego de muñecas, tal como ocurrió en el caso de los pequeños separados de sus padres. La respuesta de los primeros difería por completo de la de los segundos. En todos los casos los niños del grupo de control parecieron reconocer al investigador y se acercaron a él.[4]

En cierta oportunidad los críticos de nuestra tesis relativa a la separación supusieron que la inquietud advertida en el niño que pasa un período lejos de la madre, y la creciente ambivalencia y ansiedad demostrada a partir de entonces, ilustran la existencia de una relación poco satisfactoria entre madre e hijo antes de la separación, o reflejan, quizá, la ansiedad del pequeño acerca del embarazo o enfermedad de la progenitora. No obstante, las observaciones de niños sanos provenientes de hogares totalmente satisfactorios, quienes se separan de la madre por una serie de razones, demuestran que, sea cual fuere la incidencia de otras variables, cuando el pequeño se halla en un lugar extraño rodeado de desconocidos y en ausencia de la madre, sigue dando muestras de protesta, desesperación y desapego. Los únicos niños observados hasta este momento en condiciones tales y que no parecen perturbados en absoluto son aquellos que nunca contaron con una figura específica en la cual centrar su afecto, o que han experimentado separaciones repetidas y prolongadas, por lo cual desarrollaron un desapego más o menos permanente.

No cabe duda de que, aunadas a la ausencia de la madre, hay una serie de variables que intensifican el grado de perturbación. Por ejemplo, cuanto más extraño sea el ambiente y la gente que lo rodea, o cuanto más doloroso sea cualquier procedimiento médico, más asustado tiende a sentirse el niño y mayores serán las perturbaciones que revele, tanto durante como después de la separación. No obstante, una vez más, las observaciones sobre la manera diferente en que los pequeños responden ante cualquiera de esas condiciones cuando la madre está con ellos pone de manifiesto que las condiciones en sí solo alcanzan a provocar una inquietud transitoria, y que, al determinar la secuencia de protesta, desesperación y desapego, una de las variables claves es la presencia o ausencia de la madre.

CONDICIONES QUE MITIGAN LA INTENSIDAD DE LAS RESPUESTAS

Entre las condiciones que mitigan la intensidad de las respuestas de los pequeños separados de la madre las más eficaces parecen ser:

- la presencia de un acompañante familiar y/o posesiones familiares;
- los cuidados maternos brindados por una madre sustituta.

Como es de prever, al combinarse esas condiciones, como por lo común ocurre en el hogar cuando el niño está al cuidado de una abuela, las perturbaciones son mínimas.

Heinicke y Westheimer se cuentan entre los varios observadores que advirtieron que, cuando un pequeño se halla en una guardería con un hermano, disminuyen sus muestras de inquietud, en particular los primeros días; y Robertson observó que la presencia del hermano siempre sirve de consuelo, incluso si es más pequeño que el otro, de apenas dos años. Se ha descubierto, por lo tanto, que la presencia de un acompañante familiar, incluso si no suministra casi ningún cuidado como sustituto materno, constituye un factor de alivio de bastante importancia. También proporcionan algún consuelo los objetos inanimados, como juguetes favoritos o ropas personales.

Una segunda e importante circunstancia que mitiga el dolor provocado por la separación son los cuidados maternos que brinda una figura sustituta. No se ha registrado sistemáticamente su eficacia cuando los suministra una mujer que para el niño es una desconocida. No obstante hay abundantes datos, aunque poco sistemáticos, de que inicialmente el pequeño teme a la extraña y rechaza sus intentos de brindarle afecto y cuidados maternos. De allí en adelante incurre en una conducta intensamente conflictiva: por un lado busca su consuelo, por otro la rechaza, por serle desconocida. Solo al cabo de algunos días o semanas puede acostumbrarse a la nueva relación. Mientras tanto continúa anhelando la presencia de la madre ausente y, ocasionalmente, ventila la ira que le produce su ausencia. (En el capítulo 2 del primer volumen se suministran ejemplos de esta secuencia.)

El período durante el cual persisten las perturbaciones depende, en parte, de la habilidad de la madre sustituta para adaptar su conducta a la de un niño lleno de inquietud y, en ocasiones, propenso a asustarse o rechazarla y, también en parte, de la edad del pequeño. En un estudio (sobre el cual todavía no se tienen mayores informes), Yarrow (1963) descubrió que todos los bebés de siete a doce meses se sentían perturbados cuando se los trasladaba de un hogar sustituto temporal a un hogar adoptivo permanente. Durante ese período, descubrió que la «gravedad y profundidad de la perturbación aumenta con la edad».

De esta manera, en tanto que la presencia de un acompañante familiar y los cuidados suministrados por una sustituta desconocida aunque llena de afecto maternal pueden mitigar el desconsuelo del niño, ni lo uno ni lo otro dejan de presentar serias limitaciones.

Un experimento

En un estudio al que ya se hizo referencia en el prefacio, James y Joyce Robertson (1971), combinando sus roles de observadores y padres sustitutos, llevaron a su propia casa a cuatro pequeños necesitados de cuidados, ya que sus madres se hallaban internadas en un hospital. Al hacerlo, procuraban descubrir de qué manera pequeños con una experiencia previa satisfactoria responden ante una separación, dadas todas las condiciones atenuantes conocidas y posibles de combinar al presente; por ejemplo, y de manera específica, las respuestas afectuosas y cuidados maternos de una madre sustituta con la cual el pequeño ya se encuentra familiarizado.

A los efectos de cumplir ese propósito la señora Robertson procuró brindar todo su tiempo y cuidados a cada uno de los niños y, al hacerlo, adoptar a la vez, y en la medida de lo posible, los métodos de crianza de la madre verdadera de cada pequeño. Se intentó por todos los medios reducir a un mínimo lo extraño de la situación e intensificar al máximo sus aspectos familiares. Durante alrededor de un mes (el previo a la separación), el chiquillo comenzaba a familiarizarse con el hogar sustituto y con los miembros de la familia sustituta gracias a una serie de visitas que intercambiaban las familias. Mientras tanto la madre sustituta se esforzaba al máximo por aprender todo cuanto fuese posible acerca de la etapa de desarrollo del niño, sus gustos y aversiones y los métodos de crianza de la propia madre, a los efectos de mantener un régimen similar en el hogar sustituto. El niño traía consigo su propia cama y mantas, sus juguetes familiares y una fotografía de la madre. Por añadidura, durante el tiempo que el pequeño pasaba lejos de sus padres se efectuaban grandes esfuerzos por mantener viva la imagen de la madre ausente. La madre sustituta deliberadamente le hablaba de la progenitora auténtica y le mostraba su fotografía. Se alentaban las visitas (en lo posible diarias) del padre; y tanto el padre como la madre sustituta hacían cuanto estaba a su alcance por convencer al pequeño de que pronto regresaría a casa. De esa manera se hacía todo lo posible por reducir la conmoción provocada por el cambio, aceptar abiertamente la preocupación infantil por la pérdida de la madre y confirmarle que no duraría más de lo necesario.

Los Robertson tomaron a su cargo cuatro niños (uno por vez) cuyas madres estaban por dar a luz un hermanito. A continuación se consignan edades y días:

Catalina	Dos años y cinco meses	27 días
Tomás	Dos años y cuatro meses	10 días
Lucía	Un año y nueve meses	19 días
Juanita	Un año y cinco meses	10 días

Los cuatro eran primogénitos, siempre habían vivido con ambos progenitores, y no habían tenido ninguna experiencia previa de separación de la madre, salvo por algunas horas ocasionales pasadas al cuidado de una persona conocida.

El grado de perturbación advertido en estos niños fue mucho menor que el observado en circunstancias menos favorables. No obstante, los pequeños denotaron visible inquietud. El tipo de perturbación que acusaron los dos mayorcitos difería del de los menores. Aunque durante buena parte del tiempo Catalina y Tomás parecían satisfechos con la nueva situación en el hogar de los padres sustitutos, ambos demostraron palpablemente que extrañaban a sus madres. En el breve informe siguiente, tomado de Robertson y Robertson (1971), se presta especial atención a los episodios por los cuales los niños expresaron su descontento. Por consiguiente, se corre el riesgo de proporcionar una visión algo distorsionada de los hechos.

Tomás, un niño activo, de continente amistoso y palabra fácil, no dio muestras de descontento al ser colocado en casa de los padres sustitutos. Por lo general se mostraba de buen humor, estableció una relación amistosa con las personas encargadas de cuidarlo, y pudo disfrutar de los juegos y actividades que se le proponían. Transcurridos dos días, sin embargo, comenzó a sentirse triste y airado por la ausencia de sus padres. Hablaba sin cesar de la madre, y a veces apretaba su fotografía contra sí. Si bien parecía tener cierta conciencia de la naturaleza temporal de la separación, a medida que transcurrían los días aumentaba notoriamente su inquietud. Ocasionalmente rechazaba las muestras de atención de la madre sustituta, señalando que ese papel le correspondía a su madre verdadera: «No me abrace, mamita me abraza». Cuando lo visitó el padre, Tomás hizo lo imposible por impedir su partida; poco después de haberse marchado aquel rompió a llorar amargamente, si bien durante un breve lapso, e insistió en que nadie se sentase en la silla de su padre. El noveno día, concluida su visita, el padre resumió la tirantez de la situación en unas pocas palabras: «Ya hemos tenido demasiado».

Aunque, en opinión de los Robertson, Tomás sobrellevó la prueba mejor que los otros tres niños, y las perturbaciones sufridas a su retorno al hogar fueron mínimas, pareció no obstante aumentar su agresividad natural y actitud desafiante. Por añadidura, cuando su madre sustituta lo visitó en su casa, el niño, aunque sin dar muestras de hostilidad, se mostró cauteloso y con toda deliberación se mantuvo muy cerca de la madre verdadera.

Catalina, la otra niña de casi dos años y medio, puso de manifiesto, durante los diez primeros días pasados fuera de su hogar, muchas de las pautas de conducta que revelara Tomás. Por un lado, comía y dormía bien y se mostraba alegre, activa y dispuesta a colaborar con sus padres sustitutos. Por el otro, comenzó a extrañar a sus padres verdaderos y ocasionalmente se mostró airada con ellos por no llevarla de regreso a casa. Por otra parte, debido a complicaciones en el parto de la madre, la pequeña debió permanecer lejos de su hogar casi el triple del tiempo que Tomás. Durante la tercera y cuarta semanas se profundizó su relación con la madre sustituta y la niña pareció hallar un lugar propio en el seno de esa familia. No obstante, continuaba anhelando la presencia de su propia madre y sus sentimientos «se teñían cada vez más de atisbos de cólera». Esa cólera, dirigida contra la madre sustituta, alcanzó particular vehemencia después de las dos visitas que Catalina realizó a la clínica donde se hallaba internada la madre.

Cabe señalar otra característica de la conducta de la pequeña durante el período de separación. Durante la segunda semana Catalina comenzó a dar muestras de temor ante la posibilidad de perderse, aferrándose cada vez más a sus padres sustitutos. También lloraba con mayor facilidad, y a veces parecía preocupada o sumida en una actitud soñadora. El interrogante planteado en una de esas ocasiones, «¿Qué busca Catalina?», en apariencia indicaría que sus vivos deseos por la presencia de la madre, aunados a la búsqueda de esa figura, si bien todavía latentes en ella, comenzaban a atravesar por una fase de represión.

Cuando a la larga Catalina regresó a su hogar saludó de inmediato a la madre y comenzó a reelaborar su relación con ella. Por contraste ignoró por completo a la madre sustituta que la había cuidado durante casi cuatro semanas, la cual se hallaba tranquilamente sentada en un rincón.

Si bien la pequeña no sufrió mayores trastornos al instalarse nuevamente en su hogar, era evidente que exigía con mucha mayor insistencia la atención de sus padres. Por añadidura, su reacción ante un episodio producido a las dos semanas de su retorno dio claros indicios de que la niña albergaba vivo temor de una ulterior separación. La madre quería asegurarse a toda costa de que cuando su hijita cumpliese cinco años pudiera asistir a determinada escuela, de manera que la llevó a matricular con más de dos años de anticipación. La noche siguiente Catalina comenzó a gritar como si la acosaran terribles pesadillas y por la mañana pareció haber perdido el aliento. Cuando el facultativo diagnosticó asma de los bronquios e inquirió acerca de las posibles tensiones que la aquejaban, la madre recordó que, durante la entrevista sostenida en la escuela el día anterior, la directora había convenido en «aceptar» a Catalina.

En cuanto a las dos niñas más pequeñas, ninguna poseía mayor habilidad lingüística, y no podía ayudárselas a mantener un recuerdo tan claro de la madre ausente. Por esa razón, quizá, pudieron transferir el apego que las unía a la madre hacia la figura de la madre sustituta con relativa facilidad, y hallar mayor seguridad en la nueva situación. Ninguna de las dos niñas demostró mayor inquietud. Ambas continuaron actuando de manera satisfactoria, adquirieron nuevas habilidades y ampliaron su vocabulario. No obstante, era evidente que no todo marchaba bien. Al cuarto día Juanita comenzó a dar muestras de inquietud, exigiendo que se le prestara atención, y daba la impresión de tratarse de «una niña sometida a grandes tensiones y ocasionalmente desconcertada». De manera análoga, Lucía también tuvo sus momentos malos, y al decimonoveno día lejos de su hogar se hallaba sumida en un «estado de gran hipersensibilidad», según la descripción registrada.

Los deseos explícitos de reencontrarse con la madre ausente y las muestras de cólera para con ella solo ocurrían de manera esporádica en esas pequeñas, y como respuesta a señales específicas que les recordaban la presencia de la progenitora. Al sexto día de la separación, por ejemplo, Juanita vio el portal del jardín de su propia casa, lo abrió, entró e infructuosamente trató de abrir la puerta de la habitación de sus padres. A su regreso pronunció la palabra «mamá» por vez primera y se resistió a entrar al hogar de los padres sustitutos. Las relaciones de Juanita con el padre iban de mal en peor a medida que transcurría el tiempo. Al principio jugaba contenta durante sus visitas, pero luego se enojó con él y, finalmente, pareció ignorarlo con toda deliberación, para aferrarse a él y romper a llorar cuando veía que estaba por marcharse. Las relaciones de Lucía con el padre atravesaron una secuencia bastante similar. En cierta ocasión, cuando durante una de sus visitas el padre la llevó a un parque situado en las cercanías de su casa, la pequeña dio muestras de gran perturbación a su partida; al principio rechazó el consuelo de la madre sustituta y luego, al ser levantada en brazos, se aferró a ella llorosa y se negó a que la depositaran en el suelo.

Al reunirse con la madre verdadera las niñas más pequeñas la reconocieron de inmediato y respondieron complacidas ante su presencia. A diferencia de los dos niños mayorcitos, no obstante, parecían reacias a renunciar a la madre sustituta. Lucía, en particular, tuvo dificultades para desprenderse de ella y, posteriormente, acusó pronunciados conflictos al respecto. Durante una visita de la madre sustituta a los tres días del regreso a su hogar, por ejemplo, Lucía «oscilaba entre el afecto y la aprensión, la sonrisa y el ceño fruncido, el notorio apego hacia la madre verdadera y el amargo llanto ante la partida de la sustituta». A semejanza de Tomás y Catalina, ambas pequeñas se mostraban más hostiles hacia la madre tras la separación que antes de ella (aunque en todos los casos, presumiblemente, esto podía deberse, hasta cierto punto, a la presencia de un nuevo hermanito).

Interpretación de los descubrimientos

Advertimos, por consiguiente, que todos los niños estudiados mostraron mucha menos inquietud que la que es común en los niños pequeños cuando se separan de la madre en condiciones menos favorables; los cuatro, sin embargo, dieron muestras inconfundibles de desazón y, de tanto en tanto, revelaron tener conciencia de la figura de la madre ausente. Al interpretar las respuestas registradas surgen algunas diferencias de opinión. Los Robertson, impresionados por el hecho de que los cuidados brindados por una madre sustituta dotada de sensibilidad en un ambiente favorable permiten mantener la ansiedad «en un nivel manejable» y facilitan la continuación del «desarrollo positivo», consideran factible impedir el desencadenamiento de la secuencia de deterioro que incluye muestras de protesta, desesperación y desapego. Ello los lleva a adoptar el punto de vista de que las respuestas registradas en los niños criados de esa manera difieren cualitativamente de las de los pequeños criados en el marco de una institución, y no pueden interpretarse solamente en función de sus diferencias de intensidad. Una tesis alternativa, sin embargo, sostiene que la secuencia de protesta, desesperación y desapego, si bien restringida y notablemente reducida en su intensidad, no puede darse por ausente. En los dos niños mayorcitos, por ejemplo, la pauta de respuesta, si bien de baja intensidad, reveló con toda claridad muchos de los elementos que ahora sabemos característicos de las respuestas de los pequeños durante y después de una separación en condiciones menos favorables: deseo de reencuentro y búsqueda de la madre ausente, tristeza, muestras de protesta intensificadas ante su ausencia y creciente sensación de enojo ante su alejamiento, mayor ambivalencia al regreso a sus hogares y temor evidente de una nueva separación. Gracias a las precauciones adoptadas pudo reducirse la desesperación del niño y su consecuente desapego, aunque en Catalina se pusieron de manifiesto signos de esto último. En las dos niñas más pequeñas las pautas de respuesta resultaron menos claras, aunque, no obstante, se hallaban presentes algunos elementos típicos. Ello nos lleva a la conclusión de que las diferencias de respuesta entre los niños criados en un hogar de padres sustitutos y los criados en el marco de una institución pueden interpretarse correctamente como diferencias de intensidad.

Existen otros aspectos en que la postura teórica de los Robertson contrasta con la adoptada en esta obra, en particular en lo que atañe al dolor y pesadumbre que la ausencia de un ser querido provoca en la temprana infancia. Esos aspectos se analizarán en el tercer volumen de esta serie. Entretanto cabe señalar que, sean cuales fueren las diferencias existentes entre los Robertson y yo mismo en el plano de la teoría, aquellas no son tales en la práctica: ya que cuando los citados investigadores consideran las lecciones prácticas derivadas de su proyecto, puntualizan que el hecho de haberse obtenido resultados tan satisfactorios con los niños criados en el hogar de padres sustitutos no implica que puedan eliminarse por completo los riesgos de la separación durante los primeros años de vida. Por el contrario, puntualizan que su experiencia permitió reforzar su propia teoría (compartida desde hace tiempo por nosotros) de que «la separación es peligrosa, y debe evitársela siempre que sea posible».

PRESENCIA O AUSENCIA DE UNA FIGURA MATERNA: VARIABLE CLAVE

A partir del reciente estudio de los Robertson y de los muchos otros registrados hasta este momento pueden extraerse dos conclusiones centrales:

1. La secuencia de protesta *intensa*, seguida de muestras de desesperación y desapego, y que nos llamara la atención en primer lugar, se debe a la combinación de una serie de factores, de los cuales el central es la conjunción de personas desconocidas, hechos extraños, y la ausencia de cariño maternal, brindado sea por la madre verdadera, sea por una sustituta eficaz.
2. Como la separación de la figura materna, incluso en ausencia de esos otros factores, sigue provocando tristeza, cólera y la subsiguiente sensación de ansiedad en los niños más pequeños, dicha

separación es en sí una variable clave para determinar el estado emocional y conducta del chiquillo.

Por «figura materna» se entiende aquella persona hacia la cual el niño dirige de preferencia su conducta de apego; por «madre sustituta», cualquier otra persona hacia la cual el pequeño se muestra temporalmente dispuesto a dirigir dicha conducta. Sin embargo, como a medida que crece el individuo va dirigiendo su conducta de apego hacia otros seres, fuera de la madre o sus sustitutos, convendrá aplicar términos que hagan referencia menos específica a la relación entre hijos y padres. Entre las expresiones aquí utilizadas de manera genérica para hacer referencia a toda aquella persona hacia quien se dirige la conducta de apego se cuentan las de *figura de apego* y *figura de apoyo*.

Los términos *presencia* y *ausencia* revisten un carácter relativo y, a menos que se los defina claramente, pueden dar lugar a un malentendido. Por *presencia* queremos significar «fácil accesibilidad»; por *ausencia*, «inaccesibilidad». Los vocablos *separación* y *pérdida* tal como se los emplea en la presente obra implican siempre que la figura de apego del sujeto es inaccesible, sea de manera temporal (separación) o permanente (pérdida).[5]

Al igual que en tantos otros casos, también aquí se plantea el problema de hallar un lenguaje adecuado. Por ejemplo, ¿cuánto dura una separación temporal? Evidentemente, la respuesta depende de la edad del sujeto. En consecuencia, lo que podría parecer interminable para un bebé de un año podría resultar insignificante para un niño de edad escolar. Y lo que podría parecerle interminable a este último podría no revestir mayor importancia para un adulto. Otro problema, aun más complejo, es el de determinar en qué punto una separación que comenzó siendo temporal se torna permanente, al menos para su víctima y otros.

Una ulterior dificultad es la que plantea el hecho de que una madre puede hallarse presente desde el punto de vista físico, pero «emocionalmente» permanecer ausente. O sea que, aunque presente en su forma material, la madre puede no responder a los deseos infantiles de afecto. Esa falta de capacidad de respuesta puede deberse a muchas circunstancias (depresión, rechazo, preocupación por otros problemas), pero, sea cual fuere su causa, la madre solo se halla presente a medias para el hijo. Por otra parte, la madre puede amenazar al niño con abandonarlo como arbitrio disciplinario, táctica que probablemente posee un efecto patogénico inconmensurablemente mayor de lo que en la actualidad se cree.

En capítulos posteriores se analizan estos y otros problemas afines. Entretanto cabe postular nuestra tesis en términos más precisos: el estado de seguridad, ansiedad o zozobra de un niño o adulto es determinado, en gran medida, por la accesibilidad y capacidad de respuesta de su principal figura de afecto.

Ha habido (y todavía los hay) médicos clínicos y demás, interesados por los niños, que hallaron difícil aceptar que la accesibilidad o inaccesibilidad de la figura de afecto puede de por sí constituir una variable crucial para determinar si un niño (o un adulto) se siente feliz o desgraciado. Una de las razones de su incredulidad es el supuesto de que, a falta de un elemento «objetivo» (vale decir, algo intrínsecamente doloroso o peligroso) que cause la aflicción o el temor de un niño o adulto, todas sus expresiones de zozobra o ansiedad deben juzgarse como de carácter irracional y, por consiguiente, neurótico. Otras razones surgen de una teoría deficiente de la naturaleza de la conducta instintiva y, en particular, de la incapacidad para distinguir entre causalidad y función (véase el primer volumen de esta serie, capítulos 6 y 8). También hay motivos que derivan de las innumerables confusiones y falsos juicios de valor a los que da lugar el concepto de dependencia (véase el primer volumen, capítulo 12). Otra razón, de índole diferente, puede residir en la mera inconveniencia, en la vida práctica, de los hechos apuntados para el caso, por comparación con lo que ocurriría si todos los niños normales se sintieran felices y contentos con cualquier persona que los tuviera a su cargo, siempre que fuera bondadosa con ellos. ¡Si tan solo los pequeños se mostrasen «razonables» en este sentido, cuánto más fácil sería la existencia!

A los efectos de comprender de qué manera surgieron algunas de las dificultades manifiestas convendrá considerar el modo en que la separación y la pérdida fueron encaradas en la literatura psicoanalítica, como situaciones de importancia para el desarrollo de la personalidad y la psicopatología. En particular, resultará útil examinar el lugar acordado a la separación en las teorías sobre la ansiedad, y los tipos de explicación propuestos para explicar esa influencia. En el capítulo siguiente se analizan algunos de esos conceptos y se aprovecha la oportunidad para comparar el punto de vista adoptado en los volúmenes que integran la presente obra con el que se adopta en los trabajos de psicoanálisis más tradicionales.

2

El papel de la separación y la pérdida en psicopatología

> En estos momentos está por publicarse un nuevo folleto mío, *Inhibición, síntoma y angustia.* En él se desbaratan muchos conceptos establecidos y una vez más se ponen a la deriva algunos elementos que parecían fijos. Los analistas que, por sobre todo, desean paz y certidumbre, no ocultarán su descontento al tener que revisar sus conceptos. Pero sería temerario creer que por fin he logrado solucionar el problema que nos plantea la asociación de la ansiedad con la neurosis.
>
> SIGMUND FREUD[1]

PROBLEMA Y PERSPECTIVA

Desde los primeros estudios de Freud sobre la etiología de la neurosis hasta sus años postreros el padre del psicoanálisis nunca dejó de interesarse por los problemas conexos de la ansiedad neurótica y la defensa. Una y otra vez encaró su examen, y sus sucesivas formulaciones teóricas descansan en las distintas soluciones provisorias que postuló. Desde su muerte, por añadidura, las teorías de la ansiedad y la defensa siguieron siendo la piedra angular de la psicopatología psicoanalítica, y las distintas escuelas psicoanalíticas deben su origen a su adhesión a teorías diferentes sobre la naturaleza y orígenes de esas condiciones.

En las formulaciones iniciales de Freud no hay señal alguna de que la ansiedad surja de una pérdida o amenaza de pérdida, o de que los procesos de defensa se originen en condiciones de intensa ansiedad. Freud solo postuló esas teorías de manera muy gradual y, fundamentalmente, durante sus años postreros; y al hacerlo estableció una relación entre sus ideas sobre la ansiedad y la defensa y sus concepciones sobre la aflicción por la pérdida de un ser querido, las cuales hasta entonces habían ocupado parte importante pero totalmente aislada en su pensamiento. Tal como lo previera con tanto acierto, uno de los resultados principales de su nueva formulación fue el «poner a la deriva una vez más» algunos elementos que parecían fijos.

Aunque en diferentes períodos de su existencia el propio Freud elaboró una serie de teorías radicalmente distintas en relación con la ansiedad, la aflicción ante la pérdida de un ser querido y la defensa (tal como lo hicieron las distintas escuelas del pensamiento surgidas como corolario), cada teoría se basa en datos obtenidos por medio de un único método de indagación. Los datos derivan del estudio, en el contexto analítico, de una personalidad más o menos desarrollada y que ya funciona más o menos adecuadamente; y a partir de esos datos se procuran reconstruir las fases de la personalidad que preceden a lo observado. Para muchos, los trabajos realizados sobre esa base resultan tan frustrantes como estimulantes. Por un lado, evidentemente encaran problemas que todo médico clínico halla de importancia fundamental para comprender y ayudar a sus pacientes; por otro, presentan una serie compleja de teorías opuestas y a menudo incoherentes, sin proporcionar los métodos necesarios para «desbrozar el grano de la paja».

En los volúmenes que integran esta serie se procura enfocar los problemas clásicos del psicoanálisis desde una perspectiva anticipatoria. Los datos primarios surgen de observaciones sobre el modo en que se comportan los niños en situaciones definidas; a la luz de esos datos se procuran describir determinadas fases tempranas del funcionamiento de la personalidad y, a partir de ellas, inferir pautas futuras. El objetivo, en particular, reside en describir ciertas pautas de respuesta que se producen con regularidad en la temprana infancia y, partiendo de esa base, determinar de qué manera podrán discernirse pautas de respuesta similares en el funcionamiento posterior de la personalidad.[2]

Algunos de los datos esenciales, tal como se los describe en el capítulo anterior, pueden resumirse del siguiente modo. Siempre que un niño pequeño que ha tenido oportunidad de desarrollar un vínculo de afecto hacia una figura materna se ve separado de ella contra su voluntad, da muestras de zozobra; y si, por añadidura, se lo coloca en un ambiente extraño y se lo pone al cuidado de una serie de figuras extrañas, esa sensación de zozobra suele tornarse intensa. El modo en que el chiquillo se comporta sigue una secuencia característica. Al principio *protesta* vigorosamente y trata de recuperar a la madre por todos los medios posibles. Luego parece *desesperar* de la posibilidad de recuperarla, pero, no obstante, sigue preocupado y vigila su posible retorno. Posteriormente parece perder el interés por la madre y nace en él un *desapego* emocional. Sin embargo, siempre que el período de separación no sea demasiado prolongado, ese desapego no se prolonga indefinidamente. Más tarde o más temprano el reencuentro con la madre causa el resurgimiento del apego. De ahí en adelante, durante días o semanas (e incluso un tiempo más prolongado), el pequeño insiste en permanecer junto a ella. Por añadidura, siempre da muestras de aguda ansiedad cuando barrunta su posible pérdida.

Al examinar los problemas teóricos planteados por estas observaciones resultó evidente que el primer paso consistía en obtener una clara comprensión del vínculo que liga al niño con la madre. Luego comenzó a ponerse en evidencia que cada una de las tres fases centrales de la respuesta de un pequeño ante la separación guarda relación con algunos aspectos centrales de la teoría psicoanalítica. Observamos así que la fase de *protesta* origina el problema de la ansiedad de separación; la de *desesperación*, el problema del dolor y la aflicción causada por la pérdida de un ser querido; y la de *desapego*, el de defensa. La tesis propuesta por ese entonces (Bowlby, 1960a) propugnaba que los tres tipos de respuesta (ansiedad de separación, aflicción y dolor por la pérdida del ser querido, y defensa) constituyen fases de un proceso único, y solo en su función de tales puede captarse su auténtico significado.

De la lectura de la bibliografía psicoanalítica se desprende que, por regla general, la ansiedad de separación, la aflicción y la defensa fueron consideradas aisladamente. La razón reside en el orden invertido en que se descubrió su importancia psicopatológica; ya que la última fase fue reconocida en primer lugar, y la primera en último término. Advertimos así que el significado de la defensa, y en particular de la represión, fue descubierto por Freud en los albores de su labor en el campo del psicoanálisis, y suministra la base de sus postulaciones teóricas originales: su primer trabajo sobre el tema data de 1894 («Las neuropsicosis de defensa», *Standard*

Edition, vol. 3).[3] Su comprensión de los roles del dolor y la ansiedad de separación, por otra parte, fue en principio solo fragmentaria. Aunque tomó temprana conciencia de la aflicción que provoca la pérdida de un ser querido en los casos de histeria y melancolía (véase nota de 1897 a Fliess, *Standard Edition*, vol. 14, pág. 240), deberían transcurrir veinte años antes de que, en «La aflicción y la melancolía» (1917a, *Standard Edition*, vol. 14), le prestara atención sistemática. Algo similar ocurre con respecto a la ansiedad de separación: aunque en los *Tres ensayos sobre una teoría sexual* (1905b) les dedica un párrafo (*Standard Edition*, vol. 7, pág. 224) y tres páginas (*Standard Edition*, vol. 16, págs. 405-408) en su *Introducción al psicoanálisis* (1917b), ya en 1926, y en su revolucionaria y tardía *Inhibición, síntoma y angustia* le acuerda un lugar central en lo que sería su teoría final de la ansiedad. «La pérdida de alguien amado y deseado», afirma, es «la clave que facilita la comprensión de la ansiedad» (*Standard Edition*, vol. 20, págs. 136-137).[4]

La razón de ese reconocimiento invertido de las tres fases es bien clara: en la historia de la medicina siempre se advirtió primero el resultado final de una secuencia patológica. Las fases iniciales solo se identifican de manera gradual, y pueden transcurrir muchos años antes de alcanzarse plena comprensión de la secuencia exacta del proceso todo. Por cierto, fue la comprensión de esta secuencia lo que desconcertó a Freud durante un período más prolongado. ¿La defensa precede a la ansiedad, o la ansiedad a la defensa? Si la respuesta ante una separación es el dolor y la aflicción, ¿cómo puede serlo también la ansiedad? (*Standard Edition*, vol. 20, págs. 108-109 y 130-131). Durante los treinta años que le insumieron sus principales exploraciones psicoanalíticas Freud, como ahora puede advertirse, siguió la secuencia de atrás hacia delante yendo del resultado final a la etapa inicial. Solo al séptimo año de investigar el tema logró percibir con claridad que la separación y la pérdida constituían el origen principal de los procesos a los cuales había dedicado toda una vida de estudio. Pero para ese entonces otros conceptos suyos ya se habían arraigado sólidamente.

Hacia 1926 ya se estaba difundiendo un caudal sustancioso de la teoría psicoanalítica. Con respecto a la ansiedad, la ansiedad de castración y la ansiedad superyoica eran piedras angulares del pensamiento y la práctica de Viena y otros centros del psicoanálisis; asimismo, la hipótesis de Melanie Klein relativa a la ansiedad que provoca la agresión había sido formulada poco tiempo atrás y, aunada al concepto del instinto de muerte, muy pronto se convertiría en concepto clave de un sistema nuevo y significativo. El peso total de las ideas de Freud sobre la ansiedad de separación y su relación con el dolor causado por la pérdida de un ser querido tuvo influencia demasiado tardía en el desarrollo de ambas escuelas de pensamiento.

Fuera de una temprana referencia de Hug-Hellmuth (1913) y unas breves palabras de Bernfeld (1925), por añadidura, deberían transcurrir algunos años antes de que se publicaran los trabajos clínicos que centraban su atención en la importancia patogénica de las experiencias de separación. Algunos de esos primeros trabajos, publicados por Levy (1937), Bowlby (1940; 1944) y Bender y Yarnell (1941), presentan datos empíricos que sugieren la existencia de una relación etiológica entre distintas formas de personalidad psicopática y relaciones madre-hijo severamente trastocadas. Por ese entonces Fairbairn (1941; 1943) sentaba las bases de su psicopatología revisada sobre la ansiedad de separación, precedido por Suttie (1935) y seguido algunos años después por Odier (1948); Therese Benedek (1946) describía las respuestas ante una separación, reencuentro o duelo observadas en adultos durante la Segunda Guerra Mundial; y Dorothy Burlingham y Anna Freud (1942; 1944) registraban sus observaciones directas (citadas en el capítulo 1) sobre el modo en que los niños pequeños respondían ante una separación. Por añadidura, Goldfarb (1943 y años posteriores) y Spitz (1946) iniciaban estudios de otro tipo, aunque relacionados con los anteriores, acerca de los efectos que tenía sobre los bebés su crianza en ausencia de toda figura materna.

A pesar de todos los trabajos citados, sin embargo, el problema de la ansiedad de separación solo llegó a ocupar un lugar central en la teoría psicoanalítica con suma lentitud. Kris, por ejemplo, quien tuvo participación en los círculos de Viena, observó en años posteriores de qué manera, cuando en 1926 Freud propugnó sus teorías sobre la ansiedad de separación, «entre los analistas no existía clara conciencia... de las situaciones concretas típicas a que se aplicaría. Nadie advirtió que el temor de perder al objeto y el amor de ese objeto constituían fórmulas que serían implementadas por material que, en la actualidad, parece tan evidente que está más allá de toda discusión» (Kris, 1956). El autor admitió que solo durante la década precedente él mismo había reconocido el significado de esos temores, y podría haber añadido que incluso por esa época había escuelas de pensamiento analítico que no llegaban a reconocer su importancia. El prolongado descuido de un tema de importancia tal como la ansiedad de separación queda bien ilustrado en una autorizada reseña sobre «el concepto de la ansiedad en relación con el desarrollo del psicoanálisis» (Zetzel, 1955), en la cual no se lo menciona ni una sola vez; e incluso en una obra reciente de Rycroft (1968a) se le presta escasa atención.

Es evidente que en tales circunstancias algunas de las ideas propuestas por Freud en *Inhibición, síntoma y angustia* cayeron en terreno inhóspito. Ello es de lamentar, ya que en la obra citada, escrita en las postrimerías de su vida profesional, Freud luchaba por liberarse de la perspectiva de sus viajes (defensa, duelo, ansiedad de separación) y procuraba, por el contrario, visualizar la secuencia desde un nuevo punto de vista, asignándole prioridad a la ansiedad de separación. En sus páginas finales esboza un nuevo camino: la ansiedad es la reacción provocada por el peligro de la pérdida del objeto, el dolor o aflicción la reacción ante la pérdida en sí, y la defensa un modo de enfrentar la ansiedad y el dolor.

El camino que finalmente siguió Freud es el mismo que se sigue en la presente obra. No obstante, por razones que surgen con mayor claridad en el capítulo 5, la perspectiva desde la cual se visualiza ese camino difiere en muchos aspectos de la adoptada por Freud y muchos de sus seguidores. Una de las principales razones de esa diferencia radica en que, en tanto que la perspectiva aquí adoptada se basa en una teoría de la evolución de sesgo darwiniano, no ocurre lo mismo con la propia de Freud.

ANSIEDAD DE SEPARACIÓN Y OTRAS FORMAS DE ANSIEDAD

El hecho de que en sus últimos años Freud llegara a visualizar la ansiedad de separación como la clave de todo el problema de la ansiedad neurótica no significa que estuviera en lo cierto. El término *ansiedad* ha sido utilizado de muchas maneras distintas, a los efectos de abarcar lo que bien podría ser una serie de estados heterogéneos, quizá de muy diverso origen. El papel que ocupa dentro de esta compleja estructura la ansiedad de separación todavía no se ha podido determinar con claridad. En particular, sigue ignorándose en qué medida contribuye a determinar los orígenes de la neurosis por comparación con ansiedades y miedos de diferente origen.

Por ávido de clarificar estos problemas que se halle todo médico clínico, la tarea excede el alcance de esta obra. En ella no se intenta presentar una teoría general de la ansiedad ni juzgar de qué manera la comprensión más cabal de la ansiedad de separación podría contribuir a ese proyecto. La tarea de resolver estos problemas queda relegada al futuro.

Nuestro objetivo, por el contrario, es más limitado. Los niños pequeños sufren trastornos incluso en circunstancias de separaciones muy breves. Los niños mayorcitos dan muestras de zozobra ante separaciones más prolongadas. Los adultos, por su parte, se muestran trastornados cuando la separación es muy prolongada o permanente, como en el caso de la pérdida de un ser querido. Una serie de informes clínicos, que se inician con los primeros estudios de Freud sobre la histeria y alcanzan un volumen cuantioso en años recientes, indican, por añadidura, que las experiencias de separación y pérdida, producidas recientemente o años atrás, desempeñan un papel central en el origen de muchas condiciones clínicas. Todo ello nos suministra las bases necesarias para concentrar nuestro interés en el citado problema.

Del estudio de tal problema se desprende, por cierto, que probablemente Freud estuviera equivocado al afirmar que el hecho de extrañar a alguien a quien se ama y desea es *la* clave para la comprensión de la ansiedad. Probablemente no exista una clave única: tanto el miedo como la ansiedad se provocan en situaciones de muy diversos tipos. Lo que parece cierto, no obstante, es el hecho de que el extrañar a alguien que se ama y desea constituye *una* de las claves que buscamos, y que la forma de ansiedad en particular a la que da lugar la separación y la pérdida no solo es común, sino que también provoca un sufrimiento más profundo. En consecuencia, consideremos esa clave y los caminos que permite recorrer.

PROBLEMÁTICA TEÓRICA

Una vez que tomamos conciencia de la forma y secuencia de las respuestas intensísimas que puede provocar una separación prolongada durante algunos días, o un tiempo mayor, tomamos conciencia, asimismo, de la forma y secuencia de las respuestas comparables pero mucho menos intensas perceptibles en los niños pequeños en el curso de la vida cotidiana. Advertimos, por ejemplo, que en presencia de una figura materna sensible a sus requerimientos por lo común el bebé o niñito se muestra contento; y una vez que adquiere cierta movilidad suele explorar el mundo circundante lleno de confianza y valor. En ausencia de aquella figura, por el contrario, más tarde o más temprano el bebé experimenta un sentimiento de zozobra, y responde con una viva sensación de alarma a toda suerte de situaciones imprevistas, por levemente extrañas que le resulten. Por añadidura, ante la inminente partida de la figura materna, o cuando esta no puede ser hallada, el pequeño suele emprender una acción dirigida a detenerla o buscarla, y no logra superar su ansiedad hasta tanto no logra cumplir su objetivo.

Por elementales que resulten estas observaciones, de las cuales cualquier madre dotada de perspicacia tiene conciencia cabal, esta serie básica de secuencias de conducta habituales da lugar a grandes controversias. ¿Por qué habría de experimentar zozobra el niño en ausencia de la madre? ¿Qué es lo que teme? ¿Por qué lo vemos tan ansioso durante su ausencia, o cuando aquella no puede ser hallada? ¿Por qué se muestra lleno de aprensión, por temor de verse abandonado nuevamente?

La bibliografía psicoanalítica abunda en intentos por responder a estos interrogantes, y en ella pueden discernirse no menos de seis tipos de teorías distintas. Dos de ellas, la teoría del trauma del nacimiento de Rank (1924) y la teoría de señales de Freud (1926a) fueron desarrolladas de manera explícita a los efectos de explicar la ansiedad que experimenta el niño cuando su madre lo abandona. Otras tres, la anterior teoría freudiana de la libido transformada (1905b) y las dos teorías de Klein, de la ansiedad persecutoria y depresiva (1934; 1935), tuvieron orígenes diferentes y solo posteriormente se aplicaron al problema de la ansiedad de separación. Las cinco teorías, empero, se caracterizan por su complejidad específica, ya que en cada caso el autor descarta la idea de que la ausencia de la madre podría, en y de por sí, constituir la causa real de la inquietud y ansiedad observadas. En consecuencia, cada autor se siente compelido a buscar una razón de otra índole, o bien aplica una teoría desarrollada en un contexto diferente. Solo ocasionalmente algún estudioso del problema aceptó los datos por su valor aparente y propuso una teoría de un sexto tipo, según la cual esa sensación de zozobra y subsiguiente ansiedad serían respuestas primarias imposibles de reducir a otros términos, y debidas, simplemente, a la naturaleza del apego desarrollado entre el niño y su madre. Entre quienes propugnaron esta teoría se cuentan Suttie (1935), Hermann (1936) y, aunque con ciertas reservas, Fairbairn (1943; 1963) y Winnicott (por ejemplo, 1952). Medio siglo antes, cabe advertir, William James (1890) postuló la teoría de que «la gran fuente de terror en la infancia es la soledad».

Las generalizaciones muy similares efectuadas por Freud en 1905, y citadas como encabezamiento del capítulo siguiente, indican que había tomado temprana conciencia de los datos pertinentes. Por cierto, tal como lo puntualiza claramente Strachey en su introducción a la edición estándar de *Inhibición, síntoma y angustia* (*Standard Edition*, vol. 20, págs. 77-86), a partir de ese momento la ansiedad que manifiesta un niño pequeño cuando se lo separa de la madre se halla presente de manera constante en el pensamiento de Freud, quien vuelve a ella de manera reiterada cuando quiere efectuar ulteriores esfuerzos por resolver el problema de la ansiedad. No obstante, debido a que los postulados básicos a partir de los cuales inició sus elucubraciones teóricas lo llevaron en otras direcciones, Freud nunca adoptó una teoría del sexto tipo.

Los distintos intentos dirigidos a explicar los fenómenos propios de la ansiedad de separación no solo revisten un interés histórico, sino también una considerable importancia práctica, puesto que cada teoría da lugar a un modelo diferente de funcionamiento de la personalidad y psicopatología y, en consecuencia, a modos significativamente distintos de practicar la psicoterapia y la psiquiatría preventiva. Debido a su influencia continua y vital, en el Apéndice I se presenta una reseña detallada de las teorías psicoanalíticas referentes a la ansiedad de separación. Varios de los supuestos en que se basan aquellas son evaluados en el capítulo 5, a la luz de los actuales conocimientos en el campo de la biología y la etología.

Antes de proseguir el análisis de tales teorías, no obstante, convendrá considerar algunas observaciones adicionales de la conducta durante y después de la separación, comenzando por la conducta de los niños y procediendo, a partir de allí, a trazar un cotejo con la conducta de los miembros jóvenes de otras especies. En todos los estudios que serán descritos, cabe puntualizar, o bien la madre abandona al niño, o este es apartado, casi siempre contra su voluntad, de la progenitora. La muy diferente conducta puesta de manifiesto en la situación opuesta, en la cual la madre permanece en un punto conocido mientras el hijo se dedica a explorar, fue descrita ya en el primer volumen de esta serie (capítulo 13) y constituye el tema central de los trabajos de Anderson (1972a, b, c) y Rheingold y Eckerman (1970). Siempre que el mismo niño inicie sus movimientos, con pleno conocimiento del sitio donde se halla la madre, demostrará un sentido de satisfacción y sed de aventuras. En las páginas siguientes la palabra *separación* implica siempre que es la madre o un tercero quien toma la iniciativa en ese sentido.

3

La conducta en presencia y en ausencia de la madre: seres humanos

> Originariamente la ansiedad que experimentan los niños no es sino la expresión de su sentir ante la pérdida de la persona amada.
>
> SIGMUND FREUD (1905b)

OBSERVACIONES NATURALISTAS

En el capítulo 1 se presentan datos concernientes a la conducta de los niños pequeños cuando están lejos de sus hogares y se los coloca, durante días o semanas enteras, en una guardería o en un hogar de padres sustitutos. En el presente capítulo, por el contrario, nos interesan casos de separaciones mucho más breves. Comenzaremos por las separaciones que se prolongan de unas pocas horas a un día, en circunstancias en que el chiquillo se ve obligado a permanecer en un sitio extraño con gentes desconocidas y sin recibir los cuidados de una madre sustituta.

Varios psicólogos registraron la conducta de los niños pequeños cuando ingresan por primera vez a una guardería o asisten a un centro de experimentación para ser examinados. En esas circunstancias, y por lo general sin proponérselo específicamente, los especialistas recogieron datos que prueban que el ingreso a la guardería mucho antes de los tres años constituye una experiencia indeseable para la mayoría de los niños, debido a las tensiones que les provoca. Los informes registrados ponen en evidencia que la ignorancia de la historia natural de la conducta de apego, aunada a la creencia errónea de que conviene que los pequeños «maduren» rápidamente y se tornen independientes, redunda en prácticas que someten a los pequeños y a sus padres a una dosis innecesaria de ansiedad y zozobra. No obstante, para los fines científicos perseguidos los informes resultantes tienen una gran ventaja: no se corre el riesgo de exagerar el grado de zozobra experimentada; por el contrario, probablemente se dé el caso opuesto.

El primer y más amplio estudio de este tipo sería el emprendido por Shirley en la Harvard School of Public Health (Escuela de Salud Pública de Harvard, Shirley y Poyntz, 1941; Shirley, 1942). En este estudio se observó a 199 pequeños (101 varones y 98 niñas) de dos a ocho años en el curso de una visita de un día de duración a un centro de investigación, durante la cual fueron sometidos a una serie de exámenes médicos y psicológicos, intercalados con períodos dedicados al juego, la comida y el descanso. Los niños permanecieron todo el tiempo sin las madres. Los autores expresan la creencia de que «las respuestas de esos pequeños ante la separación de sus madres fueron sumamente típicas de niños criados de manera predominante por sus progenitoras durante el período preescolar».

Todos los pequeños visitaron el centro a intervalos de seis meses; cualquiera de ellos asistía a él durante un lapso de unos tres años. Variaba la edad inicial: veinticinco efectuaron su primera visita a los dos años, veintiocho a los dos años y medio, y así sucesivamente, por grupos con una diferencia de medio año entre sí, hasta alrededor de los cinco años. Como resultado, el número de pequeños observados para cada nivel de edad iba de los veinticinco chiquillos, para el grupo de dos años, a un máximo de 127 para el grupo de cinco años y medio. Los resultados se suministran en función del porcentaje de niños de cada nivel de edad y sexo que demostraron ostensible inquietud en cada una de las tres situaciones que debieron enfrentar durante el día: la partida de la madre, el período de juego en el centro y el reencuentro con la madre al finalizar el día. Los datos publicados no establecen una distinción entre las respuestas de los pequeños durante su primera visita al centro y las de aquellos que ya habían efectuado una o más visitas previas.

De los niños del grupo de dos a cuatro años, cerca de la mitad[1] demostraron inquietud ante la partida de la madre al comienzo del día, situación que se repitió también en la mitad de ellos ante el reencuentro con la progenitora al finalizar el día. La proporción de pequeños que demuestran zozobra disminuye en los grupos de mayor edad, aunque al finalizar el día nunca está por debajo del 30 % en el caso de los varoncitos. Incluso durante el período de juego libre con un sustituto materno extraño, aunque amistoso, el porcentaje de niños que manifestaron inquietud fue considerable, ya que iba del 40 % de los más pequeños (de dos a tres años) a un 20 %, aproximadamente, del grupo de cuatro años, y un 15 % de los mayorcitos (de cinco a siete años).

> [...] las muestras de zozobra de índole emocional durante el período de juego no eran de ningún modo infrecuentes. Los pequeños demostraron su inquietud en el salón de juegos por medios diferentes, amén de llorar y llamar a la madre. Algunos simplemente se quedaban de pie, desconsolados, para matar el tiempo; otros se apoyaban, inquietos, ora en un pie, ora en el otro; y los había que miraban por la ventana defraudados, buscando con los ojos la figura familiar del auto paterno en medio del tráfico [...] Esos niños ignoraban los juguetes que se les ofrecían y rehusaban aceptar sugerencias para el juego.

Algunos permanecían sentados, distraídos, toqueteando un juguete sin objeto aparente o dejando deslizar la arena entre sus dedos. De los más pequeños, la mitad expresaban de manera explícita sus deseos de estar con la madre; de los que contaban entre cuatro y medio y seis años, la proporción de aquellos que clamaban por la presencia de la progenitora descendía a una cuarta parte.

Varios niños que no habían demostrado inquietud manifiesta durante el transcurso del día sí dieron muestras de ello al reencontrarse con la madre:

> Por lo general era el niño que había contenido el llanto con valentía y efectuado esfuerzos decididos por superar su sensación de inseguridad en horas más tempranas quien entonces rompía a llorar, ventilando sus emociones. Ante la visión de la madre desaparecía su necesidad de autonomía e independencia, y sufría una regresión volviendo a poner de manifiesto la conducta propia de un bebé, que había logrado superar por la mañana.

En esta edad, proporcionalmente era inferior el número de niñas visiblemente trastornadas, por comparación con el número de varoncitos. Es evidente que los autores del estudio dan su aprobación a la conducta de las primeras en virtud de su mayor «madurez» y lamentan la conducta de los segundos, más propia de «bebitos».

Los autores advierten que los chiquillos de tres años solían demostrar mayor inquietud que los de los grupos de mayor y menor edad: «Los pequeños de dos años o dos años y medio tenían poca conciencia de lo que les reportaría el día; experimentaban escasos temores por anticipado». A los tres años «tomaban mayor conciencia de las exigencias de la jornada, y se mostraban más reacios a dejar sus hogares». Ello ocurría, en particular, en el caso de aquellos que habían efectuado una o dos visitas previas al centro. Naturalmente, tanto el examen físico como los test psicológicos se llevaban a cabo dispensándoles un trato bondadoso. No obstante, lejos de acostumbrarse a los exámenes bianuales en ausencia de la madre, los pequeños se mostraban cada vez más aprensivos al respecto: «La familiaridad con la situación, a partir de una o dos experiencias previas, parecía tornar más aprensivos a los pequeños», y solían demostrar mayor inquietud al comienzo del día (Shirley, 1942). Por el contrario, los niños de cinco años o más solían aceptar la situación de buena gana, y algunos hasta disfrutaron con la experiencia.

Un estudio derivado del de Shirley, pero limitado a un fragmento muy pequeño del área cubierta por la investigación anterior, es el que describe Heathers (1954). En él los límites de edad se circunscriben a los niños más pequeños, y la conducta registrada se reduce a las respuestas infantiles ante el traslado de sus hogares a una guardería.

Durante los cinco primeros días de asistencia a una guardería se observó a treinta y un niños que contaban entre veintitrés y treinta y siete meses de vida, provenientes de hogares de clase media y dotados de una inteligencia superior a la normal. Durante cada uno de esos días un estudiante a quien el pequeño no conocía lo llevaba en automóvil a la escuela. A los efectos de satisfacer los requerimientos de los investigadores, «se solicitó a la madre de cada chiquillo que se despidiera de él en la puerta, y dejara que el observador lo llevara consigo hasta el auto». Aunque las madres procuraron explicar a sus hijitos qué podían aguardar, albergamos serias dudas de que esas explicaciones puedan haber significado gran cosa para los pequeños.

Se registró la conducta observada por medio de una lista de dieciocho ítems, lo que permitió obtener un panorama vívido de los tipos de respuesta posibles. La lista es la siguiente:

Cuando se lo lleva de la casa al auto

1. Llora.
2. Se esconde, trata de ocultarse, etcétera.
3. Se resiste a que lo vistan para partir.
4. Se aferra a la madre.
5. Llama a la madre.
6. Trata de regresar a la casa.
7. Debe ser conducido al auto.
8. Se resiste a que lo conduzcan al auto.

Durante los primeros cinco minutos en el auto

9. Llora.
10. Llama a la madre.
11. Busca que lo tranquilicen o consuelen.
12. Rehúsa que lo tranquilicen o consuelen.
13. Se muestra tenso, retraído o carente de respuestas.

Cuando llega a la escuela y entra al edificio

14. Llora.
15. Se resiste a abandonar el auto.
16. Debe ser tomado en brazos, transportado.
17. Se aferra al observador (su acompañante durante el viaje).
18. Se retrae, reacio a entrar.

Las puntuaciones diarias de los treinta y un niños según los dieciocho ítems precedentes fueron de cero a trece durante los cinco días computados, por lo cual reflejan notables variaciones individuales. Durante el primer día la puntuación media fue de 4,4. Aunque para el quinto día la puntuación correspondiente a la zozobra experimentada por veintiún niños era inferior a la que correspondía al primer día, resultó superior en el caso de cuatro de esos pequeños.

Interesa advertir que, durante el primer día, los niños mayorcitos (de treinta y treinta y siete meses) se mostraban significativamente más perturbados que los más pequeños (de veintitrés a veintinueve meses); los días siguientes, sin embargo, no hubo diferencia alguna entre los niños de ambos grupos. Heathers coincide con Shirley al advertir la posibilidad de que los niños algo mayores se mostrarían más perturbados en un comienzo porque, al haber realizado mayor número de visitas previas al centro de investigación a los efectos de ser examinados, podían prever más fácilmente lo que habría de suceder.

En el primer volumen de esta serie (capítulo 11) ya se hizo referencia a un tercer estudio que seguía los pasos de las investigaciones de Shirley y Heathers; en dicho capítulo se suministraba un breve informe sobre las observaciones de Murphy (1962) en torno a los pequeños que visitaban un centro de investigación para llevar a cabo una sesión de juego planificada. En este estudio las medidas adoptadas para recoger a los niños con un auto eran similares a las adoptadas por Heathers, pero el momento de la separación entre madre e hijo se encaraba desde un punto de vista muy diferente. Aunque se alentaba a los niños a que partieran en coche con una escolta, esta última no tenía por qué ser una persona absolutamente desconocida. Además también podía acompañarlo la madre, siempre que esta o el hijo expresaran su preferencia en ese sentido. No sorprende el hecho de que solo una reducida minoría de entre los quince pequeños de dos años y medio a cuatro años accedieran a partir sin la progenitora. No obstante, al llegar al centro de investigación la madre se marchaba, dejando solo a su hijo.

Los descubrimientos de Murphy coinciden con los de los estudios anteriores. Sus registros de niños individuales incluyen algunos que permiten entrever con claridad la determinación del hijo de ser acompañado por la madre. Hay razones de peso para creer que se trata de una reacción perfectamente saludable y natural del pequeño enfrentado a una situación en que se lo invita a partir en compañía de dos damas a las que apenas conoce con rumbo desconocido.

Un estudio descriptivo detallado de Janis (1964) sobre una niñita que comenzó a asistir a una guardería durante dos medios días por semana cuando apenas contaba dos años y tres meses ilustra cabalmente la ansiedad que experimenta un chiquillo de esa edad ante dicha experiencia, y hasta qué punto, al menos durante un tiempo, esa ansiedad puede permanecer oculta.

Lita es descrita como «una niña normal, sumamente locuaz»; se trataba de la más pequeña de tres hijas de padres profesionales. Los padres son descritos como «sensibles a las necesidades de sus hijos (y) conscientes de las posibles dificultades que puede ocasionar una separación». De acuerdo con la política de la guardería, la madre podía permanecer con el pequeño hasta tanto este no estuviese maduro para quedarse solo.

La madre de Lita permaneció con ella las dos primeras veces que la niña asistió a la guardería. La tercera vez, cuando la madre la dejó durante un breve lapso, Lita, riendo, exclamó repetidamente: «¡Mamá! ¡Papá! ¡Dorita! ¡Hebe!» (los nombres de las dos hermanas, de cinco años y ocho meses y diez años y medio). Una semana después, durante la quinta visita, Lita insistió en llevar una falda semejante a la que usaba Dorita, hacia la cual se hallaba sumamente unida por un vínculo de afecto. Durante la decimocuarta sesión Lita pretendía ser Dorita: «Soy Dorita. Llámenme Dorita».

Durante las sesiones siguientes, no obstante, Lita comenzó a objetar con mayor fuerza que nunca la partida de la madre, y ocasionalmente la llamaba a gritos. El día anterior a la decimoctava sesión, Lita (en su hogar) insistía en seguir a la madre por todas partes y aferrarse a ella. Al día siguiente, en la guardería, «Lita rompe a llorar cuando la madre le dice adiós. Su llanto era muy vehemente [...] el rostro arrebatado y sonrojado». A partir de ese momento Lita dejó de llamarse a sí misma Dorita.

> En vez de los progresos paulatinos previstos por la madre a partir del momento en que Lita reconociera como propia a la guardería, la conducta de la pequeña empeora. No deja partir a la madre; llora amargamente cuando aquella, por fin, se marcha; se le aferra cada vez más y disminuye su capacidad para jugar independientemente; sus pautas de juego son limitadas, regresivas, descontroladas y, en ocasiones, violentas; en el hogar disminuye el control de los esfínteres, a la manera de advertencia (unos pocos accidentes de menor importancia), por primera vez después de medio año de haber adquirido un control completo.

Por añadidura, cuando durante esas semanas se dejaba a Lita en su hogar con alguna persona conocida, mientras la madre salía, la pequeña daba cada vez mayores signos de extrañar la presencia de aquella. Asimismo, se mostraba cada vez más obstinada y desobediente.

Durante las primeras sesiones del siguiente término escolar, que se inició cuando Lita contaba dos años y seis meses, la pequeña insistió en que la madre debía permanecer con ella; más adelante, aunque aceptó el hecho de que la progenitora debía partir, se mostraba distraída y no podía concentrarse en el juego; y al regresar la madre la primera observación de la chiquilla era «No lloré». Al cabo de cuatro semanas, sin embargo, una vez más rompía a llorar ante la partida de la madre, conducta que persistió con interrupciones durante el resto del período escolar. Solo durante el tercer término, iniciado cuando Lita contaba dos años y nueve meses, pudo la pequeña acostumbrarse a la escuela y dejar de extrañar a la madre.[2]

Aunque se describe a los padres de Lita como sensibles a las necesidades de sus hijas, y como benignos al régimen de la guardería, el informe suministrado pone en evidencia que tanto ambos progenitores como la maestra esperaban demasiado de una niña tan pequeña. Aunque a menudo lograba controlarse, la preocupación constante de la pequeña por no romper a llorar, reiterada a lo largo del informe, revela las tensiones que debía soportar.

De no haber habido tantas concepciones erróneas acerca de las normas de conducta previstas para los niños pequeños cuando se los deja solos, incluso durante un breve lapso, en un lugar extraño y con personas desconocidas, habría sido innecesario presentar los datos de manera tan exhaustiva. No obstante, se perpetúan esas concepciones erróneas, en particular entre los profesionales. De manera implícita sigue afirmándose reiteradamente que un niño normal no tiene por qué hacer un escándalo ante la partida de la madre, y que, de hacerlo, ello nos da la pauta de que la progenitora lo está malcriando o de que el pequeño se ve aquejado de algún tipo de ansiedad patológica. Es de esperar que dichas reacciones se interpreten de manera novedosa y más realista cuando se llegue a comprender la historia natural y función que cumple la conducta de apego.

ESTUDIOS EXPERIMENTALES

Como el hacer objeto al niño de una separación muy breve, que dure solo unos minutos, es aceptable desde el punto de vista ético, la conducta a la que ello da lugar puede examinarse en condiciones experimentales; por consiguiente, pueden controlarse las variables y resulta relativamente fácil efectuar observaciones sistemáticas y detalladas. Por añadidura, la conducta del pequeño en ausencia de la madre puede compararse con la conducta que pone de manifiesto en presencia de aquella, siempre que las demás condiciones permanezcan invariables.

Arsenian (1943) fue el primero en emprender estudios de este tipo. En estos últimos años muchos investigadores siguieron su ejemplo, entre ellos, Ainsworth (Ainsworth y Wittig, 1969; Ainsworth y Bell, 1970), Rheingold (1969), Cox y Campbell (1968), Maccoby y Feldman (1972), Lee, Wright y Herbert (en preparación) y Marvin (1972). El cuadro total de la conducta de los niños, tal como se desarrolla entre el primer y tercer año de vida, resulta coherente.

En el primer volumen de esta serie (capítulo 16) se hace una referencia al paso al estudio de Ainsworth, al considerarse las pautas del vínculo afectivo. A partir de entonces la investigadora y sus colegas publicaron observaciones más detalladas y basadas en una muestra mucho más amplia de niños (para una reseña actualizada de los descubrimientos véase Ainsworth, Bell y Stayton, en prensa).

Los sujetos del estudio de Ainsworth eran cincuenta y seis bebés de un año, provenientes de familias norteamericanas blancas de clase media, y criados en el seno de la familia según las pautas características de la década de 1960. Con respecto a una submuestra de veintitrés bebés, se efectuaron observaciones detalladas durante el primer año de vida sobre el desarrollo de su conducta social, haciéndose referencia específica a la conducta de apego. En cuanto a los otros treinta y tres bebés, se iniciaron observaciones limitadas del desarrollo durante su noveno mes (Bell, 1970). Luego se observó la conducta de los cincuenta y seis bebés para la época de su primer cumpleaños. Por ese entonces[3] se invitaba a la madre a participar con él en una breve serie de episodios experimentales, cuyo objetivo era determinar de qué manera se comportaría el pequeño en un ambiente acogedor aunque ligeramente diferente, primero en presencia de la madre y luego en su ausencia.

A tales efectos, Ainsworth amuebló una pequeña habitación con tres sillas, dejando un espacio abierto en el medio. Una silla, en uno de los rincones, era para la madre; otra, frente a ella, para una desconocida, y una tercera sillita, en el extremo opuesto, se destinaba a sostener una pila de juguetes. Se diseñó la situación de manera tal que fuese lo bastante novedosa como para excitar el interés del niño, pero no lo bastante extraña como para aterrorizarlo. La entrada de la persona desconocida (una mujer) debía ser lo bastante gradual como para que todo atisbo de temor que pudiese provocar fuese atribuido a la falta de familiaridad del pequeño con ella, y no a una conducta abrupta o alarmante. Se sucedieron ocho episodios experimentales, organizados de manera tal que los menos perturbadores se registraran en primer lugar; por añadidura, la serie, como un todo, era de índole similar a muchas experiencias que el bebé podía tener en el curso de su vida cotidiana. Tanto la madre como la desconocida recibían instrucciones por adelantado sobre los papeles que debían desempeñar. Los episodios se organizaron de la siguiente manera:

En un episodio preliminar, la madre, acompañada de uno de los observadores, llevaba al bebé a la habitación; luego partía el observador.

Durante el episodio 2, de tres minutos de duración, la madre depositaba al bebé entre las dos sillas destinadas a los adultos y se sentaba tranquilamente en la correspondiente silla. No debía participar en el juego del bebé a menos que este buscara llamarle la atención, y entonces solo participaría en un grado mínimo.

Al comienzo del episodio 3, también de tres minutos de duración, entraba la desconocida. Durante el primer minuto se sentaba tranquilamente en su silla; durante el segundo minuto conversaba con la madre; y por último, durante el tercer minuto, se acercaba con suavidad al bebé, mostrándole un juguete. Entretanto, la madre permanecía tranquilamente sentada.

El episodio 4 se iniciaba cuando la madre salía de la habitación tratando de pasar desapercibida, dejando la cartera en la silla. Si el bebé estaba jugando contento, la desconocida permanecía en silencio; pero si se hallaba inactivo, procuraba interesarlo por un juguete. Si el bebé daba muestras de perturbación, hacía lo posible por distraerlo o reconfortarlo. Al igual que los dos episodios anteriores, este duraba tres minutos; pero su duración se reducía si el bebé daba muestras de zozobra y no podía ser consolado.

El episodio 5 se iniciaba con el retorno de la madre, tras lo cual partía la desconocida. Al entrar, la madre debía detenerse en el umbral, para observar la respuesta espontánea del bebé. Luego tenía plena libertad de hacer lo que estimase más aconsejable: consolarlo, de ser preciso, y reintegrarlo una vez más al juego. Entonces la madre debía salir una vez más de la habitación, deteniéndose un instante para decir «adiós».

Durante el episodio 6, en consecuencia, el bebé quedaba absolutamente solo. A menos de reducirse su longitud debido a la zozobra manifestada por el pequeño, el episodio duraba los tres minutos acostumbrados.

Luego regresaba una vez más la desconocida, seguida de la madre, en los episodios 7 y 8, respectivamente.

Durante la serie total de episodios, observadores situados detrás de una ventana que permitía la visión en una dirección única registraban la conducta del bebé, la madre y la desconocida. A partir de ese registro podían obtenerse dos medidas de conducta para cada bebé: a) la frecuencia con que se registraban las diferentes pautas de conducta durante cada episodio, medida, en todos los casos, asignando una puntuación de 1 para cada período de quince segundos durante el cual se advertía esa conducta (por consiguiente, para un episodio de tres minutos la puntuación podía variar entre cero y doce); b) la intensidad de ciertas pautas de conducta registradas durante cada episodio; al medir esa intensidad, a menudo era necesario tener en cuenta la conducta de la madre o de la desconocida para con el bebé.

El descubrimiento al que se presta atención especial en este capítulo reside en que la conducta de esos cincuenta y seis bebés de un año durante los episodios en que se hallaba ausente la madre (n.° 4 y 6) siempre difería notoriamente de la registrada durante el episodio anterior (n.° 2), durante el cual la madre permanecía tranquilamente sentada en la habitación. Todos los bebés pusieron de manifiesto una conducta de franca ansiedad o zozobra, debido a que extrañaban la presencia de la madre.

Durante el episodio 2, mientras la madre se hallaba presente, el bebé, de manera característica, demostraba un interés activo por el ambiente. Por regla general se movía libremente de un lado a otro y jugaba con los juguetes, dirigiendo solo una mirada ocasional en dirección a la madre; una reducida minoría (siete pequeños), sin embargo, se mostró inactiva, y esos bebés tendían a permanecer en el sitio donde habían sido depositados. Durante ese episodio se advertía palpablemente la ausencia de llanto, aunque algún niño ocasional sollozaba inicialmente durante unos instantes.

Durante el episodio 3, en el que la desconocida se unía a la madre y al bebé, la conducta de la mayoría de los chiquillos cambiaba de manera fundamental. Casi todos miraban fijamente a la desconocida; muchos se acercaban más a la madre; y las pautas de exploración y juego se reducían, como promedio, a la mitad. Algunos pequeños ponían de manifiesto una tendencia a llorar, a gimotear; pero solo en cinco casos ese llanto se caracterizó por su intensidad. Por regla general la desconocida despertaba el interés del niño y, con relativa prontitud, recibía muestras de atención cautelosa.

Durante el episodio 4 había partido la madre, y el bebé se hallaba solo con la desconocida. La mitad de los pequeños ponían de manifiesto una poderosa tendencia a buscar a la madre, por lo general en cuanto advertían su partida. Once la siguieron hasta la puerta, o trataron de hacerlo; los otros miraban en esa dirección con frecuencia o durante períodos prolongados, o buscaban a la madre en la silla donde había estado sentada. También se produjeron grandes explosiones de llanto y otros signos de perturbación. En el grupo en su totalidad se produjeron cuatro veces más episodios de llanto durante la ausencia de la madre que durante el episodio 3. Doce bebés lloraron prácticamente todo el tiempo, y otros trece durante parte de él. En su totalidad, treinta y nueve pequeños rompieron a llorar o emprendieron la búsqueda de la madre, o hicieron ambas cosas a la vez (trece casos). Ello deja un total de diecisiete (una minoría bastante sustantiva) que no pusieron de manifiesto ni una ni otra conducta.

La conducta de los bebés durante el episodio 5, tras el regreso de la madre, es señalada nuevamente en el capítulo 21. Baste aquí decir que la mitad de ellos se acercaron a la madre de manera activa y revelaron claros deseos de permanecer junto a ella, en tanto que otros seis pequeños hicieron gestos o intentos de aproximación menos perceptibles. Trece de los bebés más activos, tras lograr establecer un estrecho contacto físico con la madre, lo mantuvieron aferrándose a ella y resistiendo sus intentos por depositarlos en el suelo. Todos dejaron de llorar, si bien algunos chiquillos que habían dado agudas muestras de perturbación no se consolaron con facilidad.

Durante el episodio 6, una vez que la madre partió de nuevo, dejando al bebé completamente solo esta vez, un mayor número de ellos rompieron a llorar e iniciaron la búsqueda de la madre, y dichas pautas de conducta adquirieron mayor intensidad que durante el episodio 4. En esta ocasión cuarenta y cuatro bebés emprendieron la búsqueda de la madre; de ellos, treinta y uno la siguieron hasta la puerta. De estos treinta y uno, a su vez, catorce golpearon la puerta o trataron de abrirla, haciendo vanos esfuerzos por alcanzar la manija o tratando de insertar los dedos en la hendidura. Entre los doce bebés que no buscaron a la madre, unos pocos la habían buscado durante el primer episodio de separación, pero en la segunda ocasión solo dieron muestras de zozobra. Durante el episodio 6 también fueron comunes las muestras de llanto. Cuarenta pequeños rompieron a llorar con mayor o menor fuerza; entre ellos se incluían todos aquellos que habían dado señas de perturbación durante el episodio anterior, a la par que muchos otros. Algunos se balanceaban, o golpeaban los talones contra el suelo, o se movían al azar, «como un animalito atrapado». Solo dos de los bebés no rompieron a llorar ni iniciaron la búsqueda de la madre; treinta de ellos registraron ambas conductas.

El episodio 6 concluyó con el regreso de la desconocida, con lo que se dio comienzo al episodio 7. Después de tres minutos, durante los cuales la desconocida permaneció con el bebé, se produjo el regreso de la madre, que marcó la iniciación del episodio 8.

Durante el episodio 8 la tendencia a aproximarse a la madre, aferrarse a ella y resistir a ser depositados en el suelo fue mucho más fuerte y se advirtió en un número mucho mayor de bebés que durante el episodio previo de reencuentro con la progenitora. En esta oportunidad treinta y cinco de los cincuenta y seis bebés se aproximaron a la madre de manera activa y revelaron deseos inocultables de contacto físico; otros nueve demostraron esos deseos por medio de señas, o bien se acercaron a la madre de manera menos decidida. Otros dos pequeños, aunque no se aproximaron a la madre, entablaron una vivaz comunicación con ella a la distancia. Lo más sorprendente fue el elevado número de bebés (cuarenta y dos) que se aferraron activamente a la madre y se resistieron a ser depositados una vez más en el suelo; otros tres, si bien no se aferraron a la madre, se resistieron a ser depositados en el suelo.

Entre una minoría de los pequeños incluidos en las cifras citadas se pusieron de manifiesto signos de ambivalencia más o menos pronunciada hacia la madre. Unos pocos la ignoraron durante unos instantes, antes de aproximarse a ella, en tanto que otros oscilaban entre acercársele y apartarse. Algunos desarrollaron una conducta tan ambivalente que combinaban los intentos activos por buscar y mantener el contacto con la madre con los intentos por apartarse de ella.

Una pequeña minoría (siete bebés) se comportó de manera muy diferente: ni se aproximaron a la madre, ni dieron señales de tener el más mínimo deseo de hacerlo. Por el contrario, la ignoraron con pertinacia y se negaron a responderle cuando aquella los invitó a acercarse. Algunos incluso evitaron mirarla.

Para volver a los episodios 4 y 6: cuando se examina la conducta registrada durante estos dos episodios, en ausencia de la madre, se descubre que los bebés por lo general tendían a buscarla o a romper a llorar, o ambas cosas a la vez. El siguiente cuadro indica el número de pequeños que respondieron de alguna de estas tres maneras para cada episodio.

Conducta	*Episodio*	
	4	*6*
Llanto solamente	12	10
Búsqueda solamente	14	14
Búsqueda y llanto	13	30
Total (*N* = 56)	39	54

Cuando la conducta de cualquier bebé en el episodio 6 se coteja con la puesta de manifiesto en el episodio 4, se descubren las siguientes secuencias:

- Los que lloraron solamente en el episodio 4 tendían a hacer lo mismo en el episodio 6.
- Los que solo iniciaron la búsqueda de la madre en el episodio 4 tendían a buscarla y a llorar en el episodio 6.
- Los que buscaron a la madre y lloraron en el episodio 4 tendían a hacer lo mismo en el episodio 6, aunque algunos lloraron solamente.

Las diferencias individuales en las respuestas de estos pequeños revisten sumo interés y (tal como se las analiza en el capítulo 21) se correlacionan con las diferentes pautas de interacción madre-hijo observadas el año precedente. En este caso, no obstante, nuestro interés se centra en las características en común de las respuestas infantiles. En cada ocasión en que la madre salía de la habitación (primero dejando al bebé con la desconocida, luego dejándolo totalmente solo) variaba la conducta de todos los pequeños. El juego y la actividad exploratoria disminuían gradualmente o se interrumpían por completo. Durante la segunda sesión, en particular, todos los bebés, con la única excepción de dos, revelaron profundo desagrado por la situación, lo que expresaron buscando a la madre, llorando desconsolados o incurriendo en ambas pautas de conducta a la vez. Fue considerable el grado de zozobra y ansiedad durante la ausencia de la madre, aun cuando la habitación y los juguetes permanecían tal como habían estado.

En tanto que la descripción de las características generales de la conducta del total de niños de la muestra permite elaborar generalizaciones confiables, también suele ser algo impersonal. A los efectos de ilustrar en parte lo que la serie de episodios significó para un niño pequeño y su madre, procedemos a transcribir la descripción de un caso, seleccionado por su relativa representatividad:[4]

1. *Madre, bebé, observador.* Al llegar a la habitación, Bernardo rodeaba el hombro de la madre con un brazo; se aferraba a ella, tomándola de un pliegue de la blusa. Miraba en derredor juiciosamente, pero lleno de interés, a los juguetes y al observador.

2. *Madre, bebé.* Al ser depositado en el suelo, de inmediato Bernardo comenzó a gatear en dirección a los juguetes e inició su exploración. Se mostraba sumamente activo, levantando los juguetes, dejándolos caer o moviéndolos, con movimientos vigorosos. Gateaba por doquier, en especial del lado de la habitación en que se hallaba la madre. Aunque su atención se centró en los juguetes, elevó la vista seis veces en dirección a la progenitora y le sonrió dos veces. La madre lo miró solapadamente, de tanto en tanto, pero sus ojos no parecieron encontrarse. En un momento determinado el pequeño le arrojó un juguete a los pies, produciendo un estrépito; la madre lo movió en su dirección. Por otra parte, no se registró ninguna otra pauta de interacción entre ellos. Cuando estaban por transcurrir tres minutos el pequeño sopló en un largo tubo de cartón, vocalizando cual si se tratase de una bocina, y luego miró a la madre con una sonrisa, aguardando, en apariencia, que diera muestras de reconocer su «hazaña».

3. *Desconocida, madre, bebé.* El bebé se volvió para mirar a la desconocida cuando esta hizo su entrada, con una expresión de placer en el rostro. Nuevamente jugó con el tubo, vocalizó, sonrió y se volvió a mirar a la madre. Continuó jugando, y en dos ocasiones dirigió una mirada a la des-

conocida. Cuando esta y la madre comenzaron a conversar, el pequeño continuó explorando activamente en un rincón de la sala y levantó la vista en una única oportunidad, para mirar a la desconocida. Hacia el final del minuto de conversación gateó en dirección a la madre, se irguió y permaneció parado durante breves instantes, asiendo la rodilla de aquella con una mano y la blusa con la otra. Luego volvió a jugar. Cuando la desconocida trató de acercarse a él ofreciéndole un juguete, sonrió, gateó en dirección a ella y procuró alcanzarlo. Se colocó el juguete en la boca. La mujer le ofreció el tubo, y el pequeño volvió a soplar en él. Una y otra vez dirigió su vista de los juguetes a la desconocida y viceversa, pero no miró para nada a la madre.

4. *Desconocida, bebé.* El bebé no advirtió la partida de la madre. Continuó mirando a la desconocida y a los juguetes que esta manipulaba. De repente se arrastró hasta la silla de la madre, se paró y miró a la desconocida. Esta trató de distraerlo con un juguete. El pequeño se aproximó y comenzó a hacerlo rodar, pero miró nuevamente en dirección a la silla vacía de la madre. Se mostró menos activo que cuando lo habían dejado solo con la madre, y al cabo de dos minutos cesó su actividad. Se sentó, chupando el hilo con el que se tiraba del juguete, mirando en dirección a la desconocida y desviando la vista hacia la silla de la madre. Produjo un sonido a la manera de lamento, luego su rostro se distorsionó, como si estuviera a punto de llorar, y por fin rompió a llorar. La desconocida procuró distraerlo ofreciéndole un cubo; el pequeño lo tomó, pero lo arrojó al suelo con gesto petulante. Derramó algunas lágrimas de protesta, pero no lloró a viva voz.

5. *Madre, bebé.* Cuando la madre abrió la puerta y se paró en el umbral, Bernardo la miró de inmediato y emitió un sonido muy agudo, que bien podría haber sido una carcajada o un amago de sollozo; luego comenzó a gatear rápidamente en dirección a ella, y se puso de pie, con su ayuda, apoyándose en sus rodillas. Entonces la madre lo levantó, y de inmediato el bebé le puso los brazos en torno al cuello, el rostro contra el hombro, y la abrazó con fuerza. Antes de ser depositado en el suelo le dio otro fuerte abrazo. El pequeño se resistió a ser depositado en el suelo; trató de aferrarse de la madre, y protestó a viva voz. Ya en el suelo se arrojó sobre la alfombra, ocultó en ella su rostro y comenzó a llorar amargamente. La madre se arro-

dilló a su lado y procuró interesarlo nuevamente en sus juguetes. El pequeño dejó de llorar y la observó. La madre lo ayudó a ponerse de pie y lo hizo objeto de algunos mimos. El pequeño respondió por un instante, pero luego se arrojó nuevamente al suelo, llorando. Una vez más la madre lo levantó, y procuró dirigir su atención hacia una pelota que producía un chirrido. El niño la miró, todavía aferrado a la madre, con un brazo en torno a su hombro. Comenzó a jugar, pero muy pronto se volvió en dirección a la madre y se apretó contra ella. La oscilación entre las pautas de juego y las de aferramiento continuó ininterrumpidamente. Después de cuatro minutos y medio la madre, que en apariencia no deseaba provocarnos una demora, se movió en dirección a la puerta en momentos en que el niño se hallaba interesado por una pelota.

6. *El bebé solo.* Cuando la madre dijo «adiós» y saludó con la mano, Bernardo la miró con una ligera sonrisa en los labios, que pronto se convirtió en llanto cuando la madre acabó de cerrar la puerta. Entonces el bebé se sentó, llorando, y balanceándose de atrás hacia delante. Lloró a gritos, aunque ocasionalmente se calmaba y miraba en derredor. Al cabo de un minuto y medio decidió reducirse la duración del episodio, y se impartieron a la desconocida instrucciones de que entrase.

7. *Desconocida, bebé.* Bernardo se calmó algo cuando vio entrar a la desconocida, pero continuó llorando. Primero aquella trató de distraerlo, y luego le ofreció sus brazos. Bernardo respondió elevando los brazos; la mujer lo levantó, y el pequeño dejó de llorar de inmediato. La desconocida lo tuvo en brazos y le mostró los dibujos colgados alrededor de los bordes de la ventana-espejo. El pequeño los miró con aparente interés; aferrándose con fuerza de las ropas de la mujer. Ocasionalmente emitía un leve sollozo, pero la mayor parte del tiempo no lloraba. Sin embargo, cuando fue depositado en el suelo comenzó a aullar. La mujer lo levantó nuevamente, y el pequeño se calmó.

8. *Madre, bebé.* Cuando regresó la madre, Bernardo estaba llorando con indiferencia. No advirtió la presencia de la progenitora. La desconocida se volvió a medias y la señaló. Bernardo la miró, llorando todavía, y luego se volvió. No obstante, pronto volvió a mirarla, emitiendo algunas quejas. La madre le ofreció los brazos. El pequeño extendió los brazos en su dirección,

sonriendo, e inclinándose desde los brazos de la desconocida, y la madre lo tomó en brazos. El pequeño le echó los brazos al cuello, abrazándola con fuerza, y retorciéndose lleno de excitación. La desconocida trató entonces de llamarle la atención. Bernardo no lo advirtió hasta que aquella no lo tocó; entonces el bebé se aferró aún más a la madre y ocultó el rostro en sus hombros. La madre continuó sosteniéndolo, el pequeño siguió aferrándose de ella, y así concluyó el episodio.

Desde que Ainsworth dio a conocer por primera vez sus descubrimientos han podido conocerse los resultados de varios otros estudios. En tres de ellos (Maccoby y Feldman, 1972; Marvin, 1972) la serie de situaciones experimentales utilizadas se planificaron de manera tan semejante como fuera posible a las del estudio de Ainsworth, aunque en esos casos los niños eran mayores. En otros dos estudios (Cox y Campbell, 1968; Lee y otros, en preparación) las situaciones diferían de la investigación de Ainsworth, pero en cada uno de ellos se presenta la oportunidad de estudiar a los niños en un ambiente experimental, primero en presencia de la madre y luego en ausencia de esta. En el cuadro transcrito más adelante se suministran detalles.

Como los dos últimos estudios citados suministran datos comparativos de la conducta al año de vida con la registrada a los dos años o después, convendrá presentar primero los descubrimientos obtenidos a partir de uno de ellos.

Autores	*Muestras*	*Edades de los niños estudiados*
Maccoby y Feldman	Norteamericanos blancos, 30-60, longitudinal	2, 2½, 3 años
Maccoby y Feldman	De kibbutz de Israel, 20, transversal	2½ años
Marvin	Norteamericanos blancos, 3 × 16, transversal	2, 3, 4 años
Cox y Campbell	Canadienses blancos, 2 × 20, transversal	14 meses 24-37 meses
Lee y otros	Ingleses de clase media, 27, longitudinal	1, 2, 3 años

Los descubrimientos preliminares registrados por Lee y sus colegas demuestran que, en tanto que la conducta afectiva continúa siendo extremadamente activa por la época del segundo cumpleaños, el sistema de conducta que la rige se ha modificado en muchos aspectos desde el primer año de vida. El cotejo de la conducta de los mismos niños, colocados en idéntica situación, al año y a los dos años, indica que a los dos años los pequeños suelen:

- Mantener una *mayor* proximidad con la madre, descubrimiento ya registrado a partir de las observaciones efectuadas de puertas afuera por Anderson (1972a).
- Mostrar mayores vacilaciones antes de acercarse a un desconocido.

Por otra parte, el mero hecho de estar cerca de la madre y poder verla parece suficiente como para brindar a un pequeño de dos años una sensación de seguridad, en tanto que un pequeño de un año suele insistir en sus deseos de entablar contacto físico. Por añadidura, los niños de dos años se quejan menos que los de un año durante períodos breves en que las madres los dejan solos. Lee llega a la conclusión de que, por comparación con los niños de un año, los de dos años poseen estrategias cognitivas más perfeccionadas para mantener el contacto con la madre. Recurren en medida mucho mayor a la comunicación ocular y verbal, y con probabilidad también elaboran imágenes mentales difícilmente factibles en el caso de un bebé de un año. Como resultado, su conducta de apego se organiza mejor y pueden mantener la proximidad con la madre con mayor eficacia que un año antes.

Durante el tercer año de vida los cambios advertidos en la conducta puesta de manifiesto en las situaciones experimentales probablemente también sean, en gran medida, resultado del desarrollo producido en la habilidad cognitiva del niño. En su estudio longitudinal de pequeños de dos a tres años, Maccoby y Feldman (1972) advierten la habilidad mucho mayor de estos últimos para comunicarse con la madre a distancia, así como su mayor capacidad para comprender que la madre habrá de retornar muy pronto cuando sale de la habitación. Como resultado, cuando se compara la reacción de los niños de tres años ante la breve ausencia de la madre con la de los de dos años, advertimos que disminuyen notoriamente conductas tales como el llanto y los movimientos en dirección a la puerta cerrada. Por añadidura, los pequeños de tres años que han sido dejados solos recuperan su ecuanimidad incluso cuando se reencuentran con una persona desconocida, en tanto que los de dos años permanecen tan perturbados ante el regreso de la desconocida como cuando estaban totalmente solos.

Las respuestas de los pequeños observados por Maccoby y Feldman al ser examinados en un grupo de edad intermedia de dos años y medio en la misma serie de situaciones se hallaban en un punto intermedio, aproximadamente, entre las de los niños de dos años y los de tres. Interesa advertir que la conducta puesta de manifiesto en las mismas situaciones por niños de kibbutz de dos años y medio difería poco o nada de la de los niños norteamericanos de la misma edad. Entre ambos grupos se hallaron similitudes tanto en relación con las medidas de cada grupo como con referencia a la gama de variaciones individuales entre uno y otro. Estos descubrimientos coinciden con otras observaciones que sugieren que el desarrollo de la conducta afectiva en los pequeños criados en los kibbutz es, en la mayoría de los casos, muy similar al de los niños criados en el seno de una familia común (véase el primer volumen, capítulo 15).

Aunque la conducta afectiva se desarrolla de manera significativa durante el segundo y tercer año de vida, la conducta infantil en ausencia de la madre, en las situaciones experimentales, sigue siendo muy diferente de la registrada en presencia de aquella. Maccoby y Feldman, por ejemplo, descubrieron que el juego manipulativo de los pequeños de dos años disminuía en cerca de una cuarta parte cuando se quedaban en compañía de una desconocida, y en cerca de la mitad cuando se quedaban solos. Por el contrario, aumentaba considerablemente la proporción de los pequeños que lloraban, de un 5 % cuando la madre se hallaba presente a un 30 % cuando el chiquillo se quedaba con la desconocida y un 53 % cuando se quedaba totalmente solo. Los cambios en la conducta de los niños de tres años cuando la madre se hallaba ausente eran menos llamativos que en el caso de los pequeños de dos años, pero se producían en una misma dirección. Sus juegos manipulativos disminuían en una sexta parte cuando se quedaban con la desconocida, y en una tercera parte cuando se quedaban totalmente solos. La proporción de chiquillos que lloraban ascendía de cero a un 5 y un 20 %, respectivamente, en las dos situaciones en que se hallaba ausente la madre.

Amén de llorar cuando se marchaba la madre, muchos niños de todas las edades revelaban sus deseos de seguirla. Del grupo de dos años, el 30 %

se dirigió hacia la puerta e hizo esfuerzos por abrirla; y un 21 % más permaneció cerca de la puerta o se apoyó contra ella. De los niños de tres años, el 34 % procuró abrir la puerta, y casi la mitad de ellos la golpeó vigorosamente. Una vez más, para cada nivel de edad una minoría sustantiva expresó su enojo por la ausencia de la madre: el 19 % de los niños de dos años, el 31 % de los de dos años y medio y el 14 % de los de tres años.

Al advertir la creciente actividad observada cuando los pequeños se quedaron solos, evidente, en particular, entre los pequeños de dos años y dos años y medio, Maccoby y Feldman señalan:

> Esta mayor actividad con frecuencia adoptaba la forma de una búsqueda ansiosa o un movimiento agitado. Ocasionalmente se producía una reacción totalmente opuesta ante la tensión provocada por el hecho de quedarse solo: una suerte de pétrea inmovilidad [...] algunos niños permanecían absolutamente quietos. Esto podía ocurrir cerca de la puerta, donde el pequeño aparentaba aguardar el retorno de la madre, o en cualquier otro punto de la habitación. En unos pocos casos el niño jugaba con los juguetes, pero cada movimiento se producía con velocidad cada vez menor, como si la acción hubiese sido filmada con cámara lenta. Asimismo, ocasionalmente sucedía que un pequeño que se mostraba perturbado por la separación oscilaba entre los desplazamientos o corridas sin rumbo preciso y la absoluta inmovilidad.

En cuanto a la evaluación de estas observaciones, quizá sea necesario recordar a los lectores que en cada ocasión en que se marchaba la madre esta permanecía ausente no más de tres minutos, e incluso por un lapso más breve si el pequeño daba muestras de zozobra; además, en la primera de las dos ocasiones el niño quedó en compañía de una mujer que, aunque extraña para él, era de disposición amistosa, y a la cual había visto por vez primera en presencia de la madre. Por añadidura, todavía se encontraban en la habitación los juguetes con los que había estado jugando.

Los descubrimientos de Marvin (1972) en un estudio transversal de muestras de ocho varoncitos y ocho niñas de tres niveles de edad coinciden a grandes rasgos con los de Maccoby y Feldman; en este caso las observaciones se extienden hasta los cuatro años. En el estudio de Marvin la conducta de niñas y varones solía diferir. Los niños de dos años se mostraban tan perturbados como los bebés de un año de Ainsworth. Los varones de tres años se mostraban menos perturbados que los de dos; y los de cuatro años se mostraban poco afectados, comparativamente, por cualquiera de las situaciones. Por el contrario, las niñitas de dos y tres años se mostraban notoriamente menos afectadas por los hechos vividos que las de un año, en tanto que las de cuatro años se sentían mucho más perturbadas, en especial cuando se las dejaba solas. Marvin sugiere una explicación posible de este último resultado, totalmente imprevisible; tal vez una niña de cuatro años se muestre particularmente perturbada ante la conducta aparentemente arbitraria de la madre en la situación de prueba, y por su poca disposición a colaborar cuando la pequeña le pide que no la deje sola.

Aunque a grandes rasgos los descubrimientos de los distintos estudios resultan coherentes, existen notorias diferencias en sus detalles. Por ejemplo, ni Ainsworth, con sus bebés de un año, ni Maccoby y Feldman, con sus niños de dos y tres años, hallaron diferencias de magnitud en cuanto a sexo; en tanto que Lee y sus colegas, con sus pequeños de uno y dos años, así como Marvin, con sus niñitos de dos, tres y cuatro años, se mostraron sorprendidos por las diferencias registradas entre niñas y varones. Esta y otras discrepancias en los resultados de los distintos estudios no son fáciles de interpretar. En apariencia, no sería improbable que ciertas diferencias pequeñas en las medidas adoptadas para realizar la prueba, como, por ejemplo, en la conducta de la desconocida, puedan afectar considerablemente la intensidad, ya que no la forma, de cualquier conducta exhibida.

De estos y otros experimentos mínimos en experiencias de separación pueden extraerse algunas conclusiones:

a. En una situación benigna, aunque ligeramente extraña, los pequeños de once a treinta y seis meses, criados en el seno de su familia, advierten de inmediato la ausencia de la madre y por lo común demuestran cierta inquietud, cuyas pautas varían considerablemente, pero que con frecuencia llega a revestir la forma muy obvia, y a veces intensa, de ansiedad y zozobra. La actividad del juego se reduce abruptamente y puede cesar por completo. Son comunes los esfuerzos dirigidos a alcanzar a la madre.
b. En esas situaciones un niño de dos años suele mostrarse casi tan perturbado como uno de tres, y en ninguna de esas dos edades

suele recobrarse prontamente cuando se reencuentra con la madre o con la desconocida.

c. Un pequeño de tres años suele mostrarse menos perturbado ante ese tipo de situaciones, y puede comprender más fácilmente que la madre habrá de regresar pronto. Al reencontrarse con la progenitora o con la desconocida le resulta relativamente fácil recobrarse.
d. Un niño de cuatro años puede mostrarse muy poco afectado por la situación o bien sumamente inquieto por la conducta en apariencia arbitraria de la madre.
e. A medida que crecen, los pequeños pueden recurrir a la visión y la comunicación oral como medio de mantener el contacto con la madre; al sentirse inquietos ante la partida de la madre, los niños mayorcitos suelen efectuar esfuerzos más determinados por abrir la puerta para buscarla.
f. Hasta un 30 % de los niños demuestran enojo ante la partida de la madre, quien los deja solos en esas circunstancias.
g. En algunos estudios y a determinada edad no se observan diferencias en la conducta de niñas y varones. En la medida en que se observan diferencias, se advierte que los varoncitos tienden a explorar más en presencia de la madre, y se muestran más vigorosos en sus intentos por alcanzarla cuando aquella se marcha; las niñas, por su parte, suelen mantener una mayor proximidad con la madre y entablar amistad más rápidamente con la desconocida.

Solo en fecha reciente se ha dado a conocer otro dato obtenido de estos experimentos mínimos de separación, el cual se ajusta a los descubrimientos de Shirley (1942) y Heathers (1954) mencionados en este capítulo: cuando en la serie de episodios diseñados por Ainsworth se somete a prueba a un niño por segunda vez, pocas semanas después de la primera prueba, aquel suele mostrarse más inquieto y ansioso que en la primera oportunidad. Si la madre se halla presente, se mantiene junto a ella y se le aferra con mayor fuerza. Cuando aquella se halla ausente, aumenta el llanto del pequeño (Ainsworth, comunicación personal). Estos descubrimientos surgen de un estudio de test-retest con veinticuatro bebés examinados por primera vez a las cincuenta semanas de vida y por segunda vez dos semanas después. En el supuesto caso de que la mayor sensibilidad no se deba simplemente a la madurez, lo cual sería improbable, estos descubrimientos suministran las primeras pruebas experimentales de que al año una separación de escasos minutos de duración, en lo que comúnmente se consideraría una situación benigna, suele tornar al niño más sensible de lo que era ante una repetición de la experiencia.

ONTOGENIA DE LAS RESPUESTAS ANTE LA SEPARACIÓN

El primer año

Como las respuestas ante una separación, que son tan inconfundibles en los bebés de doce o más meses, no se hallan presentes al momento de nacer, es evidente que deben desarrollarse durante cierto período del primer año de vida. Lamentablemente, los estudios destinados a arrojar luz sobre ese desarrollo son muy escasos, y se circunscriben a los pequeños que ingresaron en un hospital. No obstante, los datos obtenidos carecen por completo de ambigüedad. Por añadidura, coinciden con los conocimientos obtenidos acerca del desarrollo de la conducta de apego y el desarrollo cognitivo en general.

En el capítulo 15 del volumen anterior se describen los pasos mediante los cuales, durante los primeros meses de vida, la conducta de apego del bebé gradualmente comienza a centrarse en una figura discriminada y preferida. El desarrollo puede resumirse del modo siguiente: antes de las dieciséis semanas las respuestas diferencialmente dirigidas son muy pocas, y solo se advierten cuando se aplican métodos de observación muy sensibles; entre las dieciséis y las veintiséis semanas las respuestas diferencialmente dirigidas son más numerosas y perceptibles; y en la mayoría de los bebés de seis meses o más criados en el seno de una familia todos pueden percibirlas con claridad. No es de sorprender, por consiguiente, que la gama total de respuestas ante una separación descritas en las secciones anteriores de este capítulo no sean advertidas antes de los seis o siete meses.

Schaffer estudió a setenta y seis bebés de diversas edades, aunque de menos de doce meses, que habían ingresado en un hospital: ninguno de ellos presentaba signos de marasmo ni exhibía deformación alguna ni adolecía, en apariencia, de daño cerebral. Del total, veinticinco eran bebés sanos internados para ser objeto de cirugía opcional. Durante su permanencia en el hospital cada niño fue observado en una sesión de dos horas durante cada uno de los tres primeros días (véase Schaffer, 1958; Schaffer y Callender, 1959). Amén de no tener contacto con las madres, los bebés entablan muy escasa interacción social con las enfermeras.

Las respuestas observadas en esos veinticinco bebés sanos diferían en grado sumo según la edad. El punto que delimitaba las diferencias era las veintiocho semanas. De los dieciséis bebés de veintinueve semanas o más, todos, con la sola excepción de uno, daban grandes muestras de inquietud, e incurrían en todos los berrinches y escenas de llanto característicos de los pequeños de dos o tres años. De los nueve de veintiocho semanas o menos, por el contrario, con excepción de dos,[5] todos aceptaron la situación sin quejarse ni alterarse: solo un silencio inusitado y azorado indicaba que tenían conciencia del cambio.

Schaffer puntualiza que el pasaje de una respuesta azorada a un estado de alteración y protesta se produce de manera repentina y con plena intensidad aproximadamente a las veintiocho semanas de vida. Observamos, en consecuencia, que de los dieciséis bebés de veintinueve a cincuenta y una semanas, tanto el período durante el cual se mostraron alterados como la intensidad de ese estado eran equivalentes así para los de siete y ocho meses como para los de once y doce meses.

Por añadidura, las respuestas puestas de manifiesto tanto ante los observadores como ante la madre durante las visitas de esta cambiaron de manera igualmente repentina alrededor de las treinta semanas:

> En los bebés más pequeños (veintiocho semanas o menos) la mayor parte de las sesiones de observación revelaron que esos bebés respondían normalmente, aunque se vieran ante personas totalmente desconocidas. Esto era válido tanto para las enfermeras que los alimentaban y bañaban como para los observadores [...] En el grupo de mayor edad, por el contrario, se advertía una ausencia casi total de una capacidad de respuesta normal (vale decir, de respuestas amistosas), y la mayor parte de las sesiones de observación reveló que dichos bebés adoptaban una actitud negativa y se mostraban aterrorizados cuando se les aproximaba un extraño, conducta esta no advertida en absoluto entre los miembros del grupo de menor edad (Schaffer y Callender, 1959).

Aunque las observaciones eran demasiado escasas como para permitir el cotejo estadístico del modo en que los bebés de distintas edades respondían a la visita de la madre, las observaciones que pudieron llevarse a cabo confirman la tesis de que entre las veintiocho y las treinta semanas se produce un cambio abrupto. Los bebés de mayor edad se aferraban con cierta desesperación a la madre, conducta esta que contrastaba notablemente con sus respuestas negativas en presencia de los observadores. Los más pequeños, por el contrario, solían responder sin discriminar visiblemente entre la madre y los observadores. De manera similar, en tanto que, ante la partida de la madre, los bebés mayorcitos lloraban a viva voz, casi desesperados, y durante un lapso mayor, los más pequeños no daban signos de protesta.

Por último, la conducta de los pequeños a su regreso a los hogares difería notablemente de acuerdo con la edad. La mayoría de los bebés de siete meses o más ponían de manifiesto una conducta afectiva caracterizada por su intensidad. Se aferraban con insistencia a la madre, lloraban con fuerza y durante lapsos prolongados cuando aquella los dejaba solos, y experimentaban vivo temor de los extraños. Incluso algunas figuras que anteriormente les resultaban familiares, como el padre y los hermanos, a veces eran mirados con sospecha. Los pequeños de menos de siete meses, por el contrario, apenas si daban algún signo de haber desarrollado una conducta de apego durante los primeros días transcurridos en sus hogares. Sus madres los describían como «raros». Por un lado, esos bebés parecían totalmente absortos en la observación del ambiente; por otro, no parecían prestar atención a los adultos, e incluso desviaban la cabeza cuando aquellos se les aproximaban:

> A veces durante horas enteras el bebé estiraba la cabeza, observando el ambiente circundante sin detenerse, en apariencia, en ninguna característica en particular, y dejando vagar la mirada por todos los objetos sin prestar atención a ninguno en particular. En su rostro por lo común se veía una expresión totalmente en blanco, aunque a veces podía advertirse en él una mirada de azoramiento o temor. Al darse la forma extrema de este síndrome los bebés permanecían totalmente inactivos, fuera del examen del ambiente que efectuaban, y no se percibía vocalización alguna, aunque según los informes uno o dos habían llorado o emitido quejidos plañideros. En presencia de un juguete, los bebés no le prestaban atención.

Varios de los bebés más pequeños parecían ignorar por completo los esfuerzos de los adultos por entablar contacto con ellos. Otros parecían evitar a esos adultos, y había quienes parecían mirar «a través» de ellos con la misma expresión en blanco que ante el resto del ambiente.

El único punto en que las respuestas de los bebés de los dos grupos de edad parecían coincidir era en relación con el sueño: en ambos grupos era común el sueño alterado y el llanto nocturno.

Resulta difícil determinar de qué manera pueden interpretarse más correctamente las respuestas de los bebés de menos de siete meses, y qué importancia revisten en relación con su desarrollo futuro. No obstante, es evidente que las respuestas de esos bebés más pequeños ante una separación difieren notablemente, en cada una de sus fases, de las de los mayores, y que solo después de los siete meses se advierten las pautas que constituyen el tema central de esta obra.

Al analizar sus descubrimientos, Schaffer (1958) se basa en los trabajos de Piaget sobre el desarrollo del concepto de los objetos en los bebés (Piaget, 1937). Solo durante la segunda mitad del primer año, advierte Piaget, hay pruebas de que el pequeño comienza a concebir al objeto como algo que existe independientemente de sí mismo, en un contexto de relaciones espaciales y causales, incluso cuando no lo percibe directamente, por lo cual puede emprender su búsqueda. Bell (1970) confirma los datos de Piaget y, por añadidura, registra los resultados de un experimento destinado a verificar si el bebé desarrolla o no su capacidad para concebir a las personas como objetos que perduran en el espacio antes de desarrollar esa capacidad en relación con los objetos inanimados. Aunque los resultados obtenidos indican que la mayoría de los bebés desarrollan anteriormente esa capacidad en relación con las personas que en relación con las cosas, solo hacia el noveno mes aquella se desarrolla de manera razonable y, en una minoría, pocas semanas después. Por razones relativas al desarrollo cognitivo, en consecuencia, los tipos de respuesta ante la separación que nos interesan difícilmente podrían producirse en bebés de menor edad.

Cambios experimentados después del primer año

Todos los datos obtenidos sugieren que, una vez establecidas, las pautas típicas de respuesta ante la ubicación en un ambiente extraño, con personas desconocidas, no experimentan cambios muy notorios, sea en su forma o intensidad, mucho antes del tercer cumpleaños. A partir de entonces esa intensidad comienza a decrecer, aunque solo gradualmente. Por ejemplo, el cambio experimentado en los sentimientos de Lita al comienzo del tercer término lectivo (cuando contaba dos años y nueve meses) en relación con su asistencia a la guardería es característico de muchos niños. Siempre que el pequeño sepa dónde se encuentra la madre y posea razones para creer que aquella ha de volver pronto, comenzará a aceptar la presencia de otra persona con la que se halle relativamente familiarizado, incluso si se encuentra en un ambiente poco conocido.

Las únicas condiciones que, por lo que al presente se sabe, reducen los efectos de la separación entre madre e hijo son las posesiones familiares de este, la compañía de otro niño conocido y, en particular, como lo demostraran Robertson y Robertson (1971), los cuidados y el afecto materno de una madre sustituta capacitada y con quien el pequeño se halle familiarizado. Por el contrario, las personas extrañas, los sitios desconocidos y las situaciones insólitas son siempre motivo de alarma, en especial cuando debe hacerles frente el niño solo (véanse capítulos 7 y 8).

Como la zozobra experimentada al ser separado contra la propia voluntad de una figura en quien se centra el afecto constituye un aspecto indisoluble del vínculo forjado hacia esa persona, los cambios producidos con la edad en la forma de respuesta ante la separación se ven gradualmente acompañados por cambios en la forma que reviste la conducta de apego. Dichos cambios se esbozan en el primer volumen de esta serie (capítulos 11 y 17) y no cabe describirlos nuevamente aquí. En la medida en que los vínculos de afecto forjados en relación con las figuras amadas constituyen una parte integral de nuestras vidas, también lo es la tendencia a experimentar zozobra por una posible separación y ansiedad ante esa perspectiva. Se trata de un tema que reaparecerá en todo lo que resta de estas páginas.

Entretanto, a los efectos de percibir las respuestas de los seres humanos ante una separación en una perspectiva más amplia que la tradicional, resultará útil comparar las respuestas de los bebés del género humano con la progenie de otras especies. Al hacerlo resulta evidente que, así como la conducta afectiva se desarrolla de acuerdo con pautas bastante similares en una serie de mamíferos y especies avícolas, lo mismo ocurre en relación con las respuestas ante una separación. Tampoco aquí constituye el hombre un caso aislado.

4

La conducta en presencia y en ausencia de la madre: primates no humanos

> El hombre con todas sus nobles cualidades, con la conmiseración que experimenta por los seres más envilecidos, con la benevolencia que dispensa no solo a los otros hombres sino a la más humilde criatura viviente, con su intelecto divino que ha logrado comprender los movimientos y la constitución del sistema solar; el hombre, con todos estos poderes sublimes, todavía lleva en su estructura corporal el sello indeleble de sus bajos orígenes.
>
> CHARLES DARWIN (1871)

OBSERVACIONES NATURALISTAS

Durante mucho tiempo se ha sabido que el aislamiento y la separación de la figura materna pueden causar inquietud, expresada por medio de la llamada y la búsqueda, en la progenie de muchas especies de aves y mamíferos. El «grito solitario» de los patitos que han perdido temporalmente la figura materna hacia la cual habían desarrollado apego es un sonido familiar. También lo son el balido de los corderos y el gañido de los perritos. Ya más próximos al hombre, hay numerosos ejemplos en los informes sobre monos y antropoides bebés criados entre seres humanos. Todos esos informes coinciden en señalar la intensidad de la protesta del primate bebé cuando pierde a la figura materna, y la zozobra que experimenta cuando no la puede hallar. Todos, asimismo, concuerdan al destacar la intensidad del apego generado con el reencuentro.

Bolwig (1963), por ejemplo, en su relato sobre el pequeño mono patas al que crio desde sus primeros días de vida,[1] describe cómo desde un principio el monito «no dio muestras de temer al hombre, y lloraba mucho y era víctima del pánico cuando se lo dejaba solo [...] Sus aullidos, que emitía con la boca muy abierta y el rostro distorsionado, solo se oían cuando el observador se ponía fuera del alcance o del campo visual del mono. En tales ocasiones, aquel con frecuencia corría tambaleante hacia la persona más cercana». Muy pronto el apego del monito se centró en Bolwig; entonces, hasta los tres meses y medio, el animal podía tornarse muy molesto, a menos de estar en constante compañía del cuidador.

A los cuatro meses, no obstante, el monito se aventuraba cada vez más en sus incursiones exploratorias, y su amo decidió

> dejarlo solo durante algunas horas por día en una jaula, con otros monos de su misma especie. Sin embargo, el experimento no fue muy satisfactorio. Aunque conocía bien a los otros monos y estaba acostumbrado a jugar con ellos, era víctima del pánico en cuanto se daba cuenta de que deseaba marcharme, y entonces aullaba, se aferraba a mí con desesperación y trataba de romper la puerta. Se sentaba y lloraba hasta que finalmente lo dejaba en libertad. Con posterioridad, se me aferraba con fuerza y procuraba mantenerme siempre dentro de su campo visual durante el resto del día. Por la noche, mientras dormía, se despertaba, emitía grititos y me abrazaba, dando claras muestras de terror cuando trataba de desembarazarme de su abrazo.

Entre los chimpancés bebés se han recogido muestras de una conducta similar. Cathy Hayes (1951) relata de qué manera Viki, una hembra que había adoptado a los tres días de vida, a los cuatro meses se aferraba a la madre sustituta

> desde el momento en que dejaba la cuna hasta que la arropábamos nuevamente por la noche [...] Se sentaba en mi regazo mientras yo comía o estudiaba. Se me colgaba de las polleras mientras cocinaba. Si estaba en el suelo y yo hacía amagos de salir, aullaba y me asía de la pierna hasta que la levantaba [...] Si por extraño descuido dejaba que nos separara una habitación, atravesaba a la carrera el abismo, aullando con todas sus fuerzas.

Los Kellogg, quienes hace poco adoptaron a su chimpancé hembra, Gua, cuando esta contaba siete meses, y la retuvieron con ellos nueve meses, registran idénticas pautas de conducta (Kellogg y Kellogg, 1933). Los investigadores describen

> el impulso intenso y tenaz que la hacía mantenerse dentro del campo visual y auditivo de algún amigo, guardián o protector. A lo largo de los nueve meses [...] sea en el interior de la casa o afuera, casi nunca se aventuraba, en sus correrías, muy lejos de algún conocido. Por lo que podíamos juzgar, encerrarla sola en una habitación, o caminar más rápido que ella y dejarla atrás, era el castigo más terrible que podía infligírsele. En apariencia, nunca podía estar sola sin sufrir terriblemente.

Al comparar a Gua con el propio hijo de los investigadores, dos meses y medio mayor que la mona, los Kellogg informan:

> Ambos incurrían en lo que puede llamarse una conducta ansiosa (por ejemplo, con muestras de irritación y llanto) si los adultos emprendían preparativos evidentes para dejar la casa. Ello condujo (en Gua) a una temprana comprensión del mecanismo del cierre de puertas y una observación intensa y continua de todas las puertas de las inmediaciones. Si por casualidad se hallaba de un lado de la puerta, y sus amigos del otro, el más ligero movimiento de aquella para ser cerrada, ya sea que lo produjeran manos humanas o el viento, hacía que Gua se abalanzara a través de la pequeña abertura llorando a viva voz.

Las sumamente detalladas observaciones de Van Lawick-Goodall (1968) sobre los chimpancés en la Reserva de Gombe Stream, África central, demuestran no solo que la ansiedad y zozobra puesta de manifiesto ante una separación entre los animales en cautiverio se produce también en su medio natural, sino que esa zozobra ante incidentes de separación persiste durante toda la infancia del chimpancé. Durante su primer año de vida el animalito rara vez pierde contacto con la madre y, aunque a partir del primer año pasa cada vez más tiempo solo, siempre permanece próximo a ella. Justo a los cuatro años y medio se ve a los animales (aunque rara vez) viajar grandes distancias separados de la madre.[2]

Una vez que el animalito comienza a alejarse de su progenitora, la proximidad se mantiene, en gran medida, por medio de señales auditivas. La madre o el hijo emiten un grito plañidero al que el otro responde prontamente:

> Cuando el animalito [...] comienza a alejarse de la madre, de manera invariable emite este sonido cuando se ve en dificultades y no puede volver junto a ella rápidamente. Hasta tanto las pautas locomotrices del monito no se hallan bastante desarrolladas, normalmente la madre responde yendo a recogerlo de inmediato. La madre emite el mismo sonido cuando se acerca para apartar al hijo de algún peligro potencial o incluso, ocasionalmente, al hacerle gestos indicándole que se aferre a ella cuando está lista para partir. El característico grito plañidero («hoo») sirve, por consiguiente, como señal bastante específica para restablecer el contacto madre-hijo.

Otra señal de los animalitos es un aullido que producen al caerse o estar por caerse de la madre o cuando los asusta un ruido fuerte y repentino. Cuando el pequeño comienza a aullar la madre casi invariablemente lo recoge y lo acuna en sus brazos: «En varias ocasiones los animalitos aullaron con fuerza cuando las madres hicieron amagos de partir sin ellos. Entonces aquellas se volvieron de inmediato y los recogieron. Durante la infancia, por cierto, los aullidos por lo común logran que las progenitoras se apresuren a volver al rescate de sus hijos».

La progenie de hasta cinco o seis años también comienza a aullar al verse perdida o en peligro, y una vez más, la madre, por lo general, marcha al rescate:

> En varias ocasiones se observó a pequeños que, accidentalmente, habían perdido a las madres. En todos los casos, después de observar los alrededores desde varios árboles, emitiendo gritos plañideros y aullidos, salían a la carrera, con frecuencia en dirección errónea. En tres ocasiones pude observar la reacción de la madre y en todos los casos, aunque marchó en dirección a los aullidos de su prole, no emitió sonido alguno para indicar su propio paradero.

En un caso una joven hembra de cinco años perdió a la madre al anochecer, y por la mañana siguiente todavía seguía emitiendo quejidos plañideros y aullando. En otra oportunidad otra hembra joven dejó de aullar antes de que la encontrara la madre, lo que redundó en una separación de varias horas. (No contamos con información relativa a la conducta de los animalitos tras el reencuentro.)

Advertimos así que en los chimpancés criados en su ambiente natural se mantiene la proximidad entre madre e hijos hasta la preadolescencia. Las separaciones son raras, y por lo general muy pronto se les pone fin por medio de señales auditivas y búsquedas mutuas.

PRIMEROS ESTUDIOS EXPERIMENTALES

Los informes naturalistas transcritos demuestran con claridad no solo que la conducta de apego de los pequeños primates no humanos es muy similar a la de los niños pequeños, sino que también son muy similares sus respuestas ante un incidente de separación. Debido a ello, y en razón de que las separaciones experimentales de más de unos breves minutos de duración son inadmisibles en el caso de los bebés del género humano, más de un científico ha recurrido a los pequeños monos como sujetos de sus experimentos. En la actualidad se está publicando una serie de estudios de, por lo menos, cuatro centros de experimentación diferentes. Entre los animales utilizados se cuentan crías de dos a ocho meses de cinco especies diferentes: cuatro especies de macacos (el rhesus, el «pigtail», el «bonnet» y el de Java) y el mono patas. Se trata de cinco especies semiterrestres de monos del viejo mundo, de carácter gregario.[3]

Las respuestas ante la separación difieren entre las especies, aunque más en su intensidad que en su naturaleza. En el caso del mono rhesus, el «pigtail» y el de Java, se observa una gran inquietud durante el período de separación y, posteriormente, una tendencia muy pronunciada a aferrarse a la madre, y a resistir todo nuevo intento de separación, por breve que sea. En el caso de los monos «bonnet» y los patas, durante las primeras horas de la separación también se advierte una viva inquietud, pero luego esta desaparece; de allí en adelante la actividad decae en menor medida que en las otras especies de macacos y son mucho más leves las perturbaciones evidenciadas tras el reencuentro con la madre. Esa disminución de la inquietud experimentada por los macacos «bonnet» parece deberse, en gran medida, a que el animalito separado de la madre sigue recibiendo los cuidados continuos que le prodiga alguna otra hembra del grupo con quien se halla familiarizado, y que actúa como sustituto.

En las páginas siguientes se presta atención a los estudios sobre pequeños monos rhesus y «pigtail», tanto en razón de que sus respuestas parecen coincidir más estrechamente con las de los bebés del género humano, como debido a que se cuenta con numerosos y amplios estudios de dichas especies, en especial en el caso del mono rhesus. Quienes deseen comparar la conducta de los macacos «bonnet» pueden remitirse al estudio de Rosenblum y Kaufman, 1968 (véase también Kaufman y Rosenblum, 1969), y al estudio de Presten, Baker y Seay (1970) para los monos patas. Mitchell (1970) suministra una reseña útil de los estudios de separación.

Jensen y Tolman (1962) llevaron a cabo un temprano estudio experimental. Cuando dos monitos «pigtail» llegaron respectivamente a los cinco y siete meses de vida se intercambiaron madres e hijos en varias ocasiones, por períodos no mayores de cinco minutos. Las observaciones se efectuaron a través de una pantalla que permitía la visión en una dirección única.

Puesto que madre e hijo se mantienen estrechamente aferrados es difícil lograr separar a los monos, como no sea recurriendo a engaños o aplicando medidas de fuerza. Las protestas de ambas partes son muy intensas. Jensen y Tolman suministran un vívido relato:

> La separación de madre e hijo provoca tensiones enormes a ambos, así como a los asistentes y a todos los demás monos dentro de su campo visual o auditivo. La mona se vuelve, feroz, contra los asistentes, y protege al hijo con todas sus fuerzas. Los aullidos de este último pueden oírse por todo el edificio. El bebé se aferra con fuerza de la madre o de cualquier objeto a su alcance para evitar que los asistentes lo separen o tomen en brazos. Al retirársele al bebé, la mona da vueltas sin cesar por la jaula, ocasionalmente se abalanza contra los garrotes, los muerde y efectúa continuos intentos de huida. A veces emite también sonidos semejantes a un mugido. El bebé, por su parte, emite aullidos sumamente agudos de manera intermitente y casi sin interrupción durante el período de separación.

Transcurridos los cinco minutos, al producirse el reencuentro de madre e hijo ambos se unieron de inmediato y permanecieron en estrecho contacto: «La madre se queda tranquilamente sentada, sosteniendo a su bebé en brazos, y si se han retirado los asistentes muy pronto se la ve contenta y relajada. La habitación permanece en absoluta calma. Ya no se oyen los gritos agudos del bebé ni los sonidos que emitía la madre». La duración de este período de intenso e ininterrumpido contacto tras una separación que había durado cinco minutos escasos nunca fue menor del cuarto de hora, y a veces llegaba a los cuarenta minutos.

Otros investigadores sometieron a los monos bebés a períodos de separación mucho más prolongados, de seis días a cuatro semanas. En el caso de los monitos «pigtail» y rhesus todos los observadores informan acerca de las ruidosas muestras de extrema zozobra experimentada durante las primeras veinticuatro horas de la separación, seguidas de un período de una semana o más durante el cual los animalitos, aunque más tranquilos, disminuyen su actividad y pautas de juego y, por el contrario, se sientan encorvados y sumidos en la depresión.

Harlow efectuó dos estudios de ese tipo. En uno de ellos (Seay, Hansen y Harlow, 1962), se separó de sus madres a cuatro monitos rhesus que contaban entre veinticuatro y treinta semanas de vida, manteniéndolos apartados durante tres semanas.[4] Como la madre se hallaba en una jaula adyacente y solo los separaba una pantalla transparente, cada uno podía ver y oír al otro. Se efectuaron observaciones a intervalos regulares durante las tres semanas previas a la separación, durante las tres semanas de separación y durante las tres semanas siguientes. En cada ocasión se separaba simultáneamente a dos monitos que ya se hallaban familiarizados entre sí, y durante el período de separación cada uno tenía libre acceso al otro. De esta manera, durante el período de separación los cuatro monitos tenían compañía mutua, disponibilidad de agua y alimentos, y también contacto visual y auditivo con la madre. Solo se les impedía el contacto físico con aquella.

En cuanto se bajó la pantalla transparente los cuatro monitos iniciaron «manifestaciones violentas y prolongadas de protesta». Se sucedieron los gritos y aullidos agudos, los intentos por alcanzar a la madre, abalanzándose, por ejemplo, contra la pantalla, y las corridas desorientadas por la jaula. Posteriormente, al tranquilizarse, los monitos se acurrucaron contra la pantalla, tan cerca de la madre como les era posible. Inicialmente, las monas emitieron fuertes aullidos y amenazaron al investigador, pero sus respuestas eran menos intensas y persistentes que las de sus hijos. A lo largo de todo el período de separación las parejas de monitos separados de la madre demostraron escaso interés el uno por el otro y apenas si quisieron jugar, por contraste con las pautas de juego activo registradas en las tres semanas previas a la separación y después de ponérsele fin. Los días siguientes al reencuentro entre madre e hijo aumentó notablemente la conducta de aferramiento del bebé y el contacto entre este y la madre, por comparación con lo ocurrido los días previos a la separación.

En un segundo experimento, de carácter similar, Seay y Harlow (1965) separaron a otros ocho monitos rhesus de la madre, cuando aquellos contaban treinta semanas. En esta oportunidad la separación solo duró dos semanas, y la mona fue apartada totalmente; el monito podía jugar con otro pequeño separado de la madre, pero solamente durante media hora por día. Los resultados fueron similares; el primer día se produjeron «corridas desorientadas, intentos de trepar, gritos y alaridos», en tanto que se demostró un interés relativamente escaso por el otro monito. Tras la fase de protesta (cuya duración no se registra), los animalitos «pasaron a una etapa caracterizada por la escasa actividad, poco o ningún juego y gritos ocasionales». Los autores expresan su creencia de que «esta segunda etapa es similar, desde el punto de vista de la conducta, a la descrita como de desesperación en los niños separados de sus madres». Inmediatamente después del reencuentro se produjo una fase de intenso aferramiento mutuo entre madre e hijo.

En 1966 y 1967 se publicaron los informes de descubrimientos muy similares de otros dos grupos de investigadores, Spencer-Booth y Hinde, quienes estudiaron a macacos rhesus en Cambridge, y Kaufman y Rosenblum, quienes estudiaron a macacos «pigtail» en Nueva York. Ambos estudios tienen muchos puntos en común y suministran información más detallada que los anteriores. En tanto que en los laboratorios de Jensen y Harlow los bebés habían sido criados con la madre solamente, cada pareja en una pequeña jaula, en los laboratorios de Hinde y Kaufman madre e hijo vivían como parte de un grupo social estable, en una jaula bastante grande. Junto a ellos se hallaba un macho adulto, otras dos o tres hembras adultas y, a menudo, varios monitos pequeños. En ambos laboratorios la separación se llevó a cabo sacando de la jaula a la madre. Esto significa que el monito se quedaba en un ambiente completamente familiar junto con varios animales conocidos: el único cambio en su vida fue la ausencia de la madre.

Una segunda ventaja de los estudios de Hinde y Kaufman reside en que los resultados se registran mucho más detalladamente, tanto con respecto al desarrollo de la conducta durante la semana o período más prolongado de separación como en relación con la conducta de ambos miembros de la pareja durante el período de varios meses (y de casi dos años en el estudio de Hinde) transcurrido después del reencuentro. Estas observaciones resultan particularmente valiosas para suministrar información acerca de los subsiguientes efectos de la separación experimental.

En el experimento de Kaufman y Rosenblum (1967) los sujetos eran cuatro monitos «pigtail» de veintiuna a veintiséis semanas de vida. En todos los casos se retiró a la madre de la jaula durante un período de cuatro semanas. La conducta puesta de manifiesto durante la separación se dividió en tres etapas, de «agitación, depresión y recuperación», respectivamente. En tanto que tres de los monitos atravesaron las tres fases, la cuarta, hija de la hembra dominante del grupo, dio comparativamente menos indicios de depresión y pasó gran parte de su tiempo con las otras hembras adultas del grupo. La conducta de los tres monitos bebés restantes se describe del modo siguiente:

> Durante la primera fase parecían constantes las caminatas por la jaula, los movimientos de cabeza buscando a la madre, los viajes frecuentes a la puerta y las ventanas, los estallidos esporádicos y breves de pautas de juego erráticas, y los movimientos cortos hacia otros miembros del grupo. Era frecuente el arrullo o grito plañidero del pequeño macaco. Se produjo un aumento progresivo de la conducta autodirigida, como la succión de los dígitos y el manipuleo o contacto bucal con otras partes del cuerpo, incluyendo los genitales. La reacción subsistió durante el primer día, durante el cual el bebé no pudo dormir.
>
> De 24 a 36 horas después el comportamiento de los tres monitos cambió de manera sustancial. Todos ellos se sentaban encorvados, prácticamente hechos un ovillo, a menudo con la cabeza entre las piernas. Los movimientos eran infrecuentes, excepto cuando el bebé era desplazado de manera activa. Los movimientos producidos parecían en cámara lenta, excepto a la hora de comer o en respuesta a las agresiones. El animalito rara vez respondió a las invitaciones sociales o efectuó un gesto de carácter social, y prácticamente se interrumpió toda pauta de juego. En apariencia, parecía desinteresarse del ambiente que lo rodeaba. En ocasiones levantaba la vista y emitía una suerte de arrullo.

> Después de cinco o seis días sin experimentar cambio alguno, la depresión comenzó a desvanecerse gradualmente. La recuperación comenzó con la adopción de una postura más erecta y el resurgimiento del interés por el ambiente inanimado. Aumentó la exploración tentativa y gradual. Poco a poco el animalito separado de la madre comenzó a interactuar también con el ambiente social, principalmente con sus pares, y luego a jugar una vez más. La depresión continuaba, aunque amenguada. Los períodos de depresión se sucedían entre períodos de exploración de objetos inanimados y juego. Aumentó la frecuencia y ritmo de los movimientos. Hacia fines del mes el animalito se mostraba alerta y activo gran parte del tiempo, aunque todavía no se comportaba como un monito tipo de esa edad.

Durante los tres meses posteriores al retorno de la madre se registró la conducta de madre e hijo. En los cuatro casos se observaron cambios significativos, similares en su dirección, a los observados en estudios anteriores:

> Cuando la madre fue reintroducida en el grupo se produjo otro cambio notorio. En las cuatro parejas se reafirmó de manera insólita la relación dinámica existente, con un aumento llamativo en la proximidad de unos y otros. El aferramiento del bebé, el abrazo protector de la madre y el contacto con el pezón aumentaron todos de manera significativa en el mes siguiente al reencuentro, por comparación con la frecuencia de esas acciones el mes previo a la separación. Incluso durante el tercer mes después del reencuentro era palpable esa tendencia. Ese aumento significativo en la medida del acercamiento dinámico es particularmente llamativo en vista de que, por lo general, para las edades consideradas esas conductas específicas disminuían de manera considerable.
>
> La mayor proximidad también se ponía de manifiesto por otros medios. Una medida de la separación física entre madre e hijo que hallamos valiosa en nuestros estudios normativos atañe a la partida (por lo general, del animalito pequeño) a otro nivel de la jaula. La frecuencia de esas partidas durante el mes siguiente a la separación disminuyó en un 20 % de las registradas el mes anterior a la separación. Por añadidura, la duración promedio de ese alejamiento

> disminuyó de 60,5 segundos a 34,4 segundos. El alejamiento de los animalitos era menos frecuente, y duraba menos tiempo que antes de la separación, y las madres eran más tolerantes de la continua proximidad de sus hijos, a los que rara vez desalentaban rechazándolos o alejándose.

Por comparación con los cuatro sujetos del experimento de Kaufman, los cuatro descritos inicialmente por Spencer-Booth y Hinde no solo eran de una especie diferente (monitos rhesus, en vez de «pigtail»), sino algo mayores (treinta a treinta y dos semanas, en vez de veintiuna a veintiséis); y la duración del tiempo durante el cual se los separaba de la madre era mucho más reducida (solo seis días, en vez de cuatro semanas). No obstante, la conducta observada tanto durante la separación como durante los meses siguientes fue muy similar a la advertida por Kaufman y sus colegas (véase Hinde, Spencer-Booth y Bruce, 1966; Spencer-Booth y Hinde, 1967).

Desde sus primeros informes Spencer-Booth y Hinde publicaron los descubrimientos obtenidos a partir de una serie de estudios ulteriores en los cuales la muestra inicial de cuatro animales bebés aumentó hasta veintiuno, los miembros de determinadas submuestras fueron expuestos a una segunda separación, y otros seis a una separación más prolongada (de trece días). Casi todos los animalitos fueron entonces estudiados durante un período ulterior de dos años, hasta que contaban dos años y medio, y su desarrollo se comparó con el de una muestra de control en otros ocho animalitos que habían permanecido con su madre todo el tiempo. Hinde y Spencer-Booth (1971) proporcionan un resumen útil de los descubrimientos de todos estos estudios.

Como los descubrimientos sobre los cuatro animales bebés iniciales en relación con la conducta durante la separación y durante los meses siguientes son confirmados ampliamente en el estudio más extenso, y como en las primeras publicaciones de Spencer-Booth y Hinde (1967) la conducta se describe en considerable detalle, el siguiente informe se toma de ese estudio. Aunque, tal como ocurrió en el estudio de Kaufman, hubo ciertas variaciones en las reacciones de los sujetos, todos revelaron pautas globales en común.

Durante el primer día de separación los cuatro monitos chillaban y gemían con persistencia. Aunque esa conducta disminuyó en los días siguientes, su intensidad siguió siendo mayor que antes de la separación (y continuó siéndolo durante varias semanas después del retorno de la madre). Por contraste con los «pigtail» de Kaufman, sin embargo, los monitos rhesus se mostraron ostensiblemente inactivos inmediatamente después de la partida de la madre. Este estado de relativa inactividad persistió durante los días posteriores a la separación en los cuatro animalitos: «Por lo general, la conducta de los monitos en ausencia de la madre solo puede describirse en términos de depresión. Permanecían sentados con la cabeza gacha, en la actitud pasiva del animal cautivo». Al primer día de la separación tanto el juego manipulativo como el de orden social disminuyó de manera notoria. Aunque los días siguientes hubo cierto repunte en el juego manipulativo, el juego social seguía siendo reducido, y a lo largo de los seis días siguientes tendió a disminuir cada vez más.

La interacción del bebé con el macho adulto o una de las hembras adultas del grupo fue mayor durante la separación que antes o después de ella, pero, no obstante, solo era una fracción de la que el monito había emprendido con la madre antes de la separación. Asimismo, una vez más se pusieron de manifiesto grandes variaciones entre los distintos animales. En tanto que en el caso de un monito nunca se observó que lo acunara un adulto o que se aferrara a este, esa conducta se registró en todos los demás en hasta el 20 % de las unidades de observación. No obstante, esos episodios por lo común eran extremadamente breves, por comparación con los prolongados lapsos pasados con la madre antes de la separación. En vez de estrechos abrazos, el cuadro más normal era el de un monito separado del resto, tocando apenas a sus «tías» o al macho; cuando el adulto se apartaba, el bebé a menudo emitía quejidos. Dos de los bebés, en particular, con frecuencia se sentaban junto al macho del grupo, corriendo hacia él en busca de protección. De este modo los monitos separados de la madre recibían cuidados sustitutos de los otros adultos, pero solo en pequeña proporción respecto de los que le había brindado su propia madre.

La conducta alimenticia de los monitos separados de la madre se modificó, asimismo, de acuerdo con pautas también advertidas a menudo entre los niños separados de los padres. Al primer día de la separación uno de los animalitos casi no quiso comer. Más adelante, sin embargo, se dio en los cuatro una tendencia a comer más.

Aunque disminuyeron las agudas perturbaciones puestas de manifiesto durante el primer día, la conducta de los monitos distó de ser normal durante los cinco días siguientes a la separación.

La conducta perturbada también se puso bien en evidencia durante las semanas siguientes al retorno de la madre. Después que esta regresó a la jaula, los cuatro monitos «demostraron un apego mucho mayor que antes de la separación. Cuando las monas los rechazaban tenían "pataletas" particularmente intensas, y a menudo se abalanzaban con violencia sobre las madres o, a veces, cuando estas los rechazaban, sobre las tías». En dos de los monitos «el efecto fue dramático y de larga duración»: apenas si se separaron de las madres durante el primer día del reencuentro.

Una característica particularmente llamativa, puesta de manifiesto durante la primera o segunda semana posterior al reencuentro, era el modo en que el animalito «iba de un estado de total relajamiento a otro de profunda inquietud e intenso aferramiento, sin causa aparente». Durante el segundo y tercer día después de producido el reencuentro un monito «fue visto separándose de la madre con aparente calma, para luego ser víctima del pánico y volver gimiendo hacia ella». Otro animalito (hembra) fue observado jugando tranquilamente durante media hora al sexto día del reencuentro, para luego dormir reclinado sobre la madre durante cierto tiempo: «Al despertar parecía sumamente perturbada y aterrorizada; se pegaba a la madre y a duras penas accedía a separarse de ella». Poco tiempo después, no obstante, parecía tranquila de nuevo, y reiniciaba el juego.

La conducta de las cuatro parejas madre-hijo durante los cuatro meses siguientes al reencuentro, hasta el primer cumpleaños, variaba notablemente de una pareja a la otra. Empero, cuando se comparó la conducta de los cuatro animalitos con la de un grupo de control de ocho monos sin experiencia de separación, los cuatro primeros se descubrieron afectados: «todos tomaban la iniciativa para acercarse más a las madres, por comparación con los del grupo de control, en mayor medida que antes de la separación». La tendencia a aferrarse a la madre y mantenerse cerca de ella era muy notoria; en un animal persistió durante los cuatro meses transcurridos antes de que cumpliera su primer año de vida, y en otro la mitad de ese tiempo.

Aún más llamativas eran las diferencias de conducta puestas de manifiesto por los cuatro monitos separados de sus madres, por comparación con los ocho miembros del grupo de control, cuando se los puso a prueba en situaciones levemente extrañas, primero a los doce meses y luego a los treinta. Los cuatro que habían permanecido separados, a diferencia de los del grupo de control, tendían a mostrarse menos dispuestos a aproximarse a un investigador que les ofrecía alimentos, a permanecer más cerca de la madre cuando se los trasladaba a una jaula no conocida, a efectuar visitas más breves a una jaula que contenía objetos extraños y a mostrarse menos activos después de haber sido asustados por un incidente de escasa importancia (Hinde y Spencer-Booth, 1968).

Los resultados de estos experimentos, llevados a cabo casi dos años después de una separación de solo seis días, suministran pruebas fehacientes de que la separación de la madre puede constituir una experiencia traumática. En tanto que la conducta de estos monitos durante el curso de un día sin mayores incidentes quizá no difiriera mayormente de la de los monos del grupo de control, una vez que el ambiente se torna algo insólito surgen las diferencias: la conducta de quienes han sido separados de la madre es más propensa al temor y los síntomas de ansiedad que la de los miembros del grupo de control. Ello ocurre también en el caso de los bebés del género humano, tal como lo observaron en varias ocasiones Robertson (1953; 1958b) y el autor de esta obra (Bowlby, 1951; 1960a).

Como señaláramos anteriormente, desde su estudio inicial sobre cuatro monitos rhesus separados de la madre durante seis días, Hinde y Spencer-Booth han realizado muchos trabajos posteriores y amplificado en gran medida sus descubrimientos. Para quienes se interesen por el tema, transcribimos a continuación algunos de los datos principales.

ESTUDIOS POSTERIORES DE HINDE Y SPENCER-BOOTH

A partir de sus estudios extensivos posteriores, Hinde y Spencer-Booth no solo pudieron confirmar y amplificar sus datos sobre los efectos que ejerce sobre los pequeños monos rhesus una única separación de la madre durante seis días, sino también compararlos con a) los efectos de un segundo y breve período de separación, durante seis días, y b) los efectos de una separación única, algo más prolongada, de trece días de duración. Por añadidura, pudieron esclarecer los factores que explican el grado considerable de variaciones individuales advertidas en las respuestas.

Consideremos, en primer término, los efectos a corto plazo sobre los monitos que experimentaron dos separaciones; luego, los efectos a largo plazo en los animales sujetos a una o dos separaciones de seis días; y, en tercer lugar, los efectos a corto plazo de una separación de trece días. (Todavía no se dispone de datos a largo plazo con respecto al último grupo.)

EFECTOS A CORTO PLAZO DE UNA SEGUNDA SEPARACIÓN DE SEIS DÍAS

Un total de once monitos de treinta a treinta y dos semanas de vida fueron separados de la madre durante seis días por primera y única vez, y un total de diez por segunda vez. (De estos últimos, cinco habían experimentado una primera separación diez semanas antes, y cinco con cinco semanas de anterioridad.) Cuando se comparó la conducta de los bebés separados por segunda vez con la de los animalitos de la misma edad separados por primera vez, no se pusieron de manifiesto diferencias obvias, según las medidas utilizadas, ya sea durante la separación en sí o durante el mes siguiente (Spencer-Booth y Hinde, 1971a). Los datos obtenidos del seguimiento demuestran, no obstante, que sería erróneo llegar a la conclusión de que los efectos de dos separaciones no difieren de los efectos de una sola.

EFECTOS A LARGO PLAZO DE UNA Y DOS SEPARACIONES DE SEIS DÍAS

En su informe sobre los efectos a largo plazo de separaciones de seis días de duración, Spencer-Booth y Hinde (1971c) comparan observaciones de animalitos de tres muestras: animalitos de control, $N = 8$; animalitos que sufrieron una única separación de seis días, $N = 5$, y animalitos que sufrieron dos separaciones de seis días, $N = 8$.[5] Para algunas comparaciones se reducen los números; ocasionalmente, es preciso combinar los datos de los animales separados una y dos veces.

Transcritos sucintamente, los descubrimientos efectuados fueron los siguientes:

1. Al examinárselos a los doce y a los treinta meses y comparárselos con los miembros del grupo de control, los animalitos de ambos grupos, que sufrieron una separación previa, seguían revelando «cierta continuidad de los síntomas de depresión y de perturbación en las relaciones madre-hijo que se habían manifestado claramente al mes siguiente al retorno de la madre».
2. Las diferencias de conducta entre los animalitos separados previamente y los del grupo de control fueron mucho más notorias cuando se daban las pruebas en medios extraños a su lugar de crianza.

3. Las diferencias de conducta fueron mucho menos notorias a los treinta meses que a los doce, pero todas las diferencias significativas indicaban que los animales que habían experimentado una separación anterior tenían una conducta más deficiente o perturbada que las de los grupos de control.
4. La mayoría de las diferencias significativas se advirtieron entre los animales del grupo de control y los animalitos que sufrieron dos separaciones; los que experimentaron una sola separación por lo general ocupaban un lugar intermedio.

Consideremos estos descubrimientos uno por uno.

En su medio natural, a los doce meses, los animales previamente separados de ambos grupos tendían a pasar menos tiempo a cierta distancia de la madre, y a desempeñar un papel relativamente más importante para mantener la proximidad con ella, que los animales del grupo de control. Sin embargo, muy pocas de estas diferencias eran significativas, y ya no pudieron observarse ni a los dieciocho ni a los treinta meses. En todas esas edades, no obstante, los animales previamente separados de sus madres eran proclives a encarar menos actividades locomotrices o de juego social.

En tanto que las diferencias descubiertas en la conducta de los animales previamente separados y los del grupo de control mientras seguían viviendo en su medio natural todavía no eran muy notorias, cuando los animales fueron llevados a un *ambiente extraño* y examinados allí revelaron diferencias muy llamativas. La importancia de este descubrimiento en cuanto a sus implicaciones clínicas difícilmente pueda exagerarse.

A los doce meses cada animalito fue llevado con su madre a la jaula de un laboratorio distinto, que se comunicaba con una jaula similar (la jaula «filtro») por medio de un pasaje lo bastante amplio como para que pudiera pasar el monito, pero no la madre. Las pruebas se prolongaron durante un período de nueve días, y consistieron en colocar alimento u objetos extraños en la jaula filtro para ver cómo respondía el pequeño mono. Entre esos objetos se contaba un espejo, trozos de banana y una pelota amarilla. En casi todas las pruebas los animales que habían sufrido una separación previa, por contraste con los del grupo de control, pusieron de manifiesto una tendencia significativa a esperar más tiempo antes de aventurarse a entrar solos en la jaula filtro, a realizar visitas más breves y a pasar menos tiempo, en total, en su interior. Por añadidura, siempre que las puntuaciones correspondientes a los monos que habían experimentado una única separación previa diferían de las de los monos separados dos veces, la divergencia con las puntuaciones del grupo de control siempre era mayor de manera coherente en relación con los segundos. El siguiente cuadro, que suministra los resultados de una prueba al sexto día, cuando se colocó una pelota amarilla en la jaula filtro, señala las pautas típicas de las diferencias.

Medida	*Puntuación media en minutos*		
	Grupo de control N = 6	*Separado una vez N = 5*	*Separado dos veces N = 8*
Latencia respecto de la entrada a la jaula	0,1	0,1	0,7
Tiempo total en la jaula	7	3,9	3
Duración media de la visita	0,5	0,3	0,2
Tiempo dedicado a jugar	2,3	0	0

Otra prueba, suministrada a los doce meses, y que reveló diferencias significativas entre los animalitos que habían estado separados de la madre y los del grupo de control, residía en ofrecerle vitaminas al mono. Los animales que habían sufrido una separación previa se mostraron mucho más renuentes a acercarse al investigador para obtener la vitamina que los del grupo de control, incluso cuando la prueba fue llevada a cabo en su ambiente natural. Una explicación probable es que uno de los investigadores había tomado parte de la captura de la madre de los monitos y contribuido a separarlos.

Dieciocho meses después, cuando contaban treinta meses, se administró a los monitos una serie de pruebas comparables. En esta ocasión cada uno de ellos fue examinado durante un período de dieciséis días, colocado solo en una jaula de laboratorio cubierta con una pantalla. De las muchas pruebas aplicadas solo unas pocas permitieron establecer diferencias significativas entre los distintos grupos. Ello ocurrió, por ejemplo, cuando el investigador les ofreció las vitaminas. También, cuando, al segundo y sexto día, se colgaron algunos dátiles frente a la jaula, fuera del alcance de los monos por escasos milímetros: los animales que habían sufrido una separación previa demoraron mucho más que los del grupo de control antes de intentar apoderarse de ellos, efectuaron menor número de intentos, y durante un tiempo más reducido. (El número de animales disponibles para esta prueba tornó imposible la diferenciación entre los animales separados en una y en dos oportunidades.)

Efectos a corto plazo de una separación de trece días

Entre las treinta y las treinta y dos semanas se separaron seis monitos más durante un período único de trece semanas de duración (véase Spencer-Booth y Hinde, 1971b). Durante toda la segunda semana se mostraron casi tan deprimidos e inactivos como a fines de la primera. (En contraste con el moderado grado de recuperación advertido después de la primera semana de separación en los monitos «pigtail» de Kaufman y Rosenblum.)

Durante el mes siguiente a la separación se descubrió que los animales apartados de la madre durante trece días se mostraban mucho más afectados que los de cualquiera de los otros dos grupos que también habían sido separados. Durante la primera semana posterior al reencuentro, por lo menos, emitieron más alaridos de inquietud; y durante todo ese mes se mostraron más deprimidos. A lo largo del período transcurrido sin tener contacto con la madre pasaron más tiempo sentados inactivos que los otros monitos separados de las madres, y en términos generales siempre fue menor su actividad. En tanto que hacia fines del primer mes transcurrido después del reencuentro los animalitos separados una sola vez de la madre, y durante solamente seis días, emprendían por lo menos el mismo grado de actividad que antes de la separación, el nivel de actividad de los monitos separados durante trece días todavía era notablemente reducido. Por ese entonces el nivel de actividad de los monos que habían sufrido dos períodos de separación se hallaba en un punto intermedio entre el de los separados por un único período de seis días y el de los separados durante trece días.

A partir de todos estos datos llegamos a la conclusión de que una separación única de no más de seis días a los seis meses ejerce efectos visibles en los monitos rhesus dos años después, y que los efectos de la separación son proporcionales a su duración. Una separación de trece días es peor que una de seis días; dos separaciones de seis días, peor que una sola de esa duración. En este sentido, los efectos de la separación de la madre pueden asimilarse a los efectos del cigarrillo o de la radiación. Aunque las consecuencias de las dosis pequeñas parecen soslayables, tienen un efecto acumulativo. La dosis más segura es una dosis de cero.

Variaciones individuales de la respuesta

Existen muchas variaciones individuales en las respuestas de los monitos rhesus ante una separación. Dentro de los márgenes de edad estudiados, la edad ejercía pocos efectos: el que la separación de seis días se produjera entre las veintiuna y las veintidós semanas, entre las veinticinco y las veintiséis semanas o entre las treinta y las treinta y dos semanas no parecía importar mayormente. El sexo del animal desempeñaba cierto papel: tanto durante la separación como después, los machos se sentían más afectados que las hembras. El que un animal pudiera o no apegarse a otro durante el período de separación no ejercía efectos sobre la conducta manifestada tras el reencuentro, aunque dicho apego no reducía las llamadas desesperadas del animal.

Los resultados más sorprendentes que surgen del análisis de los datos sobre variaciones individuales son las correlaciones significativas entre el grado de inquietud que manifiesta un monito y ciertas características de la relación madre-hijo (Hinde y Spencer-Booth, 1970). Los bebés más perturbados durante el mes siguiente a la separación suelen ser aquellos a los que la madre rechaza con mayor frecuencia, y que desempeñan un rol relativamente mayor en mantener la proximidad con aquella. Como en relación con estas características se da una coherencia entre cada pareja madre-bebé con el transcurso del tiempo (tal como lo miden las correlaciones ordenadas por rangos), no sorprende el hecho de que el grado de zozobra puesta de manifiesto tras la separación se correlacione tanto con la frecuencia con que la madre rechaza al pequeño durante el período previo a la separación como con la frecuencia con que lo rechaza durante el período siguiente al reencuentro. En realidad, se ha descubierto que, a poco del retorno de la madre, la correlación de la zozobra del animalito es más elevada en relación con la frecuencia del rechazo materno antes de la separación que en relación con la frecuencia del rechazo actual. Con el tiempo se modifica la situación y el grado de zozobra se correlaciona en mayor medida con la frecuencia con que ella rechaza al monito en ese momento.

Hinde y Spencer-Booth (1971) subrayan el hecho de que esas correlaciones no justifican el postulado de que las diferencias en la relación madre-hijo necesariamente provocan diferencias en las respuestas de los animalitos ante la separación; empero, consideran que ello es probable.

En un experimento reciente Hinde y Davies (1972) modificaron las condiciones en que se produce la separación: en lugar de retirar a las madres de la jaula con que se hallan familiarizadas y colocarlas en una jaula extraña, se retiró a los monitos, dejándose a las madres. Durante los trece días de separación la conducta de los cinco monitos se ajustó a lo previsto. Aunque las grandes diferencias individuales tornan difíciles las comparaciones, los pequeños colocados en una jaula extraña parecieron aun más perturbados que los que quedaban en la jaula conocida, en tanto que se retiraba de ella a la madre. Después del reencuentro con aquella, por el contrario, los monitos que habían permanecido separados en la jaula extraña se mostraron *menos* perturbados que aquellos cuyas madres habían sido trasladadas.

Ciertas observaciones de la conducta de las madres sugieren una explicación de este descubrimiento inesperado. Por comparación con las madres que habían sido trasladadas a la jaula extraña, las madres que habían quedado en la misma jaula se mostraron menos perturbadas durante la ausencia de los monitos y, después del reencuentro, su actitud fue más maternal y menos tendiente al rechazo; la interacción armoniosa entre ambos se restableció con mayor rapidez. Estos descubrimientos tienden a corroborar la hipótesis de que uno de los principales elementos que determinan los efectos de una separación sobre un monito rhesus es el modo en que la madre se comporta hacia él tras el reencuentro.

Una pauta de conducta extremadamente común en los niños pequeños tras una separación de una semana de duración o más de un ambiente extraño y sin recibir los cuidados de una madre sustituta, pero que solo en una oportunidad se registró en un pequeño mono, es el desapego, vale decir, la inhabilidad para reconocer o responder a la madre al producirse el reencuentro. En un estudio de Abrams (descrito por Mitchell, 1970), veinticuatro pequeños monos rhesus sufrieron una separación de la madre de dos días de duración cuando contaban entre ocho y veinte semanas. Al producirse el reencuentro la cuarta parte de los pequeños animales observados huyó de la madre cuando esta procuró acercárseles; y tras una segunda separación de dos días, pocas semanas después, se duplicó la proporción de los que huyeron. Aunque Hinde y Spencer-Booth buscaron deliberadamente las pautas de desapego nunca las observaron, por lo cual la respuesta tal vez se circunscriba a los animalitos muy jóvenes estudiados por Abrams. Todavía no está claro, sin embargo, el que la respuesta observada por Abrams pueda considerarse homóloga a la advertida en los niños pequeños.

Los descubrimientos realizados en el curso de los experimentos con primates han sido descritos de manera exhaustiva porque no dejan duda alguna de que la mayoría de las observaciones efectuadas durante y al cabo de una breve separación en los bebés del género humano también son válidas para los pequeños de otras especies. Las explicaciones de las respuestas humanas que suponen procesos cognitivos en un nivel específicamente humano resultan, por consiguiente, objetables.

Segunda parte

ENFOQUE ETOLÓGICO DEL TEMOR HUMANO

5

Postulados básicos de las teorías de la ansiedad y el temor

> Los paradigmas no solo suministran a los científicos un esquema, sino también algunas de las pautas esenciales para la confección de ese esquema. Al descubrir un paradigma el científico adquiere una base teórica junto con métodos y normas, por lo general integrados en un complejo inextricable [...] Es esa [una] razón por la cual las escuelas que se guían por paradigmas diferentes acusan siempre cierta medida de incomprensión recíproca.
>
> THOMAS S. KUHN (1962)

LA RELACIÓN ENTRE LA ANSIEDAD Y EL TEMOR

Aunque con el transcurso de los años la mayoría de los estudiosos ha llegado a la conclusión de que una de las causas principales de la ansiedad y la zozobra que experimenta el hombre es la separación de los seres amados, o la amenaza de separación, ha habido profunda renuencia a aceptar esta fórmula tan simple. Las objeciones se hallan extremadamente arraigadas y se basan en uno o varios supuestos corrientes cuya validez, según veremos, resulta ya insostenible.

En el presente capítulo y los que lo siguen se formula una vez más el postulado más simple. Y como este ha suscitado tanta incredulidad y, en consecuencia, tantos argumentos lógicos en contra, procedemos a enunciarlo de manera algo detallada. Consideremos, en primer término, algunos de los supuestos comunes subyacentes a esa incredulidad y oposición tradicional, haciendo referencia específica a la influencia de la teoría de la motivación freudiana, tal como su autor la formulara inicialmente.

En toda interpretación psicoanalítica y psiquiátrica de la ansiedad se da por sentado que existe una estrecha relación entre los estados emocionales denominados de «ansiedad» y «temor» respectivamente. El enigma reside en determinar con precisión de qué manera se hallan relacionados. Freud se ocupa reiteradamente de trazar un cotejo y contraste entre ambos términos: véase, por ejemplo, el Apéndice B a *Inhibición, síntoma y angustia* (*Standard Edition*, vol. 20, págs. 164-168). También otros han seguido sus pasos. Al ver el confuso panorama en un artículo reciente, Lewis (1967) puntualiza que, en el amplio terreno de la psicopatología, el término *ansiedad* se utiliza de manera habitual para hacer referencia a un «estado emocional caracterizado por la sensación subjetiva de temor u otra emoción estrechamente relacionada». A menudo, como sabemos, ambos vocablos se utilizan de manera intercambiable. En vista de la estrecha relación existente entre los estados emocionales respectivos y, asimismo, entre ambas palabras, no es de sorprender que las ideas sobre las condiciones que dan lugar a un estado influyan sobre las ideas relativas a las condiciones que dan lugar al otro.

No obstante, en medio de esta maraña de teorías confusas y contradictorias, todo el mundo parece coincidir en un aspecto: en tanto que la naturaleza y el origen de la ansiedad siguen siendo oscuros, la naturaleza y el origen del temor son muy simples y fácilmente inteligibles.

En las teorías propuestas en esta obra solo se rompe con esa tradición en un punto. Por un lado, los estados a que hacen referencia los términos *ansiedad* y *miedo* siguen considerándose estrechamente relacionados. Por añadidura, las ideas relativas a las condiciones que dan lugar a determinado estado siguen estando íntimamente ligadas con las relativas a las condiciones que dan lugar a otro. La divergencia se produce en relación con un aspecto totalmente distinto: las teorías acerca de la naturaleza de las condiciones que suelen dar lugar al estado que, según se afirma, resulta más fácil de interpretar: el miedo.

En los círculos psicoanalíticos y psiquiátricos, según se argumenta, siguen postulándose supuestos por completo erróneos acerca del temor y las condiciones que lo provocan. Esos supuestos erróneos siempre han ejercido (y siguen ejerciendo) un efecto totalmente adverso sobre nuestra habilidad para interpretar los inquietantes signos de ansiedad y temor que revelan nuestros pacientes.

Tal vez el más difundido y básico de esos supuestos tradicionales reside en que la única situación que provoca miedo propiamente dicho es la presencia de algo que pueda herirnos o dañarnos: como corolario, el temor experimentado en cualquier otra situación habría de ser, en cierto sentido, anormal o, al menos, requiere una explicación especial. En tanto que dicho supuesto parece a primera vista plausible, resulta erróneo en dos de sus aspectos característicos.

Un tipo de error común es el referente a la naturaleza de los estímulos y objetos que nos atemorizan e impulsan a emprender la huida. Según se ha descubierto, con no poca frecuencia solo guardan una relación *indirecta* con lo que, de hecho, resulta peligroso. El segundo tipo de error es igualmente básico. No solo nos aterra la *presencia* o expectativa de determinadas situaciones, sino la *ausencia* real o prevista de otros tipos de situación.

En las páginas siguientes se enfocan de manera parcial los orígenes y efectos de ambos tipos de error. Tras su examen se descubre su estrecha vinculación con algunos supuestos iniciales del pensamiento freudiano y, en particular, con el modelo de motivación adoptado por Freud. Al aplicarse un modelo de motivación diferente, tal como ocurre en la presente obra, la perspectiva adoptada se modifica de modo radical.

MODELOS DE LA MOTIVACIÓN Y SUS EFECTOS SOBRE LA TEORÍA

La vasta tradición de teorizaciones psicoanalíticas acerca del temor y la ansiedad ha recibido profunda influencia del modelo de motivación que Freud adoptara en sus formulaciones iniciales, mucho antes de tomar conciencia del lugar que ocupan los problemas de separación y pérdida en la esfera de la psicopatología; dicho modelo, por otra parte, fue incorporado en todas sus posteriores teorías metapsicológicas. Aquel presupone que el organismo responde ante estímulos de todo tipo como si fuera imprescindible liberarse de ellos, por medio de la huida, siempre que sea posible o, de no serlo, por medio de acciones de otra clase.

Como no siempre suele reconocerse la influencia profunda y duradera que ese modelo ha ejercido en las teorías psicoanalíticas de la ansiedad, entre las que se incluye la ansiedad de separación, quizá resulte útil citar las propias palabras de Freud. En «Los instintos y sus destinos» (1915a), trabajo perteneciente a una serie de publicaciones en las cuales analiza sus ideas básicas, una vez más Freud enuncia como postulado central (aceptado de antemano sin discusión) el hecho de que «el sistema nervioso es un aparato cuya función consiste en liberarse de los estímulos que llegan a él, o en reducirlos al mínimo nivel posible; de ser factible, procuraría incluso mantenerse en un estado libre de toda estimulación». Los estímulos externos, sostiene Freud, se encaran fácilmente al emprenderse la retirada. Los «estímulos instintuales», por otra parte, al mantener «un flujo de estimulación incesante e inevitable» plantean un problema mucho más grave, ya que, al ser de origen interno, resulta imposible emprender la retirada ante su aparición. A los efectos de enfrentar afluencia incesante, continúa Freud, el sistema nervioso emprende «actividades complejas e interrelacionadas mediante las cuales se modifica el mundo externo con el fin de procurar satisfacción»; y dicha satisfacción, sostiene, «solo puede obtenerse eliminando el estado de estimulación en las bases del instinto» (*Standard Edition*, vol. 14, págs. 120 y 122).

A las actividades en cuestión no se les atribuye ninguna función biológica, en lo que atañe a la supervivencia de la población de la cual es miembro un individuo. El motivo de esa omisión radica en que, al postularse la teoría, no se había llegado a apreciar cabalmente la diferencia existente entre causalidad y función.

El modelo o postulado básico al que hacía referencia Freud en todo análisis de la metapsicología, y que permanece subyacente a su «punto de vista económico» (*Standard Edition*, vol. 14, pág. 181), tiene como corolario el que nunca se busque ningún objeto externo en y de por sí, sino también en la medida en que facilita la eliminación del «flujo incesante» de estimulación instintual. Por consiguiente, solo se busca a la madre, por ejemplo, en la medida en que permite reducir la tensión acumulada que surge de impulsos fisiológicos insatisfechos, y se la extraña únicamente porque se teme no poder aliviar esa tensión.

Dicho postulado sigue ejerciendo profunda influencia en el pensamiento clínico. Es ese supuesto, por ejemplo, el que condujo a Freud (1926a) a llegar, lleno de confianza, a la conclusión de que «la razón por la cual el bebé de brazos desea percibir la presencia de su madre reside, simplemente, en que por experiencia ya sabe que aquella ha de satisfacer todas sus necesidades sin demora»; por añadidura, ello lo llevó a elaborar la tesis de que en última instancia «la situación de peligro es una situación identificable de desamparo, recordada y prevista» (*Standard Edition*, vol. 20, pág. 166).

Dicha conclusión, opinamos, coherente con la teoría del impulso secundario a los efectos de explicar el vínculo que une al hijo con la madre, ha ejercido algunos efectos adversos. Uno de los principales es la creencia sostenida de que una de las claves del temor es el desamparo, por lo cual sería infantil, incluso pueril, anhelar la presencia de una figura amada y mostrarse ansioso o lleno de zozobra durante su ausencia. Sostenemos que dichas creencias no solo son erróneas, sino que distan de ser positivas para el tratamiento de los pacientes.

Ahora bien: el postulado básico de Freud no posee ningún aspecto autoevidente; por otra parte, recuérdese que tampoco surgió de la experiencia clínica.[1] Por el contrario, dicho postulado, al igual que tantos otros en el campo de la ciencia, debe entenderse que ha sido formulado a los efectos de que los científicos lo sometan a prueba con el objeto de descubrir su posible valor explicativo. En las palabras de Thomas Kuhn (1962), un postulado de este tipo suministra un paradigma en función del cual se elabora un complejo teórico y se lleva a cabo la investigación. Siempre que las personas especializadas en un mismo campo adoptan paradigmas diferentes, tal como en ocasiones ocurre, surgen grandes dificultades para la comunicación.

En el capítulo 1 del primer volumen de esta serie se dan razones para no adoptar el modelo de motivación freudiano, y en capítulos posteriores (del 3 al 8 inclusive) se suministra una descripción de lo que, en apariencia, sería un modelo más promisorio derivado de la etología y la teoría del control. En la esfera del psicoanálisis el modelo propuesto constituye un paradigma nuevo, que difiere del freudiano y de los propuestos por otros analistas, como, por ejemplo, el de Klein. Como resultado, son inevitables las dificultades de comunicación.

El aspecto central en que difieren los paradigmas antiguos y actuales reside en su relación con la teoría de la evolución. Cuando Freud postuló su paradigma en la década de 1890, aunque la evolución biológica era objeto de amplio análisis y su realidad histórica vastamente aceptada, todavía no se había llegado a un acuerdo en relación con los procesos que la explicarían. La teoría de Darwin, según la cual la evolución es el resultado del mayor éxito que en la reproducción alcanzan ciertas variantes por comparación con otras, todavía era objeto de acaloradas disputas entre los científicos, muchos de los cuales sostenían teorías alternativas. Y sucede que la teoría darwiniana (la cual, en forma desarrollada, llegó a constituirse en paradigma de la biología del presente siglo) no despertó el interés de Freud, quien, por el contrario, manifestó sus preferencias por el vitalismo de Lamarck.[2] Los efectos de la elección de Freud han sido muy graves para el psicoanálisis, ya que el paradigma que adoptara hizo que esa escuela se alejara cada vez más de otras ciencias afines.

El paradigma adoptado en la presente obra se basa en la teoría de la evolución comúnmente aceptada y, por consiguiente, coincide con el de la biología moderna. Sus características centrales son inherentes al modelo de motivación delineado en el primer volumen de esta serie, y pueden sintetizarse del siguiente modo:

- la conducta surge de la activación y posterior interrupción de *sistemas de conducta* que se desarrollan y existen dentro del organismo y poseen diferentes grados de complejidad de organización;
- la conducta resultante de la activación e interrupción de ciertos tipos de sistemas de conducta se denomina *instintiva* porque adopta pautas similares e identificables como tales en prácticamente todos los miembros de una especie, ejerce consecuencias que por lo general poseen un valor obvio para contribuir a la supervivencia de la especie y, en muchos casos, se desarrollan cuando son exiguas o nulas las oportunidades corrientes para el aprendizaje;
- los *factores causales* que activan o interrumpen el funcionamiento de los sistemas responsables de la conducta instintiva incluyen contenido hormonal, organización y acción autónoma del sistema nervioso central, estímulos ambientales de tipos específicos y estímulos propioceptivos que surgen dentro del organismo;
- la *función biológica* de un sistema responsable por la conducta instintiva es esa consecuencia de su actividad que promueve la supervivencia de la especie (o población) de la cual es miembro el organismo, hasta tal punto que los individuos dotados de ese sistema dejan tras de sí una progenie más numerosa que los carentes de él;
- el *ambiente de adaptación evolutiva* es el ambiente en el cual vivía una especie durante la evolución de sus características actuales, en-

tre las que se incluyen los sistemas de conducta, y es el único ambiente dentro del cual puede tenerse plena seguridad de que la activación de un sistema habrá de redundar en el cumplimiento de su función biológica;

- los sistemas de conducta se desarrollan en un individuo por medio de la interacción, durante la ontogenia, de tendencias genéticamente determinadas con el ambiente en el cual se cría al individuo; cuanto más se aparta el *ambiente de crianza* del de adaptación evolutiva, más susceptibles de desarrollarse de manera atípica son los sistemas de conducta de ese individuo.

El lector advertirá que en este modelo se traza una distinción estricta entre los factores causales que producen la activación y la posterior interrupción del funcionamiento del sistema de conducta, por un lado, y la función biológica que cumple la conducta, por el otro. Los factores causales, enumerados anteriormente, incluyen contenido hormonal, acción del sistema nervioso central, estímulos ambientales de un tipo específico y realimentación propioceptiva proveniente del organismo. Las funciones, por el contrario, constituyen ciertas consecuencias especiales que tienen lugar cuando el sistema se halla activo en el ambiente de adaptación evolutiva del organismo y son resultado del modo en que se halla conformado el sistema. En el caso de la conducta sexual, por ejemplo, la distinción se produce del siguiente modo. La condición hormonal del organismo y ciertas características de la pareja provocan, conjuntamente, el interés sexual, y desempeñan roles causales en la inducción de la conducta sexual; la realimentación de los estímulos surgidos al consumarse el acto le pone fin. Todos estos son factores causales. La función biológica de esa conducta constituye un aspecto diferente, y deriva de determinadas consecuencias de la actividad: la fertilización y la reproducción. Solo porque difieren causalidad y función es posible, por medio de la contracepción, interferir entre la conducta en sí y la función que por su desarrollo cumple.

Una vez que se aplica a los problemas relacionados con la ansiedad y el miedo un modelo de motivación que distingue la causalidad de la función y se halla enmarcado dentro de una perspectiva evolucionista, es posible hallar soluciones nuevas. A continuación se efectúa un cotejo entre soluciones derivadas, por un lado, del modelo freudiano de motivación y, por otro, de un modelo compatible con la actual teoría de la evolución.

¿FOBIA ENIGMÁTICA O TEMOR NATURAL?

Cuando en 1926 Freud se propuso reconsiderar sus concepciones sobre la ansiedad siguió, empero, adhiriendo a su modelo originario de motivación y sosteniendo asimismo el supuesto (nunca totalmente explícito, aunque obvio en su reiteración) de que la única situación que debería provocar miedo en un ser humano es la presencia de algo que puede herirlo o dañarlo. Las consecuencias principales de ese supuesto son: en primer lugar, la perplejidad absoluta de Freud al procurar comprender por qué situaciones de tipo muy diferente han de provocar miedo con tanta intensidad y de manera tan frecuente; en segundo término, las teorías sumamente complejas a las que recurren él y sus seguidores para explicar dicho temor; y, finalmente, las pautas erróneas que se aplican para medir lo que se considera sano y lo que se considera patológico.

Los argumentos que propone Freud en *Inhibición, síntoma y angustia* pueden sintetizarse en unas pocas palabras del propio autor: «Peligro real es todo aquel que amenaza a la persona desde un objeto externo». Siempre que la ansiedad surja «en torno a un peligro conocido», por consiguiente, puede considerársela una «ansiedad realista»; en tanto que la surgida «en torno a un peligro desconocido» ha de considerarse «ansiedad neurótica». Como el temor que inspiran determinadas situaciones (por ejemplo, el *hallarse solo*, o *en la oscuridad*, o *rodeado de extraños*) es, desde el punto de vista freudiano, un temor provocado por peligros desconocidos, ha de juzgárselo como de carácter neurótico (*Standard Edition*, vol. 20, págs. 165-167). Por añadidura, como todos los niños experimentan temor ante situaciones tales, todos padecerían una neurosis (págs. 147-148).

Los lectores de su obra pueden verificar los persistentes esfuerzos de Freud para resolver el problema de lo que denomina las «enigmáticas fobias» de los niños pequeños, entre las cuales incluye el «temor de permanecer solos o en la oscuridad o rodeados de extraños» (*Standard Edition*, vol. 20, pág. 168); ninguno de esos ejemplos, en función de sus supuestos, resulta fácilmente inteligible. La conclusión a la que se ve impulsado, en consonancia con su postulado básico, es que el temor de esas situaciones tan comunes ha de equipararse inicialmente al temor de perder el objeto y, en última instancia, al temor del desamparo psíquico frente a una estimulación instintual en continuo aumento (pág. 166). Desde esta perspectiva, el temor que inspiran esas situaciones no solo sería infantil, según Freud, sino que bordearía el terreno de lo patológico. A su entender, siempre que el desarrollo sea saludable quedará muy atrás el temor provocado por todas esas situaciones: «Las fobias de los niños muy pequeños, el temor de estar solos o en la oscuridad o con extraños (fobias a las que casi podría tenerse por normales), por lo general desaparecen con el tiempo: el niño "las supera"» (pág. 147). Cuando, no obstante, se produce un desarrollo poco saludable, persiste el temor que provocan las situaciones de ese tipo: «muchas personas mantienen una conducta infantil en relación con el peligro y no logran superar ciertos factores causantes de ansiedad propios de un período anterior de su existencia [...] precisamente a esas personas es a quienes llamamos neuróticos» (pág. 148).

Klein, al igual que la mayoría de los psicoanalistas, acepta las postulaciones de Freud en el sentido de que los temores infantiles de ninguna manera pueden interpretarse como «realistas», por lo cual sería necesario explicarlos de manera diferente. Impresionada por la intensidad de la conducta agresiva en los pequeños de dos años o más con perturbaciones de conducta, la investigadora propone una teoría novel: «Entiendo que la ansiedad surge por la influencia del instinto de muerte en el organismo, se experimenta como temor de la aniquilación (muerte) y adopta la forma del miedo persecutorio» (Klein, 1946). Esta teoría constituye la base del sistema kleiniano.

La posición adoptada al respecto de la presente obra difiere radicalmente de la de Freud, Klein y la mayoría de los otros psicoanalistas. Lejos de ser fóbica o infantil, la tendencia a experimentar temor en todas esas situaciones tan comunes ha de entenderse como natural al hombre, una predisposición natural que, por añadidura, persiste en él, hasta cierto punto, desde la infancia a la ancianidad y es compartida por animales de muchas otras especies. Por lo tanto, no es la presencia de esa tendencia en la infancia o la existencia posterior del hombre lo que reviste un carácter patológico, sino que dicho carácter se pone de manifiesto cuando dicha tendencia es aparentemente nula o cuando, por el contrario, se provoca temor con rapidez insólita y gran intensidad. Cuando se la considera a la luz de una teoría de la motivación diferente y desde la moderna perspectiva de la evolución, la existencia y perduración de una tendencia al miedo en cualquiera de esas situaciones comunes resulta fácilmente inteligible en función de su valor para la supervivencia.

Perspectiva evolucionista

Los estudios comparativos de la conducta del hombre y de otros mamíferos presentan un cuadro de las condiciones que provocan temor e inducen a la huida totalmente distinto del elaborado a partir de los supuestos freudianos. Se ha descubierto que, con no poca frecuencia, las condiciones que provocan temor tienen relación general aunque solo *indirecta* con lo que, en realidad, podría herirnos o causarnos daño. En el volumen anterior de esta obra (capítulo 15) se presentaban pruebas de que, para una amplia serie de especies animales entre las que se incluía el hombre, uno de los principales motivos que provoca un estado de alarma e induce a emprender la retirada es el mero desconocimiento del otro ser u objeto. Entre los motivos de alarma también se cuenta el ruido y los objetos que aumentan de tamaño o se aproximan rápidamente y, en el caso de animales de determinadas especies, aunque no todas, también la oscuridad. Un ulterior motivo es el aislamiento.

Ahora bien: es evidente que ninguna de esas situaciones causantes de estímulo es, de por sí, peligrosa. No obstante, cuando se las enfoca desde una perspectiva evolucionista, no resulta difícil percibir el rol que desempeñan para asegurar la supervivencia. El ruido, los objetos o seres desconocidos, la creciente proximidad, el aislamiento y, en el caso de muchas especies, la oscuridad, son todas condiciones estadísticamente asociadas con un mayor grado de peligro. El ruido puede presagiar un desastre natural: un incendio, inundación o alud. Los cachorros, por otra parte, perciben a los animales de presa como seres extraños, que se aproximan con rapidez y quizá ruidosamente, y a menudo se lanzan al ataque durante la noche, de preferencia cuando la víctima potencial se halla sola. En consecuencia, debido a la relación que guardan con un mayor grado de peligro, cada una de estas condiciones suministra un *indicio natural* del riesgo o amenaza, y en virtud de tales las interpretan los animales. A la larga, por añadidura, la percepción cada vez más aguda de esas señales puede afectar la evolución animal. Como esa conducta específica facilita tanto la supervivencia como la reproducción, de acuerdo con la teoría propuesta, la prole de las especies que han logrado sobrevivir (y entre quienes se incluye el hombre) presenta características genéticas que la llevan a desarrollarse de manera tal que responda a los ruidos, a la aparición de extraños, a la repentina proximidad de estos y a la oscuridad emprendiendo la retirada o evitando toda acción (vale decir, comportándose cual si se viera en presencia de un auténtico peligro). De manera análoga, ante una situación de aislamiento responde buscando compañía. Las respuestas de temor que provocan esos signos de peligro naturales forman parte intrínseca del repertorio básico de conductas humanas.

Reviste interés el hecho de que, *a posteriori*, Freud mismo sopesara la idea de que quizá algunas de las «fobias» que tan enigmáticas le resultaran pudieran cumplir una función biológica: «[...] el temor de los animales pequeños, tormentas, etcétera, quizá pueda explicarse en función de vestigios de una disposición congénita a enfrentar peligros reales, desarrollada al máximo en otros animales». Sin embargo, muy pronto desecha esa posibilidad y termina expresando que: «En el hombre, solo reviste sentido esa parte de su herencia arcaica relacionada con la pérdida del objeto» (*Standard Edition*, vol. 20, pág. 168); y, tal como pudiéramos observar, Freud incluso interpreta ese fragmento sin trazar relación alguna con la evolución, sino como mera salvaguardia contra la exposición del individuo a una estimulación interna excesiva.

En la teoría propuesta en estas páginas, por supuesto, ese legado arcaico al que se hizo referencia desempeña un papel preponderante. La tendencia a reaccionar experimentando temor ante cada una de estas situaciones comunes (la presencia de extraños o animales, el rápido acercamiento, la oscuridad, los ruidos fuertes y la soledad) se interpreta como resultado del desarrollo de una serie de tendencias genéticamente determinadas que ciertamente redundan en una «disposición a enfrentar peligros reales». Por añadidura, dichas tendencias no solo tendrían lugar en los animales, sino también en el hombre mismo, y no solo durante la infancia, sino durante su existencia toda. Desde una perspectiva tal, el temor a una separación involuntaria de una figura de apego en cualquier fase del ciclo vital deja de plantear un oscuro enigma para convertirse, por el contrario, en respuesta instintiva provocada por una señal natural de creciente peligro.

6

Formas de conducta que indican temor

> De tal manera, en tanto que algunos animales capaces de ejecutar movimientos rápidos se dan a la fuga llevados por el temor, otros, que solo pueden ejecutar movimientos lentos, permanecen inmóviles en idénticas circunstancias o, como el erizo o la oruga, se enroscan sobre su propio cuerpo. Pero el hombre, a quien el miedo, por apremiante que sea, no priva de su capacidad para prever resultados diferentes, o para discriminar entre ellos, puede elegir entre darse a la fuga, ocultarse en el sitio donde se encuentra o adoptar alguna otra medida para ponerse a salvo.
>
> ALEXANDER F. SHAND (1920)

ENFOQUE EMPÍRICO

A los efectos de comprender las situaciones causantes de estímulo que llevan a los seres humanos a experimentar temor y ansiedad (tema del presente capítulo y del que lo sigue) o, por el contrario, a sentirse seguros, es preciso desechar toda idea preconcebida sobre los posibles objetos de un temor «realista», «razonable» o «adecuado». Nuestra tarea, por el contrario, ha de ser de naturaleza empírica; esta reside en examinar los conocimientos obtenidos sobre las situaciones reales en que hombres, mujeres y niños suelen experimentar temor y ansiedad o, alternativamente, una sensación de seguridad. Solo al explicar y comprender las condiciones naturales que provocan temor en el ser humano podremos entrever desde una perspectiva inédita la naturaleza y origen de la ansiedad y los temores intensos y persistentes que aquejan a nuestros pacientes y suelen juzgarse de índole neurótica.

Son muchos los problemas de terminología, sobre todo en los numerosos y variados intentos por trazar una distinción entre ansiedad y temor. Puesto que al llegar a este punto es imprescindible alcanzar cierto grado de acuerdo en relación con la terminología que habrá de utilizarse, procedemos a explicar sucintamente el uso que se da a ciertos términos; no obstante, el análisis más exhaustivo del tema se deja para el capítulo 12, una vez que ya hayan sido presentados los datos empíricos y examinadas sus implicaciones teóricas.

La palabra *temor* se utiliza aquí en un sentido general y amplio, ateniéndonos a su uso cotidiano. Como todo vocablo que denota una emoción, hace referencia tanto a las supuestas emociones de la persona como a su conducta previsible (véase el primer volumen de esta serie, capítulo 7). En vista de que hay motivos para creer que hasta el momento no se ha prestado demasiada atención a la conducta dictada por el temor, iniciamos el capítulo con su análisis.

Conductas inspiradas por el temor

Examinemos las diversas pautas de conducta que por lo común se interpretan como indicativas de temor. Entre ellas se incluyen, por supuesto, las formas iniciales de conducta, como la postura, la expresión y la acción incipiente, que nos llevan a inferir que una persona o animal experimenta temor, así como las pautas de conducta menos sutiles y más activas que a menudo, aunque no siempre, las suceden.

Tanto en la vida cotidiana como en las observaciones sistemáticas de campo se pone de manifiesto una amplia variedad de pautas características de conductas que suelen agruparse en una misma categoría, como indicativas de temor. Entre ellas se incluye una observación cautelosa aunada a la inhibición de la acción, una expresión facial de terror junto con temblores o explosiones de llanto, la tendencia a agacharse, ocultarse, huir, o la búsqueda de contacto con otro ser, a quien el sujeto se aferra con fuerza. Si nos preguntamos por qué todas estas formas de conducta tan distintas han de agruparse en una misma categoría, surgen cuatro razones valederas:

a. Muchas de estas pautas de conducta, aunque no todas, suelen ocurrir de manera simultánea o en secuencia.
b. Los hechos que provocan una de esas pautas de conducta suelen también provocar las demás (aunque no necesariamente a todas ellas).
c. La mayoría de ellas parece cumplir una única función biológica: la protección.
d. Al preguntárseles cómo se sienten, las personas que se comportan de esa manera por lo común dicen experimentar temor, ansiedad o una sensación de alarma.

Si bien las expuestas constituyen razones valederas para agrupar en una misma categoría a todas esas formas de conducta tan variadas, el hacerlo, empero, presenta algunos riesgos. En particular, las condiciones que provocan determinadas pautas de temor pueden diferir, en determinados aspectos, de las que provocan otras pautas; y las respuestas autónomas aunadas a una de ellas pueden muy bien diferir de las aunadas a otra. En los animales, el carácter específico de las distintas pautas de conducta se ha podido verificar por medio de experimentos. Hinde (1970) examina los trabajos de Hogan, que sugieren que, al menos en los animales más pequeños, la inhibición de los movimientos y la huida pueden constituir dos sistemas de conducta separados entre sí, inducidos por diferentes tipos de estimulación externa, y que, a la vez, incluso pueden anularse entre sí. En el capítulo 8 se presentan ulteriores pruebas al respecto.

Un aspecto particularmente digno de nota, el cual constituye la piedra angular del presente argumento, es que, en el uso común, bajo el rótulo único de conductas indicativas de temor se agrupan pautas de conducta caracterizadas por un mínimo de tres tipos diferentes de resultados previsibles: a) inmovilidad; b) aumento de la distancia de cierto tipo de objeto, y c) aumento de la proximidad a otro tipo de objeto. El contraste entre los dos últimos resultados reviste especial importancia: por un lado, se verifica la conducta que *aumenta* la distancia de personas y objetos supuestamente amenazadores; por otro, la conducta que *reduce* la distancia de personas y objetos que supuestamente habrán de suministrar protección. Como es natural, no siempre se producen ambos tipos de conducta. No obstante, se dan juntos con la suficiente frecuencia como para dar por sentada su conjunción. Cuando perseguimos a un conejo no solo esperamos que huya *de* nosotros, sino que corra *hacia* su madriguera. Cuando un niño da señales de temor ante un perro que ladra no solo esperamos que se aparte *del* perro, sino que corra *hacia* una figura parental.

Ahora bien: la práctica habitual de incluir en una misma categoría (la de conductas indicativas de temor) a pautas de conducta con resultados previsibles tan diferentes reviste suma importancia, aun cuando se presta a generar confusión. En particular, con frecuencia ha llevado a muchos psicólogos, como McDougall (1923) y otros, a postular un único «instinto de temor» dentro del cual se halla comprendido todo lo demás. Una teoría alternativa, mucho más coherente con los datos observados, postula que no estamos ante una única forma de conducta dentro de la cual se halla comprendido todo lo demás, sino ante una serie heterogénea de pautas interrelacionadas, cada una de las cuales es inducida por un conjunto ligeramente diferente de condiciones causales y que, a la vez, tiene sus resultados característicos. En el sentido especificado en la segunda parte del primer volumen de esta serie, cada una de esas pautas puede considerarse como ejemplo de conducta instintiva.

A los efectos de clasificar estas pautas de conducta diferentes, procedemos a examinar, en primer término, el modo en que la conducta de apego y la conducta dictada por el temor se relacionan entre sí.

CONDUCTA DE RETRACCIÓN Y CONDUCTA DE APEGO

Posiblemente el lector ya se halle familiarizado con una de las tres formas de conducta que, aunque caracterizadas por consecuencias previsibles tan diferentes, por lo general se consideran indicativas de temor. La conducta que reduce la distancia de las personas u objetos que supuestamente suministrarían protección no es otra que la denominada conducta de apego. Desde esta perspectiva (aunque no cuando varía el enfoque), la conducta de apego parece ser un componente más de entre las heterogéneas formas de conducta comúnmente clasificadas dentro de la categoría general de conducta dictada por el temor.

Es evidente que, con el fin de evitar toda posible confusión, también se requieren denominaciones específicas para todos los otros componentes claramente identificables de la conducta que dicta el miedo. Para la conducta que tiende a aumentar la distancia de personas y objetos supuestamente amenazadores resultan convenientes los términos *retracción*, *huida* y *evitación*. Para otro componente importante y adecuadamente organizado (la conducta que provoca la inmovilidad), el término comúnmente utilizado es *inmovilización*. Como en los seres humanos esta última conducta ha sido objeto de muy pocos estudios, la mayor parte del siguiente análisis gira en torno de las relaciones existentes entre la conducta de apego y la conducta de retracción.

Por supuesto, no tiene por qué sorprender que la conducta de apego y la de retracción se den juntas con suma frecuencia. Tal como se puntualizara en el primer volumen, ambas cumplen una misma función: la de protección; y, en razón de ello, ambas son provocadas por muchas condiciones idénticas. Por añadidura, cuando coincide su acción, como ocurre tan a menudo, ambas formas de conducta son por lo general compatibles: con suma frecuencia resulta fácil combinar en una acción única el acto de alejarse de una zona y acercarse a otra. Es precisamente por estas razones por lo que ambas formas de conducta se clasifican bajo el rubro general de conducta inducida por el temor, sin prestarse mayor atención a las diferencias existentes entre ambas.

No obstante, si bien la conducta de apego y la conducta de retracción o alejamiento tienen tanto en común, existen poderosas razones para trazar una diferencia entre ambas. En primer lugar, aunque en buena medida las condiciones que las provocan son las mismas, no siempre ocurre así. La conducta de apego, por ejemplo, puede ser activada por la fatiga o la enfermedad, tanto como por una situación que provoca miedo. Por otra parte, cuando ambas formas de conducta son activadas al mismo tiempo no siempre son compatibles, aunque sí lo sean en la mayoría de los casos. Por ejemplo, fácilmente puede producirse una situación conflictiva cuando el estímulo que provoca tanto la huida como la conducta de acercamiento de un individuo se halla ubicado entre este último y la figura en quien se centra su afecto: un caso muy común es el del perro que se interpone entre el niño y su madre.

En una situación conflictiva de este tipo el individuo atemorizado puede comportarse, por lo menos, de cuatro modos diferentes, según revista primacía la tendencia a la huida o la conducta de apego, o se dé un equilibrio entre ambas. Esto último ocurre cuando el individuo presa del terror permanece inmóvil en su sitio, o cuando se aproxima a la figura de apego haciendo un rodeo, para evitar aquello que le provoca temor. Por el contrario, reviste primacía una u otra forma de conducta cuando el individuo atemorizado marcha de manera más o menos directa hacia la figura de apego, a pesar de que para ello tiene que pasar cerca del objeto amenazador, o cuando huye de este último aun cuando al hacerlo pone una distancia cada vez mayor entre sí mismo y la figura de apego.

Aunque es muy amplia la bibliografía existente en relación con el conflicto entre el acercamiento y la huida, no creemos que se hayan efectuado experimentos destinados a determinar, ante este tipo de conflicto, cuál de las diferentes soluciones posibles eligen los seres de distinta edad o pertenecientes a especies diferentes, y en condiciones también diferentes. Empero, sería erróneo suponer que por lo común la tendencia a la fuga tiene primacía sobre la conducta afectiva. Gran número de experiencias cotidianas demuestran que en los miembros jóvenes de muchas especies suele ocurrir todo lo contrario. Un ejemplo de ello es la conducta de los corderos en una ruta entre montañas, cuando se acerca un automóvil. El cordero atrapado del lado de la ruta opuesto al de la madre y asustado por el auto que se aproxima suele cruzar el camino a toda velocidad, a pesar de que puede ser arrollado por el coche. Lo mismo ocurre en el caso de niños pequeños.

Los estudios de la conducta humana durante y después de un desastre contienen vívidos relatos del modo en que el miembro de una familia no se da por satisfecho ni puede prestar atención a ninguna otra cosa hasta tanto los restantes miembros no se hallen todos reunidos. Dichos estudios describen, asimismo, el inmenso alivio que puede causar la presencia de otra persona familiar y el modo en que, durante las semanas siguientes al desastre, por regla general el ser humano suele permanecer en contacto estrecho con las figuras en quienes se centra su afecto. De manera reiterada, la conducta de apego prima sobre la conducta de alejamiento. Al final del capítulo 10 una vez más se hace referencia a estos estudios.

Una situación especial (aunque no insólita) en la que se produce un conflicto entre la conducta afectiva y la conducta de alejamiento es la que se produce cuando la figura de apego es también la que provoca temor, al recurrir, quizá, a amenazas o actos de violencia. En esas condiciones las criaturas más pequeñas, pertenezcan o no al género humano, no suelen huir de la figura hostil, sino, por el contrario, aferrarse a ella (véase el capítulo 12 del primer volumen). Esta propensión puede desempeñar un rol de importancia en los denominados pacientes fóbicos, cuya incapacidad para dejar sus hogares suele darse en respuesta a la actitud amenazadora de sus padres (véanse capítulos 18 y 19).

El análisis precedente indica que la conducta afectiva y la conducta de retracción o alejamiento constituyen sistemas diferenciados que a) cumplen la misma función; b) pueden ser activados por muchas condiciones análogas; c) con frecuencia son compatibles entre sí, pero d) pueden entrar en conflicto con facilidad. En este último caso corresponde indagar cuál de ambos sistemas adquiere primacía sobre el otro, de darse esa circunstancia.

El temor y la acción de atacar

Los estímulos pasibles de provocar miedo en el ser humano también pueden inducir al ataque, cuando se modifican levemente las circunstancias. En el capítulo 8 se analiza el estrecho nexo existente entre ambas formas de conducta en relación con observaciones y estudios sobre animales, y en el capítulo 17 se lo enfoca en relación con los seres humanos.

LA SENSACIÓN DE MIEDO Y SUS VARIANTES: ALARMA Y ANSIEDAD

Sean compatibles o conflictivas, por lo común la conducta afectiva y la conducta de huida son provocadas por muchas situaciones-estímulo análogas y, según algunos, siempre cumplirían la misma función: la de protección. No es de sorprender, por consiguiente, que al menos en determinadas circunstancias ambas formas de conducta se aúnen a experiencias subjetivas bastante similares. Al enfrentar una situación-estímulo que nos impulsa a emprender la retirada, a darnos a la fuga, solemos calificar de temor, pánico, alarma o ansiedad las sensaciones que experimentamos. De manera análoga, cuando una situación quizá similar provoca una manifestación de conducta afectiva, pero, por alguna razón, no podemos dar con la figura de apego o llegar hasta ella, solemos describir nuestras emociones de manera muy similar. Diremos, por ejemplo: «Temía que te hubieras marchado» o «Tenía miedo de no encontrarte» o «Estaba muy ansioso por tu larga ausencia».

Este empleo del lenguaje, tan alto de discriminación, induce a confusiones a la par que resulta revelador. Por un lado, sin lugar a dudas subraya el hecho de que la conducta de huida y la conducta de apego pueden tener ciertas características básicas en común. Por otro, para el incauto resulta fácil suponer que, como en el lenguaje común se emplean todos esos términos sin mayor discriminación, la conducta a que hacen referencia puede tratarse de manera indiferenciada. Por añadidura, ese uso indiscriminado de las palabras impide atribuir un significado específico a los vocablos utilizados.

Ya se ha señalado por qué, a pesar de la creciente insistencia de Freud acerca del papel clave que cumple la ansiedad de separación en los casos de neurosis, ha habido notable renuencia a adoptar sus ideas, en parte debido a la influencia de sus teorías anteriores y, también en parte, debido a la dificultad que tanto él como sus colegas enfrentaron al tratar de comprender por qué la separación, en y de por sí, habría de generar temor o ansiedad. Dicha dificultad que durante muchos años no pudo superarse se ilustra cabalmente en un pasaje de la obra de Rycroft (1968a) sobre la ansiedad; los comentarios al respecto corroboran nuestros argumentos.

Tras hacer breve referencia a datos del tipo analizado exhaustivamente en los capítulos 3 y 4 de este volumen, Rycroft manifiesta:

> Las observaciones de este tipo, efectuadas tanto en relación con animales como con seres humanos, generaron la idea de que toda ansiedad (o, al menos, toda ansiedad de índole neurótica) es, en última instancia, provocada por una separación, la respuesta ante la separación de un objeto parental protector, más que una reacción ante un peligro no identificado. No obstante, dicha idea da lugar a algunas objeciones. En primer término, sin duda resulta ilógico considerar como causa de ansiedad la ausencia de una figura conocida y protectora, más que la presencia de una situación desconocida y amenazadora. Hacerlo equivale a atribuir [...] el congelamiento a las vestiduras inadecuadas, en vez de al frío extremo.

La reflexión indica que, en realidad, efectuar la asociación a la que objeta Rycroft no tiene nada de ilógico. Las condiciones causales que llevan al congelamiento incluyen *tanto* el frío extremo *como* las vestimentas inadecuadas. Por consiguiente, la responsabilidad recae tanto en una como en otra causa.[1]

Para nuestros fines, sin embargo, resulta más apropiada otra analogía en la cual dos condiciones revisten igual importancia en relación con la seguridad. La seguridad de un ejército en el campo de batalla no solo depende del hecho de que se defienda de los ataques directos del enemigo, sino de que mantenga una comunicación ininterrumpida con su base. Todo comandante que no presta tanta atención a su base y líneas de comunicación como a su frente principal hallará bien pronto la derrota. La tesis aquí propuesta, por consiguiente, reside en que resulta tan natural experimentar temor cuando se ven amenazadas las líneas de comunicación con la base como cuando en el frente ocurre algo que nos provoca alarma y nos induce a emprender la retirada.

Aunque la analogía militar propuesta resulta útil, es preciso aclarar algunos puntos. Por regla general, un comandante en jefe a cargo de las fuerzas del frente también se halla al mando de su base. En consecuencia, toda amenaza a su base o a sus líneas de comunicación suele provenir de una fuente única: el enemigo. Supongamos, por el contrario, que el general al mando de las fuerzas del frente no se halla al mando de la base, la cual se halla al mando de otro general de jerarquía igual o superior. En esa situación, el general al mando de las fuerzas del frente de batalla bien puede tener dos causas de ansiedad: una, en relación con los posibles ataques del enemigo; la otra, en relación con la posible defección de su colega en la base. Solo de existir absoluta confianza entre generales podrían resultar prácticas las disposiciones adoptadas.

Similar es la situación que, en apariencia, se da entre el sujeto y su figura de afecto. Cada una de las partes posee una autonomía intrínseca. De existir una confianza básica entre ambas, las cosas pueden marchar bien. Pero toda posibilidad de defección de la figura de apego puede provocar una ansiedad muy intensa en el otro. Y si este, a la vez, experimenta alarma por otros motivos, resulta evidente que lo ha de aquejar un temor intensísimo.

Sostiénese que en los trabajos clínicos revisten tanta importancia las amenazas «de retaguardia» como las amenazas frontales. En la tercera parte de este volumen se presentan datos que sugieren que la ansiedad crónica y aguda que experimentan algunos pacientes surge de la ruptura de relaciones con la «base» con tanta frecuencia como por cualquiera de las otras causas. Por cierto, no deja de resultar un mérito de algunas escuelas psicoanalíticas el hecho de que, llevadas por su interés por las relaciones objetales, hayan centrado su atención específica en las relaciones con la «base».

Es preciso advertir que la analogía militar propuesta falla en un punto muy importante. En tanto que los generales deben evaluar peligros auténticos, los niños y los animales, así como también, en medida considerable, los seres humanos adultos, se hallan conformados de manera tal que responden fundamentalmente a situaciones-estímulo bastante simples, que actúan como señales naturales de mayor peligro o de seguridad potencial (señales que, por otra parte, solo se correlacionan de manera muy general con el peligro o la seguridad real). Este aspecto, por lo común descuidado, recibió atención hacia el final del capítulo anterior y se lo estudia de manera sistemática en los capítulos 8, 9 y 10 de este volumen.

Terminología

El hecho de que de manera cotidiana se utilice el mismo vocabulario para describir nuestras sensaciones ante una amenaza de ataque y cuando nuestra base se halla amenazada sugiere la existencia de sentimientos similares en ambas situaciones. No obstante, es probable que las emociones experimentadas no sean idénticas. Por tal razón, convendría utilizar vocablos diferentes en uno y otro caso.

Al analizar el problema en trabajos anteriores (Bowlby, 1960a, 1961a) y una vez más, aunque brevemente, en el primer volumen de esta serie (fin de capítulo 15), se propone la adopción de una terminología similar a la de los últimos trabajos de Freud. Cuando en determinadas circunstancias tratamos de emprender la retirada o huir ante una situación x, el término *alarma* resulta particularmente adecuado para describir nuestras sensaciones. Cuando buscamos a la figura de afecto, pero no damos con ella o no podemos alcanzarla, cabe emplear el vocablo *ansiedad* para describir nuestras emociones. La propiedad de esta terminología es corroborada al hacer referencia a las raíces etimológicas de las palabras respectivas y a la tradición psicoanalítica. En el Apéndice III de este volumen se presentan argumentos que confirman lo expresado.

En la terminología adoptada, por consiguiente, la conducta dictada por el temor y la sensación de miedo se utilizan como términos generales, que abarcan todas las formas de conducta citadas y, en el caso de los seres humanos, todos los distintos matices del sentimiento. Cuando es necesario discriminar se utilizan los términos *inmovilización* y *conducta de retracción* o *huida*, en relación con la sensación de alarma, y *conducta afectiva* (la cual, al no llegar a buen término, genera ansiedad). Con frecuencia, por supuesto, la persona procura, de manera simultánea, huir de una situación y aproximarse a otra, aunque sin lograrlo. En tal caso, según la terminología adoptada, cabría aplicar tanto el término *alarma* como el de *ansiedad* en relación con lo que siente.

7

Situaciones que provocan temor en los seres humanos

> [...] ciertas ideas relativas a la intervención de lo sobrenatural aunadas a las circunstancias reales producen un tipo peculiar de horror. Dicho horror probablemente se explique como resultado de la conjunción de otros horrores más simples. A los efectos de intensificar al máximo ese pavor fantasmal deben combinarse muchos de los elementos habituales de lo terrorífico, como soledad, oscuridad, sonidos inexplicables (por lo común, apagados), figuras cuyos movimientos discernimos a medias... y una contradicción vertiginosa de toda expectativa. Este último elemento, de carácter *intelectual*, reviste suma importancia.
>
> WILLIAM JAMES (1890)

UN CAMPO DE ESTUDIO DIFICULTOSO

En los capítulos 3 y 4 se registraron pruebas de la zozobra y ansiedad que experimentan muchos pequeños seres (humanos o no) cuando se los separa de una figura hacia la cual se sienten apegados, para colocárselos en un ambiente extraño. Sabemos que en esas circunstancias la conducta se orienta tanto hacia recuperar la figura familiar como hacia huir de los seres y situaciones extraños. En los capítulos citados nuestra atención se centraba en los efectos que ejerce sobre la conducta una variable única: la presencia o ausencia de la madre; de esa manera se lograba dilucidar parte del problema, hasta ese entonces sumamente descuidado. Corresponde ahora prestar atención a la parte restante, mucho más familiar: la naturaleza de algunas de las demás variables que suelen provocar determinadas formas de conducta caracterizadas por el temor.

Las formas de conducta que por lo general se clasifican bajo el rótulo de miedo son sumamente heterogéneas, al igual, según ya se observara, las situaciones y hechos inmediatos que por lo común las provocan. Entre estos, amén de la circunstancia de encontrarse solo o perdido, se cuentan los ruidos y movimientos súbitos, los objetos y las personas extrañas, los animales, las grandes alturas, la creciente proximidad de algo o alguien, la oscuridad y cualquier elemento que pueda causar dolor. Se trata de una lista muy abigarrada. Por añadidura, el poder de cada situación o hecho para provocar temor es sumamente incierto. Una persona puede experimentar temor en circunstancias en que otra permanece impávida. Y esta última puede sentir, el día de mañana, el miedo que no experimentó hoy, o viceversa.

A todas estas situaciones inmediatas y concretas que suelen provocar temor deben añadirse, asimismo, todas las situaciones potenciales que, con fundamentos más o menos firmes, el ser humano anticipa como desagradables o peligrosas, incluyendo todos los denominados miedos imaginarios.

El panorama resultante se nos aparece, sin duda, confuso; tal vez no sea de extrañar que, en un esfuerzo por comprenderlo, se hayan propuesto muchas teorías, algunas de base empírica, otras de carácter más especulativo, las unas verificables, no así las otras. Por un lado se encuentra la teoría simplista de J. B. Watson, quien postula que las situaciones-estímulo de todo tipo que en última instancia provocan miedo tienen su origen en el temor primitivo instilado por dos situaciones-estímulo básicas: los sonidos fuertes y la pérdida de apoyo. En el extremo opuesto se da el tipo de teoría inicialmente propugnada por Freud y difundida por algunos de sus discípulos, según la cual las situaciones que inspiran temor al hombre en el mundo externo constituyen, fundamentalmente, un reflejo de las situaciones de peligro que lo acosan en su fuero interno.

Pero no debemos adelantarnos demasiado. Al ordenar los datos empíricos derivados de estudios de las especies humana y animal, no solo se perfilan con claridad las características de las situaciones que infunden temor, sino que por lo general no resulta difícil percibir el modo en que las respuestas a dichas situaciones contribuyen a la supervivencia de la especie. Un descubrimiento de importancia fundamental reside en que, cuando se registran al mismo tiempo dos situaciones-estímulo que por separado pueden causar un temor menos intenso, suelen intensificar dicho temor. Otro descubrimiento, relacionado con aquel, radica en que la presencia o ausencia de la figura de apego o de otras compañías incide notablemente sobre la intensidad del temor provocado. Solo teniendo en cuenta ambos descubrimientos podrán comprenderse las condiciones que inspiran un temor intenso.

En el presente capítulo se efectúa una reseña de las situaciones que por lo común provocan miedo en los seres humanos; en el siguiente, se efectúa una reseña comparativa de las situaciones que por lo general lo despiertan en los animales. La sección inicial de ambos capítulos hace referencia a las situaciones de estímulo que, en apariencia, poseen un potencial intrínseco para causar temor y provocar una u otra forma de conducta típica del miedo; la segunda parte, por el contrario, analiza los efectos sumamente intensificados que se advierten cuando un individuo enfrenta una situación donde convergen dos o más elementos susceptibles de provocarle temor, como el hecho de hallarse solo.

Teniendo en cuenta la enorme importancia que reviste el miedo en la vida del hombre y, en particular, en relación con los trastornos psiquiátricos, no deja de resultar sorprendente que muy pocos investigadores hayan realizado esfuerzos sistemáticos por estudiar las situaciones que suelen provocar temor en los seres humanos. En los últimos años, bien es cierto, se han abierto nuevos caminos con la investigación empírica de situaciones que provocan temor durante el primer año de vida. Durante esa fase de la existencia la experimentación no resulta demasiado difícil, ya que tanto la movilidad como el desarrollo cognitivo son limitados. Una vez que el pequeño deja atrás dicha etapa, sin embargo, las condiciones requeridas para el estudio del temor se tornan más dificultosas. Se han dado a conocer muy pocos estudios directos; por el contrario, se verifica una tendencia a basarse en los informes suministrados por las madres en el curso de entrevistas. Aunque esos informes poseen cierto valor, su importancia, como veremos, no deja de ser limitada.

Inexactitud de los informes maternos

Las madres no son observadoras expertas ni desinteresadas. Como se demostrará, el estudio de las situaciones que inspiran temor es sumamente difícil desde el punto de vista técnico. En primer término es preciso determinar qué formas de conducta son indicativas de temor, y cuáles no lo son. En segundo lugar, es evidente que la manifestaciones de temor reciben enorme influencia de las condiciones ambientales específicas y dependen del estado mismo de la criatura: a menos que se registren en detalle estos elementos, la interpretación de los resultados se torna dificultosa o imposible.

Fuera de las dificultades técnicas implícitas en el registro de todas esas condiciones, ha de tenerse en cuenta que ninguna madre se muestra por completo imparcial; algunas, por el contrario, adoptan una actitud de parcialidad extrema. La madre puede exagerar o desestimar la intensidad de las respuestas de temor de su hijo, o bien soslayar o inventar situaciones que pueden provocarle temor. En esos casos es obvio que aquella puede ser víctima de sus deseos inconscientes o atribuirle al hijo temores que ella misma experimenta. Otra dificultad estriba en que, de manera inevitable, por lo común las madres ignoran cuáles son las circunstancias o elementos que causan el temor de sus hijos.

En un estudio de Lapouse y Monk (1959) se descubrieron discrepancias notorias en los informes elaborados de manera independiente por madres e hijos. Se entrevistó a una muestra de 193 niños de ocho a doce años, a quienes se preguntó en qué situaciones experimentaban temor; y por separado se entrevistó a sus madres, formulándoseles la misma pregunta. Las discrepancias entre los informantes oscilaban entre un mero 7 %, en relación con determinadas situaciones, y un 59 %, en relación con otras. La razón de que madre e hijo suministraran respuestas diferentes se debía, con suma frecuencia, a que el pequeño decía tener miedo ante una situación en que la madre afirmaba lo contrario. Entre las situaciones a las que las madres atribuyeron mucha menor importancia que la que en realidad revestían para los niños se cuentan las siguientes: temor a perderse o ser raptado; miedo a los extraños; temor de catástrofes tales como incendios, guerras, inundaciones y asesinatos; temor de que un miembro de la familia enfermara, tuviera un accidente o falleciera; miedo de enfermarse el propio niño.[1] Para cada una de estas situaciones, en el 42 a 57 % de las familias la madre informó que el pequeño no experimentaba temor, en tanto que este último declaró lo contrario. Sin embargo, con respecto a ese tipo de situaciones el número de familias en que la madre manifestó que el niño experimentaba temor, en tanto que este lo negaba, nunca superó el 10 %.

Por todas las razones expuestas es preciso obrar con cautela al interpretar los informes maternos. Con respecto a los tipos de situación que suelen provocar temor, dichas respuestas resultan útiles. No obstante, esas respuestas no son lo bastante confiables como para poder calcular la proporción de niños de una muestra en particular que son propensos a albergar temores ante una situación determinada. En el análisis siguiente, por lo tanto, nos guiamos fundamentalmente por los resultados obtenidos de la observación directa de los niños o de las entrevistas que se les realizaron.

Los psicoanalistas y los etólogos coinciden en afirmar que una de las claves del estudio de toda forma de conducta es el análisis de su desarrollo. Por sobre todo, esta perspectiva resulta indispensable en el estudio de la conducta que el miedo inspira en el hombre. Comencemos, por consiguiente, con el examen de los temores experimentados durante la infancia.

SITUACIONES QUE PROVOCAN TEMOR: EL PRIMER AÑO

Inicialmente, durante la infancia las respuestas de interés consisten en meros sobresaltos, muestras de llanto y movimientos difusos. La utilidad de aplicar el término *miedo* en ese sentido prácticamente queda librada al criterio personal. Puesto que durante los tres primeros meses se registra escasa percepción discriminada o movimientos organizados, Bronson (1968) sugiere aplicar el término *zozobra*. Algo después, entre los meses cuarto y sexto (época en que se desarrolla la aptitud perceptual), Bronson (en prensa) sugiere la conveniencia de hablar de la *cautela* del bebé.

Durante la segunda mitad del primer año de vida, en el que la percepción se torna más discriminada y las respuestas se organizan de manera más adecuada, ya resulta apropiado aplicar el término *temor*. Por ese entonces, y con eficacia mayor o menor, el bebé ejecuta movimientos que lo alejan de determinados tipos de objetos o situaciones y lo acercan a otros. Hacia fines de ese primer año, por añadidura, el chiquillo puede predecir hechos desagradables sobre la base de simples indicios cuya presencia ha aprendido a reconocer. Durante el segundo año y, en especial, en años posteriores, aumenta notablemente la habilidad del pequeño para prever situaciones desagradables y adoptar medidas de precaución.

Situaciones y respuestas tempranas

Bronson (1968) ha efectuado una reseña de los tipos de situación-estímulo que provocan la zozobra del bebé durante los primeros meses.

Inicialmente, la incomodidad, el dolor y los sonidos agudos y repentinos provocan inquietud en el bebé e incluso pueden inducir al llanto, la tensión muscular y los movimientos difusos. Por el contrario, el bebé se tranquiliza cuando se lo acuna o se le dan palmaditas, o por medio de la succión sin fines alimenticios (véase el primer volumen de esta serie, capítulo 14). Aunque solía considerarse que durante los primeros meses la visión solo desempeña un papel mínimo en el despertar de los temores infantiles, un experimento reciente (Bower, Broughton y Moore, 1970) demuestra que los bebés de pocas semanas de vida se encogen asustados y rompen a llorar cuando ven a un objeto que se les aproxima demasiado. A partir de los cuatro meses, por añadidura, el bebé comienza a distinguir lo familiar de lo extraño, y a mostrarse cauteloso en presencia de esto último. Posteriormente, en algunos niños de alrededor de siete meses, y en la mayoría de los de nueve o diez, la visión de un desconocido suele provocar una respuesta de temor inconfundible. En el primer volumen de esta serie ya se inició el análisis de este tipo de respuestas (capítulo 15). Posteriormente, Bronson, y Scarr y Salapatek, en Estados Unidos, emprendieron ulteriores estudios de la génesis en dichas respuestas; Schaffer hizo otro tanto en el Reino Unido. Cuando se toman en cuenta las diferentes situaciones experimentales y los distintos métodos aplicados para asignar puntuaciones a las respuestas, es posible obtener datos sumamente coherentes.

El temor a los extraños

Por medio del registro en *videotape* y la medición precisa de las respuestas, Bronson (en prensa) ha estudiado las reacciones ante personas extrañas de treinta y dos bebés en el ambiente familiar de sus hogares a lo largo de su desarrollo, desde los tres a los nueve meses. El investigador informa que, por lo general desde los cuatro meses, la mayoría de los pequeños *ocasionalmente* responden a la presencia de un extraño con un grito, un quejido o frunciendo el entrecejo, y que estas respuestas cautelosas comienzan a producirse a la edad en que los bebés van dejando de sonreír de manera indiscriminada ante la presencia de extraños. Durante el cuarto y el quinto mes, sin embargo, la discriminación visual de los desconocidos sigue siendo lenta e incierta. Un bebé de esa edad puede pasar largos períodos mirando fijamente a un extraño situado cerca de él, demorando su respuesta un tiempo prolongado; ocasionalmente, dicha respuesta puede ir de la sonrisa al entrecejo fruncido. La cautela que puede demostrar el pequeño depende de variables tales como las características visuales del desconocido, su proximidad y el modo en que se le acerca; pero antes de los seis meses, por contraste con lo que ocurre posteriormente, reviste poca importancia el hecho de que el bebé esté en brazos de la madre, o pueda verla. A esa edad, por otra parte, la respuesta de cualquier pequeño dista de ser estable.

Después de los seis meses las respuestas infantiles por lo común se tornan más diferenciadas y previsibles. En primer término, la respuesta resulta más claramente aversiva, por lo cual consideramos más adecuado utilizar el término *temor*. En segundo lugar, como puntualiza Schaffer (1971), las primeras ocasiones en que el bebé manifiesta su temor de los extraños se registran cuando la madre se halla presente y el pequeño, desviando la mirada de la una hacia la otra, puede comparar ambas figuras. Solo posteriormente puede efectuar esa comparación de memoria y con relativa facilidad, en ausencia de la madre.

Hacia fines del primer año las respuestas del bebé se tornan aún más previsibles, y este puede demostrar su inquietud sea ante una persona en particular sea hacia los miembros de determinado sexo.

En el primer volumen de esta obra se subrayaba el hecho de que en los bebés el temor de los extraños varía en gran medida de acuerdo con las circunstancias. Reviste suma importancia la distancia a que se encuentra el desconocido, y el hecho de que este se aproxime y toque o no al pequeñuelo; asimismo, también influye notablemente la distancia a que el bebé se encuentra en relación con la madre. Más adelante se analiza la importancia de esas variables para facilitar nuestra comprensión de las respuestas de temor.

El temor a los objetos extraños

Cuando el pequeño comienza a sentir temor de los desconocidos suele también experimentarlo ante las situaciones noveles y la visión de objetos extraños. Meili (1959) descubrió, durante la realización de un estudio longitudinal, que en muchos bebés el miedo a una caja sorpresa se manifestaba aproximadamente a los diez meses. El descubrimiento es corroborado por Scarr y Salapatek (1970), quienes efectuaron un estudio transversal de las respuestas de temor en bebés de cinco a dieciocho meses. Entre los nueve y los catorce meses más de la tercera parte de los pequeños se sentían asustados por el test de la caja sorpresa y por un perro mecánico que se les aproximaba. Eran pocos los niños de menor o de mayor edad que experimentaban temor ante dichas situaciones.

Schaffer ha investigado el desarrollo de las respuestas ante objetos poco familiares. En una serie de experimentos, Schaffer y Parry (1969; 1970) han demostrado que los bebés de seis meses, aunque perfectamente capaces de percibir las diferencias existentes entre un objeto familiar y otro que no lo es, enfrentan ambos tipos de objeto sin discriminar en absoluto. A partir de los ocho meses, sin embargo, los bebés comienzan a discriminar con agudeza. Desde entonces, en tanto que se aproximan llenos de confianza a los objetos familiares, encaran con cautela a los que no lo son: en el curso de los experimentos algunos bebés miraron con fijeza el objeto extraño, otros parecieron paralizados en su sitio, y había quienes dieron muestras de inquietud y se apartaron. Incluso cuando comenzaron a tocar el objeto, después de familiarizarse con él, solo lo hicieron por breves instantes y de manera tentativa.

Schaffer (1971) registra una información particularmente interesante sobre el modo en que un niño de un año por lo común se vuelve hacia la madre cuando se ve sumido en la incertidumbre, en tanto que no ocurre lo mismo en uno de seis meses. Ante dos grupos de infantes (uno de seis meses, el otro de doce) se dispuso una serie de objetos-estímulo. Detrás de cada pequeño se hallaba sentada la madre, quien tenía instrucciones de no hacer ni decir nada a menos que el chiquillo manifestara inquietud. En tanto que los bebés más pequeños se mostraban embelesados por los objetos expuestos ante sus ojos, e ignoraban la presencia de la madre, los mayorcitos a menudo desviaban la vista del objeto hacia la progenitora y viceversa, en apariencia capaces de tener a aquella presente a despecho de su ausencia perceptual. Observamos, por consiguiente, que hacia los doce meses el bebé puede poner de manifiesto una conducta organizada de temor, la que se caracteriza fundamentalmente por el desplazamiento *desde* objetos de determinado tipo *hacia* objetos de otro. En la acción final de este capítulo se describe en mayor detalle el desarrollo de la capacidad del bebé, durante la segunda mitad del primer año de vida, para volverse hacia la madre cuando se siente asustado, y el modo en que se tranquiliza ante su presencia.

Otras condiciones que provocan el temor de los bebés del género humano con regularidad durante la segunda mitad del primer año son las constelaciones de estímulos visuales que actúan como indicios naturales de dos tipos de peligro común en los parajes silvestres: el de caerse y el de ser atacado o atropellado por un objeto que se aproxima rápidamente.

El temor al «precipicio visual»

Walk y Gibson (1961) describen la conducta de treinta y seis bebés de seis a catorce meses, todos los cuales comenzaban a gatear, cuando se los ponía a prueba con un aparato denominado «precipicio visual». Dicho aparato consiste en una plancha de madera extendida a través de una hoja de vidrio grueso, con material diseñado de manera tal que se encuentra directamente por debajo del vidrio de un lado y, proyectándose verticalmente, varios centímetros más abajo del otro. Se coloca al bebé en el centro de la plancha, de madera, en tanto que la madre se para de un lado u otro, y llama al niño a través de la mesa cubierta de vidrio (la cual, según el lado en que se halle la madre, parece una mesa sólida o un profundo abismo). Como cada madre debía variar su posición era fácil determinar si el bebé temía o no aventurarse a través del «abismo» cubierto de vidrio.

De los treinta y seis bebés puestos a prueba solo tres (todos ellos del sexo masculino) cruzaron el abismo para llegar hasta la madre. Todos los demás rehusaron hacerlo: algunos lloraron, otros retrocedieron para evitar el precipicio, miraron por el vidrio o le dieron golpecitos. No obstante, cuando la madre se hallaba del lado «sólido», la mayoría de los pequeños gatearon rápidamente en dirección a ella. En la mayoría de los casos, por consiguiente, era obvia la capacidad de discriminación.

Scarr y Salapatek (1970) repitieron el experimento con su muestra y descubrieron que cuanto mayor era el niño más tendía a rehusar cruzar el abismo. En tanto que de los bebés de siete a once meses cerca de la mitad se mostraron dispuestos a cruzarlo en dirección a la madre, todos los de trece o más meses rehusaron hacerlo.

Como Walk y Gibson pusieron a prueba animalitos de muchas especies diferentes en el precipicio visual, les fue posible extraer conclusiones generales. En otras especies, por cierto, así como probablemente también entre los seres humanos, es evidente que el miedo ante la percepción de indicios de gran altura se desarrolla precozmente, incluso cuando el bebé no ha tenido ninguna experiencia de caídas. El indicio perceptual que parece desencadenar la conducta de evitación es la «perspectiva móvil», vale decir, el movimiento diferencial del primer plano y el trasfondo producido por las propias acciones del pequeño. Por comparación con los corderos y los cabritos, todos los cuales discriminan de manera confiable y ejecutan movimientos exactos para evitar el peligro desde un principio, los bebés del género humano discriminan de manera menos confiable y ejecutan movimientos más torpes. No obstante, la gran mayoría puso de manifiesto una fuerte tendencia a evitar el precipicio.

El temor a un objeto que se aproxima

Otra condición-estímulo que parece provocar una reacción de temor natural en los bebés del género humano, en una época muy temprana de su existencia, es la de los estímulos visuales que aumentan de tamaño con rapidez, hecho que los adultos suelen interpretar como indicio de algo que se aproxima a gran velocidad.

Hace muchos años Valentine (1930) advirtió que la aproximación de objetos provoca temor en los niños pequeños. Una bebita de catorce meses, observó, experimentaba profundo temor de un osito cuando se lo movía en dirección a ella, pero lo levantaba y besaba cuando permanecía inmóvil en su lugar.

En épocas recientes, Bower y otros (1970) han demostrado que las respuestas de defensa ante un objeto que se aproxima se perciben ya en bebés de dos semanas (siempre que se hallen en estado de alerta y en posición erguida o casi erguida). En un estudio en que trabajaron con más de cuarenta pequeños, los investigadores informaron que, cada vez que un objeto suave (un cubo de espuma de goma de 20 cm de lado) era acercado a unos 20 cm del rostro del bebé, sin tocarlo, este echaba la cabeza hacia atrás, colocaba las manos entre el rostro y el objeto y rompía a llorar a todo pulmón. Cuanto más se aproximaba el objeto, más fuerte era el llanto. Por medio de pruebas ulteriores se ha demostrado que, cuando el estímulo consiste meramente en una sombra que se proyecta con velocidad sobre una pantalla, expandiéndose, la respuesta es similar, aunque menos intensa. Por el contrario, cuando el objeto se aleja no se produce respuesta alguna. En el capítulo siguiente se verá que los monitos rhesus se comportan de manera muy similar.

Las propiedades intimidatorias de un objeto que se aproxima o asoma a la distancia probablemente fueron subestimadas en el pasado; es posible que, en algunos de los experimentos sobre la respuesta del bebé ante la presencia de extraños y de objetos desconocidos, la aproximación de esos seres u objetos haya desempeñado un papel de mayor importancia que lo advertido por los experimentadores para determinar la respuesta de temor.

Una condición-estímulo relacionada con la aproximación de objetos que se perciben en forma confusa y amenazante es la oscuridad. Durante el primer año de vida el miedo a la oscuridad, común en años posteriores, todavía no resulta muy evidente. De todas maneras, no obstante, hacia los diez meses los bebés se muestran más predispuestos a dejar a la madre para entrar a una sala muy iluminada e iniciar la exploración del ambiente que para ingresar a una habitación en penumbras (Rheingold y Eckerman, 1970).

El temor a una situación que se prevé

Otra situación causante de temor, susceptible de observación hacia fines del primer año de vida, aunque no antes, es la que se registra cuando el bebé se basa en indicios corrientes para anticipar un hecho desagradable. Levy (1951) describe la conducta de bebés de distintas edades al ver a un médico que se prepara para aplicarles nuevamente una inyección que recibieron por primera vez algunas semanas antes. Antes de los once meses solo se observaron reacciones de temor en alguno que otro bebé. A los once y doce meses, sin embargo, la cuarta parte de la muestra dio señales de miedo. En esos casos es probable que se haya producido el aprendizaje por medio de la experiencia.

Observamos de tal manera que hacia fines del primer año el bebé se retrae o aparta de manera organizada cuando percibe alguna de las muchas situaciones-estímulo que pueden considerarse indicios naturales de situaciones potencialmente peligrosas. Por añadidura, ha efectuado un aprendizaje considerable acerca de su universo perceptual. Ya se comporta de manera discriminada, a grandes rasgos, en relación con lo que le resulta familiar o extraño, o en relación con lo que, de acuerdo con lo aprendido, es agradable o desagradable; hacia lo uno se aproxima, de lo otro se aleja.

SITUACIONES QUE PROVOCAN TEMOR: SEGUNDO AÑO Y AÑOS POSTERIORES

Fuentes de datos

Ya se ha advertido que muy pocos investigadores han efectuado esfuerzos sistemáticos para estudiar las situaciones que por lo común provocan temor en los seres humanos. La mayor parte de los datos (escasos) publicados en décadas recientes provienen de diversos estudios longitudinales sobre niños en proceso de desarrollo. Constituyen ejemplos al caso el estudio de Macfarlane, Allen y Honzik (1954), de alrededor de cien niños en California, y el de Newson y Newson (1968) sobre setecientos niños y sus padres en una comunidad urbana de Inglaterra. En ninguno de estos estudios, sin embargo, el principal motivo de interés era la situación que provoca temor; por otra parte, tampoco se obtuvieron datos sobre la base de observaciones directas o a partir de entrevistas realizadas a los mismos niños. Esta última limitación se aplica asimismo a los descubrimientos efectuados a partir de un estudio transversal de alrededor de quinientos niños, que emprendieran Lapouse y Monk (1959) en el estado de Nueva York.[2] En todos esos proyectos la información obtenida provenía exclusivamente de las madres.

Debido a la pobreza de los datos recientemente recopilados es preciso considerar los resultados de los trabajos llevados a cabo durante los primeros años de la investigación sobre el desarrollo infantil.

Unos cuarenta años atrás un psicólogo norteamericano, A. T. Jersild, inició una serie de estudios en los cuales procuró describir los tipos de situación en que los pequeños experimentan temor, y el modo en que ello se va modificando a medida que crece el niño.[3] En estudios diferentes se aplicaron métodos también diferentes para obtener información. Los cuatro métodos principales eran: registro cotidiano de los pacientes; experimentos simples; entrevistas a los niños en relación con situaciones que habitualmente les provocaban temor; entrega de cuestionarios a los adultos, con referencia a sus recuerdos sobre las situaciones que, de niños, provocaban en ellos temor. También diferían los sujetos de cada estudio, que habían sido tomados de diferentes grupos de edad. A pesar de algunas fallas, los estudios citados son los más extensos que se hayan realizado en este terreno y, por consiguiente, siguen constituyendo nuestra principal fuente de información. Los descubrimientos no solo se ajustan a la experiencia común, sino que, en una serie de aspectos, son corroborados y ampliados por trabajos anteriores (por ejemplo, Hagman, 1932) o más recientes.

Comprobaciones efectuadas a partir de anotaciones llevadas por los padres y de observaciones naturalistas

El objetivo de uno de los estudios de Jersild era obtener un registro detallado de las ocasiones y situaciones en las que los niños tipo experimentan temor en el curso de su existencia cotidiana. A tales efectos se obtuvo la colaboración de los padres de más de cien niños pequeños; todos ellos se hallaban dispuestos a llevar registros detallados de toda ocasión en que sus hijos dieran muestras de temor durante un período de veintiún días. Se emitieron formularios mimeografiados y se suministraron las correspondientes instrucciones. En toda ocasión en que el pequeño diera muestras de temor los padres debían registrar: a) la conducta real de aquel (sobresalto, retraimiento, búsqueda de amparo en un adulto, gritos u otros sonidos, palabras articuladas); b) la situación en que se verificaba la conducta, no solo en función de su causa aparente (estímulo específico), sino del contexto (lugar, tiempo, lo que el niño hacía, personas presentes), y c) el estado acostumbrado del niño (sano o enfermo, cansado o lleno de energías).

En total se obtuvieron 136 registros de niños de doce a cincuenta y nueve semanas (los registros de unos pocos niños de menor y mayor edad eran demasiado escasos como para suministrar resultados útiles). La muestra era más representativa del nivel superior de la escala socioeconómica. La mayoría vivía en una gran ciudad, aunque también había pequeños que habitaban suburbios, ciudades pequeñas y zonas rurales. La distribución por edad era la siguiente: segundo año, veintitrés niños; tercer año, cuarenta y cinco; cuarto año, cuarenta y seis, y quinto año, veintidós niños.

Llamó la atención de los autores el hecho de que los padres de los niños incluidos dentro de esos grupos (por edad) registraran muy pocas circunstancias en que los pequeños habían experimentado temor; dicho descubrimiento se confirmó al efectuarse observaciones de los mismos chiquillos en una guardería. Las muestras de temor registradas en los pequeños de menor edad (primer y segundo grupo) durante las tres semanas transcurridas solo llegaban a un promedio de seis por niño, o dos por semana. Para los niños de los dos grupos de mayor edad el promedio era de tres y medio por sujeto, o sea poco más de una por semana. Para alrededor de uno de cada diez niños de cada grupo de edad no se registró ninguna muestra de temor durante el período completo de tres semanas.

Aunque las cifras sugieren que tal vez no se hayan registrado algunas expresiones de temor transitorio o más leve, existen datos aislados en el sentido de que al menos parte de los niños de dos años dan muestras de temor con muy poca frecuencia. Valentine (1930), por ejemplo, efectuó registros diarios de los pequeños de su muestra y se sintió impresionado por la escasa frecuencia de respuestas inspiradas por el miedo; el investigador no oculta su sorpresa cuando algún pequeño que se había caído y herido se levantaba y volvía a trepar árboles u otros objetos de inmediato. Anderson (1972a), quien observó a cincuenta y dos niños de doce meses a tres años en un parque de Londres, registra asimismo muy pocas señales de temor entre los párvulos. Las muestras de temor, señala, eran «poco comunes y de escasa duración». Adviértase, no obstante, que en ambos estudios, así como en el de Jersild, los niños objeto de observación *no estaban solos*. La presencia o ausencia de un adulto que merece la confianza del chiquillo modifica sustancialmente la situación (véase la sección final del presente capítulo).

Al examinar los *tipos de situación* que según las observaciones registradas provocarían temor advertimos muy poco cambio entre el segundo y el quinto año. A partir de los registros cotidianos de las madres (sobre los que informa Jersild) surgen seis situaciones susceptibles de provocar temor, al menos ocasionalmente, en una amplia proporción de niños de cada nivel de edad:

- el ruido y los incidentes relacionados con él;
- las alturas;
- las personas desconocidas o las personas conocidas que visten ropas extrañas;
- los objetos y ambientes extraños;
- los animales;
- el dolor o las personas asociadas con él.

En cada una de estas seis situaciones alrededor del 40 % de los niños observados dio muestras de temor en determinada ocasión, durante el período de tres semanas. En la medida en que con la edad se redujo en alguna medida la proporción de niños que dieran muestras de temor, dicha reducción se verificó después del tercer cumpleaños.[4]

Entre las muchas otras situaciones que, de acuerdo con lo observado, produjeron temor, aunque en un porcentaje menor de niños, se cuentan los movimientos abruptos e inesperados, en especial cuando se les aproximaba un objeto que, a la vez, emitía grandes ruidos, y las luces muy brillantes, fogonazos, etcétera. En su conjunto, esos tipos de situación provocaron temor en casi el 30 % de los pequeños de uno y dos años; pero entre los niños mayorcitos solo un 10 % demostró sentir miedo en tales situaciones. La oscuridad, en especial cuando habían dejado solo al chiquillo, inspiró miedo a alrededor del 10 % de los niños durante las tres semanas del período de observación: en este caso no se produjo cambio alguno con la edad. El temor de quedarse solo o ser abandonado se registró en alrededor del 10 % de los pequeños por cada grupo de edad. Por el contrario, el temor a los seres imaginarios solo se advirtió después del segundo cumpleaños, en alrededor del 6 % de los pequeños. En los capítulos 10 y 11 se analiza el origen y naturaleza de esos temores.

Las *formas de conducta* registradas entre los niños de la muestra como pautas de temor diferían escasamente entre los más pequeños y los de mayor edad. La conducta registrada con mayor frecuencia fue el llanto en sus distintas formas, desde los sollozos a los aullidos, incluyendo gritos explícitos en busca de ayuda. Para cada nivel de edad no menos de la tercera parte de los episodios de temor registrados por las madres eran acompañados por muestras de llanto. Otra pauta de conducta verificada también con frecuencia era el desplazamiento en dirección a un adulto, hacia el cual el pequeño podía correr, tratando o no de aferrársele; en cada grupo, en alrededor de la sexta parte de las situaciones que provocaron temor se visualizaron conductas de este tipo. En la quinta parte de los episodios los niños trataron de evitar a otra persona u objeto o se dieron a la huida. En el resto de ellos pudo inferirse el sentimiento de temor porque el chiquillo temblaba o saltaba, tenía una expresión atemorizada, ocultaba la cabeza o, de manera inusitada, permanecía totalmente quieto. En ocasiones los niños se mostraban agresivos o protegían a algún otro pequeño.

Dentro de esta lista de pautas de conducta que, según las madres, constituyen muestras de temor, cabe advertir que dos de las más comunes son el llanto o búsqueda de una figura protectora. Este descubrimiento es similar al efectuado por Anderson (1972a) cuando entrevistó a las madres de dieciocho niñitos de dos años en Londres. Las pautas de conducta que aquellas describieron con mayor frecuencia eran los alaridos, el llanto, la búsqueda de protección en la madre, el aferrarse a ella o seguirla y el mantenerse en su proximidad. El alejamiento del objeto amenazador se advirtió con menor frecuencia.

Sin embargo, cuando el mismo Anderson observó la conducta inspirada por el temor en otra muestra muy similar de pequeños que apenas gateaban en un parque de Londres, donde se hallaban en compañía de sus madres, advirtió pautas algo diferentes. En los doce episodios observados, el objeto causante de temor era un animal que se aproximaba (ocho casos), otro niño que se acercaba (tres casos), determinado ruido (un caso). En esas condiciones el bebé interrumpía repentinamente sus actividades, se apartaba del objeto o ser amenazador mientras lo seguía con la mirada y, de manera simultánea, se escabullía en dirección a la madre. No se produjo ningún estallido de llanto. Una vez que el objeto se retiraba el niño se adelantaba nuevamente, aunque continuaba siguiéndolo con la mirada.

Las diferencias en las pautas de conducta registradas derivan, presumiblemente, de la intensidad del temor experimentado. Cuando el miedo es muy intenso son comunes las muestras de llanto y el aferramiento a la madre; cuando el temor es menos intenso, el niño simplemente procura alejarse del objeto y acercarse a la madre.

Una de las limitaciones de que adolecen los registros de los padres y las observaciones naturalistas, como las de Anderson, reside en que, aunque un niño no haya experimentado temor ante determinadas situaciones durante el período en que se registraron sus conductas, no puede saberse a ciencia cierta si nunca experimenta temor en dichas circunstancias o si, durante el período de observación, nunca se vio enfrentado a una situación tal en presencia de la madre o el observador. Los experimentos desarrollados por Jersild y Holmes contribuyen a aclarar este aspecto, si bien poseen también limitaciones obvias.

Comprobaciones obtenidas por medio de experimentos

Es evidente que ciertas consideraciones éticas limitan en gran medida los tipos de experimento que pueden emprenderse legítimamente a los efectos de explorar las situaciones que provocan temor en los seres humanos, en particular en los niños pequeños.

En su trabajo experimental con chiquillos de dos a seis años, por lo tanto, Jersild y Holmes adoptaron muchas precauciones. En primer lugar, cada niño permanecía todo el tiempo en compañía de un adulto experto en el trato con los infantes, con quien aquel ya había entablado contacto amistoso antes de iniciarse los experimentos. En segundo término, las situaciones que debía enfrentar el niño revestían un carácter muy poco amenazador para la mayoría de los chiquillos. En tercer lugar, la situación se le presentaba por etapas graduales. Por último, si el niño rehusaba participar, se daba por terminado el experimento.

Las situaciones que potencialmente podían provocar temor eran ocho. Cuatro de ellas se presentaban durante el primer día, y se extendían por un lapso de quince minutos; dos al día siguiente; y dos a las cuatro semanas, aproximadamente. Durante un breve intervalo entre cada una de esas situaciones, se permitía al niño jugar con algunos juguetes. Como en apariencia todas las situaciones se presentaban en el mismo orden, es muy posible que las respuestas a situaciones posteriores puedan haber recibido la influencia de las experiencias más tempranas, aunque resulta difícil determinar a ciencia cierta en qué sentido se dio dicha influencia. Por un lado, existe la posibilidad de que, debido al acostumbramiento, hayan sido más escasas las respuestas ante las últimas situaciones. Por el otro, también es factible que, a medida que aumentaba la serie, el pequeño se haya vuelto más sensible, dando mayores muestras de temor en algunas de las últimas situaciones. Se descubrió que una proporción más alta de niños dio muestras de temor ante las últimas situaciones experimentales que ante las primeras, lo cual parecería confirmar esta última posibilidad.

Se eligieron esas ocho situaciones ya que, por medio de estudios iniciales, se había descubierto que podían provocar aunque más no fuera un leve temor en una amplia proporción de niños pequeños. A continuación se las detalla:

1. *Quedarse solo*: Mientras el niño está sentado ante una mesa, jugando, el experimentador sale de la habitación con algún pretexto (hasta el momento de iniciarse las experiencias el pequeño no se hallaba familiarizado con dicha habitación). El experimentador permanece fuera de la sala por un lapso de dos minutos. Varios observadores ocultos registran la conducta del pequeño.

2. *Desplazamiento repentino o falta de apoyo*: Se utilizó un aparato a modo de puente, consistente en dos planchas de madera unidas por los extremos, a unos cinco centímetros del suelo. La primera plancha está sostenida firmemente, pero cuando el chiquillo se sube sobre la segunda, sostenida solo en el centro, la planchuela cede y cae al suelo.

3. *Pasaje oscuro*: Mientras juega a la pelota con el niño, el experimentador, aparentemente sin advertirlo, la arroja a un pasaje oscuro de unos cinco metros de largo, que se abre en un ángulo de la habitación. Se solicita al pequeño que recupere la pelota.

4. *Persona desconocida*: Mientras el niño permanece temporalmente alejado de la habitación, una asistente, vestida con un largo abrigo gris, un gran sombrero negro y un velo que oculta sus rasgos, se sienta en una de las dos sillas colocadas cerca de la entrada. El niño regresa, y se observan sus reacciones al advertir a la desconocida y al solicitársele que tome algunos juguetes colocados cerca de la silla de aquella.

5. *Tablón colocado alto*: Se utiliza un tablón de unos 40 cm de ancho por 2,5 m de largo y 5 cm de grosor, sostenido firmemente de los extremos por medio de dos sostenes fijos; el tablón se dispone a distintas alturas del suelo y se solicita al pequeño que camine de un extremo al otro para apode-

rarse de una caja de juguetes de colores brillantes. Primero se coloca el tablón a 1,20 m del suelo; si el pequeño rehúsa caminar a esa altura se lo baja, y si, por el contrario, cumple la prueba a esa distancia del suelo, se lo sube aún más.

6. *Sonido fuerte*: En un rincón de la sala, detrás de una pantalla, se ha suspendido del techo un tubo de hierro de unos 60 cm de largo por 5 cm de diámetro; mientras el niño y el experimentador se hallan sentados ante una mesa con juguetes, se aplica al tubo un fuerte golpe con un martillo. Primero se observa la respuesta del pequeño ante el inesperado sonido proveniente de una fuente oculta; luego, señalando la pantalla, el experimentador le indica que vaya a ver lo que provocó el ruido.

7. *Serpiente*: Una serpiente inofensiva, de unos 60 cm de largo, se coloca en una caja lo bastante honda como para asegurar que no salga de inmediato al levantarse la tapa. En la caja se guarda también un pequeño juguete de colores. Se dirige la atención del niño hacia la caja, se levanta la tapa y se le permite mirar en su interior; si formula alguna pregunta, el experimentador simplemente aclara «Es una serpiente», y señala el juguete, pidiéndole al pequeño que lo tome.

8. *El perro grande*: Mientras el niño permanece sentado ante la mesa con juguetes, una persona con la que aquel se halla familiarizado entra en la habitación con un perro *collie* de gran tamaño, al que lleva de la correa. Se conduce al perro a un punto determinado de la sala y, tras algún comentario previo del experimentador, se le pide al niño que vaya a acariciarlo.

Los sujetos de la muestra eran 105 niños, la mitad de ellos provenientes de una guardería privada para familias más acomodadas y la otra mitad de una guardería pública para familias de menores recursos. Cincuenta y siete eran varones, y cuarenta y ocho niñas. Los pequeños eran sometidos a las distintas pruebas solo cuando se hallaban de buen humor y se sentían capaces y deseosos de enfrentarlas; por otra parte, los experimentos no se combinaban con ningún otro tipo de examen. En todas las ocasiones fue adecuada la representatividad de los niños de dos y tres años (nunca se sometió a prueba a menos de veintiún niños, y por lo general su número oscilaba entre los treinta y los cuarenta y cinco); pero el total de pequeños de cuatro y cinco años fue algo escaso (de siete a catorce).

Con excepción del primero, todos los experimentos se presentaron en cuatro etapas: primero se suministró instrucciones al niño sobre lo que debía hacer; luego, si se mostraba vacilante, se lo alentaba y tranquilizaba; si aun así se sentía cohibido, el experimentador se ofrecía a acompañarlo en el cumplimiento de la tarea; por último, si el pequeño todavía se mostraba renuente a participar, el experimento se daba por finalizado.

El desempeño del niño era calificado de acuerdo con una escala de cinco puntos:

0: se desempeña sin vacilar;
1: se desempeña con cautela, tras algunas vacilaciones;
2: se desempeña solo, pero no sin haber protestado y recibido aliento;
3: se rehúsa a desempeñarse solo, aunque ejecuta la acción cuando se lo acompaña;
4: se rehúsa categóricamente.

La confiabilidad de la muestra fue confirmada por observadores independientes.

Al presentar sus descubrimientos, Jersild y Holmes aplican criterios sumamente rigurosos para evaluar las muestras de temor; solo se consideraron indicativas de esa emoción las conductas enmarcadas en las categorías 3 y 4 (rehusarse a desempeñarse solo, rehusarse categóricamente a cumplir la prueba). De haberse incluido también a los pequeños de la categoría 2 (niños que se desempeñaron solos, pero no sin haber protestado y recibido aliento), los porcentajes indicativos de respuestas de temor, según puntualizan los autores, habrían aumentado en más de un 30 %. En el siguiente cuadro se suministran los resultados:

Proporción de niños que dieron respuestas de temor (categorías 3 y 4) en situaciones experimentales*

Situación	*Edad:*	2,0-2,11	3,0-3,11	4,0-4,11	5,0-5,11
	*N:***	21-33	28-45	7-14	21-13
1. Quedarse solo		12	16	7	0
2. Falta de sostén		24	9	0	0
3. Pasaje oscuro		47	51	36	0
4. Persona desconocida		31	22	12	0
5. Tablón alto		36	36	7	0
6. Sonido fuerte		23	20	14	0
7. Serpiente		35	56	43	43
8. Perro grande		62	43	43	Sin verificar

La proporción de niños que dieron muestras de temor de acuerdo con los criterios aplicados en la experimentación varía escasamente entre los dos y los tres años. Después de los cuatro años, sin embargo, se produce una notoria reducción, que se vuelve particularmente visible después del quinto cumpleaños.

Como, según se observara anteriormente, las situaciones experimentales se presentaron a cada pequeño en el mismo orden, resulta difícil determinar a ciencia cierta hasta qué punto puede compararse su potencial como inductoras de temor. Las tres situaciones que asustaron a un mayor número de niños de hasta cinco años fueron las n.º 3, 7 y 8: el pasaje oscuro, la serpiente y el perro grande. En cada una de ellas nunca rehusaron desempeñarse solos menos de la tercera parte de los chiquillos; en determinados grupos, rehusó hacerlo más de la mitad. Cuando se incluyen los niños de la categoría 2 (aquellos que solo decidieron actuar tras ser tranquilizados y alentados), los porcentajes van del 50 al 80 %. De haberse incluido también a los pequeños que vacilaron y actuaron con cautela (categoría 1), se habría descubierto que una mayoría abrumadora daba muestras de temor en las tres situaciones citadas. De esta manera, e incluso teniendo en

* Fuente: Jersild y Holmes (193a).

** El número de niños varía según los experimentos.

cuenta la advertencia acerca de los efectos del orden seguido en las pruebas, llegamos a la conclusión de que los experimentos tienden a confirmar una creencia muy difundida: que la gran mayoría de los niños pequeños suelen tener miedo de la oscuridad y de los animales.

Los descubrimientos efectuados y su relación con la edad

El estudio de los datos registrados hasta este punto sugiere que, si hacemos a un lado el miedo a una separación como problema especial, la serie total de situaciones que provoca temor en los niños durante sus primeros cinco años de vida puede enmarcarse dentro de cuatro categorías centrales, cuyas propiedades para causar temor varían, en cierta medida, con la edad de los pequeños:

a. El ruido y las situaciones asociadas con él; los cambios repentinos en la iluminación y los movimientos abruptos e inesperados; la aproximación de un objeto; la altura. Estas situaciones suelen provocar temor, en particular, durante el primer, segundo y tercer año de vida.
b. Las personas desconocidas y las personas familiares con vestimentas extrañas; los objetos y lugares extraños. El carácter de extraño suele causar temor, en particular, durante el trimestre final del primer año y durante el segundo y tercer año, para disminuir a partir de entonces.
c. Los animales: por lo común no solo provocaron temor en los niños de todo nivel de edad, según los informes registrados por los padres (35 % durante el segundo año y 40 % o más en los niños mayores), sino que la presencia de un animal constituía la circunstancia más susceptible de infundir temor durante las situaciones experimentales. Todos los demás estudios de cierta significatividad (parte de los cuales serán descritos en las páginas siguientes) registran también una elevada proporción de niños que experimentaban miedo de los animales.
d. La oscuridad, especialmente cuando el pequeño se queda solo. Las madres advirtieron señales de miedo ante situaciones tales en alrededor del 20 % de los niños de cada nivel de edad; la frecuencia de

> esas señales parecería aumentar con los años. Por añadidura, el miedo a la oscuridad y el miedo a quedarse solo en esas circunstancias fue registrado en alrededor de la mitad de los pequeños puestos a prueba en las situaciones experimentales. Al igual que en relación con el miedo a los animales, en varios otros estudios se obtuvieron altos porcentajes de muestras de temor en estas situaciones.

Las situaciones enumeradas en las categorías a) y b) son simples, y exigen poco o ningún aprendizaje. Tienden a inspirar temor en los niños más pequeños, en particular, y su potencial en ese sentido disminuye a medida que aquellos van creciendo. Las de las categorías c) y d) son más complejas, y pueden hacer referencia a algunos incidentes potenciales. Las propiedades que poseen esas situaciones para inducir temor no disminuyen a medida que el niño va creciendo, sino que tienden a aumentar en algunos casos.

Las conclusiones a las que se ha llegado, en relación con los cambios experimentados con la edad, se basan en los estudios transversales analizados en páginas anteriores, en los cuales cada nivel de edad hace referencia a un grupo específico de niños. Por consiguiente, resulta reconfortante descubrir que dichas conclusiones se ven corroboradas cuando se efectúa el seguimiento longitudinal de un único grupo de niños durante un período de un año o más.

En otro de sus tantos estudios, Jersild y Holmes (1935b), basándose en informaciones proporcionadas por los padres, cotejaron los cambios registrados en situaciones que inducían al temor en una muestra de cuarenta y siete pequeños (treinta y tres de tres o cuatro años, al comienzo de la investigación, y catorce de cinco o seis años). El período de seguimiento oscilaba entre los trece y los treinta y cinco meses, de acuerdo con los niños. Al crecer, muchos que, según lo observado, inicialmente sentían temor de los ruidos, los cambios repentinos de estimulación, el carácter de extraño y los desconocidos, ya no parecían experimentar miedo en esas circunstancias. Por el contrario, algunos pequeños que inicialmente no dieran muestras de temer la oscuridad o determinados hechos previsibles, como accidentes o robos, posteriormente dieron señales de experimentar temor en tales circunstancias. Los cambios son coherentes con la capacidad del niño (creciente, aunque todavía muy limitada) para evaluar los hechos corrientes en función de su importancia para el futuro, tema que se considerará más exhaustivamente en el capítulo 10.

Nota sobre el temor a los desconocidos

La tendencia a sentir miedo en presencia de seres o cosas extrañas ha sido objeto de profundos análisis. El que en determinadas circunstancias se experimente o no temor depende de una serie de condiciones que todavía no han sido plenamente comprendidas. En sus observaciones de pequeños que gateaban en un parque, en compañía de la madre, lo que impresionó a Anderson fue el hecho de que la presencia de los extraños que transitaban por el lugar pasaba casi por completo inadvertida. Por un lado, por medio de sus conversaciones con las madres de otro grupo de bebés que gateaban, el investigador descubrió que ocho de los dieciocho pequeños, de acuerdo con las observaciones registradas, habían experimentado temor de los extraños en determinado momento. Esta información fue proporcionada de forma voluntaria por las madres, quienes, en apariencia, se habían sentido sumamente impresionadas al respecto. Las circunstancias más comunes se daban cuando un pariente o amigo, perfectamente conocido para la madre, pero con quien el niño quizá se hallaba poco familiarizado, llegaba de visita a la casa. A diferencia de las personas totalmente desconocidas, quienes naturalmente se mantienen a distancia, los parientes y amigos de la familia tienden a aproximarse a la madre y al niño dando grandes muestras de entusiasmo, que son retribuidas por la progenitora. En situaciones de este tipo posiblemente algunos pequeños se mostraron aterrorizados. (Con no poca frecuencia, centraban su atención en algún aspecto «insólito» del visitante: gafas, arrugas, barba, voz muy fuerte.) La conclusión que señalan los descubrimientos de Anderson es que los niños pequeños hallan particularmente temible el hecho de que, amén de resultarles desconocida, esa persona extraña se aproxime a ellos (véanse los descubrimientos de Morgan y Ricciuti [1969] descritos en la última sección de este capítulo).

De ser correcta esa conclusión, contribuiría a explicar por qué los pequeños estudiados por Heinicke y Westheimer (1966) en una guardería con internado demostraron sentir miedo del observador tan a menudo (véase el capítulo 1). En primer lugar, los niños no estaban con la madre; en segundo término, el observador les seguía resultando parcialmente desconocido; en tercer lugar, aquel «buscaba aproximarse al niño de manera activa, aunque con cautela, para estudiar sus reacciones».

EL TEMOR A LOS ANIMALES Y A LA OSCURIDAD

No deja de llamar la atención la regularidad con que en los niños de más de tres años se registran señales de temor a los animales y a la oscuridad. En el estudio longitudinal de Macfarlane, por ejemplo, más del 90 % del centenar de niños incluidos en la muestra, según la madre, experimentaron temor ante alguna situación específica en determinado momento del período de observación (que se extendía de los veintiún meses a los catorce años). Hasta los once años, durante cada examen anual entre la tercera parte y la mitad de los pequeños, según los informes, demostraron temor ante una situación específica; y de las situaciones que, con mayor frecuencia, provocaron temor, las más comunes eran la presencia de perros y el miedo a la oscuridad, en especial entre los grupos de menor edad (Macfarlane, Allen y Honzik, 1954). Lapouse y Monk (1959), quienes efectuaron un estudio transversal de una muestra representativa de 482 niños de seis a doce años en el estado de Nueva York, obtuvieron datos similares, basados también en los informes de las madres.

De dos estudios ulteriores llevados a cabo por Jersild surgen también datos similares. En uno de ellos el investigador y sus colegas entrevistaron a unos cuatrocientos pequeños de cinco a doce años (veinticinco varones y veinticinco niñas para cada uno de los ocho niveles de edad). El entrevistador iniciaba cada entrevista tocando temas neutrales, para luego interrogar al niño sobre las cosas que le causaban temor o pánico. En una segunda etapa se entregaban cuestionarios a alrededor de trescientos estudiantes y miembros del personal, de diecisiete a treinta y cinco años (la mayoría se hallaban comprendidos entre los dieciocho y los veintiséis años). Se solicitó a los sujetos que describieran situaciones que de niños les habían provocado terror, indicando cuál era la más lejana que podían recordar, cuál les provocó un temor más intenso, y qué tipo de situaciones les inspiraban miedo con mayor frecuencia; por supuesto, una situación única podía entrar perfectamente dentro de las tres categorías.

Las situaciones que, según los adultos de la muestra, les provocaban temor cuando niños coinciden estrechamente con las descritas por los pequeños de cinco a doce años. En ambos grupos se destacaba el miedo a los animales. Entre los niños ese temor evidentemente alcanzaba sus más altas proporciones en los niveles de edad inferiores: el 27 % de los pequeños de cinco y seis años hicieron referencia al miedo a los animales, en tanto que ese porcentaje se reducía a un 22 % entre los niños de siete y ocho años, y a un 11 % en los mayores. Entre los adultos, uno de cada seis, aproximadamente, hizo referencia al miedo a los animales como el más temprano de sus temores y/o el más intenso o persistente.

El temor que inspira la oscuridad con frecuencia deriva de la sensación de miedo que se experimenta en esas circunstancias, en especial cuando se oyen ruidos extraños o se producen otros incidentes, y del temor a ser atacado por seres tal vez imaginarios, como fantasmas o personajes de cuentos, o bien ladrones y secuestradores. Alrededor del 20 % de los niños de cinco a doce años indicó experimentar temor en situaciones de ese tipo; la persistencia de ese temor no variaba mayormente con la edad, y una proporción similar de adultos jóvenes recordó haberlo experimentado; entre estos últimos, el temor a la oscuridad, de manera análoga al miedo de los animales, había sido sumamente intenso y persistente, según se recordaba.

El temor a las lesiones, las enfermedades y la muerte

En ambas series alrededor del 10 % de los sujetos informó o recordó haber temido la posibilidad de sufrir lesiones en un accidente o pelea, aunque rara vez se mencionó el miedo al dolor en calidad de tal.

Es de destacar la escasa frecuencia con que se mencionó el miedo a la muerte o a las enfermedades. No lo citaron ninguno de los 200 pequeños de menos de nueve años, y solo seis de los 200 niños de nueve a doce años. Alrededor del 3 % de los adultos jóvenes recordaba el temor a las enfermedades o la muerte como el más intenso o persistente de sus miedos. La inexistencia del temor a la muerte entre los niños de menos de diez años coincide con los datos del estudio de Anthony registrado en *The Child's Discovery of Death* (*El descubrimiento de la muerte en el niño*, 1940). Tras examinar los distintos pasos mediante los cuales el niño va elaborando gradualmente el concepto de la muerte como una partida irreversible, Anthony llega a la conclusión de que la muerte deriva su significado emocional del hecho de que es equiparada a la separación (véase el Apéndice I).

Los niños y adultos interrogados por Jersild rara vez mencionaron el temor a la enfermedad o la muerte de uno de los progenitores; la proporción era de alrededor de un 3 % en cada grupo.

Resulta interesante advertir con qué poca frecuencia mencionan los niños de mayor edad o recuerdan los jóvenes adultos las situaciones que, de acuerdo con lo observado, provocan temor con mayor regularidad durante los dos o tres primeros años de vida. En ninguna de las series fue mayor del 5 % el número de sujetos que informaron o recordaron tener miedo de los ruidos, los movimientos súbitos, las caídas, los objetos o personas extrañas, siempre que hubiera luz. No obstante, como ya advirtiéramos, en medio de la oscuridad cambia por completo la situación.

Los médicos clínicos inevitablemente demuestran su escepticismo acerca de la posibilidad de obtener, por medio de cuestionarios o entrevistas (por bien desarrolladas que estén), un panorama exacto y cabal de todas las situaciones que provocan o han provocado el temor de los niños o los adultos jóvenes. El hecho de que los niños más pequeños (de cinco y seis años) hayan descrito menos situaciones que los de mayor edad sugiere, por cierto, que sus informes eran particularmente inadecuados. No obstante, aunque sin duda no se registraron en medida suficiente algunas situaciones susceptibles de inspirar temor, es probable que la información positiva obtenida pueda considerarse válida.

En el presente capítulo cuanto se procura suministrar al lector es una descripción de las situaciones que por lo común provocan temor en los seres humanos, e indicar a grandes rasgos el modo en que esas situaciones suelen variar a medida que el niño va creciendo. La explicación posible de los datos obtenidos se deja para posteriores capítulos. Entretanto, cabe agregar algunas palabras más acerca de las situaciones en sí.

SITUACIONES COMPLEJAS

En reiteradas oportunidades se ha descubierto que los niños o adultos suelen albergar un temor específico ante una situación que se caracteriza por tener dos o más propiedades potencialmente alarmantes; por ejemplo, la repentina aparición de un extraño que se acerca, un perro desconocido que ladra, un ruido inesperado en medio de la oscuridad. En sus comentarios sobre los informes de los padres sobre las situaciones que provocan temor en sus hijos, registrados a lo largo de un período de veintiún días, Jersild y Holmes (1935a) advierten que con frecuencia se citó la presencia simultánea de dos o más de los siguientes elementos: ruido, personas o ambientes extraños, oscuridad, movimientos repentinos e imprevistos, la soledad. En tanto que una situación caracterizada por solo uno de esos elementos tal vez cause mera alarma, cuando se dan varios de ellos de manera simultánea nace el miedo, con mayor o menor grado de intensidad.

Como la respuesta suministrada ante la convergencia de una serie de elementos por lo común es mucho más intensa, o diferente de la registrada ante la presencia de uno solo de ellos, proponemos el adjetivo *compuestas* con referencia a dichas situaciones, por analogía con los productos químicos.

Hemos visto que las situaciones particularmente susceptibles de provocar temor, no solo durante la infancia sino en años posteriores, son aquellas que involucran la presencia de animales o la oscuridad. Su capacidad para producir miedo puede explicarse, en apariencia, por el hecho de que ambos tipos de situación comúnmente entrañan dos o más de los elementos potencialmente alarmantes ya considerados. Al final del capítulo 10 se analiza el modo en que se desarrollan durante los primeros años de vida las respuestas de temor ante ambos tipos de situación.

La soledad

Una de las situaciones de mayor interés en relación con el tema que nos preocupa es, por supuesto, la soledad. Probablemente no haya nada que aumente hasta tal punto la propensión a sentir miedo. Al hallarnos solos en un lugar desconocido, quizá en la oscuridad, y percibir un movimiento súbito o sonido misterioso, muy pocos de nosotros podrán sobreponerse al temor. De hallarnos con algún robusto acompañante, empero, probablemente aumentaría nuestro valor; y en compañía de muchos, muy pronto recuperaríamos toda nuestra valentía. La soledad, al igual que la conciencia, «nos vuelve a todos cobardes».*

Adviértase que Jersild y Holmes dieron por sentada la manera notable en que la presencia de un adulto modifica la situación potencialmente amenazadora para el niño. Amén de hallarse presente el experimentador en todas las situaciones presentadas al pequeño (con excepción de la primera), el sistema de puntuaciones se basaba en la medida en que el niño

* Frase de *Hamlet*. (N. del T.)

requería las palabras de aliento o el apoyo de aquel para llevar a cabo la tarea. Es evidente que, de no hallarse presente el experimentador, habría aumentado notablemente la proporción de niños que, según las puntuaciones, experimentaron temor. Ello lo demuestra el hecho de que, de los pequeños que según las puntuaciones aplicadas *no* experimentaron temor, muchos cumplieron la tarea propuesta (por ejemplo, buscar la pelota en el pasaje oscuro o acariciar al perro) solo después de haber sido tranquilizados y recibido el aliento del experimentador. Por añadidura, todos aquellos que, de acuerdo con las puntuaciones, demostraron temor, porque a pesar de las palabras de aliento del experimentador rehusaron cumplir la tarea por sí solos, se mostraron dispuestos a llevarla a cabo con ayuda de aquel.

Los descubrimientos realizados coinciden hasta tal punto con la experiencia corriente que, en apariencia, no tiene sentido proceder a su ulterior elaboración. No obstante, hay abundantes pruebas de que, cuando psicólogos y psiquiatras proponen sus teorías acerca del miedo y la ansiedad, la importancia de esos fenómenos se subestima gravemente. Lo mismo ocurre en relación con la gran mayoría de los psicoanalistas, de entre los cuales Freud constituye una notable excepción.

CONDUCTA INSPIRADA POR EL MIEDO Y DESARROLLO DEL APEGO

En 1920 Watson y Rayner informaron que no era posible provocar las respuestas (que habían sido condicionadas) a una rata blanca, en el caso de un bebé de once meses, Alberto, mientras este tuviera el pulgar en la boca; y en 1929 English describió a una pequeña de catorce meses que no demostraba ningún temor ante los objetos extraños mientras se hallara en su sillita alta y familiar, aunque sí experimentaba temor cuando se la depositaba en el suelo.

Varios otros pioneros de la investigación advierten también el mismo fenómeno. Valentine (1930) puntualiza que «la presencia de un acompañante, como es bien sabido, tiende a desterrar los temores». El punto de vista freudiano, tal como se lo presenta, por ejemplo, en los *Tres ensayos* (1905b, *Standard Edition*, vol. 7, pág. 224), y al que se cita en el encabezamiento del capítulo 3, no difiere mayormente. En épocas más recientes, Laughlin (1956) propuso un término nuevo, *soteria,* como antónimo del término *fobia*, para denotar la intensa sensación de tranquilidad que obtiene una persona a partir de un «objeto amado», sea un juguete, un amuleto o un talismán.

Todavía queda mucho por aprender acerca del grado en que, a edades diferentes, la situación en que se halla el niño en relación con la figura en quien centra su afecto determina el modo en que responde a los estímulos potencialmente causantes de temor. Los descubrimientos de Morgan y Ricciuti (1969) facilitan la mejor comprensión de los hechos. En su estudio sobre el desarrollo del miedo a los extraños demuestran que, durante los ocho primeros meses de vida, la respuesta del bebé no difiere mayormente en su forma o intensidad, ya se halle sentado en el regazo de la madre, ya sobre una silla a pocos centímetros de distancia. Con el tiempo, no obstante, y en particular a partir de los doce meses, la cercanía de la madre se convierte en una variable de suma importancia.

Morgan y Ricciuti estudiaron a ochenta bebés divididos, de acuerdo con la edad, en cinco grupos (cuatro meses y medio, seis meses y medio, ocho y medio, diez y medio y doce meses y medio). Se examinó a cada bebé de acuerdo con su respuesta ante la aparición de un extraño a) cuando se hallaba en el regazo de la madre, y b) sentado en una sillita a poco más de un metro de distancia. Una vez en la habitación, el desconocido[5] se comportaba siguiendo los pasos prefijados. Primero se sentaba en silencio, pero sonriente, a menos de dos metros del bebé; luego le hablaba a este; a continuación avanzaba en su dirección hasta colocarse a unos sesenta centímetros de distancia, se arrodillaba y continuaba hablándole; por último, le tocaba la mano. Tras una pausa de medio minuto el desconocido emprendía la retirada, siguiendo los mismos pasos, aunque en orden contrario. La conducta del bebé se observaba desde atrás de una pantalla que permitía la visión en un sentido único. Se adjudicaba una puntuación positiva por las sonrisas, balbuceos, arrullos o movimientos en dirección al extraño, y otra negativa por el entrecejo fruncido, las señales de «enfurruñamiento», los movimientos de irritación, sollozos, llanto, movimientos en dirección a la madre y los movimientos dirigidos a evitar al experimentador, apartarse de él. El hecho de quedarse tranquilo en su sitio o simplemente mirar al desconocido o la madre recibía una puntuación de cero.

Las tres cuartas partes de los bebés de los dos grupos de menor edad (cuatro meses y medio y seis meses y medio) respondieron con calidez a la presencia del extraño, sonriéndole, haciendo gorgoritos y elevando los brazos en dirección a él; el que estuvieran o no sentados en el regazo de la madre no implicaba mayor diferencia. Solo uno dio señales de experimentar temor. Los bebés de los tres grupos de mayor edad, sin embargo, no solo acusaban una tendencia cada vez más pronunciada a demostrar temor, sino que se mostraban cada vez más sensibles en relación con el paradero de la madre. Observamos de esta manera que, de los bebés de los dos grupos de edad intermedios (ocho y medio y diez meses y medio), la cuarta parte procuró apartarse o dio alguna otra señal de temor; y de los de doce meses y medio no menos de la mitad se apartaron o dieron alguna otra muestra de temor. El efecto del paradero de la madre sobre la respuesta apenas si se advirtió en los dos grupos de edad intermedia. En los bebés de doce meses y medio, sin embargo, se denotó con absoluta claridad. Esos bebés solo dieron la bienvenida al extraño cuando se hallaban en la falda de la madre; por el contrario, cuando se hallaban sentados a más de un metro de distancia todos ellos dieron muestras de temor.

Bronson (en prensa) registra datos bastante similares obtenidos a partir de su breve estudio longitudinal, ya mencionado en este capítulo, en torno a bebés de tres a nueve meses. El investigador observó de qué manera la respuesta al extraño depende de que a) el bebé se halle en brazos de la madre o b) el bebé pueda ver a la progenitora.

A los cuatro meses había escasos indicios de que el hecho de estar en brazos de la madre tornara al bebé menos cauteloso en presencia del desconocido, cuando este se le aproximaba a menos de 60 cm y le hablaba. No obstante, a los seis meses y medio, al igual que a los nueve meses, esa cautela parecía disminuir si el pequeño efectivamente estaba en brazos de la madre.

La presencia de la madre, situada dentro del campo visual del bebé a poco más de un metro de distancia, no influía sobre el grado de cautela que, ante la aparición de un extraño, demostraban los pequeñuelos de cuatro meses y medio o seis meses y medio. A los nueve meses, sin embargo, se descubrió que el contacto visual con la madre hacía que depusieran hasta cierto punto esa actitud cautelosa. Por añadidura, en esa edad no era infrecuente que el bebé gateara hasta ponerse en contacto con la madre cuando se aproximaba el desconocido.

A la luz de estos descubrimientos, resulta instructivo considerar desde una perspectiva nueva el caso de Alberto, tan repetidamente citado, y sobre quien Watson y Rayner informaran hace más de cincuenta años. Por medio de una serie de experimentos un bebé de once meses fue condicionado de manera tal que experimentara temor de una rata blanca y, por analogía, de un conejo, un trozo de piel de foca, el pelo humano. El estímulo no condicionado era un fuerte ruido, producido al golpear una larga barra de acero con un martillo justo detrás de su cabeza. Los teóricos del aprendizaje argumentan que el origen de muchos casos de fobia puede hallarse en un condicionamiento de este tipo.

Las conclusiones a las que se llegó a partir de ese caso, por medio de la deducción, han sido el blanco de frecuentes críticas (por ejemplo, véase Marks, 1969). En el contexto de esta obra cabe mencionar algunos puntos. En primer lugar, Alberto había sido «criado casi desde que naciera en el ambiente de un hospital» y fue seleccionado para el experimento porque parecía un ser «impasible y carente de emociones». En segundo término, el condicionamiento tuvo lugar con Alberto situado sobre un colchón en una pequeña mesa, y sin que se hallara presente ninguna figura familiar hacia quien pudiera volverse. Algunas de sus respuestas, no obstante, eran similares a las del niño que se vuelve hacia una figura materna: por ejemplo, extender los brazos para ser levantado y, posteriormente, hundir la cabeza en el colchón. Por añadidura, al experimentar zozobra por lo común tendía a chuparse el pulgar. Esto último representaba un gran inconveniente para los experimentadores, ya que «en cuanto se llevaba la mano a la boca se tornaba impermeable a los estímulos destinados a provocarle temor. Una y otra vez... debimos sacarle el dedo de la boca antes de poder obtener la respuesta condicionada». A partir de estas observaciones los experimentadores mismos llegaron a una conclusión muy significativa: «el organismo [...] en apariencia desde el nacimiento, se ve bloqueado a cualquier otro estímulo cuando actúan sobre él los estímulos afectivos».

En consecuencia, descubrimos que los resultados del temprano experimento de Watson y Rayner, al igual que los de otros más recientes, de Morgan y Ricciuti, y los de Bronson, coinciden con el cuadro del desarrollo de la conducta de apego suministrado en el primer volumen. Asimismo, son coherentes con dos descubrimientos de Schaffer, descritos en páginas anteriores del presente volumen. El primero de ellos (véase el capítulo 3) indica que, antes de las veintiocho semanas, los bebés no protestan cuando se los aparta de la madre para colocarlos en el ambiente extraño de un hospital, pero sí lo hacen a partir de los siete meses. El otro descubrimiento (al que se hizo referencia al comienzo del presente capítulo) reside en que, en tanto que un bebé de doce meses, al enfrentarse con objetos extraños, se vuelve de continuo hacia la madre si esta se halla sentada detrás de él, un bebé de seis meses parece ignorar por completo su presencia.

En general, por lo tanto, puede afirmarse que, así como el apego desarrollado en relación con una figura materna se va organizando gradualmente durante la última mitad del primer año de vida, lo mismo ocurre en relación con las situaciones que provocan temor. Además, como hacia los doce meses el sistema cognitivo del niño se ha desarrollado lo bastante como para que pueda tener en cuenta situaciones y objetos ausentes por un breve lapso, aquel puede organizar su conducta de modo tal que se desplace de manera simultánea desde un tipo de situación en dirección a otro. De ahí que al cumplir dos años pueda responder de la manera dual característica de una conducta de temor bien organizada. En el siguiente capítulo se suministra una descripción del modo en que los pequeños monos atraviesan las mismas fases del desarrollo, aunque a un ritmo más rápido.

El temor a las contingencias futuras

En el presente capítulo se prestó atención, fundamentalmente, a la naturaleza de las situaciones inmediatas que, según lo observado, dan lugar a la conducta de temor en los niños. No obstante, en el curso de la vida humana las situaciones que suelen infundir miedo no son solo las que se dan en un momento determinado, sino también aquellas que pueden predecirse. Los niños y los adultos a menudo experimentan aprensión ante hechos que pueden ocurrir u objetos y seres que, según creen, pueden aparecérseles. Este tipo de miedo es el relacionado con contingencias futuras.

Como una proporción tan considerable de las situaciones que temen los seres humanos es de esa naturaleza, y como estas suelen revelarse con tanta intensidad en los trabajos clínicos, es preciso examinarlas en mayor detalle. Así se hará en los capítulos 10 y 11, una vez consideradas las situaciones inmediatas que provocan temor a la luz de la función biológica de esa conducta.

A continuación analizaremos los datos obtenidos acerca de las situaciones que provocan temor en los animales.

8

Situaciones que provocan temor en los animales

INDICIOS NATURALES DE UN PELIGRO POTENCIAL

Aunque las situaciones-estímulo que provocan temor en otras especies no son las mismas que lo inspiran entre los seres humanos, existen amplios puntos de coincidencia entre ambas. Ello resulta obvio, por sobre todo, en el caso de los primates no humanos, a cuyo análisis se dedica gran parte de este capítulo.

Los etólogos dan por sentado que gran parte de las situaciones-estímulo que provocan temor en los animales constituyen indicios naturales de un peligro potencial para las especies en cuestión. Ello es válido, específicamente, en relación con las situaciones que inspiran temor al individuo cuando este las enfrenta por vez primera.

Los receptores a distancia se emplean por lo común para captar esos indicios naturales. Según la especie, el animal puede basarse fundamentalmente en señales y receptores visuales, auditivos u olfatorios, o en una combinación cualquiera de ellos.[1] Solo cuando los receptores a distancia no logran detectar a tiempo los peligros potenciales entran en acción los detectores contiguos (los del tacto y el dolor); pero para entonces puede ser demasiado tarde. De esta manera, observamos que los indicios alejados y los receptores a distancia desempeñan un papel fundamental para provocar una conducta de temor.

De todas las situaciones-estímulo posibles que podrían actuar como indicios de un peligro potencial, y que pueden percibirse a distancia, hay algunas que actúan de manera especialmente pronunciada en numerosas especies. Entre las más conocidas se cuentan el desconocimiento de un ser u objeto y el acercamiento súbito, circunstancias que por lo común provocan respuestas de temor en aves y mamíferos. Otro es el «precipicio visual» ante el cual los jóvenes mamíferos de todas las especies examinadas hasta el momento responden tratando de evitarlo.

Otros tipos de situación, por el contrario, solo provocan respuestas de temor en los miembros de contadas especies o, a veces, quizá en los de una sola de ellas. En algunas especies de aves, por ejemplo, la visión de la piel de un mamífero provoca respuestas de temor; en otras, ello ocurre ante la visión de un par de ojos que miran con fijeza o de algo que cae del cielo. Los sonidos agudos que emiten los murciélagos para localizar a sus presas por medio del eco impulsan a ciertas polillas a levantar el vuelo de inmediato o bien les producen un estado de «catalepsia». En consecuencia, y al igual que las drogas, los indicios distales que se dan naturalmente ante un peligro potencial pueden clasificarse en indicios de «espectro amplio», ante los cuales se muestran sensibles los animales de muchas especies, y de «espectro limitado», ante los cuales demuestran sensibilidad los animales de una sola o pocas especies.

Muchos de los gritos de alarma de aves y animales actúan como indicios de espectro amplio, ya que no solo provocan respuestas de temor en los miembros de la especie que los emite, sino también en miembros de otras especies. Ello ocurre, en parte, porque los gritos de alarma de especies diferentes se han tornado similares, debido, en apariencia, a un proceso de selección natural.

En determinadas especies animales los estímulos olfatorios, parte de ellos de espectro amplio, y muchos de espectro estrecho, resultan particularmente eficaces para provocar respuestas de temor. Esos «olores de advertencia» surgen de dos fuentes: amigos o enemigos. Por un lado, como es bien sabido, el olor del cazador o del lobo que se aproxima puede provocar respuestas de temor en una vasta serie de mamíferos que pastorean, como cebras, ciervos y antílopes. Por el otro, el «olor de alarma» que emite un animal asustado o herido puede provocar respuestas de temor en otros animales (tal como ocurre con los gritos de alarma), pero en este caso los efectos suelen circunscribirse a los miembros de su misma especie.

Todas las especies de animales, por consiguiente, poseen características genéticas innatas que los llevan a desarrollarse de manera tal que producen respuestas de temor siempre que perciban una situación-estímulo que suministre indicios naturales de uno de los muchos peligros que acosan a los miembros de su especie. Como algunos tipos de peligro potencial son comunes para una gran variedad de especies, las señales pertinentes actúan como indicios de espectro amplio. Por el contrario, como otros peligros potenciales solo afectan a unas pocas especies, las señales respectivas por lo común constituyen indicios de espectro estrecho.

Así como dentro del género humano son muy diversas las pautas de conducta indicativas de temor, también son muy variadas dentro de las demás especies. Las respuestas incluyen, por un lado, el agazaparse, enroscarse, quedarse inmóvil o refugiarse en un lugar seguro y, por otro, los gritos, el darse a la huida, la búsqueda de proximidad con los compañeros. La respuesta específica puesta de manifiesto depende de muchos factores: la especie del animal, el sexo y la edad, su estado fisiológico y el tipo de situación particular que provoca ese temor.

Hinde (1970), por ejemplo, informa acerca de un descubrimiento realizado por Hogan en los polluelos; estos emprenden la retirada ante estímulos de elevada intensidad (así como algunos otros), en tanto que se quedan paralizados en su sitio ante estímulos extraños, inusitados o sorprendentes. Lorenz (1937) y Tinbergen (1957) señalan también de qué manera, en muchas especies de aves, determinadas situaciones específicas pueden provocar respuestas también específicas. Las aves de la selva birmana (al igual que las gallinas domésticas) emiten dos gritos característicos, en respuesta, respectivamente, a la visión de un ave de rapiña y de un animal de presa. Cuando otra ave escucha el primero de esos gritos, emprende la huida descendiendo desde los aires y ocultándose o poniéndose a cubierto en lugar seguro. El segundo de esos gritos, por el contrario, hace que el ave levante el vuelo y se refugie en un árbol. Ambos tipos específicos de conducta, en respuesta a dos gritos de alarma característicos, constituyen una ulterior prueba de que, tal como se indicara en el capítulo 6, el tema que concita nuestro interés no es un «instinto de temor» único y extendido, sino un conjunto heterogéneo de formas de conducta interrelacionadas, provocadas todas ellas por una serie de condiciones causales levemente distintas.

La conducta inspirada por el temor, tal como se ha subrayado, no solo puede ahuyentar al animal que enfrenta determinados tipos de situaciones, sino orientarlo en dirección a otras. De acuerdo con el grito de alarma que escucha, el ave vuela poniéndose a cubierto en *tierra* o en un *árbol*. Una pauta de conducta característica de muchas especies de animales, y de interés para nuestra tesis, son los movimientos del animal en dirección a sus compañeros. Por ejemplo, cuando un ave de rapiña se remonta sobre sus cabezas, las avefrías no solo levantan el vuelo, sino que se mantienen juntas, en bandada; lo mismo ocurre en el caso de los estorninos. (Por el contrario, en la misma situación las perdices se agazapan en el suelo.) La mayoría de los mamíferos gregarios también se mantienen los unos junto a los otros cuando se sienten alarmados. Los movimientos de este tipo son particularmente obvios en los mamíferos jóvenes; salvo algunos casos excepcionales, estos por lo común huyen en dirección a la madre y se mantienen próximos a ella.

Volvamos una vez más a las situaciones que inspiran temor. Es probable que en todos los casos de situaciones distantes a que se hizo mención en este capítulo la respuesta sea una conducta de temor de un tipo u otro, cuando un individuo de una especie determinada las enfrenta por primera vez. En esos casos no se requieren oportunidades especiales para aprender que se trata de una situación potencialmente peligrosa. En el caso de otras situaciones-estímulo, no obstante, ocurre algo totalmente diferente. Solo una vez que la situación se asocia a alguna otra señal de peligro potencial se provoca una respuesta de temor. Una de las señales universalmente conocidas que conducen a esas asociaciones aprendidas, aunque no la única, es el dolor.

Los receptores del dolor son contiguos y, por consiguiente, el papel que cumplen difiere, en muchos aspectos, del de los receptores a distancia. En primer lugar, los primeros por lo general entran en acción como último recurso y solo cuando los receptores a distancia, o las respuestas de temor que pueden haber provocado, no han sido capaces de lograr el alejamiento del animal. En segundo término, la sensación de dolor por lo común induce a una acción inmediata y rápida. En tercer lugar, la sensación de dolor puede muy bien significar que el peligro ya se ha materializado. Por estas razones resulta fácil suponer que el dolor y el peligro son, en cierto modo, idénticos, lo cual por supuesto no es así (véase el capítulo siguiente), y en consecuencia otorgar al dolor un lugar de preeminencia exagerado en las teorías referentes a la conducta inspirada por el temor.

Como al constituir una señal contigua de peligro potencial el dolor actúa de manera muy tardía, para el animal resulta sumamente ventajoso, desde el punto de vista biológico, aprender a reconocer las situaciones potencialmente dolorosas a partir de indicios distantes relacionados. Durante mucho tiempo la investigación de esos procesos de aprendizaje ha constituido uno de los intereses básicos de los psicólogos experimentales y, en consecuencia, es mucho lo que se sabe al respecto. En particular, los experimentos sobre condicionamiento, en los cuales se aúna un estímulo neutro a otro doloroso, han demostrado que, en una amplia variedad de especies de mamíferos, la respuesta de temor ante un estímulo hasta entonces neutral se establece con rapidez y resulta muy difícil de extinguir.

La gran atención prestada a las propiedades del dolor como inductoras de temor, y al proceso de aprendizaje al que dan lugar, ha llevado, en ciertos casos, a descuidar el rol primordial, y sumamente importante, de los indicios y los receptores distales, tanto en los animales como en el hombre. Como resultado, no siempre se tiene en cuenta que en muchas especies puede aprenderse con igual facilidad una nueva señal distal de peligro potencial observando el modo en que otros miembros de la especie responden a ella, y copiando esa respuesta, que asociándola con el dolor. Por cierto, en los mamíferos uno de los principales medios por los cuales las situaciones nuevas se clasifican como potencialmente peligrosas y, por consiguiente, provocan respuestas de temor reside en la imitación de animales más viejos (en especial los padres). Entre los primates la conducta imitativa de este tipo desempeña un papel más importante que en cualquier otra especie.

CONDUCTA DE TEMOR EN LOS PRIMATES NO HUMANOS

Años atrás, como resultado de su vasta experiencia con chimpancés en cautiverio, Yerkes y Yerkes (1936) expresaron: «Los elementos estimulantes que de manera temprana o tardía determinan fundamentalmente las respuestas de evitación son: el movimiento visual, la intensidad, el carácter abrupto o repentino y la rapidez del cambio en el estímulo o serie de estímulos». Aunque esta descripción requiere ciertas aclaraciones, en ella radica la esencia de la cuestión.

Observaciones de campo

Los observadores de campo de los primates tienen plena conciencia de que los ruidos o movimientos súbitos resultan sumamente eficaces para provocar de inmediato la alarma del sujeto, e inducirlo a desaparecer con rapidez. Al describir sus experiencias recogidas de la observación de monos langur en las junglas de la India, Jay (1965) manifiesta: «Los grupos de la selva se acostumbraban a mi presencia de manera gradual, y podía seguirlos a una distancia de unos 15 m. Sin embargo, si los asustaba cualquier movimiento brusco en la vegetación, de inmediato huían de mi vista». Los sonidos repentinos ejercían el mismo efecto.

Una especie silvícola, como suelen serlo los langures, se halla a salvo en la copa de los árboles, en cualquier lugar de su hábitat. Las especies terrestres, en cambio, pueden hallarse en seguridad solo en un lugar determinado. En África oriental, por ejemplo, el área de acción de cualquier manada de mandriles oliváceos debe incluir un montecillo de árboles de gran altura, en cuya copa se refugia la manada siempre que tenga algún motivo de alarma, y donde duerme (DeVore y Hall, 1965). Más al norte, en Etiopía, los grupos familiares de una especie afín de mandriles, los Hamadryas, viven en la vecindad de profundos acantilados, en donde, de manera análoga, pueden refugiarse (Kummer, 1967). La ubicación de ese refugio determina en grado sumo la conducta de estos animales: «Cuando abundan los grandes animales de presa, como los leones... la ausencia de árboles en algunas zonas puede impedir que los mandriles tengan acceso a una rica fuente de alimentos, en una región donde la comida es por lo general escasa» (DeVore y Hall, 1965).

En los estudios de campo de los primates no humanos publicados hasta la fecha no siempre se presta atención sistemática a las situaciones que provocan respuestas de temor o a las pautas que por lo común reviste esa conducta. El estudio a largo plazo sobre los chimpancés salvajes que emprendió Van Lawick-Goodall (1968) en Tanzania suministra más detalles que el común de las investigaciones.

Van Lawick-Goodall comienza por subrayar que la forma que reviste la conducta inspirada por el temor «depende de la situación y del individuo o individuos involucrados». Cuando el chimpancé se siente sobresaltado ante un ruido o movimiento súbito en las inmediaciones, su respuesta inmediata reside en agachar la cabeza y cubrirse el rostro con uno o ambos brazos; de manera alternativa, puede levantar en el aire ambas manos. Ocasionalmente, a la reacción de sobresalto sucede un movimiento realizado con el reverso de la mano en dirección al objeto, como para apartarlo, o un movimiento de huida. Cuando el objeto alarmante es otro chimpancé, más grande y de aspecto dominante, el animal huye profiriendo fuertes alaridos; cuando es otro el objeto, huye en absoluto silencio. Como alternativa, en vez de huir el animal puede apartarse cautelosamente del campo visual del enemigo, a quien de tanto en tanto echa un vistazo por simple precaución.

Entre las situaciones que, según el informe de Van Lawick-Goodall, habrían provocado el sobresalto del animal, se incluye la percepción de ruidos o movimientos repentinos; por ejemplo, un ave que vuela a corta distancia del suelo, un insecto de gran tamaño, una serpiente. En el chimpancé se producían con frecuencia respuestas de temor cuando otro animal, de apariencia más dominante, realizaba gestos amenazadores. Antes de que los chimpancés se habituaran a su presencia la observadora misma solía provocarles temor e incitarlos a emprender la huida. Al cabo de un año, aproximadamente, la mayoría de ellos proseguía con sus actividades normales en presencia de la investigadora, ubicada a unos 9-12 m de ellos. No obstante, los animales se mostraban muy inquietos si la observadora comenzaba a seguirlos; asimismo, con frecuencia aquella se vio obligada a ocultar su interés por los chimpancés ejecutando actividades destinadas a desviar su atención (fingiendo, por ejemplo, que comía hojas o cavaba en el suelo).

Como son tantas las especies de animales que emiten un grito de alarma al sentirse asustadas, Van Lawick-Goodall se mostró sorprendida al advertir que los chimpancés objeto de estudio nunca lo hacían (salvo cuando huían de otro chimpancé). Por el contrario, cada animal se desplazaba solo y en silencio. No obstante, las llamadas de alarma de otras especies de inmediato los ponían en estado de alerta: «invariablemente los ponían en estado de alerta los ladridos de alarma de los mandriles, así como las llamadas de alarma de otros monos, del antílope "bosbok" y de algunas especies de aves; al escuchar los gritos, miraban en derredor para determinar la causa de la perturbación».

Tal como ocurre en muchas otras especies, entre los chimpancés los movimientos de huida ante una situación o hecho alarmante solo configuran parte del cuadro de la conducta inspirada por el temor. Dicha conducta también incluye el desplazamiento en dirección a un sitio considerado seguro, o en busca de contacto físico con sus compañeros. Van Lawick-Goodall describe el modo en que los animales adultos, al sentirse aterrorizados, buscan su compañía mutua y se aferran entre sí. La investigadora entiende que dicha conducta tiene relación directa con la que es tan común en los bebés:

> De esta manera, un chimpancé maduro puede abrazar a otro, extender los brazos en dirección a él o montársele encima en

> circunstancias similares y más o menos del mismo modo con que la cría atemorizada o llena de aprensión que corre en los brazos de la madre, agarra o toca su pelo o se le pone detrás y se toma de su grupa... lista para trepársele encima de requerirlo la situación.

Los efectos tranquilizadores y reconfortantes del contacto con otro animal son analizados en detalle por Van Lawick-Goodall. El contacto con un animal de aspecto más dominante, sus palmadas o abrazos, tenían suma eficacia para calmar rápidamente al animal más pequeño, y a veces se daba el caso opuesto. Por ejemplo, se observó a un animal maduro que buscó hallar consuelo abrazándose a una hembra de solo tres años, en ocasión de sentirse asustado al ver de pronto su propia imagen reflejada en un vidrio; lo mismo ocurrió en dos ocasiones en que había sido atacado por otro macho.

Los observadores de campo de otras especies de primates también advirtieron la fuerte propensión que tienen los animales asustados o agitados a tocar a un compañero o a aferrarse a él. Por ejemplo, en su descripción de la conducta de los mandriles salvajes Hamadryas, que viven en unidades familiares estables de un macho y hasta tres hembras con sus hijos, Kummer (1967) observa que no solo los bebés, sino también los adultos, tienden a aferrarse a un compañero cuando se hallan sometidos a una tensión intensa. En tales casos, cuando una hembra adulta se siente alarmada suele prenderse de la espalda del macho, o bien este la toma en brazos. Por su parte, cuando el macho se ve sometido a poderosas tensiones durante una pelea, suele abrazarse a una de las hembras. Cuando un animal ha sido abandonado por la madre antes de alcanzar su plena madurez, al sentirse asustado busca la compañía del miembro de mayor jerarquía dentro del grupo. Como con frecuencia las amenazas de ese animal constituyen, precisamente, el estímulo que provocó el temor del más pequeño, el resultado es paradójico: el animalito más joven corre en dirección al mismo individuo que inspiró su temor, y se aferra a él. Entre otras muchas características de interés del estudio de Kummer se cuentan las pruebas suministradas por su autor en el sentido de que la relación del macho y la hembra que forman una pareja dentro de la especie animal citada se ajusta estrechamente a la estructura de la relación madre-hijo.

La persistencia de determinadas pautas de conducta en la vida adulta, las cuales se pusieron de manifiesto por primera vez, y con mayor intensidad, durante la infancia, constituye por lo tanto una característica común del repertorio de conductas de otras especies de primates. En consecuencia, es preciso estar en guardia y no considerar como síntoma de regresión las conductas similares que con tanta frecuencia se observan entre los seres humanos.

Entre los animales salvajes no es posible determinar a ciencia cierta si un individuo exhibe respuestas de temor ante una situación determinada cuando la enfrenta por primera vez, o solo como resultado del aprendizaje. Viene al caso el miedo que inspiran las serpientes. Van Lawick-Goodall informa que los chimpancés salvajes observados por ella demostraron temor tanto ante la visión de una serpiente que se desplazaba con rapidez como ante la de un pitón moribundo. No obstante, los chimpancés criados en zoológicos no siempre pondrían de manifiesto esa conducta.[2]

Los descubrimientos de este tipo, en apariencia incompatibles, no son en realidad difíciles de reconciliar. Dentro de las especies que viven en sociedad las respuestas de temor ante determinada situación, una vez aprendidas, se transmiten por medio de la tradición, tal como lo ilustran cabalmente ciertas observaciones efectuadas en el parque de Nairobi (Washburn y Hamburg, 1965). Existía allí una gran manada de unos ochenta mandriles, lo bastante mansos como para que los investigadores pudieran aproximárseles en automóvil. En determinado momento un parasitólogo de la localidad dio muerte a tiros a dos de esos mandriles. A partir de entonces los animales comenzaron a darse a la fuga ante la mera visión de un hombre o un auto, y ocho meses después los investigadores todavía no podían acercárseles, a pesar de que los mandriles habían visto automóviles «inofensivos» casi diariamente durante ese intervalo. El ejemplo citado confirma un descubrimiento muy común, en el sentido de que una respuesta aprendida como resultado de una única experiencia violenta no se extingue con rapidez. Por añadidura, demuestra que para ello basta que unos pocos animales de la manada hayan sufrido la experiencia alarmante, ya que es común que todos sus miembros huyan a la carrera en cuanto oyen un grito de alarma o ven huir a uno de los animales más poderosos del grupo. En consecuencia, al asimilar la tradición sentada en determinado momento por sus mayores, los miembros de una manada pueden seguir considerando potencialmente peligroso a cualquier ser u objeto que haya aterrorizado a uno de sus congéneres, en el presente o en el pasado. De esta manera, dentro de determinado grupo social (aunque no en otro) puede propagarse la tradición de que las serpientes, los hombres o los automóviles representan un peligro y, en consecuencia, deben evitarse.

Hasta hace pocos años se tendía a suponer que la transmisión de determinadas pautas de conducta dentro de un grupo social, de generación en generación, dependía de la aptitud específica del hombre. En la actualidad, por el contrario, se reconoce que las tradiciones culturales se mantienen también dentro de muchas otras especies, e inciden sobre muchas pautas de conducta: el modo de cantar (Thorpe, 1956), los alimentos elegidos (Kawamura, 1963), el lugar escogido para anidar (Wynne-Edwards, 1962). No es de sorprender, por consiguiente, que entre las especies de aves o mamíferos existan tradiciones culturales referentes a aquello que debe evitarse.

En el capítulo 10 se analiza de manera más exhaustiva el papel que los indicios culturalmente determinados de un peligro potencial desempeñan en relación con el desarrollo humano. Adviértase que recientes estudios experimentales sobre monos demuestran con toda claridad que un animal puede aprender a experimentar temor ante una situación determinada observando, simplemente, las respuestas de un compañero. Bandura (1968), por ejemplo, hace referencia a un estudio de Crooks que demuestra que los monos que en un comienzo jugaban con toda libertad con determinados objetos dejaban de hacerlo al observar que otro mono en apariencia emitía gritos de temor ante el mero contacto con uno de esos objetos.[3]

Estudios experimentales

Muchos otros estudios sobre animales en cautiverio, entre ellos algunos de carácter experimental, completan nuestros conocimientos de la conducta de temor en los primates no humanos y de las situaciones susceptibles de provocarla.

Dos situaciones visuales que provocan temor en los jóvenes monos rhesus son la imagen de un objeto que se aproxima con rapidez y el denominado precipicio visual. Ambas situaciones experimentales se describen en el capítulo anterior, al analizarse las respuestas de temor de los bebés del género humano.

Schiff, Caviness y Gibson (1962) estudiaron la conducta de veintitrés monos rhesus de distintas edades, frente a un estímulo que aumentaba de tamaño con rapidez; ocho de ellos eran bebés de cinco a ocho meses, y el resto adolescentes o adultos. Se sometió a prueba a cada animal, solo en su propia jaula, a una distancia de 1,50 m de la pantalla en la cual se proyectaba una sombra que iba aumentando de tamaño. Con la sola excepción de cuatro, todos los animales respondieron de inmediato, echándose hacia atrás o agachándose. Algunos monos saltaron hacia la parte posterior de la jaula, golpeándose con fuerza. Otros, menos activos, inclinaron rápidamente la cabeza y la parte superior del cuerpo. Los animales más pequeños también solían emitir gritos de alarma. (Los cuatro monos que no dieron respuesta alguna en apariencia estaban mirando hacia otro lado al presentarse el estímulo.) No se verificaron diferencias según la edad. La norma y velocidad con que se expandía el estímulo no parecía ejercer influencia alguna. No se produjo ningún acostumbramiento cuando se sometió a dos animales a una serie de quince pruebas de este tipo, a intervalos de diez segundos.

Cuando se mostró a los mismos animales la imagen opuesta de una sombra que se contraía y parecía alejarse, la respuesta fue muy diferente. Con la sola excepción de cuatro, todos ellos permanecieron en la parte delantera de la jaula y parecieron seguir con atención los movimientos de la sombra, a medida que esta se contraía. También despertó su interés el brillo general de la pantalla. Cuando esta se oscurecía no provocaba ninguna respuesta específica, excepto si ello ocurría tras la aparición de un objeto que aumentaba rápidamente de tamaño: entonces se producían algunos sobresaltos, aunque mucho más leves que ante el estímulo anterior.

El número de monitos rhesus puestos a prueba en el precipicio visual es mucho menor, pero las respuestas se caracterizan por su absoluta falta de ambigüedad. Walk y Gibson (1961) informan acerca de un bebé macho sometido a la experiencia a los diez, dieciocho y cuarenta y cinco días de vida, y sobre una hembra sometida a la misma experiencia a los doce y a los treinta y cinco días. Durante su segunda semana ambos animalitos no lograron evitar el «abismo» de manera totalmente satisfactoria. No obstante, a los dieciocho y treinta y cinco días, respectivamente, ambos lograban discriminar de manera pronunciada y en cada una de las pruebas evitaron con eficacia el lado más «profundo» del abismo. Los resultados de experimentos similares con otra pequeña muestra de monitos rhesus, sobre los que informa Fantz (1965), son de índole similar.

Las características de lo extraño o desconocido han sido utilizadas como estímulo inductor de miedo en muchos experimentos con primates.

Harlow y sus colegas han realizado una serie de experimentos sobre la conducta inspirada por el temor en los jóvenes monos rhesus.[4] Antes de los veinte días, aproximadamente, el bebé del mono rhesus no da muestras de temor ante la aparición de estímulos visuales extraños; por ejemplo, se acerca lleno de confianza a un animal de juguete puesto en movimiento, al que nunca ha visto antes. Después de esa edad, no obstante, y especialmente después de las seis semanas, la presencia de ese juguete de inmediato lo impulsa a la huida. Los bebés criados sobre una «madre» sustituta de paño no solo huyen *del* juguete alarmante, sino que retornan con rapidez *hacia* la madre sustituta conocida, a la cual se aferran con todas sus fuerzas. A menudo un animalito de mayor edad (doce o más semanas) comienza a relajarse tras haber huido del juguete causante de alarma, y una vez que se aferró con fuerza a la madre sustituta. Puede que entonces deje a esta y se aproxime con cautela al juguete que le provocó temor, llegando incluso a explorarlo con las manos. La conducta del mismo bebé en ausencia de la madre sustituta, sin embargo, difiere notablemente. El animalito suele entonces acurrucarse en el suelo y emitir alaridos.

Mason (1965) ha llevado a cabo experimentos bastante similares con chimpancés, basándose también en lo extraño de la situación como estímulo central inductor de miedo. En la especie citada la conducta varía también notablemente, ya sea que el animal se halle solo o en compañía. Esto nos lleva a considerar los efectos de las situaciones complejas sobre los primates no humanos y, en especial, los sorprendentes efectos de la soledad.

SITUACIONES COMPLEJAS

Los monos y grandes antropoides se asemejan a los seres humanos en el sentido de que, cuando deben enfrentar una situación compleja, compuesta de más de una característica alarmante, suelen demostrar un temor mucho más intenso que al presentarse cualquiera de esas características aisladamente. Por añadidura, al hallarse solos en presencia del estímulo inductor de miedo se intensifica en gran medida la conducta de temor puesta de manifiesto.

La soledad

Un estudio experimental sobre el que informan Rowel y Hinde (1963) suministra datos cuantitativos para una muestra de diecisiete monos rhesus, trece adultos (tres machos y diez hembras) y cuatro subadultos (dos de cada sexo). Dichos animales viven juntos en grupos estables de un macho con tres o cuatro hembras y sus hijos. Las pruebas, cada una de las cuales tenía una duración de tres minutos, consistían en situaciones muy simples. En todos los casos el experimentador, bien conocido por los animales, se mantenía cerca de la jaula. En una de las pruebas les ofrecía trozos de banana; en otra permanecía parado con toda tranquilidad, observándolos, aunque sin mirarlos fijamente; en una tercera, se disfrazaba con una máscara y una capa, y efectuaba movimientos muy ligeros. Antes de ponerlo a prueba se observaba a cada animal durante media hora, y se registraba su conducta. A continuación se administraban las tres pruebas de la serie, separadas entre sí por intervalos de cinco minutos.

En la primera serie de pruebas se examinaba a los animales durante su existencia grupal, en conjuntos regulares. Cada vez que aparecía el investigador los monos ponían de manifiesto cambios de conducta característicos, por comparación con las pautas de conducta reveladas antes del comienzo de las pruebas. Aumentaban notablemente los ruidos amenazadores y actividades tales como el relamerse, rascarse y bostezar, asociadas a la tensión. Por añadidura, orinaban con mayor frecuencia, se les ponían los pelos de punta y mostraban una expresión facial de susto. (Los machos adultos ocasionalmente atacaban al investigador, aunque ello no ocurría en el caso de los otros monos.)

La mayoría de estas pautas de conducta se revelaban mucho más claramente cuando el observador llevaba la máscara y la capa y se movía, que cuando permanecía parado en silencio. De las respuestas suministradas en la primera prueba, se registró un aumento significativo en la frecuencia de los sonidos agresivos emitidos en tono bajo, el ponérseles los pelos de punta, orinar, mostrar una expresión de susto y bostezar. En términos generales parecería que, en tanto que los monos simplemente demostraban cierta «inquietud» cuando el observador los contemplaba en silencio, daban muestras de «alarma y furia» cuando aquel se ponía la máscara.

En una segunda serie de experimentos cada animal era puesto a prueba por sí solo. Durante un lapso de seis horas antes de iniciarse la experimentación se encerraba a los restantes animales del grupo en una jaula interna, mientras que el mono puesto a prueba permanecía solo en su jaula externa familiar; sin embargo, podía oír a sus compañeros y verlos por una ventana, de manera que no se hallaba totalmente aislado. No obstante, en cada animal las respuestas de temor ante las pruebas más simples eran mucho más frecuentes cuando se hallaban solos que cuando se encontraban con todo el grupo. El aumento de las puntuaciones iba del triple a las cincuenta veces. La respuesta que revelaba un mayor aumento de frecuencia era el acto de mirar por la ventana, por donde el mono podía ver a sus compañeros ausentes.

Como resumen de sus descubrimientos, Rowell y Hinde manifiestan:

> En consecuencia, el aislamiento no debe considerarse como un mero factor adicional que provoca tensión y actúa de manera análoga en cualquier circunstancia, sino como un factor que, si bien ejerce relativamente pocos efectos sobre los animales que no sufren perturbaciones, puede acentuar de manera notoria el efecto de otros agentes causantes de tensión. Parecería que el aislamiento multiplicase sus efectos, en lugar de sumarse meramente a ellos.

Los resultados de los experimentos de Harlow con monitos rhesus criados con madres sustitutas corroboran estas conclusiones de manera fehaciente (Harlow y Harlow, 1965). En una serie de experimentos, cuatro bebés criados con madres sustitutas de paño fueron introducidos, uno por uno, a una «habitación» extraña, de 18 m^2, que contenía varios objetos de interés para los monitos. Todas las semanas se administraban dos pruebas a cada bebé. Durante el transcurso de una de ellas se hallaba presente en la «habitación» la madre sustituta de paño, y ausente en la otra. La conducta del bebé variaba de manera notable según se hallara presente o ausente la madre sustituta.

Cuando aquella se encontraba presente, al entrar a la sala extraña el monito se abalanzaba en dirección a ella y se le aferraba con persistencia. El monito podía entonces relajarse y, dando pocas señales de aprensión, comenzaba a trepar por la madre sustituta y a manipularla. Al cabo de varias de estas sesiones los bebés empezaban a utilizar a la madre sustituta como base exploratoria. Desde allí se desplazaban en dirección a un juguete, lo tomaban y manipulaban, y luego volvían con la «madre». A veces un mono traía consigo un juguete favorito. La exploración de los objetos a cierta distancia de la madre sustituta se producía de manera alternativa con el rápido retorno a la «base». Durante todo ese intervalo el mono permanecía relajado y, en apariencia, lleno de confianza.

En ausencia de una madre sustituta conocida, la conducta de los animalitos variaba de manera radical. Los bebés se acurrucaban en el suelo, balanceándose o llorando, o bien daban vueltas sobre sí mismos, procurando asir su propio cuerpo. La exploración de objetos, de producirse, era «breve, errática y frenética». La impresión que recibía el observador era la de estar ante un bebé desamparado y lleno de zozobra.[5]

Los resultados de los experimentos de Mason con pequeños chimpancés se orientan en la misma dirección (Mason, 1965). En un experimento, doce animales nacidos en África recibieron, uno por uno, descargas eléctricas en las patas, tanto en presencia de un observador que los sostenía como en ausencia de él. En tanto que los animales, al estar solos, gemían y aullaban un 60 % del tiempo, cuando los sostenía el observador guardaban un silencio casi total. Se obtuvieron resultados similares cuando los animales se vieron enfrentados a una situación novel.

En otra serie de experimentos, llevada a cabo por Gantt según la tradición pavloviana, se demuestra que la ansiedad, inducida experimentalmente en los perros, se reduce en gran medida ante la presencia de un compañero del género humano, en especial si el animal lo conoce bien. Las palmaditas y caricias administradas al perro resultan particularmente eficaces; y el efecto es más pronunciado en animales que se han vuelto «neuróticos» por haber atravesado frecuentes procedimientos experimentales, que en animales más normales. Lynch (1970) efectuó una reseña de los descubrimientos realizados.

TEMOR, ATAQUE Y EXPLORACIÓN

Las situaciones-estímulo que suelen despertar temor en los seres humanos y los animales también pueden suscitar conductas por completo diferentes, por poco que se modifiquen las circunstancias. El ataque es una de estas pautas alternativas de conducta; la exploración es otra de ellas.

El hecho de que un animal huya ante un estímulo potencialmente inductor de miedo o que se lance al ataque depende de muchos factores, algunos de ellos de carácter orgánico, otros derivados de la situación. De los factores orgánicos, la especie del individuo, su edad y sexo desempeñan un papel primordial. En muchas especies, entre las que se incluyen los primates terrestres, los animales de mayor edad y, en especial, los machos, son más susceptibles de lanzarse al ataque, en tanto que los animales inmaduros y las hembras suelen emprender la retirada. La mala salud y la fatiga también pueden inducir al animal a darse a la fuga. Por el contrario, el hambre con frecuencia lo impulsa al ataque. De los factores situacionales, el hecho de hallarse en territorio familiar infunde mayor valor al animal, en tanto que ocurre todo lo contrario cuando este se halla en territorio desconocido, caso en que suele emprender la huida. Cuando las vías de escape se hallan clausuradas, por regla general el animal ataca. Con no poca frecuencia, sin embargo, se ponen de manifiesto con toda claridad actitudes contradictorias: incluso en el acto de atacar, un individuo puede también dejar traslucir signos de temor. Debido a la estrecha relación existente entre todas esas pautas, el ataque, las amenazas, la huida y el sometimiento suelen a veces ser agrupadas por los etólogos bajo el rótulo de «conducta agónica». La estrecha relación existente entre esas pautas de conducta se debe a que, de las muchas condiciones causales necesarias para provocarlas, algunas se dan en común (Hinde, 1970).

Esta circunstancia explica también el íntimo lazo existente entre el retraimiento y la exploración, tal como se analizan en el capítulo 13 del primer volumen de esta serie. Es bien sabido que un tipo único de situación-estímulo, como el carácter de extraño o novedoso, puede inducir al retraimiento o la exploración, o ambas conductas a la vez. En muchas especies de animales un leve cambio ambiental los impulsa a la exploración, en tanto que otro más grande provoca una conducta de temor. Con no poca frecuencia el animal tiende a acercarse lleno de interés a la par que se retrae, alarmado, de manera simultánea o en rápida sucesión. El que uno u otro tipo de conducta predomine sobre el otro depende de una serie de factores: los detalles del estímulo novel, el ambiente en que se lo enfrenta (terreno familiar o desconocido, ausencia o presencia de los compañeros), la edad y sexo del individuo, su contenido hormonal y, sin duda, varios otros factores.

El hecho de que los leves cambios introducidos en una situación pueden ejercer gran influencia sobre la forma de conducta puesta de manifiesto debe siempre tenerse en cuenta. Para que una población de animales pueda sobrevivir en su medio natural cada uno de sus miembros, de acuerdo con su edad, sexo y jerarquía dentro del grupo, debe ejercer un delicado equilibrio entre la discreción y el valor.

9

Indicios naturales de peligro y seguridad

Dejé a mi amor recostado allí,
recostado allí, recostado allí,
dejé a mi amor recostado allí
y me fui a recoger zarzamoras.

Hallé los rastros de la pequeña nutria parda,
los rastros de la nutria, los rastros de la nutria,
hallé los rastros de la pequeña nutria parda,
pero ni señal de mi bebito.

Hallé la estela del cisne en el lago,
del cisne en el lago, del cisne en el lago,
hallé la estela del cisne en el lago,
pero ni señal de mi bebito.

Hallé las huellas de la niebla en la montaña,
de la niebla en la montaña, de la niebla en la montaña,
hallé las huellas de la niebla en la montaña,
pero ni señal de mi bebito.

(Del gaélico)

MEJOR PONERSE A SALVO QUE LAMENTARLO

Ninguna de las situaciones-estímulo consideradas hasta este punto (el carácter de extraño, el cambio repentino en la estimulación, el acercamiento rápido, la altura, la soledad) es intrínsecamente peligrosa. Cada una de ellas no es sino un indicador de un peligro potencial o, de modo más específico, de la existencia de un mayor riesgo, por lo cual su precisión es solo relativa. Como resultado, algunas situaciones que luego no resultan ser en absoluto peligrosas causan profundo temor, en tanto que, por el contrario, algunos objetos y hechos peligrosos no son precedidos por indicios naturales que infundan miedo. La correlación imperfecta de indicios naturales con peligros reales ha provocado confusión entre los médicos clínicos e induce a error a los teóricos incautos.

La teoría aquí propuesta, derivada directamente de la etología, postula, en esencia, que cada una de las situaciones-estímulo ante las cuales el hombre, por su conformación genética, responde con muestras de temor, tiene importancia análoga a la de la luz roja de un semáforo o la de una sirena que anuncia un ataque aéreo. Todas ellas son señales de peligro potencial; ninguna, de por sí, es intrínsecamente peligrosa. De manera similar, cada una de las situaciones-estímulo que el hombre, por su conformación genética, tiende a buscar cuando se siente alarmado tiene importancia análoga a la de un santuario en terreno sagrado. Todas ellas implican la existencia de seguridad potencial, pero ninguna es segura de por sí. En tanto que el valor de la luz roja y del suelo sacro deriva de una convención humana y se transmite por vía oral, el de los indicios naturales parte de la asociación estadística y es transmitido por los genes. En el curso de la evolución, ciertas tendencias muy acentuadas de origen genético, que impulsan al individuo a responder de manera diferencial ante los dos tipos de indicio natural citados, sea rehuyéndolos, sea acercándose, se convierten en característica innata de la especie humana, debido a su valor para la supervivencia. Dichas tendencias, que se ponen de manifiesto con mayor claridad durante la infancia y la vejez para aparecer algo ocultas o soslayadas durante la vida adulta, siempre no obstante, forman parte intrínseca de nuestro ser. De la cuna a la sepultura, estas son un elemento innato de la naturaleza humana.

Como podrá advertirse, esta teoría explica de manera satisfactoria por qué en Occidente ciertas situaciones que, en realidad, no son en absoluto peligrosas pueden provocar temor con facilidad; asimismo, también explica por qué ese temor se disipa fácilmente por medio de acciones tales como el aferrar a un osito de paño o chupar de una pipa, las cuales en sí no contribuyen en absoluto a facilitar la seguridad del individuo. Aunque para un habitante intelectual del medio urbano esa conducta puede parecer irracional o infantil, e incluso fruto de fantasías patológicas, para el biólogo pone en evidencia una sabiduría más profunda. Un examen más detenido indica que, lejos de constituir una conducta irracional o temeraria, confiar en los indicios naturales de peligro y seguridad permite al hombre respaldarse en un sistema cuya eficacia y lógica se ha comprobado en el transcurso de millones de años.

Recuérdese que tenemos una sola vida. Aunque ocasionalmente se corren algunos riesgos, sea para obtener ciertos beneficios potenciales o por simple diversión, en el curso normal de la existencia siempre es preferible, al percibir determinados indicios naturales, incurrir en acciones que, en un 99 % de los casos, resultan ser innecesarias, y no, al tener por costumbre ignorarlos, ser víctima del peligro en el caso número cien. Si tomáramos por costumbre ignorar las luces rojas del tráfico quizá no seríamos víctimas de un accidente durante cierto tiempo, pero nuestros días por cierto estarían contados.

Un indicio natural de peligro potencial señala, simplemente, la existencia de *mayor riesgo*, pero no suministra información alguna con respecto al grado absoluto de ese riesgo. Para los animales de distintas especies, diferentes edades y sexo, y que viven en ambientes también diferentes, el riesgo absoluto que señala uno de esos indicios puede ser muy grande o muy pequeño. Por ejemplo, ciertos indicios naturales que se asocian estrechamente con los animales de presa, como un par de ojos que miran con fijeza, tal vez en ciertos ambientes naturales puedan asociarse a un riesgo muy grande, en tanto que en otros ambientes ese riesgo puede ser más pequeño. De manera similar, otros indicios naturales, como el hallarse solo, podrían asociarse con un riesgo muy grande o muy pequeño, de acuerdo con las circunstancias específicas y el individuo en particular de que se trate. No obstante, sea cual fuere el grado absoluto de riesgo, por regla general todo indicio natural se asocia con un *aumento* del peligro. Ese aumento puede ser relativo o muy elevado, o ir de prácticamente cero a un mero 1 %. Sea como fuere, sin poseer amplios conocimientos de la situación global, no es posible determinar el grado absoluto de peligro que presentan determinadas circunstancias. Parece claro, sin embargo, que en todos los casos el grado de peligro siempre tiende a aumentar.

La mayor ventaja que confieren nuestras tendencias intrínsecas a responder emprendiendo una rápida retirada ante los indicios naturales de mayor peligro reside en que dichos indicios actúan como señal de gran parte de las situaciones de peligro que podríamos enfrentar. No importa que también señalen muchas situaciones carentes de todo riesgo. Como dice el título de esta sección, más vale «ponerse a salvo que lamentarlo».

De manera análoga, al huir de un peligro potencial también resulta ventajoso correr hacia sitio seguro: la madriguera, para algunos animalitos; la copa de los árboles, para los monos; la manada, para ciertas especies de existencia grupal; los compañeros más fuertes para los animales más débiles. No importa que dicha acción se emprenda sin necesidad real: una vez más, mejor ponerse a salvo que lamentarlo.

A esta altura quizá algunos lectores comiencen a dar signos de impaciencia. Por valederos que sean los principios esbozados en el caso de los monos y antropoides superiores (y quizá, incluso, en el de los niños pequeños del género humano), los seres humanos adultos poseen un grado de inteligencia tal que los llevaría a hacer algo más que prestar atención, meramente, a los indicios naturales. El pensamiento y la imaginación, racional o irracional, consciente o inconsciente, constituyen la esencia del miedo en el hombre. ¿Por qué perder el tiempo con esos mecanismos primitivos? La razón, por supuesto, reside en que buena parte de la superestructura altamente perfeccionada de los procesos cognitivos y emocionales característicos del hombre de Occidente en la esfera del temor solo es inteligible en función de las tendencias básicas primitivas, de base genética, desarrolladas en un ambiente distinto, y que compartimos con otras especies de primates. La incapacidad de comprender esas tendencias básicas primitivas, arguméntase, ha provocado malentendidos muy serios. La conducta de todo adulto del género humano se halla sometida a la influencia de esos procesos primitivos; pero también lo están sus estructuras cognitivas más complejas y sus modos de sentir más sensibles. Repentinamente alarmado o víctima de una ansiedad crónica, momentáneamente tranquilo o imbuido de permanente confianza, el modo en que piensa y siente un hombre o una mujer es determinado, en gran medida, por esas poderosas tendencias genéticas que lo llevan a responder de manera espontánea, y sin pensarlo dos veces, en presencia de un indicio natural.

En los siguientes capítulos se presta atención, en primer lugar, a la necesidad de demostrar que esa poderosa tendencia a responder ante los indicios naturales explica la mayor parte de las situaciones más complejas que provocan temor en los seres humanos y, en consecuencia, el modo en que ciertos procesos de evaluación cada vez más perfectos inducen a un amplio espectro de sentimientos humanos. Antes de proceder a su análisis, no obstante, consideremos de manera más exhaustiva las tendencias básicas genéticamente determinadas. Comencemos por el papel específico que cumple el dolor físico como indicio natural.

Limitaciones del dolor como indicio natural

En el pasado algunos teóricos postularon que prácticamente el único tipo de estímulo que provoca una respuesta de temor originada en una tendencia genética es el dolor físico; según ellos, todos los demás estímulos derivan sus propiedades inductoras de temor de su asociación con el dolor. Empero, dicha teoría no solo es falsa, sino que, por poco que meditemos, resulta muy poco creíble.

Como indicio natural de un peligro potencial, la experiencia del dolor físico se halla enmarcada dentro de una categoría especial. Los indicios a los que hasta aquí se ha prestado atención son los indicios lejanos percibidos por los receptores a distancia: ojos, oídos y nariz. Al efectuar advertencias mientras el peligro potencial sigue siendo más o menos remoto, estos indicios permiten que el hombre o animal adopte precauciones a tiempo. Por el contrario, tal como se advirtiera en el capítulo anterior, aguardar el curso de los acontecimientos hasta el momento en que ya se experimenta dolor quizá sea esperar demasiado. En tanto que los receptores a distancia se asemejan a un vigía que otea el horizonte, el dolor físico equivale a la última trinchera.

La propiedad específica del dolor reside en que, al actuar de manera tan demorada, impulsa a una acción inmediata y urgente. El estado de alerta cautelosa, fase tan característica de muchos animales al percibir por primera vez una señal distante, se halla ausente. Por el contrario, se emprende de inmediato la retirada, sin pensarlo dos veces o, de manera alternativa, el sujeto se lanza al ataque.

Otra propiedad específica del dolor reside, por supuesto, en su poder para facilitar el aprendizaje. Innumerables experimentos demuestran con qué rapidez y firmeza el animal aprende a reconocer una situación durante la cual ha experimentado dolor, y a evitarla a partir de ese momento. Efectuado el aprendizaje, el animal ya no se basa en el riesgoso indicio contiguo del dolor, sino en algún indicio distal que le dé tiempo y lugar para tomar precauciones. Los «vigías» se ponen sobre alerta para identificar la nueva señal y actuar con cautela.

Incluso cuando el dolor físico puede correlacionarse más estrechamente con el peligro potencial que algunos otros indicios naturales, aquel no resulta infalible. Por ejemplo, la atención médica puede ser dolorosa, pero por lo general no representa peligro; en tanto que una condición auténticamente peligrosa, como una hemorragia interna, tal vez no se acompañe de dolor alguno. El citado es solo uno de los tantos ejemplos de grave peligro, al que no anuncia ningún indicio natural, o solo indicios muy leves.

Peligros no anticipados por indicios naturales

Se advirtió anteriormente que los indicios naturales que provocan nuestras reacciones de temor son, de por sí y, especialmente, en su conjunto, indicadores de gran parte de las situaciones de peligro que pueden acechar. No obstante, existen algunas situaciones de peligro que no suministran indicador alguno que provoque nuestra huida como respuesta natural. Algunas de ellas, por añadidura, ni siquiera emiten señal alguna que puedan captar nuestros órganos de los sentidos.

Entre los accidentes naturales, las dolencias infecciosas constituyen un ejemplo característico. Cuando la infección se transmite por vía aérea por lo general no existen indicios naturales que nos permitan percibirlo y que, respondiendo a nuestras tendencias genéticas intrínsecas, nos impulsen a emprender la retirada. (Por el contrario, al producir un olor o gusto desagradable las infecciones transmitidas por los alimentos o el agua son mucho más fáciles de percibir.) En los tiempos modernos, por otra parte, el hombre ha provocado otras fuentes de peligro que tampoco emiten señal alguna que pueda captar la naturaleza humana, p. ej. el monóxido de carbono y los rayos X. Como en estos casos el curso de la evolución todavía no ha dado lugar al desarrollo de medios naturales que nos permitan detectarlos, debemos basarnos en indicadores elaborados por el hombre mismo.

De esta manera, aunque al aprovechar los indicios naturales de peligro y seguridad nuestra herencia genética nos suministra medios sumamente sensibles y eficaces para asegurar nuestra protección, aquella dista de estar a prueba de todo riesgo. En innumerables ocasiones nos vemos impulsados, innecesariamente, a evitar situaciones por completo inofensivas; en otras, por el contrario, por error nos vemos inmersos en situaciones realmente peligrosas.

EL PELIGRO POTENCIAL DE LA SOLEDAD

El indicio natural de peligro en que se centra el interés de este volumen es la soledad. Estadísticamente se ha demostrado que al hallarse solo aumentan los riesgos. No es difícil entender el porqué en el caso de los niños, durante el transcurso de una enfermedad o en la ancianidad. Empero, a primera vista no advertimos fácilmente por qué también ocurre así en el caso de hombres y mujeres adultos y sanos. No obstante, hay un cúmulo de razones que lo explican, en especial en determinadas circunstancias, incluso cuando en las naciones de Occidente dichas situaciones sean contadas, y el riesgo absoluto no sea demasiado grande. La tesis postulada en esta sección del libro, por consiguiente, radica en que, tal como ocurriera en la historia primitiva del hombre, en muchas ocasiones incluso hoy en día es preferible evitar la soledad, tal como se evita cualquier otra señal de peligro potencial. Por lo tanto, no es de sorprender que nos hallemos conformados de manera tal que nos sentimos más tranquilos al hallarnos en compañía, a la que buscamos, en tanto que en mayor o menor medida aumenta nuestra sensación de ansiedad al vernos solos.

En el volumen anterior (capítulo 4) se argumentaba que, a los efectos de comprender más cabalmente el repertorio de conductas del ser humano, es preciso visualizarlo a la luz de nuestros conocimientos del ambiente de adaptación evolutiva del hombre. Más adelante, y siguiendo esa línea de pensamiento (capítulo 12), se postulaba la teoría de que en el ambiente de adaptación evolutiva del hombre la función que cumple la conducta de apego (la cual, por supuesto, impulsa al acercamiento de determinados compañeros) es la de proteger al individuo de los animales de presa; esto ocurriría tanto entre los seres humanos como en otras especies de mamíferos y aves. Para los primates de gran tamaño que moran sobre la superficie terrestre, la seguridad reside en integrarse a la manada. Al separarse de ella el animal corre el riesgo de convertirse en presa fácil de un leopardo que acecha[1] o de una jauría de perros de caza. Para los miembros más débiles de la especie, en particular hembras y bebés, ancianos y enfermos, el aislamiento suele ser sinónimo de una muerte rápida.

Las mentes prácticas suelen considerar esta teoría como una suerte de curiosidad académica. No obstante, cabe advertir que, en determinados períodos de la historia del hombre, su separación del grupo lo hacía víctima fácil de los animales de presa. Pero ello ocurría tiempo ha. En opinión de algunas personas, la persistencia de esas respuestas en tiempos modernos no reviste sentido, y constituye una molestia. Ya es hora, dicen, de liberarnos de una superstición tan arcaica.

No obstante, esa línea de razonamiento adolece de algunos defectos. En primer lugar, incluso si lo deseáramos, las tendencias genéticas afirmadas a lo largo de millones de años no pueden extirparse del día a la noche. En segundo término, por poco que reflexionemos llegaremos a la conclusión de que el tratar de extirparlas puede ser muy poco aconsejable: en muchas partes del mundo, aun hoy en día, el hecho de hallarse solo presenta grandes riesgos; e incluso en las sociedades de Occidente ese riesgo puede ser más grande de lo que imaginamos.

En la actualidad es bien cierto que, en los países de Occidente, no son los animales de presa quienes causan daño al hombre o le provocan la muerte. Pero existen otros peligros. En vez de los animales de presa, los automóviles impulsados por poderosas máquinas y los artefactos domésticos son causantes de cuantiosas víctimas. Entre ellas se cuentan, principalmente, los niños pequeños que comienzan a caminar hace poco y los ancianos. Empero, aunque la experiencia práctica sugiere que las víctimas más propicias son precisamente los niños y los ancianos a quienes se deja solos, los investigadores interesados en la prevención de accidentes no parecen haber prestado mayor atención a esa circunstancia. Las estadísticas de accidentes de tráfico en uno de los distritos urbanos de Londres y en Suecia resultan, no obstante, reveladoras.

Accidentes de tránsito sufridos por los niños

Durante 1968, en el distrito londinense de Southwark[2] los accidentes sufridos por los transeúntes llegaban a un total de 901, de los cuales veintisiete tuvieron consecuencias fatales. Del total de accidentados, 411, vale decir, cerca de la mitad (46 %) eran niños de menos de quince años. Ello indica que la frecuencia de accidentes entre los niños es casi tres veces mayor que entre los adultos.

El grupo más vulnerable, según edad, era el de los pequeños de cuatro a ocho años. A esa edad el riesgo de lesiones era casi cinco veces mayor que entre los adultos. La proporción correspondiente a los niños algo más pequeños o mayorcitos (tres y ocho años) era apenas inferior. En el siguiente cuadro se efectúa una distribución por edad.

Edad (años)	*Número de accidentes*
0-2,11	14
3-5,11	125
6-8,11	124
9-11,11	81
12-14,11	67
Total	411

De los niños lesionados, casi las dos terceras partes (62 %) se hallaban totalmente solos. Incluso en el caso de los más pequeños más de la mitad se hallaban solos. Muchos también se encontraban en compañía de otros niños, a menudo tan pequeños como ellos. Solo uno de cada ocho niños accidentados se hallaba en compañía de un adulto.

Es similar el cuadro obtenido en Suecia (Sandels, 1971). La frecuencia de accidentes de tránsito es particularmente alta entre los niños de tres a diez años. Un estudio especial de 177 accidentes, de los que fueron víctimas niños de menos de once años en cruces peatonales, demuestra que el 44 % de los pequeños se hallaban solos, y un 34 % en compañía de sus pares; solo uno de cada cinco se encontraba acompañado de un adulto.

A partir de estas cifras puede llegarse a la conclusión de que el elevadísimo número de accidentes de tránsito sufridos por los niños, por comparación con los adultos, se debe a que se encontraban solos en la calle, o en compañía de sus pares.[3] Esta conclusión difícilmente provocará sorpresa a quienes hayan estado al cuidado de niños pequeños en un distrito urbano.

Riesgos que corren los adultos

Posiblemente resulte fácil comprender por qué el mero hecho de hallarse solos significa un riesgo para los pequeños o los ancianos. No obstante, podrá argumentarse que no tiene por qué ser así en el caso de un adulto sano. Empero, la reflexión contradice este último argumento.

Es muy probable que, de disponerse de cifras comparativas, descubriríamos que incluso en el caso de hombres y mujeres sanos de Occidente existen muchas situaciones en las cuales el peligro de sufrir daños o hallar la muerte es mayor cuando una persona se halla sola que cuando se encuentra en compañía de otros. Vienen al caso las caminatas nocturnas por las calles de la ciudad. No es accidental que en algunos distritos los policías patrullen las calles en grupos de dos. Por otra parte, las personas que practican deportes que requieren gran actividad no ignoran que el hallarse solas duplica los riesgos. Sea al escalar montañas, nadar, explorar cavernas o navegar por los mares, la soledad es riesgosa, a veces porque dos pares de ojos ven más que uno para advertir un peligro, otras porque un accidente que no sería problemático para una pareja de seres humanos puede resultar fatal para uno solo.

El ser humano también corre riesgos cuando es presa de la fatiga. Dormido, no puede protegerse de ningún peligro. Cuando se halla en compañía de otros seres, por el contrario, cada uno puede turnarse para mantener la vigilancia. La práctica de alternar las guardias de los vigías en los barcos no es sino la versión humana organizada de una pauta del sueño común en las aves que descansan juntas en bandadas, posadas sobre las ramas de los árboles, y en los primates, que duermen juntos en manadas. Como sin excepción alguno de los animales permanece despierto parte de la noche, mientras duerme la mayoría de ellos, siempre pueden dar la alarma ante señales de peligro (Washburn, 1966).

Es cierto que en años recientes varios navegantes solitarios han realizado grandes hazañas. No obstante, el interés que despiertan sus proezas es prueba de que el público reconoce tanto las dificultades enfrentadas como los riesgos que debieron superar. La seguridad reside en el número, y en especial en la compañía de seres familiares.

SEGURIDAD POTENCIAL DEL AMBIENTE Y LOS COMPAÑEROS FAMILIARES

A lo largo de estos capítulos se acentúa el hecho de que lo temido no solo incluye la presencia, real o inminente, de determinados tipos de situación, sino también la *ausencia*, real o inminente, de otras circunstancias. Durante toda nuestra existencia solemos sentirnos atraídos hacia determinados elementos del ambiente animado o inanimado, en especial gentes y lugares con los que nos hallamos familiarizados, en tanto que experimentamos rechazo por otras partes del ambiente, en especial las que suministran uno o más indicios naturales de peligro potencial. Como dos de los indicios naturales que suelen evitarse son la soledad y lo desconocido, entre los seres humanos, al igual que entre los animales de otras especies, se da una pronunciada tendencia a permanecer en un sitio familiar específico, en compañía de personas también familiares.

Siempre fue obvio que los animales de cualquier especie tienden a restringir sus movimientos de manera tal que permanecen en las zonas de la superficie terrestre a las que se hallan fisiológicamente adaptados. Dichas zonas pueden definirse en función de distintas medidas físicas, como tierra, aire o agua, gradaciones de temperatura, precipitaciones, y también en función de medidas biológicas, como presencia o ausencia de determinados alimentos. Solo al regular sus movimientos de esta manera pueden los miembros de una especie mantener dentro de ciertos límites las medidas fisiológicas de las cuales depende la existencia. Los tipos de sistemas de conducta cuya activación y detención determinan que un animal permanezca dentro de su «nicho» ecológico son del tipo tradicionalmente denominado instintivo.

No obstante, por grandes que puedan ser las limitaciones ecológicamente determinadas, nada representan por comparación con los límites que constantemente fija la naturaleza. Tal vez todavía no se ha tomado adecuada conciencia del hecho de que los individuos de una especie determinada, lejos de deambular al azar a todo lo ancho de la región a la que pueden adaptarse desde el punto de vista ecológico, por lo común pasan su vida dentro de un sector sumamente restringido de aquella, lo que se conoce como su área de acción.[4] El ratón campestre, por ejemplo, vive dentro de una superficie de unos pocos centenares de metros cuadrados de matorral; una manada de mandriles, dentro de varias decenas de kilómetros cuadrados de sabana; un grupo de cazadores y recolectores humanos, dentro de unos pocos centenares de kilómetros cuadrados de selva o llanura. Incluso las bandadas de aves migratorias, que pueden atravesar miles de kilómetros desde el nido al campamento de invierno, se circunscriben a sectores específicos de ese terreno: muchas aves anidan, todos los años, en el mismo lugar donde nacieron, o muy cerca de él.

De modo similar, las aves y los mamíferos no se mezclan de manera indiscriminada con otros miembros de su misma especie. El reconocimiento individual es la regla. Con determinados individuos, pueden mantenerse lazos muy estrechos durante extensos períodos del ciclo vital. Con otros, puede haber una relación menos estrecha, aunque igualmente sostenida. Por último, determinados individuos pueden revestir escaso interés, y quizá se trate de evitarlos cuidadosamente. Observamos, en consecuencia, que cada individuo posee su propio ambiente, relativamente reducido y sumamente específico, hacia el cual se siente apegado.

Aunque no puede ponerse en duda el valor que tiene para la supervivencia la predisposición del animal a permanecer dentro de un ambiente ecológicamente adecuado, el valor de su tendencia arraigada a permanecer dentro de su ambiente familiar específico puede, a primera vista, resultar objeto de controversias. No obstante, el análisis del problema demuestra que esa permanencia dentro del ambiente familiar muy probablemente reditúa beneficios obvios, en particular cuando las condiciones se tornan poco favorables. Al permanecer dentro de un ambiente familiar, el animal, o ser humano, sabe de inmediato dónde puede obtener agua y comida, no solo en las diferentes estaciones del año, sino también durante esos años excepcionalmente malos que se dan de tanto en tanto; sabe, asimismo, dónde puede refugiarse del mal tiempo, dónde hay árboles o acantilados o cuevas que constituyen lugar seguro, cuáles son los peligros más comunes y de dónde suelen provenir. Al permanecer en compañía de otros seres con quienes se halla familiarizado, puede obtener beneficios de ciertas costumbres establecidas y, por ende, relativamente satisfactorias (como, por ejemplo, las preferencias alimenticias), así como también, cuando lo amenaza un animal de presa, cosechar los frutos de la acción social coordinada. De esta manera, al permanecer dentro de su ambiente personal y familiar el individuo se mantiene en terreno relativamente seguro, alejado de muchos riesgos que, en caso contrario, debería enfrentar.

La permanencia de un individuo dentro de su ambiente familiar, postúlase, es resultado de la activación e interrupción del funcionamiento de sistemas de conducta sensibles a la acción de situaciones-estímulo tales como el carácter de desconocido y lo familiar, la soledad y la presencia de compañía. Por un lado, los sistemas de conducta que determinan la conducta de temor tienden a apartar al individuo de situaciones potencialmente peligrosas. Por el otro, los que determinan la conducta de apego suelen empujarlo hacia situaciones en que potencialmente se hallará a salvo, y mantenerlo en esas condiciones.

Esto nos trae nuevamente al análisis de la conducta de apego. Los sistemas de conducta que mantienen a un individuo más joven o débil en estrecha proximidad con otro individuo discriminado, más fuerte, pueden interpretarse ahora en función del fragmento de un conjunto de sistemas más amplios, que permiten regular todos los movimientos de ese ser de manera tal que, por regla general, permanezca dentro de su ambiente familiar. Desde el punto de vista ontogénico, el apego que liga al individuo con una figura paterna es, en la mayoría de las especies, la primera forma que reviste este tipo de conducta.

En el capítulo siguiente y en los capítulos 18 y 19 se argumenta que muchas de las dificultades que han debido enfrentar las teorías psiquiátricas y psicoanalíticas de la ansiedad surgen debido a que no se ha reconocido en la medida de lo suficiente el rol de magnitud que el ambiente personal y familiar de un individuo, incluyendo a los compañeros con quienes se halla familiarizado, desempeña en la determinación de su estado emocional. Solo al tomarse conciencia de que el ambiente de cada hombre es absolutamente único y privativo de él pueden comprenderse sus sentimientos.

EL MANTENIMIENTO DE UNA RELACIÓN ESTABLE CON EL AMBIENTE FAMILIAR COMO FORMA DE HOMEOSTASIS

Las personas capacitadas en el campo de la fisiología descubrirán que puede aclararse el panorama si consideran la conducta objeto de análisis como una forma de homeostasis. En tanto que los sistemas que estudian los fisiólogos mantienen ciertas medidas físico-químicas internas al organismo, dentro de determinados límites, los sistemas que determinan el apego y la conducta de temor mantienen al individuo todo dentro de un sector circunscrito del ambiente. En uno de los casos, los estados que se mantienen constantes corresponden al interior del organismo, en el otro, a la relación del organismo con el ambiente.

Una de las ventajas fundamentales de interpretar la teoría del temor y la ansiedad propuesta en función de una homeostasis reside en que de esa manera puede relacionársela con otros dos cuerpos teóricos, los cuales por lo común involucran principios homeostáticos. Por un lado, la teoría citada puede relacionarse con las teorías referentes a la tensión y las enfermedades que esta provoca, la mayoría de las cuales sustentan principios de una homeostasis fisiológica. Por otro, puede relacionarse con una teoría de los procesos defensivos, los cuales, tradicionalmente, también han contribuido al mantenimiento de una suerte de homeostasis. No obstante, en vez de adherirse al postulado freudiano según el cual los procesos defensivos contribuyen a reducir el nivel de estimulación del aparato mental a un nivel bajo y constante, la teoría aquí propuesta interpreta que dichos procesos contribuyen a mantener lo que bien podría denominarse un estado «representacional» constante.[5]

De acuerdo con esta perspectiva, el mantenimiento de una relación constante entre el individuo y su ambiente familiar se produce de manera casi tan automática e irreflexiva como el mantenimiento de sus estados fisiológicos constantes. En todas las formas de homeostasis se concibe al individuo como si hubiera nacido con una poderosa tendencia genética que lo lleva a desarrollar sistemas biológicos que, por su sensibilidad ante determinados tipos de estímulo, entran en acción siempre que determinada medida se desvía de ciertos límites fijos, e interrumpen su acción en cuanto aquella vuelve dentro de esos límites. La teoría propuesta, por lo tanto, adjudica al mantenimiento de una relación constante entre el organismo y el ambiente familiar un grado de importancia biológica apenas inferior al del mantenimiento de los estados fisiológicos constantes (los cuales se comprenden con mayor facilidad).

Por añadidura, los sistemas que mantienen cada una de las dos formas de homeostasis se consideran complementarios. Es evidente que, mientras los sistemas que mantienen al individuo dentro de su ambiente familiar actúan satisfactoriamente, disminuyen las presiones ejercidas sobre los sistemas que mantienen constantes los estados fisiológicos. Esto ocurre debido a que, mientras el individuo permanece dentro de su ambiente físico natural y en compañía de seres familiares, le resulta más fácil obtener alimentos y bebidas y lograr una protección continuada y eficaz de los riesgos que naturalmente lo acechan: los animales de presa, la ingestión de alimentos envenenados, las caídas o el peligro de morir ahogado, la exposición al frío, etcétera. Por el contrario, mientras sigan actuando satisfactoriamente los sistemas que mantienen la homeostasis fisiológica, más sano será el individuo, y su ambiente familiar podrá considerarse un «círculo externo» de sistemas que mantienen su existencia, complementarios del «círculo interno» de sistemas que mantienen la homeostasis fisiológica.

Por supuesto, debe tenerse en cuenta que, sea cual fuere la categoría de homeostasis de que se trata, la estabilidad de los estados nunca es más que relativa; por otra parte, los puntos fijos y límites rara vez persisten sin sufrir modificación alguna durante todo el ciclo vital. Siempre que la unidad de estudio sea el individuo, los procesos de crecimiento constituyen la antítesis de los procesos de homeostasis. Por consiguiente, el principio de homeostasis solo es uno de entre varios otros. La razón que nos lleva a subrayar su importancia reside en que consideramos que la homeostasis constituye un concepto clave tanto para comprender la ansiedad y el temor como para interpretar las causas del dolor y el sufrimiento.

No obstante, si bien se presta atención especial a la tendencia del individuo a mantener una relación constante entre sí mismo y su ambiente familiar, tampoco se soslaya el importante papel que desempeñan las conductas exploratorias y de investigación, que suelen ser antitéticas de la primera (véase el volumen anterior de esta serie, capítulo 13), ni el de los cambios registrados en serie continua, como fruto del desarrollo, durante todo el ciclo vital.

10

Indicios naturales, indicios culturales y evaluación del peligro

En los niños parece ser escasa la ansiedad innata auténtica... Corren por el borde del agua, trepan al alféizar de la ventana, juegan con objetos de punta aguda o con el fuego... en una palabra, hacen todo lo que puede dañarlos y preocupar a las personas que los cuidan. Cuando, por fin, surge en ellos una ansiedad real, esta es por completo el resultado de la educación: ya que no puede permitírseles que pasen personalmente por las experiencias instructivas.

Sigmund Freud (1917b)

TRES CLASES DE INDICIOS

Durante la infancia, la única situación-estímulo a la que el niño responde inicialmente con muestras de temor son los indicios naturales. Durante el segundo y tercer año de vida se suman otras situaciones, en particular la presencia de animales y la oscuridad (y los incidentes que con ella se asocian); ambas situaciones, arguméntase, son derivados muy fáciles de aprender de los indicios naturales. A partir del segundo año, por añadidura, sobre el niño influye sobremanera la observación de la conducta adulta y su imitación. Entre la amplia serie de conductas que el pequeño aprende por esos medios (todas las cuales se hallan culturalmente determinadas) se cuentan las respuestas de temor ante una serie de situaciones-estímulo que, hasta ese momento, le habían resultado neutrales, o aun interesantes. Estas nuevas situaciones-estímulo reciben la denominación de *indicios culturales*. En muchos casos, es evidente, la conducta imitativa de esta índole desconoce por completo la naturaleza del peligro que trata de evitarse. Por esa razón el temor que provoca un indicio cultural tiene mucho en común con el que inspira un indicio natural. En ninguno de esos casos el temor despertado puede considerarse «realista» en el sentido freudiano de la palabra.

Solo muy lentamente, a medida que se desarrollan sus aptitudes cognitivas, comienza el niño a distinguir los indicios naturales o culturales del peligro real, y a aprender métodos propios para estimar el riesgo de la situación. Durante la misma fase de crecimiento toda su conducta se organiza cada vez más en función de planes con corrección de objetivos; así ocurre, por supuesto, con la conducta dictada por el miedo. Como resultado de estos progresos, su conducta de temor se torna más «racional» y «realista», para utilizar los términos más comunes. A partir de entonces, durante los últimos años de la infancia, la adolescencia y la vida adulta, la capacidad del ser humano para evaluar los peligros reales y responder de manera apropiada suele aumentar gradualmente.

No obstante, por importantes que sean dichas pautas de desarrollo en la organización de la conducta inspirada por el temor, persiste la tendencia del hombre a responder demostrando miedo tanto ante la aparición de indicios culturales como naturales. No solo durante la infancia, sino también durante toda la adolescencia y la vida adulta, los indicios naturales y sus derivados siguen contándose entre las situaciones-estímulo más eficaces para despertar temor. Ni siquiera el más valiente se halla inmune a experimentar una sensación de temor ante alguna aparición extraordinaria o la aproximación rápida y súbita de algún objeto o ser, al oír un grito penetrante o al verse solo en la oscuridad en un sitio extraño.

En los círculos intelectuales suele soslayarse con demasiada frecuencia esa persistente tendencia a responder con muestras de temor ante la aparición de indicios naturales, así como el valor de esa tendencia. Como resultado, buena parte del temor que experimenta el ser humano se visualiza desde una perspectiva falsa. Arnold (1960), por ejemplo, quien interpretara correctamente el papel de la evaluación en la regulación de la conducta, llega a afirmar que «el miedo auténtico solo se experimenta cuando el niño es lo bastante grande como para evaluar la posibilidad de daño».

En toda discusión del miedo entre los seres humanos suele adoptarse el supuesto, más o menos explícito, de que el temor de un peligro real es una respuesta sana y, a menudo, deseable, en tanto que el miedo experimentado por cualquier otra causa es infantil o de índole neurótica. En la esfera de la psiquiatría ese supuesto ha ganado terreno a lo largo de los años. No solo es parte intrínseca de la tradición psicoanalítica sentada por Freud y sus continuadores (véase el capítulo 5), sino también de otras escuelas psiquiátricas (por ejemplo, Lewis, 1967). Ello explica en gran medida por qué el miedo a la separación de una figura amada sigue considerándose con tanta frecuencia, y de modo absolutamente erróneo, como un temor de características infantiles y neuróticas.

Una de las tesis básicas de esta obra es que el supuesto de que los adultos maduros solo experimentan temor ante un peligro real (por verosímil que dicho supuesto resulte) es totalmente erróneo. Por supuesto, un hombre o una mujer adultos hacen lo que pueden para estimar las perspectivas de peligro real y adoptar las necesarias precauciones. No obstante, a menudo resulta sumamente difícil efectuar dichas estimaciones, y en algunas ocasiones sería peligroso demorarse demasiado tiempo en ello. Por el contrario, la respuesta a los indicios naturales y culturales se produce de manera rápida y simple. La respuesta a los indicios naturales, por añadidura, y en especial cuando se hallan presentes dos o más personas, suministra, tal como se puntualizara en el capítulo anterior, un sistema eficaz (aunque rudimentario) para reducir al mínimo el peligro y aumentar al máximo las posibilidades de seguridad. No es de extrañar, por lo tanto, que junto con la aplicación de medidas más complejas para estimar el peligro, el hombre adulto siga respondiendo, al menos de manera tentativa, a cada uno de los indicios naturales que se le presentan. Además, al enfrentar situaciones complejas, esas respuestas se tornan particularmente intensas.

Observamos, de esta manera, que en el hombre adulto la conducta de temor puede ser provocada por indicios que derivan, por lo menos, de tres fuentes:

- Los indicios naturales y sus derivados.
- Los indicios culturales aprendidos por medio de la observación.
- Los indicios aprendidos y utilizados con un mayor grado de perfeccionamiento, a los efectos de evaluar el peligro y evitarlo.

La conducta basada en indicios del primer tipo se desarrolla a una edad muy temprana y suele denominársela «infantil» e «irracional». La conducta basada en indicios del tercer tipo se desarrolla muy posteriormente y por lo común se la denomina «madura» y «realista». La conducta basada en indicios del segundo tipo ocupa una posición intermedia: su clasificación como infantil o madura, racional o irracional depende de que el observador comparta o no las normas culturales reflejadas en la conducta. Por ejemplo, el miedo a los fantasmas puede parecer realista a un observador de determinada cultura, y pueril al de otra.

La evaluación cabal de la conducta basada en los tres tipos de indicios descritos suministraría un panorama muy diferente del que ya está ampliamente difundido. La conducta basada en indicios del primer y segundo tipo, al igual que la basada en indicios del tercer tipo, es coherente con el desarrollo normal del individuo y la salud mental. En una persona sana se producen respuestas ante los tres tipos de indicios, sea simultáneamente o en secuencia, y sean esos indicios compatibles o conflictivos entre sí.

En el presente capítulo consideramos el papel de la conducta provocada por cada uno de esos tres tipos de indicio. Como ya se ha prestado atención considerable al papel que cumplen los indicios naturales, iniciaremos nuestro estudio examinando los métodos más complejos y perfeccionados para evaluar y evitar el peligro.

EL PELIGRO REAL: DIFICULTADES PARA EVALUARLO

Los psiquiatras suelen expresarse como si fuera fácil evaluar un peligro real. En realidad, no ocurre así.

Tanto en el curso de la vida cotidiana como en la práctica clínica surgen dos tipos específicos de problema. Uno de ellos es la dificultad que experimenta cada uno de nosotros para evaluar lo que representa o no un peligro real para los propios intereses. Otro es la dificultad que cada uno de nosotros experimenta para evaluar lo que representa o no un peligro real para un tercero.

Las dificultades se plantean en cuanto procuramos definir el significado de la expresión *peligro real*, sea para uno mismo o para otros. Son varios los problemas que deben resolverse. Uno de ellos atañe al punto en que cada uno de nosotros fija los límites de sus intereses. Otro concierne a nuestra comprensión de lo que puede o no causar daño. El tercero tiene relación con la muy diferente habilidad de los individuos para protegerse a sí mismos y proteger sus intereses; en tanto que un hombre fuerte puede muy bien protegerse en una situación de peligro, no ocurre así en el caso de otro más débil, una mujer o un niño.

Comencemos por el problema de determinar dónde residen los límites que cada uno de nosotros fijamos en relación con nuestros intereses. Evidentemente, toda situación que podría causarnos daño, e incluso provocarnos la muerte, puede calificarse de peligrosa. Lo mismo ocurre en el caso de todo aquello que amenaza de peligro o muerte a los miembros de nuestra familia y amigos íntimos. Pero más allá la definición se torna más dificultosa. ¿En qué medida extendemos el círculo de amigos y conocidos por cuya seguridad nos preocupamos? ¿En qué medida nos identificamos con la seguridad y el buen estado de conservación de la institución donde trabajamos o del club de recreación al que pertenecemos? ¿Cómo calificamos una amenaza a nuestras posesiones personales, la vivienda y los lugares favoritos que frecuentamos?

La experiencia demuestra que el ser humano experimenta ansiedad y temor constante ante las posibles amenazas a determinado círculo de personas, pertenencias y lugares que trascienden su propia persona y su propio cuerpo. Por tal razón es preciso incluir en el concepto de peligro real las amenazas de daño o peligro que acechan no solo al sujeto en sí, sino también a todo su ambiente personal, tal como se lo define en el capítulo anterior.

Con suma frecuencia no se reconoce la necesidad de incluir dentro de esos límites a todo el ambiente personal de un individuo o, incluso si se reconoce el principio que la rige, no se conocen a ciencia cierta la naturaleza y extensión del ambiente personal de un individuo determinado. Como resultado, lo que representa un peligro real para esa persona puede pasar desapercibido para un observador.

Por añadidura, no solo tiene relación estricta con la persona la naturaleza de la amenaza, sino que también la tienen los medios de protección. Los seres más fuertes y competentes pueden protegerse en situaciones en que no pueden hacerlo otros seres más débiles y menos competentes.

Incluso si se llega a un acuerdo sobre la definición de *peligro real*, se plantean grandes dificultades para evaluarlo. Por ejemplo, para que el individuo calcule con certeza cuándo y en qué medida él y sus intereses corren peligro, es preciso que posea amplio conocimiento del mundo que lo rodea y pueda predecir esos resultados con cierto grado de confiabilidad. ¿Cuántos de nosotros nos hallamos capacitados al respecto? Es fácil hablar de un peligro real, pero muy difícil estimarlo.

Por cierto, es fácil olvidar que lo que de manera pública y permanente se tiene por real nunca es más que la representación esquemática del mundo que suele ser favorecido por un grupo social específico en determinado momento de la historia. Para algunos pueblos, durante determinados períodos, el miedo de los fantasmas revestía un carácter realista. Para otros pueblos, durante otros períodos, lo es el miedo a los gérmenes. En relación con el problema de lo que es real o no, siempre se corren riesgos de adoptar una posición cerrada y arrogante.

Ello, no obstante, no implica afirmar que todo es subjetivo, que no existe una única realidad. La dificultad implícita de aplicar la realidad como criterio de evaluación no reside en el hecho de que no existe una realidad absoluta, sino en nuestra imperfecta capacidad para captarla. Suele darse por sentado que el niño tiene una capacidad imperfecta para comprender lo que puede o no ser verdaderamente peligroso. Pero tiende a olvidarse que la capacidad del adulto en ese sentido solo es mayor por un leve margen.

A los efectos de evaluar un riesgo con exactitud es preciso tener en cuenta, de manera simultánea, una serie de factores. Considérese, por ejemplo, el modo en que calculamos la posibilidad de que nos ataque un perro. De ordinario (y todos estaremos de acuerdo), el perro es un animal inofensivo y amistoso. No obstante, determinados perros a veces representan un peligro para determinadas personas. ¿Cuáles son, entonces, los criterios que deben aplicarse? Por poco que reflexionemos nos daremos cuenta de que son muchos y complejos. Un pronóstico exacto depende, en parte, del tipo de perro de que se trate y, también en parte, de la situación en que lo encontramos, de su conducta y del modo en que valoramos nuestras propias fuerzas. Por consiguiente, es preciso tener en cuenta la edad y sexo del perro, su raza y, tal vez, el modo en que ha sido amaestrado. De manera simultánea, debemos tener en cuenta el que el perro se halle en terreno familiar o no, con su amo o sin él y si, en el caso de una perra, tiene cachorritos. A la vez, debemos considerar el grado de familiaridad del animal con nosotros, el modo en que nos saluda y la eficacia con que, por lo que podemos juzgar, responderíamos a sus amenazas y nos protegeríamos ante sus ataques. Se trata, en realidad, de una evaluación muy compleja, que requiere un conocimiento considerable de los perros y una percepción exacta de la situación. No es de extrañar que muchos adultos y niños por igual pierdan toda esperanza de lograrlo y se comporten como si todos los perros fueran peligrosos, hasta tanto no se haya demostrado lo contrario. Otros, simplificando la situación en dirección opuesta, pueden partir del supuesto contrario.

Considérese una vez más la dificultad de estimar con precisión el peligro de ingerir alimentos envenenados. Para ello es preciso poseer un íntimo conocimiento del origen de esos alimentos, saber por qué manos han pasado, si han sido cocinados o no, y determinar la capacidad de los distintos organismos para sobrevivir a distintas temperaturas, aplicadas durante períodos variables. No es de extrañar que el ama de casa base su conducta en un número limitado de indicios y prácticas culturalmente derivadas.

En su capacidad para evaluar y prever un peligro real, los niños, por supuesto, se hallan en una posición más desventajosa que los adultos. No solo suelen hallarse informados de manera deficiente, sino que, tal como lo ha demostrado reiteradamente Piaget (véase Flavell, 1963), su capacidad para tomar en cuenta más de un factor por vez se desarrolla con lentitud. Afortunadamente, todo niño responde con suma rapidez a los indicios naturales y culturales. En caso contrario, sus días estarían contados.

PELIGROS «IMAGINARIOS»

La evaluación del peligro siempre se da en forma de pronóstico. A veces, la situación de peligro prevista se juzga inminente; en otras, remota. En uno u otro caso varían en grado sumo las posibilidades de que la situación se produzca o no. Las situaciones peligrosas que casi todo adulto suele prever como probables en nuestra sociedad no presentan problemas. Las situaciones que representan un peligro auténtico son aquellas que, de acuerdo con los pronósticos del adulto, parecerían ser altamente improbables, o incluso imposibles. En tono de burla, el temor surgido a partir de dichos pronósticos se tilda de «exagerado» o «imaginario», aunque resulta más razonable denominarlo «inapropiado». Durante mucho tiempo, el miedo revelado ante dichas posibilidades ha constituido uno de los mayores enigmas de la psicopatología.

Empero, una vez captada la dificultad de efectuar pronósticos exactos del peligro y una vez comprendido que, para que los seres humanos logren sobrevivir, no puede existir un gran margen de error, los denominados miedos imaginarios suelen vislumbrarse desde una perspectiva diferente y con mayor comprensión de causa. El hecho de que los niños, quienes todavía cuentan con un modelo muy imperfecto del mundo, suelan a veces subestimar seriamente un peligro puede ser motivo de alarma, pero no resulta sorprendente. El que con frecuencia cometan un error en sentido opuesto, previendo un peligro donde no lo hay, tampoco es, desde esta perspectiva, motivo de sorpresa. Por ejemplo, cuando el agua del baño se escurre por el desagüe, ¿cómo puede saber el bebé que a él no le ocurrirá lo mismo? Cuando, más adelante, oye historias sobre bandoleros e indios pieles rojas que interceptaban diligencias o asaltaban el tren correo, ¿cómo puede saber que ni él ni su familia serán sus próximas víctimas? La mayor dificultad que experimenta el niño para evaluar con exactitud el grado de peligro que en cualquier momento puede acecharlo explicaría una proporción mucho más amplia de los denominados miedos imaginarios de la infancia que lo que suele suponerse.

A veces los temores «imaginarios» surgen de un simple malentendido, como en el caso de un pequeño de seis años y medio que posaba como modelo para un fotógrafo y huía cada vez que este estaba por apretar el disparador. Justo al día siguiente se descubrió que era precisamente el término *disparen* lo que lo inducía a huir a la carrera. Un malentendido de índole similar llevó a un niño de doce años, internado como caso de estudio por los hurtos cometidos, a insistir en conservar en el bolsillo una moneda de seis peniques durante toda su estancia en la clínica. El misterio se resolvió semanas después, cuando se descubrió que el niño creía que la clínica era un establecimiento penal del que pensaba huir; para ello, necesitaba ese dinero con el fin de pagarse el ómnibus que lo llevaría de regreso a su hogar.

En otros casos los miedos «imaginarios» son consecuencia de las generalizaciones efectuadas a partir de una manera demasiado reducida. Si hoy puede morir la abuela, tal vez mañana mueran mamá o papá. Si muere el primer bebé que tiene una mujer, ¿es de sorprender que albergue idénticos temores con respecto al segundo?

Los ejemplos citados hacen referencia a pronósticos erróneos o desproporcionados de un peligro, elaborados sobre la base de datos inexactos o inadecuados. Hasta tanto no se determine el origen del pronóstico erróneo de un individuo, su tendencia a temer una situación en particular parecerá absurda a otra persona; asimismo, dicha tendencia habrá de persistir. Una vez determinado su origen, sin embargo, esa tercera persona comprenderá que esa tendencia está lejos de ser irracional, incluso si se halla erróneamente orientada; y habrá entonces posibilidades de corregirla o modificarla.

En otros casos el temor que despierta determinada situación, y que para un tercero puede resultar absurdo, puede explicarse por otros medios. Una fuente de temor subestimada al extremo en la literatura clínica es el pronóstico de un peligro que, en realidad, posee bases sólidas, pero que deriva de información sobre la cual se guarda el más absoluto secreto. Viene al caso el ejemplo del niño o adolescente cuyo padre o madre son dados a proferir amenazas tremendas (de suicidio, abandono del hogar, incluso asesinato) durante estallidos emocionales; dichas amenazas, por reales que parezcan en ese momento, suelen ser infrecuentes y, por lo general, están fuera de lugar. En tanto que el niño o adolescente toma en serio la amenaza (lo cual no deja de ser natural), los padres pueden dar por sentado que aquella nunca se cumplirá. En capítulos posteriores se analiza el rol clave que esas situaciones familiares pueden desempeñar al intensificar en grado sumo la ansiedad de separación que experimentan algunos pacientes.

Otra fuente de temor aparentemente irracional es el pronóstico de peligro derivado del conocimiento (consciente o inconsciente) que el individuo tiene de ciertos deseos propios; por ejemplo, los deseos hostiles dirigidos contra alguien a quien ama. Una vez más, el miedo experimentado deja de ser irracional desde el momento en que llegan a conocerse sus causas.

En los capítulos 18 y 19 se presta mayor atención a algunos de los denominados miedos irracionales de los niños y adultos ansiosos. Estos breves párrafos procuran demostrar, simplemente, que el enfoque teórico adoptado puede abarcar sin dificultades problemas clínicos de suma importancia para los especialistas, y que una perspectiva biológica en modo alguno contradice el importante descubrimiento freudiano de que el temor no solo puede surgir de un pronóstico de la conducta posible de los seres humanos y el mundo externo, sino también de un pronóstico de nuestra propia conducta.

Tal vez la lección fundamental que deberá aprender todo aquel que desee comprender cabalmente las situaciones que inspiran temor a otros seres es que los pronósticos de peligros futuros son, con suma frecuencia, de carácter estrictamente individual. Aunque los pronósticos de determinados hechos poseen un carácter público y son compartidos por otros, los pronósticos de otros tipos de hechos son intrínsecamente privados y personales. En particular, los pronósticos sobre el futuro de nuestras relaciones personales no solo revisten una importancia mucho mayor para nosotros que para el resto de la gente, sino que se basan en experiencias pasadas e informaciones presentes de nuestro patrimonio exclusivo. Por lo tanto, en lo que atañe al futuro todos elaboramos nuestros pronósticos personales sobre el posible bien o los posibles daños que cabe esperar. Todo esto pertenece al universo privado de las expectativas futuras que albergamos. En el capítulo 14 se retoma el análisis de este tema, prestándose atención especial a los pronósticos que elabora la persona sobre el modo en que podrían comportarse las figuras en quienes centra su afecto, y la tremenda influencia que esos pronósticos ejercen sobre la propensión de cada uno a mostrarse ansioso o lleno de confianza.

INDICIOS CULTURALES APRENDIDOS DE OTRAS PERSONAS

Durante mucho tiempo se ha sospechado que los niños tienden a «contagiarse» de los temores que experimentan sus padres. No obstante, la medida en que existe cierta correlación entre los temores infantiles y los adultos todavía no se ha comprendido a ciencia cierta; solo durante esta última década se ha prestado atención sistemática a la tendencia básica que nos lleva a aprender por medio de la observación.

Como resultado de la investigación se ha podido determinar con exactitud que el aprendizaje por medio de la observación desempeña un papel significativo en el desarrollo de la conducta de muchas especies de aves y mamíferos (Hinde, 1970). En el caso de los seres humanos, Bandura (1968), exponente central de la teoría del aprendizaje social, sostiene que virtualmente todo lo que puede aprenderse por experiencia directa puede también aprenderse de manera indirecta, observando el modo en que otros se comportan en situaciones específicas y, en particular, las consecuencias que para ellos tienen sus conductas. De esta manera puede desarrollarse un sinnúmero de aptitudes. El aprendizaje mediante la observación suministra un medio poderoso para la transmisión cultural de las situaciones que deben evitarse y de aquellas que pueden considerarse seguras.

Las personas interesadas en el estudio de los niños a veces se expresan como si consideraran más aconsejable no someter a estos a la influencia de los padres,[1] de resultas de la imitación, en relación con los temores que experimentan. Por poco que reflexionemos, no obstante, nos daremos cuenta de que, por el contrario, la propia naturaleza lo ha dispuesto así. Los seres humanos actúan a semejanza de una manada de primates no humanos que extienden los límites de las situaciones-estímulo que deben evitar en virtud de la imitación de otros animales (véase el capítulo 8). Por supuesto, en algunos casos la consecuencia de ello puede ser que, ocasionalmente, durante varias generaciones una misma situación inocua siga considerándose peligrosa; no obstante, cabe suponer que más a menudo la tendencia a la imitación hace que el individuo joven adquiera rápidamente la sabiduría tradicional de su grupo social y, por esos medios, evite riesgos que, en caso contrario, podrían resultar fatales.

Por añadidura, el aprendizaje efectuado por medio de la imitación significa, en el caso de las conductas de temor, mucho más que aprender a temer situaciones que antes no provocaban miedo. Análogamente, también puede ejercer efectos opuestos. De esta manera pueden reducirse en grado sumo, e incluso disiparse, las propiedades inductoras de temor que una situación posee para un niño o un adulto, cuando este observa que un tercero encara la situación sin experimentar temor alguno y sin sufrir consecuencias nefastas. En el capítulo 13 se analiza la restricción de las situaciones que inspiran temor.

Los informes sobre estudios en los cuales se correlacionan las situaciones que provocan temor en los niños con las que inspiran temor a sus padres son sorprendentemente escasos. Cabe citar cuatro de ellos. En un estudio de setenta niños preescolares, de dos a seis años, y de sus madres, Hagman (1932) halló una correlación significativa entre los pequeños que temían a los perros y las madres que también los temían, así como entre los niños y las madres que albergaban temor de los insectos. También, aunque en medida menor, se daba una correlación entre los niños y las madres que sentían miedo de las tormentas. Como era de prever, cuando el miedo que experimentaba el pequeño ante una situación determinada era compartido por la madre, aquel solía persistir en sus temores durante un tiempo mucho mayor que otro niño cuya madre no sintiera miedo. En un estudio comparable, aunque controlado más adecuadamente, Bandura y Menlove (1968) descubrieron también una correlación significativa entre los niños preescolares que temían a los perros y los padres (uno o ambos) que albergaban idénticos temores. El tercer estudio hace referencia al miedo que provoca la atención odontológica. Shoben y Borland (1954) descubrieron que un factor de suma importancia para determinar si una persona pondrá de manifiesto respuestas de temor ante la perspectiva de tener que atenderse por el dentista es la actitud y experiencia de los miembros de su familia. El cuarto estudio hace referencia a cien niños preescolares evacuados de una zona bombardeada durante la Segunda Guerra Mundial, junto con sus madres. John (1941) señala una correlación de 0,59 entre la intensidad del temor experimentado por el pequeño durante los ataques aéreos y la intensidad del temor revelado por la madre. (Aunque en la mayoría de los casos la fuente primaria de información era la madre misma, la existencia de datos independientes para algunos casos indujo al investigador a aceptar la confiabilidad del descubrimiento.)

Aunque es preciso investigar de manera mucho más exhaustiva la medida en que el conocimiento de las situaciones que provocan temor suelen transmitirse en familias y comunidades enteras, en el presente se halla bien documentada la facilidad con que puede instilarse el temor a un estímulo previamente neutral. Por ejemplo, Berger (1962) y Bandura y Rosenthal (1966) informan acerca de experimentos en los cuales el sonido de un timbre provoca temor al sujeto, después que este ha observado que otra persona[2] sufre, a continuación, un *shock* aparentemente doloroso. El observar cómo otra persona sufre un *shock* siempre que suena un timbre es, para muchos, una experiencia sumamente desagradable. En el experimento de Bandura algunos de los observadores procuraron disimular su incomodidad concentrándose en otros elementos del ambiente. Uno de ellos observó: «Cuando advertí lo doloroso que le resultaba el *shock* fijé la vista en un punto desde el cual no podía ver directamente ni su rostro ni sus manos». Tampoco resulta sorprendente que los observadores hayan manifestado respuestas de temor ante el estímulo (tal como se midió por la respuesta galvánica de su piel).

En la situación experimental descrita se exige al sujeto que observe lo que sucede. En la vida real, somos libres de observar o no lo que deseemos. Aunque se cuenta con pocos registros sistemáticos, es probable que siempre que nos vemos en circunstancias extrañas o ante una situación potencialmente peligrosa procuremos, por lo común, observar el modo en que responden los demás, y seguir su ejemplo, en particular si los consideramos más experimentados. Así ocurre en el caso de los niños. En el estudio ya citado de Hagman (1932), este llevó a cabo una serie de experimentos simples con su muestra de preescolares. El investigador informa que, en el momento de presentarse el estímulo que provocaba temor, casi la mitad de los pequeños miraron al adulto que se encontraba con ellos. Schaffer (1971), como recordará el lector, registra una conducta idéntica a los doce meses (véase el capítulo 7).

Evidentemente, se trata de una esfera muy amplia, que no ha sido explorada de manera adecuada. Asimismo, aquella se caracteriza por su complejidad, ya que, como nadie ignora, la correlación existente entre las situaciones que provocan el temor de los niños y las que temen los adultos dista de ser perfecta. Por ejemplo, una madre que teme a los perros y a los caballos puede tener una hija que demuestra sumo valor en presencia de aquellos. A la inversa, un padre caracterizado por su valentía puede tener un hijo timorato. Evidentemente, son muchos los factores que entran en juego en tales circunstancias.

Un aspecto al que no se ha prestado atención suficiente en nuestro análisis es el hecho de que los individuos aprenden a temer situaciones de determinados tipos con mucha mayor facilidad que otras. Esto nos retrotrae al tema de los indicios naturales.

ROL PERMANENTE DE LOS INDICIOS NATURALES

En el presente capítulo y en el anterior se ha puntualizado ya que durante toda nuestra vida tendemos a responder dando muestras de temor ante determinados indicios naturales (el carácter de extraño, el cambio repentino de estimulación, el acercamiento rápido, las alturas, la soledad); por otra parte, nuestras respuestas son particularmente intensas en el caso de situaciones complejas, en las cuales se presentan de manera conjunta dos o más indicios naturales. Dos temores tan comunes como el miedo a los animales y el miedo a la oscuridad podrían explicarse por el hecho de que tanto lo uno como lo otro suelen constituir fuentes de dos o más indicios naturales.

El temor a los animales

Durante los dieciocho primeros meses de vida son pocos los bebés que experimentan temor de los animales. De ahí en adelante, sin embargo, ese temor resulta cada vez más común; durante el tercer, cuarto y quinto año la mayoría de los niños suelen experimentarlo, al menos en determinadas ocasiones. Aunque a partir de entonces el miedo a los animales disminuye, sigue siendo extremadamente común en algunos niños mayores y en los adultos. (Véase el capítulo 7 en relación con estos descubrimientos).

Ocasionalmente, por supuesto, un animal puede amenazar e incluso atacar a un pequeño, pero dichos incidentes solo explican una proporción ínfima de los casos de temor. Todos los datos obtenidos sugieren que el desarrollo de esa tendencia en los niños se explicaría, en su mayor parte, por el hecho de que los animales suelen constituir una fuente simultánea de por lo menos tres de los indicios naturales que provocan temor: el acercamiento rápido, el movimiento súbito y los ruidos inesperados. Una observación de Valentine (1930), quien se cuenta entre los primeros estudiosos de la ontogenia de las respuestas inspiradas por el temor en los seres humanos, ilustra cabalmente esa aseveración.

Valentine informa que uno de sus hijos por primera vez experimentó temor de un perro a los veinte meses. En esa ocasión el perro de marras tropezó con la soga del caballito de madera del pequeño y lanzó una serie de gañidos. De esa manera se produjo la combinación del acercamiento, el movimiento abrupto (al tropezar con la soga) y los sonidos repentinos (gañidos). El pequeño rompió a llorar y a partir de entonces comenzó a experimentar temor del perro.

El can del episodio pertenecía a un vecino y, por consiguiente, el niño presumiblemente se hallaba familiarizado con él. Empero, en innumerables ocasiones el pequeño desconoce al animal que provoca esa conducta. En tales casos se agrega un nuevo indicio natural a la serie ya mencionada. No es de extrañar, por lo tanto, que el miedo a los animales se halle tan difundido.

Amén de todos esos indicios naturales, los animales pueden presentar otras propiedades estimulantes que aumentan las posibilidades de que los niños aprendan a temerlos. Entre ellas se cuentan, probablemente, el pelaje espeso del animal, el modo en que se menean y ciertas pautas visuales.

Valentine se mostró sorprendido ante la facilidad con que los niños pequeños desarrollan temor a los animales, por comparación con el miedo que les inspiran otros objetos. Para verificarlo, llevó a cabo un pequeño experimento con una de sus hijas, Y, «una bebita excepcionalmente saludable, fuerte y jovial» que por ese entonces contaba doce meses y medio (Valentine, 1930). En una primera prueba se entregaba a la pequeña, sentada en el regazo de la madre, un par de prismáticos que se colocaban en una mesa frente a ella. Cada vez que la bebita hacía ademán de tomarlos sonaba muy fuerte un pito de madera detrás de ella. Indefectiblemente, la pequeña se daba vuelta con toda tranquilidad, para ver de dónde provenía el sonido. En esas condiciones el pito no suscitaba ningún temor en ella. No obstante, cuando esa misma tarde se llevó a cabo un experimento análogo con una oruga peluda en vez de los prismáticos, «de inmediato Y lanzó un grito y se apartó de la oruga. Los efectos fueron idénticos en cuatro oportunidades consecutivas». Ese mismo día, horas más tarde, mientras permanecía en el regazo de la madre sin escuchar el sonido de ningún pito, Y oscilaba entre demostrar interés por la oruga y apartarse de ella. Cuando su hermano tomó la hoja sobre la cual se deslizaba el gusano, la bebita pareció adquirir mayor confianza e hizo ademán de tomarla (ejemplo muy probable del aprendizaje realizado por medio de la observación).

A partir de los experimentos citados, Valentine extrajo tres conclusiones. En la situación descrita:

- La visión conjunta de los prismáticos con el sonido del pito no resultó alarmante, ni había razón alguna para creer que lo fueran por separado.
- La visión de la oruga despertó cierto interés, que oscilaba entre muestras de ligero temor.
- La visión de la oruga aunada al sonido del pito constituía motivo de alarma.

Sobre la base de estas observaciones, Valentine sugiere que es mucho más poderosa la tendencia a desarrollar temor hacia objetos tales como las orugas que hacia objetos como los prismáticos.[3]

La extrema facilidad con que los monos y grandes antropoides desarrollan temor por las serpientes ya fue mencionada anteriormente (capítulo 8). Lo mismo ocurre en relación con los seres humanos. Como ya se observara en el capítulo 7, en los experimentos llevados a cabo por Jersild y Holmes (1935a) entre la tercera parte y la mitad de los niños de dos a seis años demostraron profundo temor de una serpiente. Morris y Morris (1965) registran datos similares. En un programa de televisión infantil propalado en Inglaterra los niños competían por un premio proponiendo programas futuros. A los efectos de ser elegibles, sin embargo, debían mencionar el animal que más les agradaba y el que les producía mayor desagrado. En total, respondieron 12.000 niños, cuyas edades iban de los cuatro años en adelante. De los animales que provocaban mayor disgusto la serpiente ocupó un indiscutible primer lugar: fue mencionada por el 27 % de los pequeños. Seguían las arañas, mencionadas por menos del 10 % de los concursantes, y luego los leones y los tigres, que en su conjunto fueron mencionados por alrededor del 7 % de los niños. Hasta los nueve años, por lo menos uno de cada tres pequeños manifestaba su desagrado por las serpientes. Para todas las edades era levemente mayor el número de niñas que expresaba ese temor, en relación con los varones.

Varios factores conexos parecerían incidir sobre el desarrollo del temor por los animales, en general, y por las serpientes, en particular. En primer lugar se cuentan algunos de los indicios naturales más comunes, como el carácter de extraño. En segundo término se contarían ciertos indicios naturales específicos, como el arrastrarse o serpentear. En tercer lugar se tiene en cuenta la conducta de terceros. Debido a su aspecto y conducta, a la par que a los sonidos que emiten, los animales despiertan de manera simultánea un vivo interés y un temor incipiente. En esas condiciones la conducta de un acompañante suele influir al máximo, provocando la disminución del temor y el acercamiento del pequeño o bien aumentando sus temores e induciéndolo a apartarse.

El temor a la oscuridad

Todos los estudios indican que el miedo a la oscuridad es tan común como el miedo a los animales a cualquier edad, y que durante su ontogenia siguen un curso bastante paralelo. Muy probablemente, el desarrollo del miedo a la oscuridad pueda explicarse de manera comparable al temor por los animales, aunque los indicios naturales involucrados por lo común no son los mismos.

En la oscuridad, los dos indicios naturales que suelen darse de manera simultánea son el carácter de extraño y la soledad. En medio de la oscuridad, ciertos estímulos visuales que a la luz del día resultarían totalmente familiares suelen revestir un carácter ambiguo y ser difíciles de interpretar. Vienen a la mente innumerables ejemplos: las pautas de movimiento de la luz que brilla a través de las cortinas de la alcoba; las formas de los árboles de un bosque por la noche; los sombríos recovecos de un sótano débilmente iluminado. En cada caso los estímulos visuales presentes son poco adecuados para facilitar una percepción exacta y, por consiguiente, es tan fácil percibir algo insólito como algo familiar. Por añadidura, y en ausencia de todo indicio visual, los sonidos son mucho más difíciles de interpretar con exactitud o de manera confiable. Sucede que en medio de la oscuridad muchos objetos parecen inciertos o extraños y, en consecuencia, resultan alarmantes.

No obstante, el simple carácter de extraño de esos objetos no provocaría un temor excesivo de no hallarse aunado a la soledad del sujeto. A veces una persona se halla realmente sola; a veces, como no puede ver a su acompañante, puede sentirse sola. En ambos casos se trata de una situación compleja, en la cual se combinan visiones y sonidos difíciles de interpretar con la soledad misma del individuo.

Cabe señalar que Freud se sintió muy sorprendido por el modo en que la oscuridad hace que los niños se sientan solos. Adviértase que en esencia su teoría de la ansiedad gira en torno de las observaciones de la conducta de un pequeño en medio de la oscuridad y las inferencias que de esa conducta pudieron extraerse. Resulta apropiado comparar al respecto la teoría freudiana con la presentada en estas páginas.

En los *Tres ensayos* (1905b, *Standard Edition*, vol. 7, pág. 224) y en su *Introducción al psicoanálisis* (1917b, *Standard Edition*, vol. 16, pág. 407), Freud relata la historia de un niño de tres años, y refiere que cierta vez oyó al pequeño

> exclamar desde una habitación sumida en la oscuridad: «¡Tiíta, háblame! ¡Tengo miedo, está muy oscuro!». A lo que la tía replicó: «¿Y qué ganarías con que te hablara? No puedes verme». «No importa», respondió el niño, «cuando alguien habla se enciende la luz». En consecuencia (observa Freud), lo que el pequeño temía no era la oscuridad, sino la ausencia de un ser amado.

Al reflexionar sobre ese episodio Freud llegó a la conclusión de que la situación arquetípica que provoca la ansiedad infantil es, simplemente, la separación de la madre. La ansiedad neurótica, argumenta, puede entenderse cabalmente como la persistencia, más allá de la infancia, de una tendencia a experimentar ansiedad al verse solo, si bien el miedo a la soledad a menudo enmascara otros miedos, como el temor a la oscuridad. En todos estos aspectos la teoría propuesta en esta obra se acerca considerablemente a la freudiana. La diferencia entre ambas reside en que Freud no reconocía que el carácter de extraño despertara un temor intrínseco, o que tanto ese carácter como el hecho de hallarse solo pudieran interpretarse en función de indicios naturales que señalan un aumento del peligro. En consecuencia, Freud sostenía que el experimentar temor al hallarse solo (así como también al verse enfrentado a cualquiera de los otros indicios naturales) constituye un acto irracional y de índole neurótica; en tanto que según la teoría propuesta en estas páginas el miedo experimentado en esas circunstancias posee un carácter adaptativo general.

El temor a la soledad

En estos capítulos se subraya de manera reiterada que el hallarse solo constituye uno de los tantos indicios naturales que señalan el aumento de un peligro, indicio que, muy comúnmente, deriva de una situación compleja. Por añadidura, ello no solo ocurre en combinación con otros indicios naturales, sino que de igual manera puede producirse en relación con indicios culturales o en situaciones que, según una evaluación realista, presentarían un peligro potencial. Por consiguiente, durante todo el curso de nuestra existencia la soledad es una condición que, o bien estimula el miedo, o intensifica en grado sumo el temor provocado por otros medios. La compañía de otra persona, por el contrario, reduce el temor en grado sumo. Los efectos tranquilizadores de la presencia de un acompañante se ponen de manifiesto con absoluta claridad durante y después de un desastre.

LA CONDUCTA PUESTA DE MANIFIESTO ANTE UN DESASTRE

El papel que desempeña la presencia de un acompañante para reducir el temor de los niños es sumamente obvio, y los pequeños no dejan de reconocer su importancia. Los adultos, por el contrario, suelen mostrarse más renuentes a reconocerlo. Esa reticencia disminuye, no obstante, durante y después de producido un desastre (Baker y Chapman, 1962).

Ante la inminencia de un desastre los miembros de una familia suelen prestarse apoyo mutuo:

> Cuando las sirenas preanuncian la catástrofe, las mentes se vuelven hacia los seres queridos. Si se hallan a corta distancia, las madres corren a proteger a sus hijos, los hombres buscan a sus familias. Todos se brindan mutuo apoyo en momentos de tensión, y al pasar esos instantes se reúnen y vuelven a cuidar a sus seres queridos (Hill y Hansen, 1962).

Wolfenstein (1957) describe de qué manera una mujer que había estado en compañía de su hija de quince años en medio de un tornado refiere la experiencia:

> Y ella dijo: «Madre, aquí viene [...] un ciclón». Y yo repliqué: «Sí, Mary, me temo que es así. Pero estamos juntas». Y Mary respondió: «Mamá, te amo, y estamos juntas». Nunca olvidaré esas palabras. Nos abrazamos, y dije: «Suceda lo que suceda, Mary, quedémonos abrazadas juntas».

Cuando los miembros de una familia se hallan separados en momentos de producirse la catástrofe por lo general no descansan hasta no verse una vez más en compañía mutua; en este caso el acto físico de abrazarse es también la regla general. «Incluso en las familias desunidas el mero acto de hallarse juntos después del incidente reviste suma importancia» (Hill y Hansen, 1962).

Los sobrevivientes de una catástrofe coinciden en afirmar que el hecho de hallarse solos durante el incidente infunde profundo terror, en tanto que la llegada de un compañero, por poco adecuado que sea este, suele modificar el panorama. Wolfenstein hace referencia a otro episodio en el cual, después de una explosión, dos hombres que habían resultado heridos trataban de salir arrastrándose de una fábrica en llamas. Al describir sus experiencias, uno de los hombres, quien se había roto una pierna, explicó:

> Entonces se acercaron José y Damián. «José, ayúdanos —dije—. No podemos caminar». Él tenía los brazos rotos, y dijo: «No te puedo ayudar, pero me quedaré contigo. Si puedes, arrástrate, te serviré de guía». «No me hablen de palabras de consuelo: eso me ayudó más que cualquier otra cosa... sus simples palabras "me quedaré contigo".»

Los miembros de una familia o de cualquier grupo social no solo tienden a permanecer juntos durante los momentos más graves, sino que dicha tendencia suele persistir durante días o semanas, ya superado el incidente. En una serie de informes se observa esta tendencia a una conducta del apego más intensa.

Bloch, Silber y Perry (1956), por ejemplo, estudiaron los efectos que ejerció un tornado sobre los niños de una ciudad de Misisipi, el cual afectó, de manera particular, a un cinematógrafo lleno de pequeños que asistían a la función del sábado por la tarde. La información se obtuvo durante las semanas siguientes, a partir de entrevistas a los padres de 185 niños de dos a doce años.

De acuerdo con los informes, alrededor de la tercera parte de los pequeños daba signos de pronunciada ansiedad; de manera característica, se aferraban a sus padres o permanecían en su proximidad, y manifestaban deseos de dormir con ellos. Los ruidos también aumentaban su ansiedad, y solían evitar toda situación relacionada con el tornado. Los niños de seis a doce años acusaban más perturbaciones que los pequeños de menor edad. Una explicación factible es que probablemente un mayor número de ellos se encontraba en la zona afectada. Otra explicación posible, aunque los investigadores no hacen ningún comentario al respecto, es que cuanto mayor fuera el niño más probabilidades había de que se encontrara lejos de sus padres. Los varones se mostraron tan afectados como las niñas.

Las experiencias asociadas de manera significativa con un aumento de la ansiedad eran la presencia del niño en la zona afectada, los daños sufridos por él y la muerte o daños sufridos por un miembro de la familia. Como era de esperar, la reacción de los pequeños no era sino el reflejo de la reacción de los padres. En nueve de los casos los padres manifestaron haberse «sentido destrozados» y, en vez de brindar apoyo al hijo, haberle solicitado su ayuda. Ocho de esos niños acusaron perturbaciones y, en cuanto al noveno, no pudo lograrse que la madre hablara. En los capítulos 18 y 19 se examina en mayor detalle el modo en que aumenta la ansiedad del pequeño cuando los padres invierten la relación normal, solicitando los cuidados de aquel. Dichas inversiones explican muchos casos de fobia a la escuela y agorafobia.

Los informes sobre los efectos del tornado de 1953 en Misisipi (Bloch y otros, 1956) y del terremoto de Los Ángeles de 1971 (*Time*, 8 de marzo de 1971) permiten establecer con claridad que, después del desastre, los padres se muestran casi tan ansiosos de retener junto a sí a sus hijos como estos de permanecer junto a los padres. Como se trata de respuestas adaptativas, es lamentable que con suma frecuencia se recurra al concepto de regresión para explicarlas. La investigación demuestra que, tanto en circunstancias cotidianas como después de sufrida una calamidad, por detrás de la conducta que los especialistas tildan de regresiva hay situaciones que, una vez conocidas, explican de inmediato por qué un niño o adulto se aferra con persistencia a otro miembro de la familia.

11

Racionalización, atribución errónea y proyección

En torno a la casa, la noche de negro azabache
mira fijamente por el vidrio de la ventana,
se arrastra por los rincones, ocultándose de la luz,
y se mueve con la llama vacilante.

Mi pequeño corazón late como un tambor
con el hálito de un duende en mi pelo,
y en torno al candil surgen las sombras tortuosas
y van marchando por la escalera.

La sombra de la balaustrada, la sombra de la lámpara,
la sombra del niño que marcha a la cama...
todas las sombras malignas que marchan, tam, tam, tam
bajo la oscura noche más arriba.

ROBERT LOUIS STEVENSON
(*A Child's Garden of Verses*)

DIFICULTADES EN LA IDENTIFICACIÓN DE LAS SITUACIONES QUE PROVOCAN TEMOR

Cuando una persona experimenta temor y sostiene que lo ha provocado un estímulo específico (como el trueno o un perro), el modo en que identifica la situación aparentemente estimulante suele ser objeto de dudas. Ello ocurre, en particular, cuando quienes dan muestras de temor o dicen experimentarlo son niños o adultos emocionalmente perturbados. Muchos psicoanalistas sostienen que el auténtico objeto de temor difiere por completo del objeto que en apariencia lo motiva. La teoría psicoanalítica referente a la ansiedad y el miedo refleja una búsqueda prolongada de una situación primigenia de peligro, la cual provocaría una ansiedad o miedo de naturaleza primitiva.[1] De esa teoría deriva también la práctica de hacer referencia al proceso de proyección siempre que el temor experimentado no esté a tono con la situación vivida.

En el presente enfoque, así como en los más tradicionales, se admite como muy común el error en la atribución. La diferencia reside en las explicaciones propuestas para dilucidar sus causas. En la teoría postulada en la presente obra se descarta el concepto de una situación de peligro primitivo y la proyección desempeña un papel mucho menos importante como principio explicativo. La solución radicaría en determinar la relación existente entre los indicios naturales y el peligro y seguridad.

El hecho mismo de que inicialmente el miedo no nazca en los seres humanos debido a una evaluación racional del peligro, sino a raíz de situaciones estimulantes que no son sino indicios de un aumento del peligro, da lugar a malentendidos y atribuciones erróneas; ya que, como se ha puesto bien en claro, un indicio natural no tiene por qué ser intrínsecamente peligroso. Por tal razón, y debido a que en las culturas de Occidente (así como, posiblemente, también en otras) el ser humano solo habría de experimentar temor ante un peligro real, tanto en el sujeto asustado como en el observador se da una fuerte tendencia a atribuir la respuesta de temor a otras causas, en vez de relacionarla con los estímulos naturales propiamente dichos. Por ejemplo, como se considera absurdo que el hombre sienta miedo del trueno, se «explican» sus temores en función del miedo de ser alcanzado por un rayo. De manera similar, como se considera absurdo experimentar temor de un perro, se «explica» como si en realidad lo que se temiera es ser mordido por el perro.

Las racionalizaciones de este tipo son, sin duda, muy comunes. Todas las personas que han realizado estudios del miedo, sea cual fuere su orientación teórica, efectúan comentarios al respecto. Marks (1969), por ejemplo, sugiere que el terror infantil suscitado por la posible aparición de monstruos en la oscuridad quizá no sea más que una racionalización del miedo a la oscuridad en sí, «una auténtica racionalización de un temor irracional, según las mismas tendencias de cualquier sugestión poshipnótica». Los Newson (1968) señalan que con frecuencia otros niños, o incluso los adultos, alientan con suma facilidad dichas racionalizaciones, al hacer bromas a un pequeño sobre los seres u objetos con que podría toparse al estar solo en la oscuridad. Jersild (1943) puntualiza que cuando un niño ya se halla atemorizado, sea cual fuere la causa, «Puede formular sus miedos en función de un peligro imaginario o anticipado», como criminales o «cucos» o cualquier otra circunstancia siniestra que puede haberlo acechado o acerca de la cual, con mayor probabilidad, pueda haberse enterado por comentarios o por sus lecturas.

Si bien las racionalizaciones de este tipo tan simple probablemente son comunes, más común aún es la atribución errónea o distorsionada del miedo a una causa determinada, sobre la base de las propiedades específicas de una situación compleja. En este tipo de situaciones, al presentarse de manera simultánea dos o más estímulos, estos tienen como efecto el provocar un temor mucho más intenso que cada uno por separado. En esos casos existe una pronunciada tendencia a tratar de identificar un único elemento de la situación compleja como si fuese el causante del temor, e ignorar al otro (u otros). Por ejemplo, una persona se halla sola en la oscuridad y oye ruidos extraños. En tanto que, en realidad, las tres condiciones (la soledad, la oscuridad y los ruidos extraños) pueden muy bien ser necesarias para explicar el temor provocado, es muy probable que la atención se centre de manera exclusiva en los ruidos extraños, mientras que los demás elementos prácticamente se ignoran por completo. Por añadidura, de ahí a racionalizar ese miedo hay tan solo un paso muy breve: en tanto que lo que lo provocó no es sino la combinación de dos o tres indicios naturales, el sujeto sostiene tener miedo a los ladrones o fantasmas.

Es preciso examinar cuál de los distintos elementos presentes en una situación compleja sería, según el sujeto, el causante de temor, y cuáles son los elementos descartados. Presumiblemente, el elemento que el sujeto señala como causante de temor es aquel que puede interpretarse más fácilmente como indicativo de un peligro real. De ser así, por lo general se descartaría la importancia de la soledad, o se le atribuiría un papel secundario. En realidad, esto se ajusta estrechamente a la teoría freudiana, si bien su creador no expresó sus puntos de vista en función de una teoría del apego, sino en función de la teoría de la libido.

En 1917, al dar por concluido su análisis de la psicopatología de las fobias, Freud resumió su postura en las siguientes palabras:

> La ansiedad infantil tiene muy poco que ver con una ansiedad de carácter realista, aunque, por otra parte, se halla estrechamente relacionada con la ansiedad neurótica de los adultos. A semejanza de esta última, surge de elementos no encauzados de la libido, y reemplaza el objeto de amor ausente por un objeto o situación externa (1917b, *Standard Edition*, vol. 16, pág. 408).

Como Freud entiende que los elementos no encauzados de la libido constituyen un peligro interno, sostiene que el temor de ese peligro interno es reemplazado por otro externo. Una interpretación alternativa sería la siguiente: cuando un niño o adulto teme a un objeto o situación externa, lo que en realidad le infunde temor es la ausencia de un ser amado.

En los capítulos 18 y 19, en los cuales se prosigue el análisis de la atribución de motivos erróneos, se explica por qué muchos miedos sumamente intensos, atribuidos a toda suerte de situaciones comunes y denominados fobias, se interpretan más cabalmente en función de las situaciones complejas que los provocan, en las cuales desempeña un papel preponderante la posibilidad de separarse de una de las figuras de apego centrales. Un caso famoso y de gran influencia teórica es el del «pequeño Hans», quien tenía miedo de que lo mordiera un caballo (Freud, 1909, *Standard Edition*, vol. 10). En el capítulo 18 se suministran pruebas de que el miedo a la separación desempeñaba en ese caso un papel mucho más importante que el que le asignaba Freud.

LA ATRIBUCIÓN ERRÓNEA Y EL PAPEL DE LA PROYECCIÓN

En algunas escuelas psicoanalíticas se ha aplicado muy extensivamente el concepto de proyección a los efectos de explicar todo temor que no resulte fácilmente inteligible como respuesta a un miedo real. Como el término en sí se utiliza de varias maneras, la teoría resultante suele prestarse a confusión.

En determinado sentido, el término *proyección* se utiliza para denotar nuestra propensión a percibir un objeto en función de alguna idea preconcebida; vale decir que «proyectamos» en el objeto características que suponemos posee, aun cuando no las perciban los órganos de los sentidos y, en realidad, se hallen ausentes. Este proceso es normal en cuanto que forma parte de toda percepción. Aunque por regla general el percepto resultante es razonablemente válido, en determinadas ocasiones se producen perceptos totalmente erróneos.

Un segundo sentido en que se aplica el vocablo *proyección* tiene por objeto denotar el proceso mediante el cual una persona (del sexo masculino o femenino) atribuye a otra (también del sexo masculino o femenino) determinadas características de sí misma, en particular algún aspecto que le provoca disgusto o temor. De manera casi inevitable, ese proceso lleva a atribuir a la otra persona motivaciones totalmente erróneas y características negativas.

El término *proyección* suele aplicarse en ese segundo sentido por dos razones. Una de ellas reside en que otro término, *asimilación*, que Piaget introdujo hace muchos años, se encuentra ya ampliamente difundido para denotar nuestra propensión a percibir cualquier objeto en función de algún modelo que ya poseemos, incluso si dicho modelo se ajusta al objeto de manera imperfecta; el nuevo objeto de percepción dícese asimilado al modelo existente. La segunda razón estriba en que en las distintas escuelas de psicoanálisis el término *proyección* se utiliza con mayor frecuencia para denotar nuestra propensión a atribuir nuestras fallas a otros, y cegarnos a su existencia en nosotros mismos: ver «la paja en el ojo ajeno y no la viga en el propio».

Al utilizar el término en este segundo sentido descubrimos que con suma frecuencia los psicoanalistas recurren al proceso de proyección para explicar por qué los niños y adultos experimentan un temor tan intenso ante situaciones que no son peligrosas de por sí. Fue Melanie Klein quien llevó a sus extremos dicho enfoque teórico, al postular que el proceso de atribuir a otros características indeseables y atemorizadoras del sí mismo se produce en escala muy amplia durante las fases más tempranas del desarrollo normal, con efectos de largo alcance sobre la posterior evolución de la personalidad. De acuerdo con las teorías kleinianas, durante el primer año de vida el bebé atribuye con regularidad a las figuras parentales impulsos que en realidad son los suyos propios, y luego introyecta (vale decir, crea modelos de) figuras parentales ya distorsionadas por atribución errónea. Puesto que el instinto de muerte es un aspecto específico del sí mismo, el cual, según Klein, siempre se proyecta durante los primeros meses de vida, la autora llega a postular una teoría de la ansiedad que resume en las siguientes palabras: «Sostengo que la ansiedad surge de la acción del instinto de muerte en el organismo, se experimenta como temor de una aniquilación (muerte) y adopta la forma de un temor de persecución» (Klein, 1946).

Es evidente que esta aplicación omnicomprensiva del concepto de proyección es ajena al presente enfoque. El sistema kleiniano de pensamiento no solo se halla arraigado en un paradigma no evolutivo sin relación alguna con la biología moderna, sino que en la labor clínica adolece de un efecto contrario a la práctica adecuada: desvía la atención de las experiencias reales, pasadas o presentes, de una persona, y trata a aquella como si fuese un sistema cerrado, que recibe muy escasa influencia del ambiente. Otro efecto desafortunado de la aplicación del concepto de proyección de una manera tan poco crítica es el peligro de desacreditar lo que en realidad es un concepto útil. Consideremos el problema desde un punto de vista nuevo.

Con no poca frecuencia, una persona teme que otra trate de hacerle daño, pero ante los ojos de un tercero esta expectativa parece fuera de lugar. En dichas circunstancias, como viéramos, los psicoanalistas suelen postular que la persona que experimenta ese temor proyecta en la otra sus propias intenciones hostiles, a las que niega existencia. Aunque no cabe duda de que puede darse ese caso, probablemente ello suceda con mucha menor frecuencia que lo que se supone.

En realidad, una situación del tipo descrito puede explicarse, al menos, de cuatro maneras diferentes; y es preciso, en cada circunstancia, examinar los datos con que se cuenta antes de determinar cuál es la explicación más plausible:

1. El sujeto, correctamente, ha detectado intenciones hostiles en la otra persona, y al hacerlo se muestra más perspicaz que el observador.
2. Durante la infancia, el sujeto ha tomado conciencia de que las personas de mayor importancia para él suelen mostrarse hostiles mientras proclaman abiertamente su actitud amistosa; en consecuencia, en virtud de un proceso de asimilación, supone que las figuras a quienes ha conocido en su posterior existencia también le son hostiles, aunque en realidad no ocurre así.

3. El sujeto, consciente de que no lo une ninguna amistad hacia la otra persona, e incluso de que él mismo alberga intenciones de causarle daño, no sin razón espera que el otro albergue intenciones similares.
4. El sujeto, inconsciente de sus propias intenciones hostiles, sostiene que, mientras él mismo se muestra amistoso para con el otro, este le es hostil.

De las cuatro posibles explicaciones solo el proceso postulado en cuarto lugar puede, de manera correcta, denominarse *proyección*, cuando el término se utiliza en el sentido limitado de atribuir a otros tendencias rechazadas en sí mismo. No cabe duda de que dicho proceso puede ser fuente de atribuciones erróneas. La proporción en que estas surgen de esas fuentes es algo que queda por investigar.

EL CASO SCHREBER: REVISIÓN

La revisión efectuada por Niederland (1959a y b) sobre el caso del cual derivan todas las teorías psicoanalíticas sobre paranoia y síntomas paranoicos arrojó resultados que demuestran la urgente necesidad de replantear todas las concepciones actuales en este campo de la psicopatología. El estudio originario de Freud sobre el caso Schreber, basado exclusivamente en las memorias publicadas por el paciente, apareció en el año 1911 (*Standard Edition*, vol. 12, págs. 9-82). Aunque posteriormente publicó otros estudios sobre la paranoia, según Strachey (1958) Freud nunca modificó sus anteriores postulados de manera sustantiva.

Daniel Paul Schreber nació en 1842; era el segundo hijo de un eminente médico y pedagogo. Hacia 1884 se desempeñaba como juez. Desarrolló entonces una dolencia de índole psiquiátrica de la cual se recuperó después de varios meses. Reanudó entonces sus ocupaciones en el ámbito de la jurisprudencia, pero después de ocho años enfermó nuevamente. En esta ocasión permaneció en un asilo por el término de nueve años (1893-1902), y hacia el final de ese período redactó sus memorias. En 1903, a poco de ser dado de alta, fueron publicadas, y su autor se convirtió muy pronto en objeto de interés psiquiátrico. Uno de los aspectos centrales de su obra hace referencia a una serie de experiencias físicas que le resultaron sumamente dolorosas y humillantes, a las que interpretó como «milagros» ejecutados por Dios por medio de «rayos»:

> Desde mis contactos iniciales con Dios hasta el día de hoy mi cuerpo ha sido de continuo objeto de milagros divinos... Prácticamente ningún miembro ni órgano de mi cuerpo dejó de ser víctima temporal de milagros, ni un solo músculo dejó de ser sometido a la acción de los milagros... Incluso ahora los milagros que experimento hora tras hora siguen siendo de naturaleza tal como para infundir un temor mortal a los restantes seres humanos.[2]

El análisis freudiano de la manía persecutoria de Schreber solo toma en cuenta el material presentado en sus memorias. Freud advierte que los sentimientos de Schreber hacia Dios son de ambivalencia extrema; por un lado, revisten un carácter crítico y rebelde; por otro, un temor reverente y maravillado del Ser Supremo. Freud observa la actitud abiertamente homosexual que Schreber adopta a veces hacia Dios, incluyendo la creencia de aquel en el sentido de que debía desempeñar el papel de mujer para el mayor goce divino. A partir de material de este tipo Freud postula que la manía persecutoria no es sino un intento de contradecir la hipótesis: «Yo (hombre) lo amo a él (un hombre)», y reemplazarla por «Yo no lo *amo*; lo *odio*» y, finalmente, «Lo *odio* porque me persigue».

> Se suprime la percepción interna y en lugar de ella su contenido, después de sufrir cierta distorsión, ingresa a la esfera consciente en forma de una percepción externa. En el caso de la manía persecutoria la distorsión consiste en una transformación de los afectos; lo que internamente debía sentirse como amor externamente se percibe como odio.

Freud aplica el término *proyección* en relación con este proceso (*Standard Edition*, vol. 12, pág. 63-66).

Al revisar el caso, Niederland (1959a y b) acota que el padre de Schreber tenía ciertas ideas por demás extrañas acerca de la educación física y moral de los niños, y publicó una serie de obras describiendo sus métodos. En ellas señala la importancia vital de iniciar los regímenes prescritos durante la infancia y reiteradamente afirma haberlos aplicado con sus propios hijos. Cabe deducir, por consiguiente, que Schreber hijo había sido víctima de los métodos educacionales del padre desde su más tierna niñez.

Los métodos físicos, cuya aplicación diaria se recomienda durante toda la infancia y adolescencia, incluyen una serie de ejercicios y arneses para el control de la postura. Uno de los arneses, diseñado para impedir que la cabeza del pequeño cayera hacia delante o hacia un costado, consistía en una correa atada a los cabellos del niño por un extremo y a su ropa interior por el otro, de manera que si el pequeño no mantenía la cabeza erguida le tiraba del pelo. Como el aparato tendía a provocar cierto entumecimiento, se recomendaba su aplicación durante no más de una o dos horas diarias. En cuanto a los ejercicios prescritos, uno de ellos consistía en colocar dos sillas enfrentadas a unos pocos centímetros de distancia. El niño debía colocar la cabeza en una de las sillas y los pies en la otra, sosteniendo la espalda derecha, en posición horizontal, para formar un puente. Los efectos lamentables que Schreber padre atribuía a la mala postura incluían el impedimento de la circulación y la posterior parálisis de brazos y piernas. Con respecto a uno de sus inventos, un travesaño de hierro destinado a asegurar que el niño se siente derecho, el autor comenta que, amén de sus beneficios físicos, suministra un correctivo moral muy eficaz.

Schreber padre tenía puntos de vista sumamente estrictos con respecto a la disciplina moral. Consideraba que los elementos perniciosos de la mente eran «cizaña» que debía «exterminarse», y describe las amenazas y castigos por medio de los cuales, a partir de los cinco o seis meses, el progenitor debe asegurarse de que se está convirtiendo «para siempre en amo del niño». La impresión recibida, en el sentido de que Schreber padre poseía un temperamento psicótico, es confirmada por una nota de un psiquiatra del hospital, la cual se basa, aparentemente, en información suministrada por un miembro de la familia o persona muy allegada a ella. Según esa nota, el padre del paciente «sufría obsesiones y alentaba impulsos asesinos».

Niederland compara las descripciones del hijo acerca de los terroríficos «milagros» que debía experimentar a manos de Dios con las recetas paternas sobre el modo en que debe tratarse a los niños para asegurar su bienestar físico y moral. Las semejanzas se trazan punto por punto. El hijo se queja de milagros que involucraban frío y calor. El padre afirma que, a los efectos de endurecer a un infante, debe bañárselo con agua fría a partir de los tres meses y hacerlo objeto de varias aplicaciones locales de frío. El hijo se queja de que sus ojos y párpados son el blanco de milagros ininterrumpidos. El padre receta ejercicios visuales repetidos y aconseja rociar los ojos con agua fría si la estimulación excesiva produce irritación y fatiga. El hijo describe un milagro en el cual se le comprime todo el pecho. El padre aconseja el uso de un arnés consistente en una barra de hierro que comprime los huesos del cuello si el niño no se sienta derecho y erguido.

En vista de estas semejanzas notables, Niederland postula una hipótesis, coherente con la segunda de las cuatro explicaciones posibles enumeradas anteriormente, según la cual la manía persecutoria de Schreber en relación con la manera en que lo trataba Dios se originaba en los recuerdos del modo en que el padre efectivamente lo trataba siendo niño. El carácter ilusorio de sus creencias se debería a que a) el paciente atribuía el origen de sus sufrimientos a las actividades de Dios en el presente, en lugar de relacionarlo con las del padre en el pasado, y b) atribuía el mecanismo de sus sufrimientos a «rayos» y milagros, en vez de referirlo al tratamiento recibido a manos de las figuras paternas. Como señala el propio Niederland (1959a), la hipótesis es coherente con las ideas que Freud albergaba hacia el final de su vida (pero que todavía no han sido investigadas en medida suficiente). En las alucinaciones, sugiere Freud (1937), «retorna algo que había sido experimentado en la infancia, y luego olvidado...».

De adoptarse este enfoque para explicar el autoengaño del paciente paranoico, todavía quedan por resolver muchos problemas. ¿A qué se debe que el paciente no recuerde el modo en que lo trataban sus padres de niño? ¿Por qué las experiencias infantiles se descolocan en el tiempo y se identifica erróneamente al agente responsable? Las respuestas posibles para estos interrogantes involucran hipótesis referentes al tipo de «mandamientos» paternos, explícitos o implícitos, que el hijo debe observar: por ejemplo, que el niño interprete todo cuanto le sucede como beneficioso, que considere a sus padres más allá de toda crítica, que no perciba ni recuerde determinados actos que, sin embargo, ha vivido o experimentado. Dichas hipótesis se postulan en un trabajo reciente de Schatzman (1971), con amplias pruebas de que se aplicarían al caso de Schreber. Una ulterior hipótesis, que Schatzman no analiza, reside en que los niños desean ver a sus padres a una luz favorable, y a menudo distorsionan a tales efectos su percepción de aquellos.

En el capítulo 20 se efectúa un análisis más exhaustivo del tema. Entretanto, baste lo expuesto para demostrar que, al conocerse y tenerse en cuenta las experiencias reales vividas durante la infancia, los miedos patológicos de los pacientes adultos a veces pueden enfocarse desde una perspectiva radicalmente distinta. En los síntomas paranoicos supuestamente autógenos e imaginarios se vislumbran entonces respuestas inteligibles, aunque distorsionadas, a determinados hechos históricos.

12
El temor a la separación

HIPÓTESIS REFERENTES A SU DESARROLLO

Consideramos que viene al caso coordinar ahora las ideas referentes al miedo a la separación y su desarrollo.

Al final del capítulo 1 señalamos que los términos *presencia* y *ausencia* tienen un carácter relativo y pueden dar lugar a malentendidos. Por *presencia* queremos significar «fácil accesibilidad»; por *ausencia*, «inaccesibilidad». Los vocablos *separación* y *pérdida*, tal como se utilizan en esta obra, implican siempre que la figura en quien el sujeto centra su afecto es inaccesible, sea temporalmente (separación) o de manera permanente (pérdida). En las páginas siguientes, en consecuencia, se analizarán los procesos de desarrollo que hacen que el niño dé muestras de temor cuando descubre que la figura de afecto es inaccesible, o considera que lo es.

Entre los muchos interrogantes planteados al respecto, y a los que todavía no se ha dado respuesta, se cuentan los siguientes:

1. ¿La inaccesibilidad de la madre es, de por sí, una situación que provoca temor en los niños, sin necesidad de que haya tenido lugar aprendizaje alguno?
2. ¿O dicho temor aparece en el individuo solo cuando este asocia la inaccesibilidad de dicha figura con una experiencia perturbadora o inquietante?
3. De ocurrir esto último, ¿cuál es la naturaleza de esa experiencia, y por medio de qué tipo de aprendizaje se asocia con la separación?

Sean cuales fueren las respuestas, como la soledad aumenta la probabilidad de peligro, en especial para los seres débiles o muy jóvenes, la respuesta de temor suscitada ante la inaccesibilidad de la madre puede muy bien considerarse una respuesta adaptativa básica, vale decir, una respuesta que, en el curso de la evolución, se ha convertido en parte intrínseca del repertorio de conductas del hombre en virtud de su contribución a la supervivencia de la especie.

De ser así, no existe un motivo *a priori* para presuponer que el temor despertado por la inaccesibilidad de la madre pueda explicarse solo en función de las experiencias inquietantes o perturbadoras del individuo al separarse de aquella, supuesto que, sin embargo, siempre ha sido muy difundido. Por el contrario, es perfectamente posible que la respuesta a la inaccesibilidad de la madre se desarrolle durante la ontogenia, sin necesidad de que se produzca aprendizaje alguno. (Hipótesis A.)

Todavía no se ha podido dilucidar con precisión si la hipótesis A se aplica o no en el caso de los seres humanos. Como señalamos reiteradamente en el primer volumen de esta serie, hay muchas formas de conducta que, al igual que esta, pueden clasificarse como instintivas, pero que se desarrollan funcionalmente solo cuando el ambiente suministra la oportunidad para que se produzca algún tipo de aprendizaje. En otras palabras, al sustentarse la hipótesis de que la conducta de temor puesta de manifiesto ante la inaccesibilidad materna es instintiva, de ninguna manera se descarta la posibilidad de que se requiera algún tipo de aprendizaje para su desarrollo. Para que dicha tesis sea válida basta que siempre haya oportunidad para efectuar el aprendizaje necesario cuando el individuo se cría en el ambiente de adaptación evolutiva de su especie.

Por poco que reflexione el lector se dará cuenta de que existen por lo menos tres hipótesis coherentes con esa premisa, las cuales merecen atención. Son estas las que denominaremos hipótesis B_1, B_2 y B_3.

La primera de ellas, B_1, es la hipótesis freudiana de 1926, la cual postula que el temor a la ausencia materna nace cuando el bebé aprende que, al hallarse ausente la progenitora, sus necesidades fisiológicas no pueden satisfacerse, lo cual redunda en la acumulación de peligrosas «cantidades de estimulación» que, a menos de «descargarse», provocan una «situación traumática». Como, por añadidura, el bebé descubre que al quedarse solo es incapaz de descargar esos elementos acumulados, la situación de peligro que intrínsecamente le provoca temor es «una situación de desamparo reconocida, recordada y esperada».[1]

Son obvias las razones que nos impiden aceptar la hipótesis freudiana. En primer lugar, dicha hipótesis se halla arraigada en un paradigma muy diferente del aquí adoptado (véase el capítulo 5). Por otra parte, parecería también postular un grado de conocimiento de causa y efecto que no solo resulta improbable en un bebé de alrededor de un año, sino que sabemos innecesario para explicar dichos descubrimientos. El hecho de que las respuestas suministradas por un bebé del género humano al separarse de la madre se adviertan también en especies de primates no humanos demuestra que es muy posible que esas respuestas se originen en un nivel primitivo y presumiblemente infrasimbólico.

Las teorías propuestas por Klein, las cuales presuponen un funcionamiento cognitivo aún más complejo (véase el Apéndice I), dan lugar a objeciones de tipo similar.

Una segunda hipótesis, B_2, la cual no difiere mayormente de la de Freud, aunque resulta más simple y no presupone un aprendizaje intuitivo, es compatible con la teoría de la conducta de apego propuesta en el primer volumen de esta serie. En su capítulo 14 se suministra una reseña de las condiciones que determinan la interrupción del llanto durante los primeros meses de vida:

> [...] cuando el bebé no siente hambre, frío ni dolor, los medios más eficaces para poner fin a su llanto son, por orden de importancia, el acto de acunarlo, la succión sin fines alimenticios y el sonido de una voz. Estos descubrimientos explican por qué suele decirse que los bebés lloran al sentirse solos y que desean que se los levante en brazos. Aunque no se justificaría atribuir esos sentimientos a los bebés durante los primeros meses de vida, no obstante hay algo de verdad en ese dicho. Los infantes suelen llorar cuando no se los mece ni se les habla, en tanto que dejan de llorar y se muestran contentos cuando se les dirige la palabra o se los acuna. Por otra parte, es más que probable que el agente que inicia esas conductas sea la figura materna.

En vista de lo expuesto podría argumentarse que el bebé aprende que la presencia de la madre tiene relación con su propia comodidad, en tanto que su ausencia siempre resulta inquietante. En consecuencia, por medio de un proceso de aprendizaje asociativo bastante simple, el bebé puede asociar la ausencia de la madre con la situación de desamparo y zozobra en que esa ausencia lo deja sumido, y temer su presunta inaccesibilidad. Esta hipótesis se acerca a la propuesta por Kessen y Mandler (1961).

Una tercera hipótesis, B_3, deriva del hecho de que un bebé demuestra una aprensión mucho más intensa de las situaciones que infunden temor, como lo desconocido, el acercamiento repentino de algo o alguien, los ruidos fuertes, etcétera, en ausencia de la madre que cuando esta se halla presente. Tras varias experiencias de ese tipo la ausencia de la madre en sí podría provocar temor, en virtud, una vez más, de un proceso de aprendizaje por asociación. Esta hipótesis es similar a la que sugiere Rycroft (1968a), mencionada en el capítulo 6.

Sobre la base de los datos obtenidos hasta este momento no es posible decidirnos entre las hipótesis A, B_2 y B_3: todas ellas son plausibles.

La hipótesis A, según la cual las respuestas de ansiedad ante la inaccesibilidad de la madre se desarrollan durante la ontogenia, sin necesidad de que tenga lugar ningún tipo de aprendizaje, resulta difícil de verificar. Por añadidura, incluso de ser válida esa hipótesis no por ello podrían descartarse las hipótesis B_2 y B_3, ya que el aprendizaje del tipo propuesto por estas últimas podría seguir teniendo lugar, y quizá resultaría sumamente significativo para explicar ciertos grados de ansiedad de separación situados por encima del mínimo.

El hecho de que la hipótesis A sea o no válida no parece revestir, al presente, mayor importancia desde el punto de vista clínico. Ello se debe a que, de tener lugar las formas de aprendizaje postuladas por las hipótesis B_2 y B_3, como es probable que ocurra, estas se verificarán durante el segundo año de vida y, excepto cuando el niño carece de figura materna, serían virtualmente inevitables. Como situación inductora de temor, por consiguiente, la separación de la figura de apego seguiría siendo prácticamente universal, casi tanto como si se aplicara la hipótesis A.

Algunos estudios sobre las diferencias individuales en la susceptibilidad de dar respuestas de temor, en especial ante una separación, corroboran el punto de vista de que efectivamente se produce un aprendizaje asociativo del tipo propuesto en las hipótesis B_2 y B_3. Tal como se indica detalladamente en capítulos posteriores, esos estudios demuestran que los niños que han recibido adecuados cuidados maternos y que, por consiguiente, no habrían tenido ocasión de experimentar una zozobra o temor intenso son los menos susceptibles de responder con muestras de temor ante situaciones de todo tipo, entre ellas la separación; en tanto que los pequeños que han pasado por experiencias sumamente perturbadoras e inquietantes en ausencia de la madre suelen ser más susceptibles de experimentar temor, en particular ante la posibilidad de una nueva separación.

Si (como, en consecuencia, parece probable) ambas formas de aprendizaje por asociación se producen durante la infancia y la primera niñez, sus efectos sobre el desarrollo de la personalidad podrían ser algo diferentes. Por ejemplo, si un niño, debido a sus experiencias específicas, llega a asociar la ausencia de la madre con un alto grado de incomodidad y zozobra, tal vez al crecer responda a las situaciones de separación y pérdida, sean reales o previstas, con problemas psicosomáticos y una tensión general; en tanto que un pequeño que, debido a sus experiencias específicas, llega a asociar la ausencia de la madre con temores más o menos intensos podría, al crecer, responder a toda situación inductora de temor dando mayores muestras de miedo que otros individuos. Solo por medio de la ulterior investigación podrá determinarse si se producen o no diferencias de esta naturaleza.

NECESIDAD DE UNA DOBLE TERMINOLOGÍA

A lo largo de los últimos capítulos se ha trazado una estricta diferencia entre las situaciones que infunden temor y las situaciones intrínsecamente peligrosas. En tanto que las situaciones que provocan temor pueden interpretarse en función de indicios naturales o culturales de un mayor grado de peligro, no constituyen, por cierto, indicadores infalibles de un peligro real. Los sentimientos que experimentamos ante una situación determinada tienen, por lo tanto, solo relación indirecta con el grado de peligro implícito en esas circunstancias.

Como el mundo reflejado en la esfera de los sentimientos difiere del mundo real, aunque se correlaciona con él, es preciso aplicar una doble terminología.

Al final del capítulo 6 se introducen tres vocablos: *ansioso, alarmado* y *temeroso*; a la vez, se describe el modo en que se utilizan. Los tres vocablos corresponden a la esfera del sentimiento en la que se refleja el mundo. Por el contrario, el término *peligro* corresponde a la esfera del mundo real.

A esta altura es necesario elegir algunos términos análogamente específicos que hagan referencia, por un lado, a un estado emocional antitético al de temor y, por otro, a una situación antitética a la de peligro. Desde el punto de vista etimológico proponemos la expresión *sensación de seguridad* en un caso y *situación segura* en el otro.

El significado original del adjetivo inglés *seguro* es «libre de cuidados, aprensión, ansiedad o alarma» (*Oxford English Dictionary*). Históricamente, por lo tanto, el término *seguro* hace referencia al mundo tal como se refleja en la esfera de los sentimientos, y no al mundo tal como es en realidad. Empero, cuando hablamos de una «situación segura» implicamos que se halla «a salvo de todo daño», vale decir, que hacemos referencia al mundo de la realidad, no al que se refleja en la esfera del sentimiento. Un dicho del siglo XVII, citado en el diccionario inglés, ilustra cabalmente la diferencia: «El modo de estar a salvo es no sentirse nunca seguro».

Al aplicar esos términos en su sentido original es posible efectuar declaraciones de este tono sin riesgo de ambigüedad:

- aunque la situación era segura se sintió muy asustado, o
- me di cuenta de que la situación era peligrosa, pero la conducta del capitán nos hizo sentir a salvo.

Pero no siempre se traza una diferencia entre la sensación de seguridad y el hecho en sí de hallarse a salvo, por lo cual algunos términos comunes en la literatura especializada no se ajustan al uso propuesto. Al respecto cabe citar el «puerto de seguridad» de Harlow, denominado aquí «base segura», y el «sentimiento de hallarse a salvo» de Sandler (Sandler, 1960), denominado aquí «sensación de seguridad».

Por supuesto, en la práctica clínica es corriente el empleo del vocablo *seguro* en el sentido propuesto. Por ejemplo, y con referencia a los estados del sentimiento, suele describirse a adultos y niños como seres seguros o inseguros. Por añadidura, puesto que de toda persona que actúa como figura de afecto para otra suele decirse que proporciona una sensación de seguridad a esa otra, a menudo también resulta conveniente describir a la primera como figura de seguridad o base segura. A la vez, cabe destacar que una base de seguridad, por más que haga sentirse segura a una persona, de ninguna manera implica que esta se halle a salvo de todo peligro; de manera análoga, ningún indicio natural, por terrorífico que nos resulte, es un indicador seguro de peligro. El tipo de sentimiento que nos provoca determinada sensación no es nunca más que una guía aproximada de lo que resulta seguro y de lo que constituye un peligro.

Tercera parte

DIFERENCIAS INDIVIDUALES EN LA PROPENSIÓN A EXPERIMENTAR TEMOR: EL APEGO ANSIOSO

13

Algunas variables que determinan diferencias individuales

VARIABLES CONSTITUCIONALES

Resulta un lugar común afirmar que los individuos difieren radicalmente en su propensión a responder con muestras de temor ante determinadas situaciones. Pero el porqué de esa diferencia sigue planteando un enigma. En el presente capítulo y los siguientes se procura identificar algunas de las muchas variables en funcionamiento. El objeto central de interés, por supuesto, es el papel que desempeña la relación de una persona con la figura o figuras en quienes centra su afecto. Se trata de un aspecto múltiple que todavía no ha podido comprenderse cabalmente. Consideremos algunas de las restantes variables en primer lugar.

Es de suponer que las diferencias genéticas desempeñan cierto papel para explicar la variación existente entre los distintos individuos en relación con su tendencia a experimentar temor. Todavía no se sabe demasiado sobre este papel en los seres humanos, pero se halla bien documentado en el caso de otros mamíferos, como los perros (Scott y Fuller, 1965; Murphree, Dykman y Peters, 1967).

Entre los seres humanos una de esas diferencias, que, al menos en parte, puede ser genéticamente determinada, es la existente entre el hombre y la mujer.

Diferencias vinculadas con el sexo

A despecho de lo que opinan las feministas, se halla muy difundida la creencia de que la propensión a experimentar temor varía según hablemos de un hombre o una mujer. Se trata de una hipótesis plausible, y existen datos que la corroboran. A la vez, es evidente que al respecto existe una superposición considerable entre cualquier población de mujeres y una población comparable de hombres. Por otra parte, la cultura puede intensificar al máximo las diferencias potenciales existentes, como al sancionar la expresión del miedo en los miembros de un sexo, pero no en los del otro, o bien al tratar de reducirla.

Las pruebas suministradas por cuatro fuentes distintas confirman la idea de una diferencia de susceptibilidad entre ambos sexos:

1. En los experimentos con niños de guarderías que llevaron a cabo Jersild y Holmes (1935a), los cuales se describen en el capítulo 7, fue mayor el porcentaje de niñas que el de varones que experimentaron temor. Las situaciones en las que la diferencia fue más acentuada eran la referente al pasaje oscuro y las que involucraban acercarse a los dos animales, la serpiente y el perro. En esas tres situaciones los porcentajes de niños varones que dieron muestras de temor fueron, respectivamente, de 36, 40 y 46. Los porcentajes respectivos para niñas fueron 48, 50 y 59.
2. En sus entrevistas a madres de niños de seis a doce años, Lapouse y Monk (1959) descubrieron que era mayor el porcentaje de niñas que, según los informes, experimentaban temor de los extraños y los animales, por comparación con los varones. En otros dos estudios en los que se entrevistó a pequeños de aproximadamente la misma edad, las niñas mencionaron mayor número de situaciones que los varones como causantes de temor (Jersild, Markey y Jersild, 1933; Croake, 1969).
3. En los cuestionarios suministrados a los estudiantes es coherente la tendencia de las mujeres a informar sobre más situaciones causantes de temor que los varones (para referencias y comentarios véase Marks, 1969).
4. En estudios epidemiológicos de casos psíquicos se informa que las mujeres sufren de ansiedad con casi el doble de frecuencia que

los varones (Leighton y otros, 1963; Hare y Shaw, 1965). Las dos terceras partes de los pacientes agorafóbicos tratados por psiquiatras son mujeres (Marks, 1969).

No parece haberse registrado una diferencia en la dirección opuesta: que las mujeres tienden a demostrar menos temor que los varones.

Enmarcados dentro de una perspectiva evolucionista, los descubrimientos realizados no resultan sorprendentes. En la mayoría de las razas del género humano, así como en otras especies de primates terrestres, los machos son más grandes y fuertes que las hembras (Cole, 1963). En tanto que los machos tienen a su cargo la defensa de los animales de presa y su ataque, de ser necesario, las hembras cuidan de la prole y, a menos que exista algún impedimento, siempre tienden a emprender la retirada ante cualquier situación peligrosa, en vez de enfrentarla. Sería extraño que esas diferencias de tan largo tiempo entre los sexos, con respecto a estructura corporal y rol social, no se reflejaran en diferencias complementarias en sus tendencias de conducta.

Disfunción cerebral mínima

En el primer volumen de esta serie (capítulo 16) se suministró una reseña de un estudio longitudinal que comprendía veintinueve parejas de niños (Ucko, 1965), según el cual se demostraba que los pequeños que al nacer sufren de asfixia son mucho más sensibles a los cambios ambientales que los miembros del respectivo grupo de control. Cuando la familia iba de vacaciones o se mudaba, los niños que habían sufrido de asfixia solían acusar mayores perturbaciones que los del grupo de control. Lo mismo ocurría cuando un miembro de la familia (padre, madre o hermano) se hallaba ausente durante cierto tiempo. Estas diferencias resultaron obvias durante los tres primeros años de vida (aunque no de manera tan significativa durante el tercer año). Se advirtieron diferencias análogas cuando algunos niños comenzaron a asistir a una guardería.

Al poco tiempo de cumplir cinco años todos los niños ingresaron al jardín de infantes, hecho este que era el único punto en común entre todos ellos (si bien, por supuesto, asistían a muchos establecimientos diferentes). Una vez más la diferencia entre ambos grupos resultó significativa y notable. En una escala de tres puntos (reducida desde cinco) los niños se distribuían de la siguiente manera:

	Niños que sufrían de asfixia al nacer	*Niños del grupo de control*
Disfrutaban de la escuela desde un comienzo o, al menos, la aceptaban	8	17
Aprensión y protestas moderadas, que desaparecieron al cabo de una semana	8	10
Aprensión moderada o perturbaciones graves, que duraban más de una semana	13	2
Totales	29	29

Autismo infantil

La conducta del niño autista demuestra completa falta de apego, junto con muchos indicios de que experimenta miedos crónicos. Tinbergen y Tinbergen (1972), adoptando un enfoque etológico, sugieren que la condición subyacente debe ser de un temor crónico y muy difundido, el cual no puede disiparse por medio del contacto con una figura de apego porque el pequeño también teme a los seres humanos. De ser así, el síndrome provendría de un umbral reducido de manera continua ante los estímulos que provocan temor, junto con un desarrollo demorado de los vínculos de afecto y/o inhibición de este. Entre los factores causales podría entonces incluirse cualquiera de los siguientes: a) factores genéticos, b) daño cerebral, y c) cuidados maternos inadecuados. Parece probable la conjunción de dos o más factores. Clancy y McBride (1969) describen un plan de tratamiento basado en este tipo de teoría.

Ceguera

Nagera y Colonna (1965) informan que los niños ciegos suelen mostrarse asustados con mayor frecuencia ante ciertas situaciones comunes causantes de temor, como los animales, los ruidos mecánicos, el trueno y el viento; a la vez, viven en permanente estado de alerta. Una de las razones fundamentales es que, probablemente, al padecer de ceguera tiende a disminuir su contacto con la figura de afecto mucho más a menudo que en los niños dotados de visión y, por consiguiente, suelen hallarse efectivamente solos cuando ocurre un hecho atemorizador. Su tendencia a permanecer totalmente inmóviles en algunas ocasiones y, en otras, a buscar un estrecho contacto físico con un adulto son coherentes con esta explicación.

Tras una breve separación esos pequeños experimentan grandes dificultades, ya que un niño ciego no puede seguir la pista visual de la madre y mantenerse cerca de ella con tanta facilidad como lo hace un pequeño dotado de visión en esas oportunidades. Fraiberg (1971) describe la reacción sumamente intensa de un niño ciego de catorce meses después de una ausencia materna de tres días, tiempo durante el cual el pequeño había estado a cargo de diversos familiares y amigos. Durante la quincena siguiente al retorno de la madre el pequeño lloró a viva voz durante horas enteras, sumido en medio de «el terror y la ira», o gritó y cantó sin miras de detenerse. Solo cuando la madre lo tomaba en brazos había algún amago de tranquilidad; pero entonces trepaba por su cuerpo sin cesar. Como los alaridos le producían tal inquietud a la madre, se le sugirió que le diera a su hijo algunas ollas y cacerolas que pudiera golpear, lo que el pequeño hizo lleno de placer, interrumpiendo sus aullidos.

Fraiberg describe también el caso de otro niño ciego que, ya algo mayor, fue puesto al cuidado de los abuelos mientras la madre daba a luz un nuevo hermanito. Al volver a reunirse con la madre su conducta inicial fue sumamente ambivalente, pero respondió con prontitud cuando aquella, de naturaleza muy afectuosa, comenzó a hacerlo objeto de mimos y abrazos. El motivo principal de la reacción mucho más intensa del niño más pequeño parece haber sido el hecho de que la madre fuera un ser lleno de perturbaciones, cuya conducta materna anterior había sido errática antes y después del período de ausencia; otro factor puede haber residido en que lo cuidaron varias personas diferentes en ausencia de aquella.

Cambios experimentados durante el desarrollo en la propensión del niño a sentir temor

En tanto que todo bebé viene al mundo condicionado de manera tal que responde de un modo determinado más que de otro, su desarrollo depende de un proceso de interacción entre él mismo y el ambiente. Con respecto a la propensión a responder con muestras de temor existen ciertas tendencias evolutivas que son lo bastante independientes de la variación ambiental como para hallarse presentes en la inmensa mayoría de los individuos. Por ejemplo, tal como se refiriera en el capítulo 7, todos los estudios descriptivos coinciden en señalar que, en tanto que durante sus dos primeros años de vida el bebé amplía la variedad de situaciones que le producen temor (para incluir, de manera específica, lo desconocido, los animales, la oscuridad y la separación), a partir del quinto cumpleaños, y a menudo antes, suele adquirir mayor capacidad de discriminación en relación con lo que siente, y mayor confianza y habilidad para enfrentar situaciones que anteriormente le hubiesen producido temor. Como el cambio en dirección a una mayor capacidad de discriminación y aumento de confianza es la norma, consideraremos en primer lugar la naturaleza de las experiencias y procesos que suelen explicarlo, para luego analizar las experiencias y procesos que ejercen un efecto opuesto: por ejemplo, los que interfieren con la tendencia natural a una disminución de la susceptibilidad, o incluso aumento de ella, y otros cuyo efecto es aumentar la variedad de situaciones que provocan temor.

EXPERIENCIAS Y PROCESOS QUE REDUCEN LA PROPENSIÓN A SENTIR TEMOR

Las experiencias y procesos desarrollados en el curso normal de la existencia de una persona, los cuales tienden a reducir su propensión a experimentar temor, son de muchos tipos diferentes. Uno de los procesos centrales, el aumento de confianza en relación con la disponibilidad de la figura o figuras de apego, da tema al capítulo siguiente. De los otros procesos, los principales serían, en lenguaje cotidiano, el de acostumbramiento a situaciones inicialmente alarmantes, el descubrimiento de que en muchas de esas situaciones otras personas no experimentan temor, y el aprendizaje que permite enfrentar una situación de manera activa y descubrir que no tiene ninguna consecuencia nefasta. En la terminología propia de la teoría del aprendizaje esos procesos se denominan:

- la habituación;
- el aprendizaje por medio de la observación, conducente a la extinción basada en algo que le ocurre a otro;
- el aprendizaje por medio de la observación, con participación guiada.

También suelen entrar en juego otros procesos, si bien no se sabe a ciencia cierta qué papel desempeñan con exactitud en el curso normal del desarrollo. Por ejemplo, puede muy bien ocurrir que se produzca una versión natural del proceso desarrollado por los terapeutas de la conducta, conocido como «inhibición recíproca», «contracondicionamiento» y «desensibilización», por medio del cual se va estableciendo gradualmente una asociación entre una situación-estímulo que provoca temor y algo que el sujeto halla agradable.[1]

Un segundo proceso, fácil de olvidar, es el del propio crecimiento del individuo, que lo hace más fuerte y hábil, por lo cual determinadas situaciones que en cierto momento le resultaban peligrosas o parecían serlo dejan de revestir ese carácter para él.

En años recientes ha aumentado notablemente el conocimiento de los procesos citados, gracias a la labor de los teóricos del aprendizaje y los terapeutas de la conducta. Como Marks (1969) insiste en subrayar, una gran mayoría de esos estudios se han llevado a cabo con individuos sanos que parecen experimentar intenso temor de un objeto o situación específica, como una serpiente o un perro, y no con pacientes psiquiátricos que por lo común no solo sufren de una ansiedad más generalizada, sino también, por lo general, de dificultades en sus relaciones personales y de una tendencia a la depresión. Por esta razón muchos médicos clínicos sospechan que los descubrimientos de los teóricos del aprendizaje pueden resultar de valor limitado en la práctica psiquiátrica. No obstante, por esa misma razón estos descubrimientos pueden revestir suma importancia para comprender por qué la tendencia a responder ante determinados hechos con muestras de temor va desapareciendo durante el curso normal de un desarrollo saludable.

Consideremos en mayor detalle los tres procesos citados.

Habituación

Se trata de un proceso mediante el cual se aprende a *no* responder ante determinada situación cuando no tiene consecuencias de importancia. Presumiblemente, desempeña un papel central en la restricción de la tendencia inicial de todo bebé a responder con muestras de temor ante toda estimulación intensa o repentina. Con el tiempo la habituación, quizá en sus formas más complejas, limita también la variedad de situaciones que provocan respuestas de temor en virtud de su extrañeza; ya que gran parte de lo que hoy resulta extraño puede llegar a resultar familiar el día de mañana, amén de descubrirse que no posee ninguna consecuencia nefasta. De esta manera, la habituación limita en gran medida la variedad de situaciones que provocan respuestas de temor. No obstante, cabe advertir que la habituación de ninguna manera afecta la tendencia básica y persistente a responder con muestras de temor y curiosidad a la vez ante todo aquello que percibamos como extraño.

Aprendizaje por medio de la observación, conducente a la extinción basada en algo que le ocurre a otro

Se ha señalado ya que el aprendizaje por medio de la observación puede producirse en una de dos direcciones: o bien el observador aprende a temer situaciones que antes no le provocaban temor, o bien a no temer situaciones que antes le infundían miedo. Según Bandura (1968), el componente más importante del aprendizaje que lleva a no experimentar temor ante situaciones anteriormente temidas es el hecho de que el observador pueda ver que la situación causante del temor puede enfrentarse sin que se produzcan consecuencias nefastas. La identidad de la persona observada (el modelo) y el grado en que el observador logra identificarse con ella, de acuerdo con los datos obtenidos, suelen revestir una importancia mucho menor. Incluso la observación de una secuencia filmada puede ejercer efectos tranquilizantes, siempre que se reflejen con claridad las consecuencias de las acciones del modelo.

El proceso mediante el cual se aprende que algo es inocuo en virtud de la observación directa de la experiencia de otros es muy diferente, cabe advertir, del mero hecho de enterarse por boca de terceros de que una situación es inofensiva. Todos aquellos que han realizado estudios sistemáticos del problema informan que una simple explicación tranquilizadora tiene efectos muy limitados, lo cual no es motivo de sorpresa para los médicos clínicos.

Afortunadamente, en el curso normal de los acontecimientos un niño que crece en el seno de una familia tiene oportunidades ilimitadas de aprender, por medio de la observación, que muchas de las situaciones que le infunden miedo son, en realidad, inocuas. Los padres, hermanos mayores, vecinos y compañeros de escuela le suministran, de manera continua y sin tener conciencia de ello, toda la información indispensable.

Aprendizaje por medio de la observación, combinado con participación guiada

Este método exige al modelo mucho más que simplemente suministrar al sujeto ocasión de efectuar el aprendizaje por medio de la mera observación. Es evidente, por todo, que todo padre sensato la suministra de continuo. El sistema requiere que el modelo demuestre primero por medio de la acción que la situación causante de temor no representa peligro alguno, para luego alentar a la otra persona (niño o adulto) a que enfrente la situación por sí misma. Nuevamente la parte crucial del proceso sería que el sujeto descubra, esta vez por sí mismo, que puede acercarse y enfrentar la situación sin consecuencias perjudiciales. Los primeros estudiosos de la conducta de temor infantil (por ejemplo, Jones, 1924a; Jersild y Holmes, 1935a) señalaron la eficacia del método, y en una serie de experimentos recientes Bandura y sus colegas confirmaron ampliamente sus descubrimientos.

En uno de los experimentos que describe Bandura (1968) se efectuó un estudio de niños y adolescentes que experimentaban vivo temor de las serpientes. Los sujetos se dividieron en cuatro subgrupos y recibieron cuatro tratamientos diferentes:

a. El procedimiento (ahora común) de desensibilización, que consistía en imaginar situaciones cada vez más alarmantes con serpientes, a la vez que se efectuaban ejercicios de relajación profunda.

b. La observación de un filme en el cual niños, adolescentes y adultos emprendían una interacción cada vez más temeraria con una serpiente inofensiva en gran tamaño.
c. La observación del terapeuta, quien ejecuta una serie cuidadosamente graduada de esos procedimientos y en cada etapa ayuda al paciente a hacer lo mismo; el sujeto aprende así gradualmente a tocar y acariciar la serpiente, a tomarla por su parte media mientras el terapeuta sostiene la cola y la cabeza, y así paso a paso, hasta que el sujeto deja la serpiente libre en su habitación, la busca y toma en sus manos y, finalmente, la deja que se deslice libremente por todo su cuerpo; solo cuando el sujeto ha cumplido una de esas etapas sin experimentar temor alguno se lo alienta a que pase a la etapa siguiente.
d. Sin recibir tratamiento alguno, el sujeto, al igual que los miembros de los demás subgrupos, es sometido a prueba en relación con el temor que le inspiran las serpientes antes del experimento y después de finalizado este, con lo cual se suministra un grupo de control.

Cuando se puso a prueba a los sujetos de los cuatro subgrupos al final del tratamiento, exigiéndoseles que emprendieran actividades cada vez más temerarias con serpientes, los que habían observado la interacción del terapeuta con el reptil y tomado parte en los ejercicios graduados fueron quienes experimentaron menos temor. Los miembros de los subgrupos a) y b) demostraron menos temor que antes, pero no obtuvieron tantos beneficios del tratamiento como los del subgrupo c). Por último, los del grupo de control demostraron experimentar tanto miedo de las serpientes al final del experimento como al comienzo de este.

Al comentar los resultados, Bandura insinúa que la sorprendente eficacia (para los sujetos) del aprendizaje efectuado por medio de la observación, combinado con la participación guiada, se debe a dos características del método: en primer término, el miedo del sujeto se reduce en medida suficiente como para permitirle que inicie un proceso de interacción con el objeto temido; en segundo lugar, una vez iniciada la interacción, descubre por sí mismo que no sufre consecuencias desagradables. Bandura subraya el hecho de que, para resultar eficaz, el método debe ser cuidadosamente graduado, de modo que en ninguna de las etapas se suscite un miedo de gran intensidad.

En el contexto de su obra, quizá el aspecto más importante de los descubrimientos de Bandura es el papel clave que desempeña la presencia de un compañero digno de confianza y que brinda aliento al sujeto. El terapeuta no solo ejecuta las acciones que provocan temor, sino que permanece junto al sujeto cuando este encara los mismos actos, alentándolo ante todo resultado satisfactorio que obtiene y tranquilizándolo ante cada fracaso. Solo en presencia de un compañero tal puede el sujeto experimentar suficiente confianza como para enfrentar el problema de manera activa y descubrir por sí mismo cuáles son las consecuencias.

Una segunda y valiosa lección de la labor de los terapeutas de la conducta reside en que resulta esencial avanzar por pasos graduales, de manera que nunca se suscite un temor demasiado intenso. Si el miedo es muy intenso el sujeto puede muy bien volver adonde se hallaba a un comienzo. Resulta interesante advertir que la carrera de los astronautas parece desarrollarse de manera similar, avanzando de un triunfo modesto a otro en una serie ininterrumpida (Korchin y Ruff, 1964). En el capítulo 21 se hace referencia una vez más a estos descubrimientos.

Afortunadamente la mayoría de los padres parecen saber de manera intuitiva que el dejar que un niño se asuste excesivamente no reporta beneficio alguno. Asimismo, no ignoran que el mejor paliativo es su propia presencia. Veamos qué expresan los Newson en relación con su muestra de niños de cuatro años y sus madres:

> Dos niños de cada tres experimentan temores precisos y reiterados acerca de los cuales tienen conciencia las madres. Una vez que la progenitora toma conciencia de que el niño está asustado, ensaya una serie de remedios hasta que da con el más satisfactorio: y el hecho de que el remedio resulta satisfactorio es el interés central de la mayoría de las madres, incluso si ello perturba el orden del hogar, porque muy pocas toleran el miedo. No hay métodos seguros, y algunos temores resultan inmunes a los expedientes más ingeniosos: en esos casos a los padres solo les cabe esperar que el niño, con el tiempo, «supere ese miedo». Por lo general, las madres tienden a favorecer las explicaciones, aunadas a los mimos y abrazos; y por lo común estos ejercen, por lo menos, un efecto tranquilizador, aun cuando no siempre disipen los temores (Newson y Newson, 1968).

EXPERIENCIAS Y PROCESOS QUE AUMENTAN LA PROPENSIÓN A SENTIR TEMOR

En el capítulo 6 se argumenta que «resulta tan natural experimentar temor cuando se ven amenazadas las líneas de comunicación con la base como cuando en el frente ocurre algo que nos provoca alarma y nos induce a emprender la retirada». En consecuencia, la mayor propensión del individuo a responder con muestras de temor ante determinadas situaciones puede ser resultado de uno de dos tipos específicos de experiencia, o de ambos. Uno de ellos es la experiencia vivida en una situación específica, la cual hace que, a partir de entonces, la persona se muestre particularmente propensa a evitar esa situación o apartarse de ella. El otro es la incertidumbre acerca de la disponibilidad de la figura o figuras de apego. Por regla general, una experiencia particularmente alarmante suele aumentar la propensión del sujeto a responder dando muestras de temor solo en esa situación específica; en tanto que la incertidumbre acerca de la disponibilidad de las figuras de afecto hace que aumente la propensión del sujeto a responder con muestras de temor ante una amplia variedad de situaciones, por lo cual suele decirse que la persona en cuestión sufre de «ansiedad difusa».

Los restantes capítulos de esta obra estudian la propensión del sujeto a experimentar ansiedad en relación con la disponibilidad de las figuras de apego, por lo cual en el presente capítulo enfocaremos, fundamentalmente, las experiencias que aumentan la susceptibilidad de una persona a experimentar temor en situaciones específicas.

Experiencias terroríficas

Jersild y sus colegas, al igual que los Newson, suministran datos que demuestran que en muchos casos, cuando un individuo da muestras de un temor inusitadamente intenso ante una situación específica, el origen puede buscarse en una experiencia específica conectada con esa situación.

Cuando describen a sus niños de cuatro años los Newson puntualizan que, al tomarse conocimiento de las experiencias previas de un pequeño, sus temores a menudo parecen cobrar un carácter «razonable», incluso cuando en determinado momento parezcan exagerados. Los autores suministran los siguientes ejemplos: el de un niño que experimentaba profundo horror del lodo, debido a que durante un período de vacaciones de veranos sus pies habían quedado atrapados en la arena mojada y, cuando los demás chiquillos echaron a correr, él fue incapaz de seguirlos; el de un pequeño que evitaba aproximarse al agua después de haberse caído en un río, y el de un niño que sentía terror al ver a cualquier persona vestida con una chaqueta blanca, debido a que en cierta oportunidad le habían gritado con violencia y sostenido por la fuerza para tomarle una radiografía (Newson, Newson, 1968).

Jersild y Holmes suministran datos similares, obtenidos a partir de dos fuentes distintas: a) de los padres, acerca de los factores que pueden contribuir a que el niño desarrolle un temor inusitadamente intenso en relación con cualquier situación específica (Jersild y Holmes, 1935b), y b) a partir de adultos jóvenes, en relación con los factores que, en su opinión, explican por qué ellos mismos han desarrollado un temor muy intenso y/o persistente ante determinadas situaciones (Jersild y Holmes, 1935a). Por razones obvias, ninguna de esas fuentes resulta adecuada, y es preciso realizar ulteriores investigaciones.

Al igual que los Newson, Jersild y Holmes describen una serie de casos en los que el temor infantil de una situación específica se ha desarrollado, según informa el padre, de manera totalmente ininteligible. Considérese, por ejemplo, el caso de un niño a quien inspiran terror todos los objetos de forma de globo, estén en el aire o en la tierra, después de una operación durante la cual se había utilizado un globo de gas como anestésico; y el de otro pequeño que sentía miedo del canario de la familia después de haber sido asustado por el repentino ulular de un búho en el jardín zoológico. En las circunstancias mencionadas los pequeños habían generalizado temor a partir de una muestra demasiado reducida.

De manera similar, el grupo de jóvenes adultos informó que en muchos casos el temor de una situación específica se producía como resultado de una experiencia alarmante que habían vivido durante la infancia. Entre los ejemplos se incluye el hecho de ser testigos de un accidente, el retorno a sus hogares para descubrir que se había producido un robo, el ser testigos presenciales de una explosión, el ver a la madre enferma.

Como no todos los niños desarrollan un temor persistente después de una experiencia particularmente alarmante, es de presumir que ello depende de las condiciones específicas. Las más probables parecen ser las situaciones complejas, uno de cuyos elementos es la soledad. Tal vez resulte digno de nota el hecho de que en ninguno de los ejemplos citados anteriormente se haya especificado si el niño está solo o en compañía de una persona que le inspira confianza. En estudios futuros sobre lo que parecen ser, aplicando una visión retrospectiva, situaciones traumáticas, es necesario, por consiguiente, obtener detalles exactos de todas las condiciones aparejadas.

Por supuesto, existe una amplia bibliografía relativa a las experiencias que conducen a los animales a experimentar de manera individual un temor persistente ante determinadas situaciones específicas (Hebb, 1949). Los animales, no obstante, no pueden sentir miedo al escuchar determinadas historias o amenazas proferidas, como ocurre en el caso de los seres humanos.

Relatos escuchados

En opinión de los jóvenes adultos interrogados por Jersild y Holmes (1935a), una de las principales causas de temor persistente y/o intenso eran las historias espeluznantes escuchadas, fueran reales o ficticias. Hay pruebas de que ello puede llevar a ciertas personas a albergar temor de determinadas situaciones con mayor frecuencia que lo que se supone. Jersild y Holmes (1935b) citan el caso de un número sin precedentes de niños pequeños que, según los informes, comenzaron a experimentar un intenso temor de los lobos por la época en que estaba de moda una canción titulada «¿Quién le teme al lobo feroz?». En vista de las dificultades que tiene el niño para distinguir lo real de lo ficticio y para efectuar una evaluación realista de los peligros potenciales, tema ya tocado en el capítulo 10, este descubrimiento no tiene por qué causar sorpresa. Aparentemente el miedo suscitado por un malentendido de esa índole, por intenso que sea en principio, con el correr del tiempo va disipándose, a medida que el individuo mejora su percepción de la realidad.

Existen situaciones de diversos tipos que suscitan temor en algunos niños y adultos y no en otros, y que pueden interpretarse como culturalmente determinadas. Por ejemplo, varios estudios registran diferencias en la frecuencia con que se temen determinadas situaciones, de acuerdo con el nivel socioeconómico de la persona. En entrevistas realizadas a 400 niños de cinco a doce años en la vecindad de la ciudad de Nueva York fue mayor el número de niños provenientes de escuelas públicas que manifestaron experimentar temor de los ladrones y secuestradores, así como de los hechos sobrenaturales, por comparación con el número de pequeños provenientes de escuelas privadas (Jersild y Holmes, 1935a). En su estudio de 482 niños de seis a doce años en Búfalo, Nueva York, basado en datos recogidos de las entrevistas a las madres, Lapouse y Monk (1959) registran un temor más frecuente de las guerras, las inundaciones, los huracanes y los asesinatos, los incendios y secuestros, entre los blancos de nivel socioeconómico inferior que entre los blancos de clase superior. Croake (1969) señala la existencia de diferencias en esa misma dirección al entrevistar a 213 niños de ocho a doce años en Dakota del Sur y Nebraska.

Muchas otras divergencias registradas entre distintos grupos y reflejadas en la bibliografía especializada parecen deberse a diferencias culturales.

AMENAZAS

Al responder al cuestionario administrado por Jersild y Holmes (1935a) muchos de los jóvenes adultos entrevistados no supieron explicar con claridad por qué o cómo habían desarrollado temores intensos y/o persistentes con respecto a determinada situación. No obstante, al examinar las razones suministradas los investigadores se mostraron sorprendidos ante la preponderancia de amenazas deliberadas de supuestas consecuencias horripilantes en muchos de los casos. Algunas de esas amenazas las proferían niños de mayor edad, ocasionalmente, quizá, en tono de broma, pero en otras oportunidades con toda seriedad de intención. En otros casos eran los padres, u ocasionalmente un maestro, quienes proferían la amenaza, como medio disciplinario. Algunas de ellas se referían a un castigo físico. Con mayor frecuencia, sin embargo, se explotaba la tendencia infantil a temer determinados indicios naturales, como la oscuridad, la soledad o el abandono.

Lamentablemente, Jersild y Holmes descubrieron que no era posible efectuar un registro preciso de los «intentos, en apariencia deliberados, de asustar al otro», si bien registran algunos casos extremos. La lista resulta perturbadora. Por ejemplo, de guiarnos por las respuestas al cuestionario, se ha explotado con frecuencia el miedo a la oscuridad en los pequeños, al amenazar a estos con castigarlos encerrándolos en una habitación o sótano oscuro o, efectivamente, al aplicárseles dicho castigo. En unos pocos casos ese miedo a la oscuridad se intensifica más aún, al anunciar al chiquillo que la habitación oscura está llena de temibles ratas o espantosos monstruos.

Otro tipo de amenaza proferida con propósitos disciplinarios, según informan Jersild y Holmes (1935a) y los Newson (1968), es la referente a una separación de los padres. La amenaza puede adoptar una de entre varias formas. Puede amenazarse al niño con expulsarlo de la casa, o decírsele que vendrá alguna figura alarmante a llevárselo, o que la madre se marchará dejándolo solo. Hay razones para creer que muchos niños se hallan expuestos a amenazas de esta índole, y para suponer que dichas amenazas desempeñan un papel mucho más importante en aumentar la propensión de la persona a experimentar ansiedad de separación que lo que los psiquiatras admiten. En posteriores capítulos (15, 18, 19) se suministran datos que corroboran esta aseveración, y en el capítulo 20 se analizan algunas de las razones que han hecho que el papel de esas amenazas fuese tan seriamente subestimado.

El papel clave de la experiencia

En los círculos especializados suele subrayarse la existencia de casos en los cuales la mayor propensión a responder con muestras de temor no se explicaría, en apariencia, por ninguna de las experiencias analizadas hasta este punto. Se recurre entonces a explicaciones más complejas, que a menudo giran en torno al miedo de «peligros internos». La postura aquí adoptada es que estas explicaciones suelen proponerse con excesiva facilidad. En algunos casos el paciente o sus familiares desconocen experiencias de suma importancia; en otros las conocen, pero por alguna razón, y de manera deliberada, no se registran. También puede ocurrir que se conozcan esas experiencias, pero no se informe al respecto porque no se consideran importantes o porque el médico no demuestra interés o comprensión al respecto. En otros casos se informa acerca de esas experiencias, pero el médico o psicólogo prácticamente no las tiene en cuenta, porque se guía por teorías que no dan lugar a ellas. Por último, a menudo el paciente o el médico, de manera errónea, atribuye el temor que provoca determinada situación a alguna otra causa.

Uno de los postulados centrales de esta obra es que la situación causante de temor que con mayor frecuencia se procura ignorar u ocultar es la referente a la inaccesibilidad o falta de respuesta de una figura de apego.

14

Propensión a experimentar temor y disponibilidad de las figuras de apego

> Durante toda esta ordalía su horror esencial era el aislamiento, y no hay palabras para expresar el abismo existente entre el aislamiento y la posesión de un aliado.
>
> G. K. CHESTERTON, *El hombre que fue Jueves*

LA DISPONIBILIDAD DE LAS FIGURAS DE APEGO

Ya se ha dicho bastante acerca de las condiciones que provocan temor, a los efectos de demostrar hasta qué punto el estar o no en compañía de una persona de confianza constituye una variable crucial. En presencia de un compañero digno de confianza disminuye el miedo que puede inspirar cualquier situación; por el contrario, al hallarnos solos ese miedo se intensifica al máximo. Como en la existencia de cualquier persona los seres más dignos de confianza son las figuras de apego, es evidente que la medida en que cada uno de nosotros es vulnerable al temor depende, en grado sumo, de que nuestras figuras de apego se hallen presentes o ausentes.

Pero el hombre no vive totalmente en el presente. A medida que las aptitudes cognitivas del niño van en aumento, le resulta más fácil prever el advenimiento posible de muchas circunstancias, incluso de aquellas que provocan temor. Y de las situaciones causantes de temor que un niño o persona mayor puede prever ninguna lo aterra tanto como la posibilidad de que se halle ausente la figura de apego, o, en términos más generales, de que no se halle a su disposición cuando la necesita.

Ya se ha señalado (capítulo 1) que, en relación con una figura de apego, por presencia no se entiende tanto su presencia real e inmediata sino más bien su accesibilidad inmediata, así como ausencia implica inaccesibilidad. No obstante, se requiere algo más: la simple accesibilidad no es suficiente. La figura de afecto no solo debe ser accesible, sino estar dispuesta a responder de manera apropiada: ello significa, con respecto a una persona que siente miedo, estar dispuesta a protegerla y a brindarle consuelo. Solo cuando la figura de afecto es accesible y potencialmente capaz de responder de manera adecuada se halla realmente a disposición del sujeto. En los párrafos siguientes el término *disponible* ha de interpretarse en el sentido de que la figura de apego es accesible para el sujeto y le responde de manera adecuada.

En el presente capítulo se formulan tres postulados, cada uno de los cuales es fundamental para la tesis propuesta en esta obra. El primero afirma que, cuando un individuo confía en contar con la presencia o apoyo de la figura de apego siempre que la necesite, será mucho menos propenso a experimentar miedos intensos o crónicos que otra persona que, por una razón u otra, no alberga idéntico grado de confianza. El segundo postulado hace referencia al período sensible durante el cual se desarrolla esa confianza. Sostiene que la confianza en la disponibilidad de las figuras de afecto, o la falta de ella, se va adquiriendo gradualmente durante los años de inmadurez (infancia y adolescencia), y que, sean cuales fueren las expectativas desarrolladas durante esos años, tienden a subsistir sin mayores cambios durante el resto de la existencia. El tercer postulado atañe al papel que desempeña la experiencia real. Señala que las diversas expectativas referentes a la accesibilidad y capacidad de respuesta de las figuras de apego forjadas por distintos individuos durante sus años inmaduros constituyen un reflejo relativamente fiel de sus experiencias reales.

Los tres postulados son objeto de controversias, si bien en relación con aspectos diferentes.

Los psicoanalistas que adoptan una teoría de relaciones objetales de la personalidad se hallan bastante familiarizados con el primero de esos postulados: en función de esa teoría, la confianza o falta de confianza que experimenta una persona con respecto a la disponibilidad de una figura de afecto dependería de que haya introyectado o no un objeto adecuado. Por el contrario, para quienes no se hallan familiarizados con la teoría de las relaciones objetales o, quizá alternativamente, con la etología, el postulado puede resultar inédito, e incluso sorprendente.

El segundo postulado se halla a distancia intermedia, por un lado, de una teoría que atribuye alto grado de plasticidad a la estructura de la personalidad, incluso durante los años de madurez y, por otro, de una teoría alternativa, que deriva fundamentalmente de la obra de Melanie Klein, la cual considera que la plasticidad de la personalidad disminuye con rapidez después de los primeros meses de vida, para alcanzar un punto muy bajo una vez transcurrido el primer o segundo año. El punto de vista adoptado en esta obra se contrapone a ambas teorías. Según él, el período durante el cual se activa con mayor facilidad la conducta de apego, vale decir, de los seis meses a los cinco años aproximadamente, es también el período más sensible en relación con el desarrollo de expectativas acerca de la disponibilidad de las figuras de apego; no obstante, esta sensibilidad persiste durante la década posterior al quinto cumpleaños, si bien disminuye su intensidad a medida que se va dejando atrás la infancia.

El tercer postulado, referente al papel de la experiencia, puede resultar evidente para muchos, pero, no obstante, ha sido objeto de grandes controversias en los círculos psicoanalíticos. En el presente capítulo y otros posteriores se hace mención reiterada a dicha controversia.

Los tres postulados, cada uno de los cuales, en principio, puede verificarse, suministran los pilares en que descansa el resto de la presente obra. Todos ellos son verosímiles; ninguno puede ser rebatido por pruebas de peso y, en su conjunto, permiten organizar las pruebas disponibles de manera coherente y dotada de sentido.

MODELOS ACTIVOS DE FIGURAS DE APEGO Y DEL SÍ MISMO

Las condiciones mentales que nos interesan pueden muy bien describirse en función de modelos. En el primer volumen de esta serie se insinuaba que era plausible suponer que todo individuo elabora sus propios modelos del mundo y de sí mismo, con ayuda de los cuales percibe los hechos producidos, prevé el futuro y elabora sus planes. En el modelo del mundo que toda persona construye, una característica clave es su criterio para establecer quiénes son sus figuras de apego, dónde puede encontrárselas y de qué manera previsible pueden responder. De modo similar, en el modelo de sí misma que construye una persona una característica clave es su criterio sobre la aceptabilidad o inaceptabilidad de su propio ser a ojos de las figuras de afecto. Sobre la estructura de esos modelos complementarios se basan los pronósticos de esa persona sobre el grado de accesibilidad de las figuras de apego y su capacidad de respuesta en momentos en que requiera su apoyo. Asimismo, en función de la teoría propuesta, de la estructura de esos modelos depende, también, que el sujeto confíe en que las figuras de afecto se muestren disponibles en términos generales o tema que no ocurra así, sea ocasionalmente, con frecuencia o la mayor parte del tiempo.

Íntimamente aunado al tipo de pronóstico que elabora una persona con respecto a la disponibilidad probable de sus figuras de apego se halla, asimismo, su propensión a responder con muestras de temor siempre que deba enfrentar una situación potencialmente alarmante en el curso normal de los acontecimientos.

La teoría propuesta puede dividirse en dos etapas: a partir de los primeros meses de vida, y durante toda la existencia del ser humano, la presencia o ausencia de una figura de afecto es una variable clave que determina el que una persona se sienta o no alarmada por una situación potencialmente alarmante; a partir de esa misma edad, aproximadamente, y también durante toda su existencia, una segunda variable de importancia es la confianza o falta de confianza que experimenta la persona con respecto a la disponibilidad de la figura de apego, vale decir, con respecto a la posibilidad de que esta última, aunque físicamente ausente, se muestre accesible y capaz de responder a sus requerimientos cuando por alguna razón lo desee. Cuanto más joven es el sujeto mayor influencia ejerce la primera variable, vale decir, la presencia o ausencia real de su figura de afecto; hasta los tres años de vida esta es la variable de mayor importancia. Después de los tres años los pronósticos elaborados en torno a la accesibilidad o inaccesibilidad de esa figura van adquiriendo preponderancia, hasta convertirse en variable central después de la pubertad.

Si bien los conceptos de modelo y pronósticos derivados a partir de aquel pueden resultar poco conocidos, su formulación no es más que un modo de describir, en términos compatibles con la teoría de los sistemas, ideas tradicionalmente postuladas como «introyección de un objeto» (bueno o malo) e «imagen de sí mismo». Los supuestos beneficios de los conceptos utilizados en la presente obra residen en que facilitan una descripción más precisa de las circunstancias y suministran un marco de referencia más adecuado para la planificación de investigaciones empíricas y su puesta en marcha.

Al reflexionar nos daremos cuenta de que los modelos de las figuras de apego y del sí mismo varían en muchos aspectos. Uno de ellos es el referente a simplicidad por contraposición con complejidad (véase el volumen anterior de esta serie, capítulo 17). Otro es el de validez, aspecto que se examinará sucintamente en páginas posteriores de esta obra (capítulo 20). Un tercero es la medida en que los roles de las figuras de afecto, por un lado, y del sí mismo, por otro, se hallan diferenciados. Consideremos en primer lugar este último aspecto.

El hecho de poder confiar en que una figura de afecto, amén de mostrarse accesible, pueda ser capaz de responder a los requerimientos del sujeto dependería de un mínimo de dos variables: a) el que se estime que la figura de apego es o no el tipo de persona que por lo general puede responder a los requerimientos de apoyo y protección; b) el que uno mismo, de acuerdo con las estimaciones, sea o no el tipo de persona hacia quien un tercero (en particular, la figura de apego) pueda responder con muestras de apoyo. Por lógica se trata de variables independientes, pero que suelen confundirse en la práctica. Como resultado, el modelo de la figura de afecto y el modelo del sí mismo suelen desarrollarse de manera tal que se complementan y reafirman mutuamente. Por ejemplo, un niño no anhelado no solo no se siente deseado por los padres, sino, en esencia, no deseado por nadie. A la inversa, un niño que reciba grandes muestras de afecto no solo tiende a confiar en ser digno del amor de sus padres, sino del afecto de todo el mundo. Aunque por lógica resulten insostenibles, estas generalizaciones groseras y extremas constituyen, no obstante, la regla. Una vez adoptadas, por añadidura, e incorporadas en la estructura de los modelos, rara vez son cuestionadas seriamente.

En tanto que guiados por el sentido común presupondríamos que toda persona opera con modelos únicos de sus figuras de afecto y de sí misma, los psicoanalistas, de Freud en adelante, presentan amplias pruebas de que no es infrecuente que el individuo opere, de manera simultánea, con dos (o más) modelos de su figura o figuras de apego y dos (o más) modelos de sí mismo. Cuando entran a funcionar modelos múltiples de una única figura, suelen diferir con respecto a su origen, su preponderancia y la medida en que el sujeto toma conciencia de ellos. En una persona que sufre perturbaciones emocionales, es común descubrir que el modelo que ejerce mayor influencia sobre sus percepciones y pronósticos y, por consiguiente, sobre sus sentimientos y conducta, se ha desarrollado durante sus primeros años de vida y se halla elaborado de acuerdo con tendencias bastante primitivas, aunque el sujeto mismo pueda tener poca o ninguna conciencia de ello; en tanto que, de manera simultánea, funciona en él un segundo modelo, tal vez radicalmente incompatible, que se desarrolla posteriormente y es mucho más complejo. La persona tiene mayor conciencia de este segundo modelo y, erróneamente, puede suponer que reviste una importancia primordial.

El cómo y el porqué del origen y persistencia de los modelos múltiples plantea difíciles interrogantes acerca de procesos defensivos, a los cuales se prestará atención en el tercer volumen de esta serie. La hipótesis de modelos múltiples, uno de los cuales ejerce gran influencia, pero de manera relativa o completamente inconsciente para el sujeto, no es sino una versión, en términos distintos, de la hipótesis freudiana acerca de un inconsciente dinámico.

En función de la presente teoría, gran parte de la labor dirigida a tratar a una persona con perturbaciones emocionales consistiría, en primer lugar, en detectar la existencia de modelos influyentes acerca de los cuales el paciente puede no tener conciencia alguna, o solo conciencia parcial, y, en segundo término, en invitar al paciente a que examine los modelos revelados, determinando si siguen siendo válidos o no. Al adoptar esta estrategia el analista descubre que el modo en que el paciente lo percibe a él (o sea, al analista), y los pronósticos que elabora acerca de su probable conducta, resultan particularmente valiosos para revelar la naturaleza de los modelos que ejercen influencia dominante en la vida del paciente. Como algunas de estas percepciones y pronósticos resultan, para el analista, claramente basados en las ideas preconcebidas del paciente acerca de sí mismo y derivan de modelos surgidos de experiencias con otras personas en años anteriores, en vez de las experiencias actuales, el modo en que el paciente percibe y concibe al analista suele conocerse por «transferencia». Cuando el analista interpreta la situación de transferencia está, entre otras cosas, tratando de centrar la atención del paciente en la naturaleza e influencia de esos modelos y, de manera implícita, invitándolo a determinar su validez presente o quizá, también, a revisarlos.

Entrevisto desde la perspectiva de las teorizaciones de Piaget, el concepto de transferencia implica, en primer lugar, que el analista, en su función de «cuidador» del paciente, se asimila a algún modelo preexistente (y quizá inconsciente) que este último ha elaborado acerca del modo en que todo «cuidador» debe relacionarse con él; y, en segundo término, que ese modelo preexistente del paciente todavía no ha sido adaptado (vale decir, modificado) a los efectos de tener en cuenta el modo en que realmente se comporta el analista en relación con el sujeto.

Algunos analistas argumentan que el término *transferencia* solo debe aplicarse en relación con aquellas características del modelo que resultan inapropiadas para la situación actual. En la práctica, no obstante, suele ser difícil disgregar aquellas partes de un modelo complejo que resultan inaplicables al analista de aquellas que, hasta cierto punto, pueden aplicarse a él correctamente. Como resultado, por tradición suele emplearse el vocablo *transferencia* en relación con todos los aspectos de la concepción que el sujeto tiene del analista y su actitud hacia este. Tal vez todo ello no represente inconveniente alguno, siempre que se tenga en cuenta el problema referente a las partes del modelo que resultan inaplicables en relación con el analista y las partes aplicables a él.

Con no poca frecuencia una característica llamativa de los pronósticos del paciente son sus pronunciadas expectativas de ser abandonado por el analista, expectativas que de ninguna manera resultan siempre plenamente conscientes. Durante los fines de semana y las vacaciones y, en particular, durante separaciones inesperadas debidas a una enfermedad u otra contingencia, el modo en que se comporta un paciente y los pensamientos y sentimientos que expresa pueden resultar inteligibles solo en función de la hipótesis de que prevea que el analista no habrá de regresar o, también con frecuencia, del supuesto de que el analista ya no desee volver a verlo. A menudo esos pronósticos, ya sea conscientes y expresados en términos de temor, o inconscientes y expresados de manera distorsionada, persisten a pesar de que se le asegura al paciente que son erróneos. Por añadidura, y más importante aún, persisten con frecuencia a pesar de que la experiencia real los desvirtúa.[1]

A la vez que atrae la atención del paciente hacia la naturaleza de los pronósticos que aquel parece elaborar, el analista, junto con el paciente, procura interpretar el modo en que pueden haberse originado los modelos en los que se basan esos pronósticos. Durante el curso de esas indagaciones suele descubrirse que determinado modelo, activo en ese momento, pero, en el mejor de los casos, de dudosa validez, se torna razonable o aun completamente inteligible cuando se conocen las experiencias reales que ha tenido el paciente en su trato cotidiano con las figuras de apego durante todos sus años inmaduros. Ello lleva una vez más a plantearnos un interrogante que dio origen a notorias controversias: ¿en qué medida influye la experiencia real sobre el desarrollo de modelos del sí mismo y los demás?

EL PAPEL DE LA EXPERIENCIA EN LA DETERMINACIÓN DE LOS MODELOS ACTIVOS

En cierta época los psicoanalistas se mostraban tan reacios como cualquier psiquiatra kraepeliniano a atribuir los modelos desfavorables de figuras de afecto del paciente a sus experiencias reales. El hacerlo se consideraba un rasgo de ingenuidad, que implicaba menospreciar el rol de la proyección y significaba que no se estaba dando su debida importancia al modo en que el propio paciente había contribuido o contribuía a provocar las desgracias que lo aquejaban. En la actualidad, gracias a la influencia de Fairbairn, Winnicott y otros, es menor el número de psicoanalistas que se adhieren a esa teoría, la cual, postúlase, solo es sostenible en la medida en que el especialista se aboca al tratamiento de pacientes aislados (adultos, por lo general) y no se interesa por considerar sistemáticamente lo que representan sus experiencias cotidianas: ¿en qué medida y de qué manera el paciente ha hallado reciprocidad en su conducta de apego, no solo durante la primera infancia (período sobre el cual suele existir información dudosa y, a menudo, totalmente derivada de especulaciones), sino durante todos los últimos años de la niñez?

Probablemente ningún especialista que haya trabajado durante un tiempo considerable en una clínica familiar, en la cual reciben tratamiento niños con perturbaciones y sus padres, siga adhiriéndose a la tesis tradicional de que la experiencia real reviste escasa importancia. Por el contrario, en el curso de esa tarea se descubre reiteradamente que, al obtenerse información acerca de las experiencias de la interacción del pequeño con sus padres y figuras paternas (por lo general, y parcialmente, a partir de la observación directa de miembros de la familia que se entrevistan juntos y, también en parte, sobre la base de la historia familiar, compilada con lentitud y a partir de fuentes muy diversas), los pronósticos que el chiquillo elabora acerca del modo en que las figuras de afecto pueden comportarse hacia él surgen con toda lógica de sus experiencias sobre el modo en que esas figuras se han comportado para con él en el pasado, y pueden seguir comportándose en el presente. Por lo tanto, sea cual fuere la medida en que las tendencias genéticas y traumas físicos contribuyen a modificar la personalidad, el ambiente familiar por cierto contribuye de manera sustantiva.

Desde esa perspectiva, la personalidad adulta se visualiza como producto de la interacción del individuo con figuras claves durante sus años inmaduros y, en particular, con las figuras de apego. Por consiguiente, el individuo que ha tenido la suerte de crecer en un hogar adecuado, con padres afectuosos en medida normal, siempre ha tenido ante sí a personas que pueden brindarle apoyo, aliento y protección, y sabe dónde buscar todo ello. Tan firmes son sus expectativas y tan reiteradamente han sido satisfechas que, como adulto, le resulta difícil imaginar un mundo distinto. Ello lo hace sentirse seguro, casi de modo inconsciente, de que toda vez que se vea en dificultades siempre tendrá acceso a figuras dignas de confianza que vendrán en su ayuda. Por ende, enfrentará el mundo lleno de confianza y, cuando se vea ante una situación potencialmente alarmante, podrá encararla con eficacia, o bien buscar ayuda para hacerlo.

Otros, criados en diferentes circunstancias, quizá sean menos afortunados. Algunos simplemente desconocen la posibilidad de contar con figuras que les brinden apoyo y protección; para otros, el paradero de esas figuras ha sido siempre incierto. Para muchos otros la posibilidad de que esas figuras respondan brindándoles apoyo y protección siempre ha sido, en el mejor de los casos, azarosa, y, en el peor, nula. Cuando esas personas se convierten en adultos no es de sorprender que no confíen en la posibilidad de que siempre puedan tener acceso a una figura de afecto que les merezca plena confianza. Sus ojos ven el mundo como algo imprevisible y hostil; y responden en consonancia, apartándose de él o librándole batalla.

Entre esos extremos se hallan grupos de personas con todo tipo de experiencias intermedias, quienes, a medida que crecen, elaboran expectativas del mundo en consonancia con aquellas. Por ejemplo, algunos pueden haber aprendido que una figura de apego solo responde de manera positiva cuando se la hace objeto de mimos y halagos. Otros pueden haber aprendido durante la infancia que la respuesta deseada solo puede obtenerse si se cumplen determinadas reglas del juego. Siempre que esas reglas hayan sido moderadas, y las sanciones tibias y previsibles, el sujeto podrá seguir creyendo en la posibilidad de obtener apoyo cuando lo necesite. Pero cuando las reglas son estrictas y difíciles de cumplir, severas las sanciones aplicadas por su ruptura y, en especial, cuando aquellas incluyen amenazas de quitar todo apoyo, la confianza suele desvanecerse.

Las sanciones perjudiciales, aplicadas por muchos padres, incluyen el rehusar responder a los intentos de acercamiento del pequeño, adoptando una actitud malhumorada, y las amenazas de abandonar el hogar o echar de él al niño. Al aplicarse de manera reiterada, o incluso solo ocasionalmente, aunque con intensidad, esas sanciones o amenazas pueden resultar calamitosas en sus efectos sobre la personalidad en ciernes. En particular, como de modo deliberado siembran graves dudas sobre la disponibilidad de la figura de apego cuando se la necesita, dichas amenazas pueden intensificar los temores de ser abandonada que alienta la persona y, en consecuencia, su susceptibilidad a responder a otras situaciones con muestras de temor.

Obviamente, todavía da pie a controversias la influencia que experiencias de este tipo ejercen sobre el desarrollo de la personalidad y, en particular, sobre la susceptibilidad al temor y la ansiedad. En los capítulos siguientes se presentan en mayor detalle datos que corroboran la tesis adoptada, ya introducidos en el capítulo 16 del primer volumen de esta serie. Es de esperar que quienes adopten una postura diferente, en el sentido, por ejemplo, de que las experiencias de los tipos descritos desempeñan, como mucho, un papel subordinado para explicar ciertas modificaciones en el desarrollo de la personalidad, se vean impulsados a presentar datos que confirmen sus teorías. Solo de este modo podrán efectuarse progresos en este terreno.

NOTA SOBRE EL EMPLEO DE LOS TÉRMINOS *MADURO* E *INMADURO*

En muchos círculos especializados ha surgido la práctica de calificar a una personalidad de *madura* o *inmadura*. Suele decirse que es madura la persona que enfrenta el mundo con seguridad, pero que, al verse en dificultades, se muestra dispuesta a buscar apoyo en figuras dignas de confianza.

Por el contrario, se tilda de inmaduro a aquel que sufre de ansiedad crónica y necesita apoyo de manera permanente, o al que nunca deposita su confianza en algún otro ser.

La teoría subyacente al empleo del término *inmaduro* en ese sentido es que la personalidad adulta estructurada de esa manera sería consecuencia de un desarrollo interrumpido, y habría permanecido en un estado que, aunque normal en la temprana infancia, en el curso de un desarrollo sano va superándose y dejándose atrás.

La teoría aquí propuesta, que se analiza más exhaustivamente en el capítulo final, es diferente. Esta sostiene que los estados mentales de ansiedad crónica o de desconfianza persistente no son característicos de las fases normales o saludables del desarrollo. Por el contrario, postula que la causa central de esas desviaciones reside en que, durante la infancia, la conducta de apego del sujeto obtuvo respuestas inadecuadas, con el resultado de que durante toda su existencia posterior este elabora pronósticos acerca de sus figuras de apego basándose en la premisa de que probablemente no se hallarán disponibles.

El parecido entre ciertos tipos de personalidad y la típica de los niños pequeños, en especial en la medida en que tanto unos como otros requieren y suelen exigir la presencia y apoyo constante de las figuras de afecto, sería solo superficial. En el caso de un pequeño, este no cuenta con los medios necesarios para elaborar pronósticos, excepto a muy corto plazo. En el caso de una personalidad «inmadura», no solo cuenta con medios para elaborar pronósticos, sino que efectivamente pronostica, llena de convicción, que las figuras de afecto se mostrarán inaccesibles a menos que las vigile constantemente o procure siempre ajustarse a sus cambios de humor para complacerlas.

En consecuencia, consideramos que el uso común de los términos *maduro* e *inmaduro* es inexacto y puede dar lugar a malentendidos. Un efecto particularmente adverso del empleo del vocablo *inmaduro* en ese sentido es que, ocasionalmente, puede impulsar al especialista a adoptar una actitud paternalista hacia sus pacientes, tratando de complacerlos, en vez de reconocer que su conducta es un producto legítimo de sus experiencias amargas.

15

El apego ansioso y algunas condiciones que lo determinan

> Si los padres discuten o su matrimonio es desdichado, se prepara el terreno para que los hijos tengan fuerte predisposición a sufrir trastornos en su desarrollo sexual o padecer enfermedades neuróticas.
>
> SIGMUND FREUD (1905b)

LA «SOBREDEPENDENCIA» O APEGO ANSIOSO

En las páginas iniciales de este volumen se reproducen descripciones (tomadas de Burlingham y Freud, 1944) del comportamiento de niños de dos a cuatro años, residentes en las guarderías de Hampstead, quienes manifestaban una conducta sumamente posesiva hacia alguna de las niñeras. Juan, por ejemplo, había permanecido en la guardería desde los diecisiete meses, y según la descripción había desarrollado un «fuerte apego» hacia una joven niñera, primero, y luego hacia otra que también lo tuvo a su cuidado, en reemplazo de aquella. El niño se mostraba sumamente apegado a ellas y extremadamente posesivo, y no permitía que lo dejaran solo ni por un momento. Muchos otros observadores (entre ellos, mis colegas Robertson y Heinicke) advirtieron también estas pautas de conducta siempre que en una guardería se les da oportunidad a los niños pequeños para que elaboren un vínculo de afecto que los une a algún miembro del personal; asimismo, esa conducta se repite en la relación con la madre a su regreso al hogar.

A cualquier edad (la niñez, la adolescencia, la edad adulta) el ser humano puede mostrarse muy apegado a otro ser, sea de manera literal o figurada. Dicha conducta recibe muchas denominaciones. Entre los adjetivos utilizados para describirla se cuentan *celoso, posesivo, codicioso, inmaduro, excesivamente dependiente,* y se habla de un apego *fuerte* o *intenso.* Para los fines científicos y clínicos que nos interesan, arguméntase, cada uno de esos términos presenta algunos inconvenientes: sea porque deriva de una teoría obsoleta o hace referencia a ella, porque se trata de un vocablo ambiguo o (tal vez lo más importante) porque implica un juicio de valor adverso que se considera inadecuado y poco satisfactorio.

Los términos *celoso* y *posesivo,* aunque exactos, suelen resultar peyorativos. Lo mismo ocurre en el caso de *codicioso*, palabra utilizada, sobre todo, por quienes todavía se hallan bajo el influjo del supuesto de que todo vínculo de afecto derivaría del alimento y del acto de ser alimentado.

Las expresiones *fuerte apego* o *intenso apego* adolecen de ambigüedad: ambas, y en especial la primera de ellas, implicarían un estado de cosas satisfactorio.

El término *inmaduro* deriva de una teoría de la regresión que, tal como se indica al final del capítulo anterior, no responde a los datos reales con que se cuenta.

En cuanto a los términos *dependencia* y *sobredependencia* (o *dependencia excesiva*), en el primer volumen de esta serie (capítulo 12)[1] se señalan algunas de las ambigüedades y valores falsos que ocultan. Consideremos sus deficiencias más exhaustivamente y procuremos hallar un término alternativo.

Quizá los vocablos *dependencia* y *sobredependencia* sean los más frecuentes en la literatura especializada. El niño que suele mostrarse muy apegado a sus padres, el adolescente poco dispuesto a dejar su hogar, el inválido que exige compañía, el marido o la mujer que mantienen un estrecho contacto con la madre suelen, como tantos otros, ser descritos con una de esas palabras más tarde o más temprano. Su uso siempre lleva implícito un tono de desaprobación, de crítica. Consideremos con mayor detenimiento la conducta a la que se aplican estos términos y el modo en que deben evaluarse las personas así descritas.

Examinados desde la perspectiva de esta obra, la mayoría de los que los especialistas describen como dependientes o excesivamente dependientes son individuos que manifiestan una conducta afectiva con mayor frecuencia y urgencia que lo que el especialista considera correcto. Por consiguiente, en estos términos se hallan implícitas las normas y valores sustentados por el observador que los utiliza. Ello causa muchas dificultades. Una de ellas reside en que normas y valores difieren ampliamente, no solo entre distintos individuos, sino de una cultura a otra y de una subcultura a otra. Tomando un ejemplo grosero, algunas conductas que en determinadas regiones de Oriente pasarían desapercibidas o incluso serían alentadas, en Occidente constituirían muestras de infantilismo y señal de sobredependencia. Otra dificultad radica en que, incluso dentro de una misma cultura, no puede efectuarse una evaluación provechosa de esa conducta sin conocimiento de causa, vale decir, sin tener en cuenta las condiciones orgánicas y ambientales en que se produce. El hecho de ignorar la edad de un niño, si está sano o enfermo, o si una persona ha experimentado o no un *shock* reciente puede distorsionar por completo los juicios del observador. De manera específica, suelen considerarse excesivamente dependientes (erróneamente) aquellos niños que aparentan mayor edad, los que se sienten cansados o indispuestos, aquellos cuyos padres les han dado un nuevo hermanito hace poco tiempo, y los adultos que acaban de pasar por una situación de duelo. Otro ejemplo es el de las mujeres jóvenes durante un embarazo o al hacerse cargo de un niño pequeño. En todos estos casos la conducta de apego suele manifestarse con mayor frecuencia y/o urgencia que en otras circunstancias. En otras palabras, teniendo en cuenta las condiciones en que se manifiesta, la conducta desarrollada puede muy bien hallarse dentro de los límites de lo normal, y no sería correcto extraer conclusiones adversas acerca del desarrollo de la personalidad de las personas en cuestión.

No obstante, hay seres de toda edad que suelen manifestar con frecuencia y urgencia insólitas una conducta de apego, y que lo hacen con persistencia y, aparentemente, sin que lo justifiquen las circunstancias. Cuando esta propensión supera determinados límites por lo general se los considera neuróticos.

Al conocer a una persona de este tipo muy pronto resulta evidente que no confía en que las figuras en quienes centra su afecto se muestren accesibles y le respondan adecuadamente cuando las necesite; por consiguiente, el sujeto ha adoptado la estrategia de mantenerse muy cerca de ellas con el fin de asegurarse su disponibilidad en la medida de lo posible. Considerar esta situación un ejemplo extremo de dependencia no hace sino desviarnos del problema. Incluso la expresión *ansiedad de separación* no se ajusta al ideal. Una expresión mucho más adecuada para describir la situación es la de *apego ansioso* o *apego inseguro*. Ello indica con toda claridad que la preocupación básica del individuo reside en que las figuras de afecto no resulten accesibles y/o no le respondan adecuadamente. Por esas razones, en consecuencia, y en especial porque podría despertar nuestra simpatía, se utiliza la expresión *apego ansioso*. Se respeta así el deseo natural del sujeto de entablar una relación estrecha con la figura de apego, y se toma en cuenta el temor que experimenta de que la relación toque a su fin.

La tesis propuesta en esta obra es que, aun cuando otros factores causales puedan incidir sobre el desarrollo de esta condición, aquellos sobre los que se cuenta con mayor cantidad de datos son las experiencias que van minando la confianza de la persona en que sus figuras de afecto estarán disponibles cuando las necesite. En el capítulo siguiente se consideran varias teorías alternativas, algunas de ellas profundamente arraigadas.

Las siguientes descripciones, suministradas por dos madres de clase trabajadora en ocasión de que sus pequeños hijos atravesaran una fase de «dependencia extrema», revelan dicha condición desde lo que sería una perspectiva verdadera. Las descripciones han sido tomadas de un estudio de 700 niños de cuatro años en Nottingham, emprendido por Newson y Newson (1968).

Al preguntársele si su hijita era afecta a los mimos y abrazos en algunas oportunidades, la esposa de un minero respondió:

> Desde que la dejé una vez para internarme en el hospital (dos períodos de 17 días cada uno; la pequeña contaba dos años), ya no me tiene confianza. No puedo ir a ninguna parte, ni a lo de los vecinos ni de compras, sin llevarla. No me deja salir. Hoy fue a la puerta de la escuela a la hora de la comida, y corrió a casa enloquecida. Al verme exclamó: «¡Oh, mamita, creí que te habías ido!». No lo puede olvidar. Siempre me sigue por todas partes.

Al formulársele la misma pregunta a la esposa de un camionero, cuyo marido había hecho abandono del hogar tres meses antes, la mujer replicó:

> Sí, últimamente todo el tiempo, desde que él me dejó. (¿Qué hace usted?) Bueno, si no estoy ocupada me siento y la tomo en brazos, porque, usted sabe, siempre anda detrás de mí y me pregunta todo el tiempo: «¿Me quieres? ¿No me dejarás, mamita, no?», así que me siento y trato de hablarle, sabe usted, acerca de todo eso; pero a su edad (cerca de cuatro años) realmente no se le puede explicar. Y antes solía vestirse sola; pero desde que mi marido nos dejó quiere que lo haga yo; bueno, todo tengo que hacerlo yo. Por ahora le dejo hacer más o menos lo que quiere. O sea que, como todo eso la trastornó, no quiero causarle nuevos trastornos. La puse en una guardería cuando él se marchó, porque pensé que así podría distraerse, para que tuviera la mente ocupada, pero la directora me dijo que sería mejor sacarla, porque la nena lo único que hacía era quedarse sentada y llorar todo el día. Creo que para ella fue un gran golpe que el papito se fuera, y justo entonces yo comencé a dejarla todo el día en la guardería, tal vez la nena pensaba que yo también la quería abandonar. Así que, después de quince días, la saqué. Pero tiene miedo de que la deje sola; por ejemplo, si voy al baño tengo que llevarla conmigo, ni siquiera entonces quiere quedarse sola en la habitación. Tiene terror de que la abandonen.

Al resumir sus descubrimientos sobre niños que se mostraban excesivamente dependientes de sus padres y daban muestras de temer una separación, los Newson puntualizan: «La mayoría de los temores de separación de esos pequeños tienen una base real, puesto que ellos o sus madres habían sido hospitalizados, o se había producido algún otro tipo de separación». No obstante, algunos niños habían atravesado experiencias de esa índole sin que parecieran propensos a experimentar ansiedad de separación, en tanto que otros pequeños, propensos a dar muestras de temor en ese sentido, no habían sufrido experiencias tales. Por consiguiente, por importante que sea la experiencia de una separación real, es evidente que intervienen variables de otro tipo.

Entre las variables de mayor influencia se contarían, en primer término, las amenazas de abandono formuladas con fines disciplinarios y, en segundo lugar, el hecho de que el pequeño advierta que las discusiones de los padres llevan implícito un riesgo de separación, en el sentido de que uno de los progenitores podría marcharse del hogar. De acuerdo con datos recientes, es muy probable que, tal como señalaran Suttie (1935) y Fairbairn (1941) hace muchos años, las amenazas de abandono constituyan el factor de mayor influencia. Sin embargo, no debe olvidarse que esas amenazas ejercen un poder tan tremendo solo porque para un niño pequeño la separación en sí constituye una experiencia, o perspectiva, sumamente angustiante y terrible.

Por tal razón, en consecuencia, volvemos una vez más al punto de partida: los efectos que la separación de la figura materna ejercen sobre un niño de corta edad.

En las dos secciones siguientes consideraremos, primero, a los niños que se crían en un ambiente de internado sin una figura materna permanente y, en segundo lugar, a los pequeños que se crían en el hogar, en compañía de la madre, pero que, por diversas razones y durante períodos de tiempo mayores o menores, se ven separados de ella.

EL APEGO ANSIOSO EN LOS NIÑOS CRIADOS SIN UNA FIGURA MATERNA PERMANENTE

Los datos más sistemáticos con que se cuenta acerca de la conducta dictada por el afecto y el miedo en los niños criados sin una figura materna permanente son los suministrados por Tizard y Tizard (1971). Los investigadores comparan el desarrollo social y cognitivo de los niños de dos años criados en la guarderías con internado de Inglaterra con el de los pequeños criados en el seno de sus hogares.

En estos últimos años se han producido grandes cambios en la organización de las guarderías con sistema de internado en Gran Bretaña. No solo se alientan los lazos con la familia del niño, sino que, dentro de la guardería misma, se procura crear condiciones de vida más semejantes a las propias de una familia común que en el pasado. Con excepción de los bebés de menos de un año, que reciben cuidados en una unidad por separado, los pequeños viven en grupos de seis miembros de distintas edades, hasta aproximadamente los cinco o seis años, y en su ambiente «privado» son puestos al cuidado de su propia niñera y una asistente. Por añadidura, en algunas guarderías se adopta un sistema según el cual se alienta a cada niñera a prestar atención específica a uno o dos niños, por regla general de un grupo distinto a aquel con el que habitualmente trabaja; la niñera lleva al niño a pasear en su tiempo libre, le compra pequeños obsequios, a veces lo pone en la cama o lo lleva a su propia casa los fines de semana.

Aunque este tipo de régimen representa un gran adelanto con respecto a los regímenes impersonales del pasado, al examinarlo más detenidamente descubrimos que, en relación con los cuidados maternos en sí, todavía está lejos de cumplir las condiciones que se dan en cualquier hogar de clase baja en el Londres actual.

Tizard y Tizard seleccionaron quince niños de cada sexo para su estudio (diez blancos y cinco de color en ambos casos), de dos años, quienes habían sido bebés sanos y nacidos a término, por lo general de buena salud, y que habían ingresado a una guardería antes de los cuatro meses y habían permanecido en ella desde entonces. Con excepción de uno de ellos, en todos los casos se trataba de bebés ilegítimos. La mitad de ellos eran visitados por la madre, quien albergaba esperanzas de poder tomar al hijo a su cargo; los otros habían sido ofrecidos en adopción, pero por una razón u otra el procedimiento se había demorado.

Se seleccionó un grupo contrastante, de similar composición por edad, sexo y estado de salud, aunque limitado a niños ingleses de raza blanca, seleccionados entre pequeños de familias de clase baja que vivían en sus propios hogares y cuyas familias no se habían desintegrado. Por razones de conveniencia para la investigación, se excluyeron todos los niños cuyas madres trabajaran el día entero y cuyos hermanos mayores no habían alcanzado la edad escolar.

El objetivo del estudio era comparar a los niños de ambos grupos en relación con su desarrollo cognitivo y social. Se administraron varios test cognitivos,[2] y se buscó la oportunidad de observar las respuestas del pequeño ante la entrada de un extraño, primero, y ante la breve partida de la persona a cuyo cuidado estaba, posteriormente. Además, con el fin de obtener mayor información con respecto a la conducta de apego, se formuló a la persona a cargo del pequeño una serie de preguntas detalladas acerca de aquel y se obtuvieron ciertos datos relativos a las experiencias del niño con figuras de apego potenciales y otras personas. El proyecto estuvo a cargo de dos especialistas del sexo femenino.

Al registrar los resultados conviene comenzar por las oportunidades que tenían los niños de ambos grupos para entablar vínculos de afecto. Al compararse se observan grandes diferencias.

Para los treinta niños de dos años que vivían en el seno de la familia la madre era la figura de afecto central en el caso de veinte de ellos; el padre para cuatro, y ambas figuras paternas para cinco. En uno de los casos, en que el padre se había ausentado del hogar, lo suplía un tío por parte de madre. El número total de figuras de apego se hallaba rígidamente limitado, con un promedio de cuatro por niño del grupo. El seguimiento de la figura de apego por toda la casa resultó ser una actividad común en todos los pequeños, con la sola excepción de cuatro de ellos.

Por contraste con ese panorama de un apego perfectamente delimitado, la conducta afectiva de los niños de la guardería era mucho más difusa en su orientación. Hasta cierto punto, la mayoría de ellos orientaba esa conducta hacia un número grande e indeterminado de personas, entre las cuales por lo común se incluía a «cualquiera que conociese bien». No obstante, todos los chiquillos daban signos de albergar ciertas preferencias. Siempre que la propia madre los visitara una vez por semana o más, automáticamente se convertía en la figura de afecto central: «el pequeño se mostraba muy ansioso por verla y lleno de zozobra ante su partida». De manera similar, cuando el pequeño estaba a cargo de una «niñera especial» que lo llevaba de paseo (y no tenía una madre que lo visitara con regularidad), aquella obtenía las preferencias del niño, a pesar de que probablemente solo lo veía unos pocos minutos todos los días, la mayor parte del tiempo. De esta manera, en tanto que los hijos que vivían en el seno de sus propias familias lograban un contacto casi permanente con sus figuras de afecto favoritas, los pequeños colocados en la guardería las veían escasamente. Además, a estos últimos no se les permitía salir de la habitación para seguir a otra persona.

A pesar de los esfuerzos realizados por las autoridades de la guardería para estabilizar las relaciones sociales de los niños, los resultados no pudieron satisfacer sus expectativas. Desde su ingreso a la guardería veinte meses antes, la mayoría de los chiquillos habían estado a cargo de un mínimo de veinte personas diferentes, que los cuidaron durante el término de una semana o períodos algo más prolongados, por comparación con un promedio de dos personas para los niños criados en sus hogares. Incluso en el curso de una misma semana era de seis el promedio de niñeras que cuidaban de los pequeños internos. Además, los miembros del personal de la guardería iban y venían, a intervalos irregulares; a menudo desaparecían durante días o semanas enteras, y a veces no regresaban nunca.

Al cotejarse los datos obtenidos sobre la conducta de afecto y de temor en los niños de los dos grupos, se descubrió que los pequeños criados en la guardería daban muestras de ansiedad mucho mayor[3] en su apego y se mostraban mucho más temerosos en presencia de un desconocido.

Según los datos suministrados por las niñeras, advertimos que la conducta afectiva de los niños criados en las guarderías en relación con su figura de apego favorita y con el resto del personal se caracterizaba por una ansiedad mucho mayor que en el caso de los otros pequeños (de acuerdo con los informes de las madres). Por ejemplo, veinticuatro de los bebés criados en la guardería solían romper a llorar cuando la persona preferida que estaba a su cuidado salía de la habitación, por comparación con solo trece de los treinta pequeños criados con sus familias; los que lloraban con regularidad alcanzaban un promedio de diez y dos, respectivamente. Al regreso de su cuidadora, con la sola excepción de dos de los niños de la guardería, corrían hacia sus brazos (la mayoría de ellos lo hacía habitualmente), por comparación con solo cuatro de los pequeños criados con sus familias (y ninguno de ellos de manera habitual). Observamos así que, en tanto que las dos terceras partes de los pequeños criados en sus hogares tomaban como algo corriente las idas y venidas de la madre, la mayoría de los niños de la guardería se sentían alarmados cuando se alejaba una figura de apego, y deseaban ser tomados en brazos a su retorno.

A los niños de ambos grupos se les aplicó un procedimiento estandarizado para medir el temor a los extraños. Se evaluaba a todos los niños en la sala donde estaban habitualmente, en presencia de su cuidadora (niñera o madre). Durante los cinco primeros minutos el pequeño se sentaba en la falda de la cuidadora, en tanto que la investigadora hablaba con esta. Luego la investigadora efectuaba una serie de gestos estandarizados en dirección al pequeño: lo saludaba, lo invitaba a acercarse para mirar un libro de láminas, y luego lo invitaba a sentarse en su falda. La respuesta del chiquillo ante cada uno de esos gestos se medía de acuerdo con una escala de siete puntos.

Cuando durante la segunda etapa la investigadora invitaba al pequeño a acercársele, solo lo hicieron quince de los treinta niños de guardería, en tanto que seis de ellos rompieron a llorar y huyeron. De los niños criados con sus familias, dieciséis aceptaron la invitación y ninguno de ellos huyó.

Tras esos movimientos iniciales, la investigadora proseguía conversando con la persona al cuidado del niño durante unos minutos más, y luego le solicitaba que saliera de la habitación por un rato, dejando la puerta entreabierta. La respuesta infantil ante esta acción se medía de acuerdo con una escala de cuatro puntos. Hacia el final de la sesión se pedía a la cuidadora una vez más que saliera de la habitación, y se medía nuevamente la respuesta infantil según una escala de puntuación. Al quedarse solos con la investigadora en la primera ocasión, seis de los niños criados en la guardería huyeron de la habitación, e incluso en la segunda ocasión cinco de ellos se mostraron poco dispuestos a quedarse con aquella. En ambas oportunidades los niños criados en el seno de sus familias se mostraron dispuestos a permanecer con la investigadora.

Por último, al finalizar la sesión, la investigadora invitaba una vez más al chiquillo a sentarse en su falda. Los niños de la guardería, aunque la mayoría de ellos para ese entonces se mostraba más audaz, fueron mucho más cautelosos que los otros pequeños. Dos de los primeros volvieron a huir y romper a llorar; y ninguno de ellos sonrió ni comenzó a parlotear, tal como lo hicieron once de los niños de familia al subirse a la falta de la investigadora.

Si bien todos los descubrimientos citados hasta este momento confirman nuestra hipótesis, existen uno o dos datos más que la contradicen. En especial, en relación con el temor demostrado ante los perros, por ejemplo, tanto las niñeras como las madres informaron «igual frecuencia» para los niños de ambos grupos. Teniendo en cuenta las muy diferentes respuestas infantiles en presencia de la investigadora, cabría cuestionar la validez de esa información, proveniente de fuentes cuyos estándares pueden muy bien no ser comparables.

En este contexto reviste interés un informe de Schnurmann (1949). En él se describe de qué manera una pequeña de dos años y medio, criada en las Guarderías de Hampstead, comenzó a alentar temores de irse a la cama y de los perros. Aunque sus síntomas se describen en función de una fobia, y el autor procura explicarlos en términos de una ansiedad de castración derivada de las observaciones de la niña sobre las diferencias sexuales, el informe no deja lugar a dudas de que los síntomas comenzaron a presentarse poco después de que la madre interrumpiera sus visitas cotidianas a su hijita; por otra parte, los síntomas se disiparon cuando comenzaron nuevamente esas visitas. En los capítulos 18 y 19 se enfoca de manera más exhaustiva la relación entre síntomas fóbicos y vínculos de afecto regidos por la ansiedad.

En vista de la muy diferente experiencia en relación con las figuras de afecto que tienen los niños residentes en una guardería, por comparación con los criados en un ambiente de familia, no es de extrañar que la conducta de apego de los primeros se caracterice por un grado mucho más alto de ansiedad, o que aquellos se muestren más propensos a temer a las personas extrañas. Tampoco sería de extrañar que hubiese una diferencia sustantiva entre los modelos de las figuras de apego elaborados por los niños de ambos grupos, a los que toman como base para elaborar predicciones futuras acerca de la asequibilidad y capacidad de respuesta de esas figuras. Ocurre que, en tanto que el pequeño criado en su hogar vive en un mundo estable y previsible, con figuras de apego accesibles y que por lo común responden a sus requerimientos, el niño criado en una guardería, incluso en aquellas donde se practican los sistemas más avanzados, vive en un mundo sumamente imprevisible, en el cual su figura favorita de apego por lo general es inaccesible, en tanto que otras figuras subsidiarias van y vienen de manera casi azarosa.

EL APEGO ANSIOSO TRAS UN PERÍODO DE SEPARACIÓN O DE CUIDADOS SUSTITUTIVOS DIARIOS

Tras un período de separación, en particular cuando se lo ha pasado en compañía de figuras extrañas, es corriente que los niños criados en el seno de sus familias se muestren más ansiosos y apegados a sus padres que antes. Este descubrimiento, uno de los datos básicos sobre los cuales se fundamenta la presente tesis, y al que ilustran adecuadamente los dos ejemplos (tomados de Newson y Newson, 1968) citados en la primera sección de este capítulo, quizá ya haya dejado de ser origen de polémicas. Pero lo que todavía es cuestionable son los factores que impulsan a un niño determinado a recuperar la confianza en sus figuras de afecto, mientras no ocurre lo mismo con otros.

Efectos de una breve estancia en un hospital

Un estudio de Fagin (1966) acerca de la conducta de dos grupos de niños a su retorno al hogar tras una breve estancia en un hospital (de uno a siete días de duración) permite esclarecer la cuestión. Los treinta niños de un grupo habían sido acompañados por la madre, quien permaneció con ellos en el hospital, en tanto que los treinta del otro grupo no la tenían consigo, si bien la progenitora los visitaba diariamente. Los pequeños se agruparon por edad (de dieciocho a cuarenta y ocho meses), pero no por sexo. Las entrevistas sostenidas con las madres antes de la hospitalización indicaban que sus actitudes hacia la crianza de los niños no diferían de un grupo al otro; por otra parte, todas las madres hubieran deseado poder quedarse en el hospital con sus hijos.

La conducta de cada niño a la semana y al mes de su retorno al hogar, según lo informado por las madres en el transcurso de una entrevista, se comparó con su conducta antes de ser hospitalizados, también de acuerdo con los informes de la madre para ese entonces.

De acuerdo con esos informes, la conducta de un niño que no había estado acompañado por la madre en el hospital resultó sumamente perturbada tanto a la semana como al mes de su regreso al hogar, por comparación con su conducta anterior a la internación. Se produjeron diferencias significativas en todos los aspectos habituales. En particular, dichos niños parecían mucho más intranquilos ante la posibilidad de una separación breve y temporal que lo que solían serlo antes de su internación y, asimismo, se veían mucho más «dependientes». Por el contrario, los niños que en el hospital habían estado acompañados por la madre no pusieron de manifiesto ninguno de esos cambios negativos en su conducta. De acuerdo con los informes de las madres, su desarrollo en todos esos aspectos habría sido favorable, lo que indicaría que, tal como señalan MacCarthy y sus colegas (1962), la presencia de la madre en una situación potencialmente perturbadora cimenta la confianza del niño, quien siente que aquella estará siempre disponible en una emergencia.[4]

Estos descubrimientos coinciden con los de otros estudios similares. En el estudio de Freud reviste particular interés el efecto diferencial que sobre los pequeños de ambos grupos ejerce el tener una madre «irritable», según la calificación del entrevistador. De los pequeños acompañados por una madre de ese tipo, ninguno reveló efectos adversos tras su internación; en tanto que los niños con el mismo tipo de madres, pero que no habían estado acompañados en el hospital, se mostraron aún más afectados por la experiencia que quienes tenían una madre más equilibrada, de acuerdo con las calificaciones.

Otros estudios señalan que, sin lugar a dudas, toda separación ejerce un efecto particularmente adverso sobre los niños cuyos padres suelen mostrarse hostiles o amenazarlos con la separación como medida disciplinaria, o cuya vida familiar es inestable. Son cada vez más abundantes las pruebas de que las relaciones entre padres e hijos, tanto antes como después de la situación descrita, desempeñan un papel preponderante para explicar los diferentes efectos de una separación.

Efectos de los períodos continuados de separación

Moore (1964; 1969 a y b) suministra una serie de datos de sumo interés en relación con nuestra tesis. En un estudio longitudinal sobre niños londinenses, iniciado al nacimiento con 223 casos, y reducido a 167 a los seis años, Moore pudo investigar los efectos a corto plazo que sobre los pequeños ejercían las separaciones y otros períodos en que los cuidados maternos se veían interrumpidos, así como las diferencias de conducta, a los seis o siete años, de los pequeños que, durante sus primeros años de vida, habían tenido diferentes tipos de experiencias. La información relativa a su conducta se obtuvo: a) de entrevistas con las madres (dos antes del nacimiento del pequeño, cinco durante su primer año de vida, cuatro durante los dos años siguientes, y una por año de allí en adelante); b) de test psicológicos y observaciones de los pequeños, efectuadas con regularidad en el Centro de Estudios, y c) de entrevistas con los directores y personal de las guarderías adonde asistían los chiquillos. La mayoría de los resultados se expresan en función de diferencias entre la frecuencia promedio de las conductas infantiles en una serie de muestras que difieren en relación con las experiencias previas.

Varios pequeños habían pasado períodos de una o dos semanas con parientes, sea a modo de vacaciones para el niño o durante las vacaciones de los padres o ambas cosas a la vez. La conducta más común de los pequeños de menos de tres años al volver a reunirse con la madre residía en mostrarse muy apegados a ella, a veces tras algunas muestras de reservas inicial. Aunque dicha conducta por lo general desaparecía a los dos o tres días, en el 30 % de los casos subsistía durante varias semanas. Moore (1969b) llega a la siguiente conclusión: «Es evidente que para la mayoría de los niños pequeños una separación de la madre constituye, de por sí, una experiencia causante de tensiones»; asimismo, sostiene que aquellos se muestran particularmente vulnerables a los dos y tres años.

Moore suministra amplias pruebas de que la persistencia o desaparición de esas perturbaciones depende, en gran medida, de la estabilidad del hogar y las actitudes de los padres. A continuación se suministran detalles de dos de sus cotejos:

a. Seis niños habían tenido una o más experiencias de guarderías con sistema de internado entre los nueve y treinta meses. Con excepción de uno solo de ellos (quien adolecía de retraso mental), todos se mostraron perturbados a su regreso al hogar, «dando muestras de conducta agresiva, golpeándose la cabeza, manifestando temor en presencia de extraños y/o tornándose más dependientes de sus madres». Otros cuatro chiquillos habían tenido una experiencia similar antes de los nueve meses; de ellos, dos se mostraron igualmente perturbados. Cuando todos ellos habían cumplido ocho años, dos se hallaban «razonablemente adaptados», pero no ocho. Adviértase que los dos primeros provenían de hogares donde las relaciones de familia eran buenas, tanto que los ocho que presentaron dificultades, por lo general de conducta agresiva y descontrolada, provenían de hogares que estaban a punto de desmembrarse (dos casos) o donde las relaciones eran poco sólidas.
b. Quince niños provenientes de hogares estables sufrieron separaciones episódicas durante sus cuatro primeros años de vida. Esas separaciones fueron de duración variable, y transcurrieron en distintos contextos. En muchos casos el pequeño había permanecido en casa de parientes; en otros, en un hospital o guardería. Al sumarse los períodos de tiempo que los pequeños habían pasado lejos de sus padres, el total oscilaba entre las cinco y las veintitrés semanas. Esos niños provenían de hogares estables y, fuera del período de separación, estaban siempre al cuidado de la madre. A los seis años su conducta pudo compararse con la de dos grupos similares de niños:

   1. Aquellos que habían estado todo el tiempo al cuidado de la madre, sin sufrir ninguna separación.

2. Los que no solo habían sufrido una serie de separaciones, sino que provenían de hogares inestables; además, la persona a cargo de ellos cambió con frecuencia durante los años preescolares.

1. De acuerdo con los informes de las madres, los niños provenientes de hogares estables que habían sufrido esas separaciones episódicas eran menos propensos a buscar la atención de los adultos que los que no habían sufrido separación alguna. Ello indicaría que, para los niños que por regla general están al cuidado de la madre en el seno de un hogar estable, las separaciones episódicas de la longitud y tipo descritos, si bien en muchos casos, de acuerdo con los informes, provocaron grandes perturbaciones momentáneas, no ejercieron efectos adversos sobre la conducta afectiva posterior del niño.
2. En tanto que los niños provenientes de hogares estables que habían sufrido separaciones episódicas se habrían desarrollado favorablemente, no ocurrió así en el caso de pequeños provenientes de hogares inestables. A los seis años se advertían en ellos muchos signos característicos de inseguridad: dependencia extrema, ansiedad, problemas de sueño, síntomas tales como el morderse las uñas.

Efectos de los cuidados sustitutivos diarios

Moore (1969a) enfoca con cierto detenimiento los efectos que sobre la conducta de un niño de seis años ejercen los cuidados sustitutivos diarios recibidos antes de los cinco años. Alrededor de la mitad de las madres de la muestra habían trabajado fuera de la casa por un período de tres meses, como mínimo, antes de que el niño cumpliera cinco años, pero las pautas del trabajo materno y de los cuidados recibidos por el hijo en su ausencia variaban en grado sumo. Por un lado se hallaban las madres que, cuando los niños contaban cuatro o cinco años, trabajaban solo parte del día, mientras el pequeño permanecía en la guardería; por otro, las mujeres que trabajaban prácticamente todo el día, ya desde los comienzos de la vida del pequeño, mientras este permanecía todo el día en una guardería o estaba al cuidado de otra persona. Inevitablemente, las variables fueron objeto de gran confusión. En la mayoría de los casos en que casi desde el comienzo de sus vidas los pequeños eran puestos al cuidado de otra persona dicha situación se había caracterizado por su inestabilidad, vale decir, que el chiquillo había sido cuidado por determinadas personas primero y por otras después. A la inversa, cuando dichos cuidados eran suministrados después de los tres años, por lo común en una guardería, tendían a ser estables. Otra complicación, la cual no resulta de extrañar, deriva de la correlación entre la inestabilidad de los cuidados recibidos por el pequeño y la personalidad inestable de los padres.

A pesar de esos problemas, Moore pudo identificar dos muestras, cada una de ellas de quince niños, equiparados por sexo y en varios otros aspectos de manera bastante adecuada, todos los cuales recibieron cuidados sustitutivos antes de cumplir cinco años. En una muestra dicha situación había sido estable, e inestable en la otra. Para cada una de las muestras la edad a la que los pequeños recibieron por vez primera cuidados diarios de un sustituto oscilaba entre las pocas semanas y los tres años, aproximadamente.

Muestra de niños que recibieron cuidados sustitutivos diarios inestables: Los quince niños que habían recibido cuidados diarios de un sustituto en una situación caracterizada por la inestabilidad y el cambio, en la mayoría de los casos antes de los dos años, se caracterizaban por su alto nivel de inseguridad y ansiedad en años posteriores. A juzgar por los informes de las madres cuando los pequeños contaban seis años, se mostraban

> mucho más dependientes y apegados en su conducta; querían estar en la falda de la madre, no deseaban que aquella partiera, se mostraban sumamente perturbados si aquella se enojaba y exigían su atención a la hora de acostarse... Esta conducta era obvia en el Centro, en donde el grupo respectivo obtuvo puntuaciones más elevadas en relación con su conducta dependiente y su nerviosidad, y más bajas en relación con su adaptación inicial a la situación. Se mostraban más temerosos, en particular de médicos y hospitales, y de la oscuridad... (Moore, 1969a).

Además de caracterizarse por su inestabilidad los cuidados diarios que recibían esos niños, los quince incluidos en la muestra pasaron más tiempo en el hospital o fuera de la casa que los pequeños incluidos en la otra muestra. Además, la ansiedad que caracterizaba sus vínculos de afecto, en parte, aunque no totalmente, era atribuible al tratamiento de que los hacían objeto los padres, muchos de los cuales habían sido calificados como «personalidades inestables».

Muestra de niños que recibieron cuidados sustitutivos diarios estables: Solo se dieron algunos casos en que dichos cuidados comenzaron a aplicarse antes de que el pequeño hubiera cumplido los dos años, pero dicha situación también se había caracterizado por su estabilidad. A los seis o siete años estos pequeños tendían a buscar la atención adicional de la madre y algunas de ellas no lograron entablar una relación estrecha con el hijo.

Los niños a quienes el sustituto materno estable no comenzó a brindar sus cuidados antes de los tres años, por el contrario, no dieron muestras de tener problemas emocionales obvios a los seis años. Este descubrimiento, por supuesto, coincide con la experiencia cotidiana. Durante el tiempo que pasaron lejos de la madre los pequeños de tres y cuatro años habían asistido a una guardería o bien habían estado al cuidado de otra familia, situaciones ambas que no solo se hallan muy difundidas a esa edad, sino que por lo común son disfrutadas por los chiquillos, y que no parecen haber sido causa de dificultades.[5]

Empero, un ulterior descubrimiento efectuado en un estudio de Moore (1971) indica que algunos de los niños que habían permanecido con la madre hasta los cinco años, sin asistir nunca a una guardería ni integrarse en un grupo de juego, en años posteriores solían mostrarse hipersensibles a las críticas y tímidos en presencia de sus pares. Este descubrimiento, de confirmarse, corroboraría la difundida creencia de que, a partir de los tres años, los niños obtienen beneficios del juego con sus pares en un ambiente ordenado con tal fin, en especial cuando la alternativa es su reclusión en un espacio limitado dentro de un ambiente urbano, y en muchos casos junto a una madre posesiva que los controla permanentemente, como en la muestra de Moore.

Los descubrimientos del estudio de Moore, en consecuencia, corroboran ampliamente la teoría de que todo apego regido por la ansiedad se desarrolla no solo porque el niño ha sido excesivamente gratificado, como suele sostenerse a veces (véase el capítulo siguiente), sino porque sus experiencias lo han llevado a elaborar un modelo de figura afectiva que suele mostrarse inaccesible o no responder a sus necesidades cuando aquel lo desea. Cuanto más estable y previsible sea el régimen en el que se cría, más firmes son los vínculos de afecto del pequeño; cuanto más imprevisible y sujeto a interrupciones sea ese régimen, más caracterizado por la ansiedad se hallará ese vínculo.

Es preciso hacer una advertencia antes de aceptar esta conclusión. Algunos niños sujetos a un régimen imprevisible parecen llegar a un punto de desesperación en el que, en vez de desarrollar una conducta afectiva caracterizada por la ansiedad, muestran un relativo desapego, aparentemente sin confiar en los demás ni preocuparse por ellos. A menudo esta conducta se caracteriza por la agresividad y la desobediencia, y esos niños son siempre propensos a tomar represalias. Este tipo de desarrollo es mucho más frecuente en los varones que en las niñas, en tanto que ocurre a la inversa en el caso de una conducta de fuerte aferramiento y ansiedad.

No deja de generar confusiones el hecho de que las separaciones y la inestabilidad de los cuidados maternos provoquen reacciones opuestas: un apego caracterizado por la ansiedad y un desapego caracterizado por la agresividad, o una combinación de ambas en ciertos casos. Lo mismo ocurre, quizá, en lo que respecta al descubrimiento de que ambos sexos difieren en estas respuestas. No obstante, dicho descubrimiento es coherente con la aparición diferencial de determinados tipos de trastornos de personalidad en ambos sexos en la vida adulta. La ansiedad como síntoma neurótico es más común en las mujeres que en los hombres, en tanto que en estos últimos son más comunes los actos delictivos.

Las investigaciones de seguimiento efectuadas cuando los niños contaban once y quince años demuestran que sea cual fuere la pauta de conducta de apego establecida durante los primeros cinco años de vida, esta tendía a persistir, se tratara de un apego muy fuerte y caracterizado por la seguridad, ansioso, o por pautas de notorio desapego (Moore, 1971).

EL APEGO ANSIOSO COMO CONSECUENCIA DE LAS AMENAZAS DE ABANDONO O SUICIDIO

En los capítulos anteriores ya se hizo referencia a los efectos que sobre el niño ejercen las amenazas de los padres en el sentido de que no lo querrán más o habrán de abandonarlo, incluso, si no se porta bien. La experiencia clínica sugiere que las amenazas de este tipo, en especial las referentes a un posible abandono, ejercen efectos mucho más profundos que lo que por lo general se suponía en la elaboración de un apego ansioso.

Por supuesto, a menudo se ha hecho referencia a las amenazas de los padres, en el sentido de que no querrán más al niño si no se porta bien, como causantes de ansiedad. En *Inhibición, síntoma y angustia* (1926a), Freud analiza su importancia. Empero, aunque las amenazas que implican una pérdida de amor distan de poder soslayarse, evidentemente ejerce efectos mucho más profundos la amenaza de abandonar al niño realmente. En los informes clínicos rara vez se hace referencia a esas amenazas, y en la bibliografía especializada son muy contadas las sugerencias de que desempeñarían un rol significativo o clave. Tampoco parecen haber sido objeto de estudios y análisis sistemáticos. La razón de ese descuido reside, casi con certeza, en el hecho de que los padres no están muy dispuestos a hablar de ellas.

La amenaza de abandono puede expresarse de distintas maneras. Una de ellas reside en afirmar que si el pequeño no se porta bien se lo enviará a un reformatorio o una escuela para niños malos, o que se lo llevará la policía. Una segunda amenaza, efectuada también en un contexto disciplinario, es la de que el padre o la madre se marcharán de la casa, dejándolo solo. Una tercera, que provoca el mismo tipo de ansiedad, radica en señalar que si el niño no se porta bien la madre o el padre se enfermarán, e incluso morirán. Una cuarta, probablemente de gran importancia, es la amenaza, realizada en momentos de enojo y cediendo a la impulsividad, que hace uno de los padres en el sentido de abandonar a la familia, llevado por su desesperación, e incluso de cometer suicidio. Por último debe tenerse en cuenta la ansiedad que se despierta en el niño cuando este oye discutir a sus padres y (lo cual no deja de ser natural) teme que uno u otro lleguen a abandonar el hogar.

Hay pruebas de que las amenazas de este tipo, sean accidentales o deliberadas, con fines punitivos, distan de ser infrecuentes, y casi siempre ejercen efectos sumamente perjudiciales al llenar de temor al pequeño.

Comencemos por las amenazas que se profieren, en parte, como suerte de política disciplinaria. La proporción de padres que profieren esas amenazas varía en grado sumo de una cultura a otra y de una subcultura a otra. En su estudio de 700 niños y padres en Nottingham, Newson y Newson (1968) informan que *no menos del 27 % de todos los padres entrevista-*

dos admitieron haber proferido amenazas de abandono como medida disciplinaria. La frecuencia era menor en las clases sociales I y II (profesionales y directivos), en las cuales llegó al 10 %. Entre los padres de las restantes clases sociales llegaban al 30 %. Los Newson se mostraron particularmente sorprendidos al advertir que los empleados de oficina o de negocios profirieron esas amenazas con tanta frecuencia (34 %) como los trabajadores manuales especializados, semiespecializados o sin especialización, o quizá con mayor frecuencia aún.

Naturalmente, puede variar la seriedad con que se profieren y escuchan las amenazas de esta naturaleza. Algunas se emiten en tono de broma. Pero es probable que en presencia de entrevistadores como los Newson, quienes investigan acerca de técnicas disciplinarias, difícilmente los padres harían referencia a las amenazas proferidas en tono de broma, a menos que creyeran realmente en su eficacia. Sea como fuere, los niños de la muestra solo contaban cuatro años, y para un pequeño de esa edad es muy difícil no tomar en serio dichas amenazas. Algunos padres, no obstante, empeñados en dar una lección a sus hijos, profieren amenazas con grandes gestos teatrales, tal como se desprende de los siguientes ejemplos registrados por los Newson.

En respuesta a preguntas sobre los métodos disciplinarios aplicados a su hijito de cuatro años, la esposa de un empaquetador replicó:

> Solía amenazarlo con el Reformatorio de la calle H., que ya no está más; desde entonces, no lo puedo hacer; pero siempre puedo decir que voy a buscar otro en la ciudad. Y Tomás dice: «Bueno, si voy con Julio (siete años), no me importa», así que le digo: «Bueno, pero van a ir a diferentes reformatorios; tú a uno, y él a otro». Eso lo preocupó seriamente, sabe usted, y un día lo vestí como para llevarlo de paseo, *como* si fuéramos a ese lugar, y entonces *sí* que estaba preocupado. Comenzó a llorar, y pronto lo tuve que traer a casa. Vio que yo había hablado en serio, o al menos lo *creyó*. Ahora basta que le diga: «En dos segundos te tendré listo».

Ante la misma pregunta, la esposa de un minero negó al principio efectuar ese tipo de amenazas, pero luego se corrigió:

> No [...] oh, digo alguna que otra mentira, como ocurrió una vez... y se mostró tan trastornada que no lo volví a hacer nunca más.

> (¿Qué le dijo?) Bueno, estábamos discutiendo, y me dijo: «¡Tú no vives aquí! ¡Vete!», y respondí: «¡Oh, muy bien, ya me voy! ¿Dónde está mi abrigo? ¡Me marcho!». Me puse el abrigo y me fui. Solo alcancé a salir por la puerta cuando la oí llorar amargamente. Apenas volví, me tomó de la pierna y no me dejaba mover. *Nunca* repetiré eso.

La esposa de otro minero también tenía resquemores de utilizar esos métodos con su hijito de cuatro años:

> Le dije que si se portaba mal me enfermaría y me marcharía, y entonces no tendría ninguna mamita para cuidarlo, y tendría que vivir con alguna otra persona; sé que está mal decir eso, pero lo hice. El papá le dice: «¡Prepara las maletas... saca esas maletas y pon sus juguetes, que se va!». Y una vez incluso puso alguno de sus juguetes y ropa en la maleta, y el nene casi se vuelve loco... yo me sentí mal, pero no quise entrometerme, sabe. Pero después le dije: «*no hagas* más eso, no me gusta, lo hace sentirse inseguro, y él vive aquí con tanto derecho como tú y yo. Busca otra forma de castigarlo, no quiero que piense eso». Creo que estaba yendo *demasiado* lejos.

En este último caso, si bien la madre puso fin a la situación cuando el padre preparó la maleta del hijo, ella misma lo amenazó con enfermarse y marcharse del hogar.

Como la mayor parte de la información sobre el empleo de amenazas en el sentido de abandonar a un niño proviene del estudio de los Newson llevado a cabo en Inglaterra, se corre el riesgo de que los ciudadanos de otros países resten importancia a esos descubrimientos. Pero los descubrimientos de otro estudio sobre padres en Nueva Inglaterra no alientan una visión complaciente de ello.

Al entrevistar a varios centenares de madres con respecto a sus métodos de crianza infantil, Sears, Maccoby y Levin (1957) descubrieron que la extrema renuencia de las madres a admitir que utilizaban amenazas (por ejemplo, de retirarle su amor o abandonar al hijo) para atemorizar al niño determinó que en la mitad de los casos se obtuvieran datos inexactos. En la otra mitad, sobre la cual se creyó obtener datos adecuados, dos de cada diez madres reconocieron valerse de esas amenazas, con frecuencia considerable, y tres de cada diez admitieron hacer uso moderado de ellas. En su conjunto, ello representa la mitad de los casos posibles de evaluación. Los casos de niños que se vuelven «histéricos» o «lloran a mares» cuando las madres los amenazan con expulsarlos de sus hogares (enviándolos, por ejemplo, de regreso al hospital donde nacieron) no difieren en absoluto de los citados por los Newson.

El hecho es que en una muestra representativa de hogares de clase media baja y clase baja de la zona central de Gran Bretaña en la actualidad el 30 % de las madres admiten utilizar ese tipo de amenazas, en tanto que un 12 % amenazan con retirarle al niño su amor si se porta mal (las cifras para Nueva Inglaterra resultan comparables); y todo ello puede causar sorpresa a las personas criadas en hogares de clase profesional, en los cuales esas amenazas son mucho menos comunes.[6] No obstante, una vez que se comprende a ciencia cierta la frecuencia y efectos de esas amenazas se tornan inteligibles muchos casos de ansiedad de separación y apego ansioso que, en caso contrario, resultarían inexplicables. Por añadidura, se comprende fácilmente por qué tantos niños que han debido permanecer en un hospital o guardería con internado suponen que se los envía de nuevo a ese lugar a guisa de castigo.

Por supuesto, es verdad que la mayoría de los padres no amenazan a sus hijos con una separación y que, tal como lo descubrieran los Newson, se guardaran de hacerlo por principio. Tal como observó la esposa de un tabernero: «Le quita al niño su sentido de seguridad. Usted misma es el símbolo de esa seguridad, y no puede quitársela». Empero, los Newson también entrevistaron a muchas madres que, aunque seguras de que dichas amenazas constituían una práctica equivocada, admitían que, no obstante, ocasionalmente recurrían a ellas cuando se sentían muy trastornadas por la conducta de los niños.

Los padres llegan a admitir tímidamente haber proferido las amenazas más tremebundas. Por cierto, los padres que llevados por la exasperación y el mal humor dicen las cosas más horrendas, para luego arrepentirse, constituyen una escasa minoría. Las amenazas de abandonar el hogar y cometer suicidio, proferidas quizá en muy raras ocasiones pero con feroz vehemencia, suelen tener efectos totalmente desproporcionados con la frecuencia con que se las aplica. Esos efectos, por añadidura, se magnifican cuando el padre o madre se avergüenza tanto de haber proferido esa amenaza, que no se atreve a admitir lo que había dicho o los terribles efectos que puede haber tenido para el hijo. En el seno de esas familias el pequeño no tiene ocasión de evaluar los riesgos que realmente puede correr, sea cual fuere su naturaleza.

Asimismo, cuando ese tipo de familias acude a una clínica psiquiátrica es poco probable que salgan a relucir los hechos reales. Resulta entonces muy fácil atribuir los temores del pequeño a sus propias fantasías culpables o al hecho de haber proyectado en otros sus propios deseos culpables. Por experiencia sabemos que incluso los especialistas con mayor práctica en casos semejantes pueden ser inducidos a error, lo que indicaría que, cuando un niño o adulto alberga temores en apariencia inexplicables, no debemos apresurarnos a desechar la validez de esos indicios.

Como el modo en que un padre trata al hijo por lo general depende del modelo de conducta paterno, vale decir, de la manera en que sus propios padres lo trataron siendo niño, es casi inevitable que el empleo de esas amenazas se transmita dentro de la familia de generación en generación. El caso de una madre sumamente ansiosa y presa de la depresión y su pequeño hijo, sometidos a tratamiento, ilustra de manera muy vívida la situación.

Un caso ilustrativo

La señora Q y su hijo, Esteban, fueron enviados a un especialista por primera vez cuando el pequeño contaba dieciocho meses de vida, porque rehusaba comer y su peso estaba muy por debajo del normal. Muy pronto resultó evidente que la señora Q se hallaba en estado crónico de ansiedad y depresión, estado que tuvo comienzo con el nacimiento de Esteban. La señora recibió tratamiento semanal con orientación psicoanalítica, y realizó muchos progresos. Cuando la madre de Esteban pudo refrenar su tendencia a obligarlo a comer constantemente, el niñito comenzó a hacerlo, y al cabo de uno o dos meses comenzó a aumentar de peso de manera adecuada.

En vista de la gravedad del estado de la señora Q, continuó sometida a tratamiento (una vez por semana) durante varios años. El padre era un artesano capacitado, jubilado por ese entonces, y el marido un guarda de tren. Ella era una mujer inteligente, que había tenido que hacer temprano abandono de los estudios para ganarse la vida, pero que con el tiempo se había convertido en una técnica muy capaz. El relato que hizo de su infancia era muy lúcido y coherente, aunque durante muchos meses (incluso años) tuvo suma dificultad para dar a conocer sus aspectos más perturbadores y terroríficos.

Unidos todos los fragmentos del relato, surgió el siguiente panorama: el padre de la señora Q había combatido en la guerra de 1914-1918, y había quedado inválido como consecuencia de un *shock*. Su neurosis pareció desarrollarse cuando su sección pereció al volar un puente, hecho del cual fue él el único sobreviviente. Con posterioridad sufrió prolongadas fases de depresión y mal humor, durante las cuales solía tratar muy mal a su familia. La madre de la señora Q era una mujer activa y capaz, de opiniones muy firmes, cuya propia madre había sido víctima del alcoholismo durante muchos años. Durante toda la infancia de la señora Q sus padres tuvieron disputas violentas, en el curso de las cuales no solo se decían, sino con frecuencia se hacían cosas tremendas. Los platos volaban por los aires, salían a relucir cuchillos y los muebles eran pasto de las llamas. La señora Q tenía memoria de largas noches de vigilia durante las cuales entreoía el fragor de las «batallas campales» y temía sus consecuencias. No obstante, al día siguiente, para la hora del desayuno, volvía a reinar la tranquilidad. De ninguna manera los problemas de la casa podían ser divulgados ante extraños; y lo que es más, se ordenaba a la niña que no dijera una palabra a nadie, ya se tratara de vecinos, maestros o amiguitos de la escuela. Ello explica por qué ocultó todo su horror al terapeuta durante tanto tiempo.

En varias ocasiones la madre de la señora Q había intentado suicidarse, y en muchas otras había proferido amenazas en ese sentido. En dos oportunidades la pequeña había regresado a su hogar para descubrir a la madre con la cabeza en el horno de gas, y en otra ocasión la halló tendida en el suelo, tras haber bebido desinfectante. Con no poca frecuencia la madre, después de haber amenazado con abandonar a la familia o cometer suicidio, desaparecía. En esas oportunidades salía de la casa y no regresaba hasta después de medianoche. En otras se ocultaba, quizá en una alacena. En vista de todo esto no es de extrañar que la niñita se convirtiera en una joven con ansiedad aguda, temerosa de alejarse de su hogar y con espasmos de ira violenta.

Una vez conocidos los hechos fue posible concertar algunas sesiones conjuntas con la madre y el hijo, durante el curso de las cuales la primera, dando muestras de arrepentimiento real, reconoció haber proferido esas amenazas y Esteban explicó cuánto horror le habían infundido. La madre aseguró a Esteban que en realidad nunca cumpliría sus amenazas. A partir de entonces, si bien no todo fue perfecto, el conocimiento de que los temores que albergaba Esteban tenían una base real y la apertura de la comunicación entre madre e hijo facilitaron la situación.

No cabe duda de que muchos pacientes se hallan muy poco dispuestos a admitir ante un profesional que a veces amenazan a sus hijos del modo descrito. Muchos tienen conciencia de que está mal hacerlo, y se avergüenzan de ello. Otros pueden albergar sentimientos confusos al respecto, pero saben que el especialista no habrá de darles su aprobación. Por dichas razones es probable que los padres difícilmente faciliten la información requerida y que, hasta tanto no hayan obtenido una buena dosis de confianza, nieguen los hechos si se los interroga. Los niños, por otra parte, suelen seguir el ejemplo de los padres y también eluden el relato de la verdad. Incluso bien entrada en la treintena la señora Q se hallaba empeñada en proteger la reputación de su madre. El niño no solo teme lo que puedan decir sus padres, y lo que puedan hacer si descubren que han sido «descubiertos», sino que incluso se hallan muy poco dispuestos a admitir para sí mismos que la propia madre o el propio padre puedan haber adoptado una conducta tan amenazadora. Por ello los pequeños suelen conspirar en silencio y de buena voluntad, aunque a la vez anhelen que alguien vaya en su ayuda.

Frecuencia de las «tentativas» de suicidio en los padres

La frecuencia de los casos de suicidio entre los padres de hijos de menos de dieciocho años suele ser baja, porque la mayoría de los suicidios son cometidos por gente de mayor edad. Por el contrario, la frecuencia de las denominadas «tentativas» de suicidio[7] entre los padres de esa categoría es relativamente alta, porque dichos actos son cometidos por ambos sexos con mayor frecuencia entre los veinte y treinta años. Como en la mayoría de los casos lo que se procura con los intentos no es hallar la muerte sino asustar a otros o hacerlos objetos de coerción, el término se halla transcrito entre comillas en el título de esta sección.

Se cuenta con cifras sobre tentativas de suicidio realizadas en la ciudad de Edimburgo durante la última década, a partir de las cuales puede efectuarse una serie de estimaciones aproximadas.[8] Para todas las mujeres entre quince y treinta y cuatro años la frecuencia anual promedio de esos intentos era de un 0,3 %, y hay razones para creer que esa cifra hace referencia tanto a mujeres con hijos como sin ellos. Durante un período de veinte años, durante el cual nacen los niños y van entrando en la madurez, puede estimarse que alrededor del 4 % de las madres habrán intentado cometer suicidio y que, de estas, la tercera parte lo habrá intentado en más de una oportunidad. Esa frecuencia es inferior en el caso de los hombres y, aparentemente, a lo largo de un período similar de veinte años oscilaría entre el 2 y el 2,5 %. Incluso teniendo en cuenta la posibilidad de que en algunas familias tanto el padre como la madre habrán intentado cometer suicidio, parecería ser que no menos de uno de cada veinte de todos los niños criados en Edimburgo en años recientes habrán sido testigos de un intento de suicidio por parte de uno de los progenitores. Para la mayoría de los pequeños ese intento se habría producido antes de cumplir los diez años.

La frecuencia con que se intenta cometer suicidio no se da con pautas regulares en una población, de manera que en algunos sectores el índice de suicidios, siendo constantes edad y sexo, puede superar en varias veces al de otros sectores. En tanto que su frecuencia en las clases socioeconómicas I, II y III está por debajo del promedio para la población de Edimburgo, el índice correspondiente a la clase V se halla muy por encima. Los niños que crecen dentro de determinados grupos subculturales, por consiguiente, corren el riesgo de ser testigos de los intentos de suicidio de sus progenitores. Existen pruebas, asimismo, de que en determinadas familias o grupos familiares el índice muy elevado de intentos de suicidio se debe a que aquel se ha convertido en una vía reconocida de comunicación social. Las mujeres de menos de treinta y cinco años, en particular, parecen hallarse sometidas a la influencia de esas pautas familiares (Kreitman, Smith y Tan, 1970).

Como no parece disponerse de cifras indicadoras de la frecuencia con que se profieren *amenazas* de suicidio, solo cabe especular al respecto. Presumiblemente, muchos niños que son testigos de los intentos de suicidio de sus padres también escuchan sus amenazas. La señora Q suministra un ejemplo valedero. Por añadidura, puede haber muchos otros que, como Esteban Q, oyen dichas amenazas, pero no son testigos de intentos reales. Sea como fuere, la proporción de niños que son testigos de amenazas o intentos de suicidio, o de ambas cosas a la vez, sería considerable. Tanto la experiencia clínica como el sentido común indicarían no solo que dichas personas son muy propensas a sentirse llenas de ansiedad en relación con la disponibilidad de las figuras de apego cuando todavía son niños, sino que con frecuencia siguen experimentando ansiedad al respecto mucho después de llegar a la edad adulta.

Lo sorprendente es que, como fuente de mayor propensión a experimentar esa ansiedad, las amenazas e intentos de suicidio de los padres hayan concitado tan escasa atención por parte de los psicoanalistas, psiquiatras y de todos aquellos interesados por la psiquiatría infantil.

El temor a que alguno de los padres se vaya del hogar después de una disputa

Cuando los padres disputan seriamente siempre se corre el riesgo de que uno u otro decida abandonar a la familia. Con no poca frecuencia, por añadidura, ese intento se torna explícito. En esas condiciones los niños por lo general oyen mucho más de lo que los padres desearían que llegaran a creer. En consecuencia, aunque el tipo de situación que induce al niño a temer un posible abandono difiere de aquella en que se profieren amenazas en ese sentido con fines punitivos directos, los efectos pueden seguir siendo muy perturbadores.

Una vez más, no es inusitado que cuando los padres consultan a un especialista en relación con la conducta de sus hijos no les aclaren mayormente cuál es la verdadera situación familiar; y dichos especialistas, ignorantes de todo ello, efectúan interpretaciones «profundas» recurriendo a términos como *proyección* y *mundo interno* para explicar los síntomas infantiles. Durante la práctica de psiquiatría infantil y familiar, así como también en el curso del trabajo con adolescentes y adultos, siempre resulta prudente presuponer que solo tras varios meses de trabajo, y después de haberse realizado entrevistas conjuntas con toda la familia, podrá obtenerse una visión razonablemente exacta del modo en que se comportan los miembros de una familia el uno con el otro y lo que se dicen. Tras larga paciencia comienzan a vislumbrarse los hechos reales, y entonces suele ser mucho más fácil entender el modo en que el pequeño llegó a sufrir perturbaciones y por qué teme a determinadas personas o elementos.

Al comienzo de este capítulo señalamos que, en los estudios sobre los efectos que una separación ejerce sobre un niño, los factores que hacen que esos efectos persistan en un pequeño y no en otro han sido difíciles de identificar en el pasado. La revisión de los datos disponibles en la actualidad indicaría que estamos más próximos a hallar una solución. Puede tenerse la seguridad de que cuando se amenaza al niño con el abandono de sus padres, sea como medida disciplinaria o debido a una discordia entre marido y mujer, los efectos que sobre él puede ejercer una separación real no solo resultarán magnificados, sino que suelen persistir.

Al tenerse en cuenta la frecuencia de dichas amenazas en la vida de un niño, junto con los efectos acumulativos de una separación real, de las amenazas de separación, de cuidados sustitutos inestables y de una vida familiar inestable, el hecho de que muchos pequeños van desarrollando un apego ansioso resulta más fácil de explicar. En vista de estos descubrimientos, además, puede entenderse con mayor facilidad una serie de síndromes clínicos (véanse los capítulos 18 y 19).

16

La «sobredependencia» y la teoría de la malacrianza

> El niño se aferra tanto más [a las figuras de apego] cuanto mayor es su convicción interna de que se habrá de repetir la separación.
>
> BURLINGHAM y FREUD (1944)

ALGUNAS TEORÍAS CONTRADICTORIAS

Tras presentar parte de los datos sobre los que se basa la postura teórica adoptada en estas páginas cabría considerar sucintamente la amplia serie de hipótesis propuestas con el fin de explicar por qué un individuo en particular se halla propenso a experimentar una ansiedad de separación muy intensa o revelar alto grado de dependencia (denominaciones estas últimas del apego ansioso). Las hipótesis propuestas por los psicoanalistas y demás investigadores que actúan dentro del contexto de la tradición psicoanalítica no solo tienden a atribuir mayor o menor peso a los factores constitucionales y ambientales, sino a tomar en cuenta factores diferentes y en algunos casos contradictorios de cada uno de esos tipos. Las cinco hipótesis principales (todas las cuales tienen sus seguidores) se esbozan a continuación.

Dos de ellas acentúan la importancia de los factores *constitucionales*, a saber:

1. Algunos niños, por constitución, tienen mayores necesidades libidinales que otros, por lo cual son más sensibles a toda ausencia de gratificación (Freud, 1917b).

2. En algunos niños, de por sí, el instinto de muerte es mucho más fuerte que en otros, lo que se manifiesta en una ansiedad persecutoria y depresiva inusitadamente fuerte (Klein, 1932).

Tres de las teorías acentúan la importancia de los factores *ambientales*:

3. Las variaciones en el proceso del nacimiento y graves situaciones traumáticas producidas durante las primeras semanas de vida posnatal pueden aumentar la respuesta de ansiedad (orgánica) e intensificar la ansiedad potencial, con lo cual provocan reacciones más severas a los peligros (psicológicos) enfrentados en la vida posterior (Greenacre, 1941, 1945).
4. Algunos niños son «malcriados» por exceso de una temprana gratificación libidinal; en consecuencia, exigen gratificaciones cada vez más intensas, y cuando no las reciben sienten más su ausencia (Freud, 1905b; 1917b; 1926a).
5. Algunos niños se tornan extremadamente sensibles a la posibilidad de una separación o pérdida de amor, al experimentar una separación real (Edelston, 1943; Bowlby, 1951) o ser amenazados con un abandono o pérdida de amor (Suttie, 1935; Fairbairn, 1941).

Adviértase que en tanto que las hipótesis 1, 4 y 5 se hallan formuladas de manera tal que explican la propensión de una persona a experimentar gran ansiedad ante una separación específica, las hipótesis 2 y 3 procuran explicar su propensión a experimentar una ansiedad general más intensa.

Con respecto a las dos primeras hipótesis no existen pruebas que permitan corroborarlas o refutarlas ya que, utilizando las actuales técnicas de investigación, no hay modo de determinar diferencias de esta índole en las características constitucionales. No es improbable que las diferencias hereditarias desempeñen algún papel para determinar por qué algunas personas, a medida que crecen, se tornan más ansiosas que otras; pero es dudoso que las formulaciones freudianas o kleinianas sobre la naturaleza de esa diferencia resulten útiles.

La obra de Ucko (1965), quien descubrió que los niños que sufren de asfixia neonatal suelen ser inusitadamente propensos a responder con muestras de ansiedad a las separaciones y los cambios ambientales, brinda datos que confirman la hipótesis número 3. En el capítulo 13 se describen sus descubrimientos. En tanto que estos confirman la tercera hipótesis, no contradicen ninguna de las hipótesis restantes.

Las hipótesis 4 y 5, al plantear problemas inmediatos y de orden práctico sobre el modo de tratar a los niños, tal vez sean las más pasibles de provocar controversias, en especial porque postulan técnicas totalmente opuestas sobre la crianza infantil.

La cuarta hipótesis, según la cual un exceso de afecto paterno contribuye a malcriar al niño convirtiéndolo en un ser excesivamente exigente y que no tolera ninguna frustración, tuvo amplia aceptación durante la primera mitad del siglo, y todavía sigue teniéndola. Freud no solo la aceptó durante una etapa temprana de su obra, sino que la sostuvo con firmeza y de modo coherente hasta el final. Como el punto de vista freudiano al respecto ha ejercido profunda y duradera influencia sobre la teoría y la práctica del psicoanálisis, consideramos útil citar parte de sus formulaciones.

La primera referencia que hace Freud al hecho de malcriar a los niños se encuentra en sus *Tres ensayos sobre una teoría sexual*, publicados por vez primera en 1905. Luego de alabar a la madre que acaricia, acuna y besa al niño y, en consecuencia, le enseña a amar, la pone en guardia contra cualquier exceso: «un exceso de afecto paterno causa daño al originar una madurez sexual temprana y también porque, al malcriar al niño, se lo torna incapaz de soportar cualquier carencia de amor en la vida posterior, o de contentarse con dosis más pequeñas» (*Standard Edition*, vol. 7, pág. 223). Gran parte de las teorizaciones freudianas acerca del «pequeño Hans» (1909) se hallan imbuidas del mismo espíritu; aunque, paradójicamente, al analizar la ansiedad de separación de este pequeño es cuando Freud se acerca más a la teoría adoptada en esta obra. El padre del psicoanálisis atribuye parte de esa ansiedad al hecho de que el pequeño Hans se había separado de la madre por la época del nacimiento de su hermanita menor (*Standard Edition*, vol. 10, págs. 114 y 132). No obstante, tanto en su *Introducción al psicoanálisis* (1917b, *Standard Edition*, vol. 16, pág. 408) como en su posterior obra *Inhibición, síntoma y angustia* (1962a), Freud no hace referencia a esos orígenes y, por el contrario, adopta de manera explícita la teoría sobre el hecho de malcriar a los niños:

> El efecto indeseable de «malcriar» a un niño pequeño reside en que se magnifica la importancia del peligro de perder el objeto (el cual configura una fuente de protección contra cualquier situación de desamparo) por comparación con cualquier otro peligro. Por consiguiente, se alienta al individuo a mantenerse en un estado infantil... (*Standard Edition*, vol. 20, pág. 167).

El contexto teórico dentro del cual Freud propuso estas teorías es mencionado en un capítulo anterior (capítulo 5) y se describe de manera algo más exhaustiva en el Apéndice I.

A pesar de su amplia popularidad, no hay pruebas sustantivas que permitan corroborar la teoría de que el apego ansioso es resultado de un exceso de afecto parental. Como ya se indicara, todos los datos obtenidos marcan una dirección opuesta. Por consiguiente, se plantea el interrogante de por qué Freud (y muchos otros) dieron en apoyar esa teoría. Al final de este capítulo se postulan algunas respuestas posibles. Entretanto, consideremos más exhaustivamente el quinto tipo de teoría, la cual se postula en la presente obra.

Por convincentes que sean las pruebas de que algunos casos de apego ansioso son consecuencia de una separación, o de amenazas de abandono, o del riesgo de perder a un progenitor como resultado de una disputa paterna, es posible que no todos los casos se expliquen de esta manera. ¿Acaso sucede que algunos casos surgen de motivos diferentes de los considerados hasta este punto? Con el fin de dar respuesta a este interrogante es preciso considerar los resultados de estudios concebidos según direcciones diferentes de las ya analizadas.

LOS ESTUDIOS ACERCA DE LA «SOBREDEPENDENCIA» Y SUS ANTECEDENTES

A pesar de que en la bibliografía especializada se hace referencia muy frecuente a la dependencia extrema, serían contados los estudios en que el especialista selecciona una muestra de pacientes adultos sobre la base de una dependencia extrema para luego examinar las experiencias familiares de esos individuos durante la infancia y compararlas con las experiencias de un grupo de control adecuadamente seleccionado. Vienen al caso algunos trabajos sobre agorafobia (véase el capítulo 19), aunque el criterio aplicado para la selección del paciente (miedo de dejar su hogar sin un acompañante) difiere de manera ostensible.

También son escasos los estudios sobre el ambiente familiar de los niños seleccionados por su dependencia extrema. Con respecto a estos últimos, además, debe tenerse en cuenta una dificultad ulterior: la ambigüedad del término *dependencia extrema*, ya que describe dos condiciones específicas. En primer lugar, hace referencia a los niños que ponen de manifiesto una conducta afectiva típicamente ansiosa. En segundo término, hace referencia a aquellos niños que, por su edad, se hallan mucho menos capacitados que sus congéneres para llevar a cabo tareas comunes simples, como alimentarse o vestirse por sí mismos y, por el contrario, piden a la madre que las efectúe.

En un estudio emprendido por Stendler (1954) surge con claridad esa diferencia. Un grupo de veinte niños de seis años, seleccionados por las maestras en vista a su dependencia extrema, podía dividirse en dos subgrupos. Por un lado se hallaban seis pequeños que recurrían a la madre siempre que debían hacer algo. Por otro, un grupo de catorce chiquillos que no tenían dificultades en hacer las cosas por sí mismos, pero que se mostraban trastornados por la ausencia de la madre y hacían una escena siempre que aquella salía dejándolos solos. Como era de esperar, las experiencias familiares de cada subgrupo diferían por completo.

Los seis niños que constantemente acudían a la madre en busca de ayuda provenían de hogares estables. Las madres de todos ellos, no obstante, los protegían en exceso y solían desalentarlos a que aprendieran a hacer cosas por sí solos.

De los catorce pequeños cuya relación afectiva era ansiosa, once tenían una vida familiar muy inestable. La persona a su cargo cambiaba constantemente (de la madre a la abuela y nuevamente a la primera), y las constantes idas y venidas del padre, frecuentes cambios de residencia e inestabilidad general eran la regla. En relación con los catorce niños cuyo apego era ansioso, el número total de alteraciones producidas desde los nueve meses al tercer cumpleaños era de cincuenta y dos (lo que da un promedio de cuatro por cabeza). Para el grupo de control de veinte chiquillos, elegidos en las mismas aulas, el equivalente total era de veintiséis (promedio de 1,3 por cabeza).

Hasta este punto, por consiguiente, los resultados de este estudio sucinto son coherentes con el punto de vista según el cual la mayoría (o todos) los casos de apego ansioso pueden interpretarse como consecuencia de una serie de separaciones y experiencias similares. Un estudio mucho más vasto, llevado a cabo por McCord y otros (1962), confirma ampliamente esa hipótesis.

En su estudio, McCord y sus colegas parten de los informes detallados sobre 255 niños de nueve a diecisiete años, quienes integraban el «grupo de tratamiento» del proyecto Cambridge-Somerville. Todos ellos vivían en una zona industrial densamente poblada y provenían, fundamentalmente, de hogares de clase baja. La mitad de ellos habían sido seleccionados, entre los nueve y los catorce años, por sus maestros y otros miembros de la comunidad como delincuentes potenciales. La otra mitad habían sido seleccionados de manera similar como posibles de lograr un desarrollo relativamente normal. Todos esos pequeños y sus familias recibieron entonces todo el apoyo y ayuda posibles a los efectos de determinar si podía impedirse la conducta delictiva. Como la labor de apoyo prosiguió durante cinco años, pudo obtenerse considerable información acerca de los niños mismos y sus familias.[1] Años después evaluadores independientes, que no habían tomado parte en el estudio, evaluaron la información. Con fines de análisis se identificó una submuestra de 43 niños con conducta «dependiente en extremo» y otra de 105 niños que, al respecto, acusaban las pautas de desarrollo normales y culturalmente previstas.

Las tres cuartas partes de los niños dependientes en exceso pusieron de manifiesto una conducta sumamente dependiente hacia los adultos, y casi sin lugar a dudas su apego era ansioso. Una minoría (once) pusieron de manifiesto una conducta dependiente solo hacia sus pares, en tanto que se mostraban algo apartados de los adultos; cabe preguntarse si dicha conducta puede considerarse como apego ansioso. Al presentar los resultados, sin embargo, los descubrimientos relativos a la mayoría no se distinguen de los correspondientes a la minoría.

Por comparación con el grupo de control, los niños dependientes en grado extremo eran más propensos a expresar sentimientos de inferioridad (51 % contra 12 %) y «miedos anormales» (56 % contra 36 %), aunque, lamentablemente, no se suministran detalles sobre la índole de esos temores.

Al compararse el ambiente familiar y la actitud de los padres de los niños de ambos grupos se obtuvo una serie de datos sumamente coherentes. En relación con el grupo de control, casi el doble de los niños «dependientes» fueron clasificados como objeto del rechazo del padre (51 % contra 28 %) y/o de la madre (39,5 % y 20 %). No menos del 56 % de los niños «dependientes» siempre aparecían a una luz desfavorable por comparación con sus hermanos, por contraste con solo un 17 % de los miembros del grupo de control. No se suministran datos sobre separaciones y pérdidas. En la submuestra integrada por niños que acusaban una extrema dependencia se informó sobre altercados entre los padres y ataques mutuos; aunque debe admitirse que en ese vecindario de clase baja también es frecuente esa conducta entre las familias de los grupos de control. De manera previsible, los sentimientos expresados por algunos de los pequeños dependientes en extremo en relación con sus madres eran el anverso de la calidez: la tercera parte de ellos expresaron activo desagrado, o desprecio, o miedo hacia la madre.

Los otros datos disponibles en relación con la dependencia extrema o el apego ansioso son coherentes con los hasta aquí registrados. En el capítulo anterior, por ejemplo, se hacía referencia a dos estudios que centran la atención en la conducta paterna cuando los niños cuentan cuatro o cinco años, y describen la variedad y frecuencia de diferentes métodos de crianza infantil aplicados en una comunidad específica; se trata de los estudios de Newson y Newson (1968) sobre familias de las tierras centrales de Inglaterra y los de Sears, Maccoby y Levin (1957) sobre familias de Nueva Inglaterra. Aunque en ninguno de esos estudios los efectos de las diferentes experiencias familiares constituyen el foco de interés, todos presentan datos relacionados con nuestro problema.

Los descubrimientos efectuados por los Newson sobre las situaciones de extrema dependencia se suministran en el capítulo anterior. La mayoría de los pequeños que a los cuatro años temían una separación ya habían experimentado alguna situación de esa índole: ellos mismos o sus madres habían sido hospitalizados, o bien había tenido lugar algún otro tipo de separación.

Sears, Maccoby y Levin (1957) informan acerca de los resultados obtenidos al entrevistarse con 379 madres de pequeños de cinco años que asistían a un jardín de infantes en los suburbios de una extensa zona metropolitana de Nueva Inglaterra. Entre los interrogantes planteados acerca de los niños, cuatro de ellos tenían por objeto obtener información acerca de la «dependencia». No se hallaron pruebas de que la separación hubiera ejercido influencia alguna sobre el desarrollo de aquellos niños que, sobre la base de los informes maternos, fueron evaluados como dependientes en extremo; pero los autores señalan que la frecuencia de separaciones en la muestra fue muy baja.

El principal descubrimiento del estudio de Sears en relación con la dependencia es que cuanto más irritable, regañona e impaciente se mostrara la madre cuando el niño solicitaba su atención o se aferraba a ella, más «dependiente» sería la conducta de aquel. Esta correlación significativa aumenta notablemente en el caso de las madres que inicialmente rechazaban al niño, pero luego cedían a sus requerimientos. Los investigadores descubrieron también una correlación significativa entre un alto grado de dependencia y los padres que amenazaban con dejar de amar a sus hijos como medida disciplinaria, o hacían amenazas de abandonar a su hijo. Estos descubrimientos son coherentes con la presente hipótesis.

Otro de sus descubrimientos, sin embargo, confirmaría la teoría referente a los niños «malcriados». De acuerdo con las evaluaciones, un pequeño grupo de madres dio «muestras excesivas» de afecto, y esas madres, más que ninguna otra, solían tener hijos a quienes se calificaba de «extremadamente dependientes»; se trata de una correlación significativa, aunque baja.

Una explicación bastante probable de este descubrimiento reside en que los niños a quienes los investigadores calificaron como dependientes en extremo entran, al igual que los de Stendler, en dos grupos: los que pusieron de manifiesto un apego ansioso y los que recurrían a la madre para que hiciera todo por ellos. De ser así, y de confirmarse los descubrimientos de Stendler, buen número de madres calificadas por Sears y sus colegas como extremadamente demostrativas no solo habrían dado grandes muestras de afecto, sino también desalentado a sus hijos de que hicieran cosas por sí mismos.

Los estudios sobre el ambiente familiar de individuos que con el correr del tiempo alcanzan notable autoconfianza suministran ulteriores datos de peso que confirman nuestra hipótesis. Este punto se analiza en el penúltimo capítulo del libro.

¿Cómo llegó a ocurrir, por consiguiente, que Freud adoptara la teoría referente a los niños «malcriados»? Aparte de que es probable que se mostrara influido más de lo que advertía por las opiniones en boga de la época, habría algunas pruebas de que se vio confundido por las muestras de afecto y actitud de sobredependencia tan frecuente en algunos padres para compensar al máximo su hostilidad hacia el hijo o como secuela de los propios deseos paternos de aferrarse a aquel. Un pasaje de los *Tres ensayos* que sigue al citado anteriormente insinúa esta explicación; en él Freud hace referencia a los «padres neurópatas, inclinados por regla general a dar muestras de excesivo afecto, (como) precisamente aquellos que, por medio de sus caricias, son más susceptibles de predisponer al niño a sufrir enfermedades neuróticas» (*Standard Edition*, vol. 7, pág. 223). En realidad, cuando se investigan esos casos en una clínica familiar de orientación psicoanalítica, casi siempre se descubre que la mayor ansiedad del pequeño con respecto a una posible separación y pérdida de amor no solo constituye una reacción a un «exceso» real de «afecto paterno», sino a experiencias de tipo prácticamente opuesto. Por un lado están las amenazas que profiere uno de los padres, de quitarle su amor o abandonar al niño, amenazas que, como ya se viera, suelen mantenerse en absoluto secreto. Por otro están los casos en que uno de los padres, sea de manera franca o encubierta, exige que el pequeño se haga cargo de su cuidado, con lo cual se invierten los roles normales padre-hijo. En tales circunstancias no es el hijo sino el padre quien se muestra excesivamente dependiente o, para utilizar un término más adecuado, atado a él por un apego ansioso. En los capítulos 18 y 19 se analizan estos casos.

Para algunos puede resultar algo absurdo que se llegue a tales extremos para demostrar que la incertidumbre relativa a la disponibilidad de una figura de apego por lo común redunda en un apego ansioso. Empero, mientras se sigan utilizando términos tales como *extremadamente dependiente* y *malcriado* para describir a los individuos en cuestión y siga en vigencia una teoría que atribuye su condición a las gratificaciones excesivas recibidas durante los primeros años de vida, los niños y, en particular, los adultos que ponen de manifiesto este tipo de conducta no serán objeto de mayor simpatía ni comprensión. Una vez reconocido que su condición se relaciona con la ansiedad respecto de la accesibilidad y capacidad de respuesta de las figuras de afecto, y que se desarrolla como resultado de una amarga experiencia, hay grandes perspectivas no solo de ayudar a quienes han crecido en medio de la inseguridad, sino de impedir que se repitan las circunstancias en otros seres.

17

La ira, la ansiedad y el apego

LA IRA: UNA RESPUESTA A LA SEPARACIÓN

En los capítulos anteriores se hizo referencia de manera reiterada a la ira que provocan la separación de una figura paterna o las amenazas de separación. Cabe ahora considerar dicha respuesta de manera más sistemática y, en particular, analizar su relación con el apego y el miedo.

En el primer capítulo se efectúa una reseña del estudio sistemático de Heinicke y Westheimer (1966) sobre diez niños de trece a treinta y dos meses durante y después de una estancia de dos semanas o más en una guardería con internado. Cuando se comparó a los niños separados de sus padres con un grupo de contraste de pequeños que habían permanecido en sus hogares, se puso de manifiesto la mayor tendencia de los chiquillos separados de sus familias a responder con agresividad. Durante su estancia en la guardería, por ejemplo, se aplicó a estos últimos una prueba de juego con muñecos en un mínimo de dos ocasiones, con intervalos de ocho días entre ambas; y la misma prueba se aplicó a los niños del grupo de contraste en sus hogares, con idéntico intervalo de separación. En todos los casos se registraron conductas hostiles con una frecuencia cuatro veces mayor en el juego de los chiquillos separados de sus padres, que en el grupo de niños que vivían en sus hogares. La agresión recaía sobre los muñecos que representaban el papel de padres. De los niños separados de sus familias, ocho atacaron a un muñeco que ya había sido identificado como símbolo del padre o la madre, en tanto que no lo atacó ninguno de los pequeños que vivían en sus hogares.

Seis semanas después de que los niños separados regresaran a sus hogares, y tras un período equivalente para los pequeños que no se habían separado de sus familias, se suministraron una vez más pruebas sobre el juego con muñecos; y estas se repitieron diez semanas después. En ninguna de esas ocasiones, empero, se registraron diferencias significativas en la hostilidad expresada por los niños de los dos grupos. La razón era que seis o más semanas después del reencuentro los pequeños que se habían separado de sus familias ya no se mostraban particularmente agresivos en sus pautas de juego, cambio positivo que de por sí revestía profundo significado.

No obstante, a partir de los informes de las madres resultaba evidente que durante los meses siguientes al regreso a sus hogares varios de los niños que anteriormente habían estado ausentes siguieron dando muestras de hostilidad en su comportamiento, en especial hacia la madre. Durante el período transcurrido entre el segundo y el vigésimo mes después del reencuentro seis de los diez niños anteriormente separados denotaron intensa ambivalencia en su conducta hacia la madre, hecho que no se había registrado en ninguno de los pequeños que habían permanecido en sus hogares.

Otros observadores que verificaron la manifestación de conductas notoriamente agresivas y/o destructivas *durante* los períodos de separación fueron Burlingham y Freud (1944), Robertson (1958b), Bowlby (1953), Ainsworth y Boston (1952) y también Heinicke (1956), en un estudio anterior en el que comparaba la conducta de una reducida muestra de niños durante una breve estancia en una guardería con internado con la de un grupo similar que comenzaba a asistir a una guardería diurna.

Entre los investigadores que advirtieron muestras de una conducta sumamente ambivalente *después* de producido el regreso de los niños a sus hogares se cuentan Robertson (1958b), Robertson y Robertson (1971) y Moore (1969b; 1971).

LA IRA: FUNCIONAL Y NO FUNCIONAL

Aunque a veces la conducta agresiva de un niño que ha experimentado una separación parece dirigirse de manera indiscriminada hacia todo el mundo, a menudo, tal como ocurre con las sesiones de juego mencionadas anteriormente, se dirige de manera obvia hacia uno de los padres o un sustituto paterno, como expresión de su ira por el modo en que se lo ha tratado.

A veces, en esos estallidos de cólera surgen atisbos de esperanza; en otras oportunidades, se oculta la desesperación.

Ocasionalmente la hostilidad infantil hacia uno de los progenitores adopta la forma de un reproche, por haber estado ausente cuando se lo necesitaba. Robertson (1952), por ejemplo, describe los amargos reproches de Laura, una pequeña de dos años y dos meses a quien filmó durante una estancia de ocho días en el hospital, donde se le había practicado una operación de menor importancia. Meses después de su retorno al hogar Robertson comenzó a proyectar una versión inicial del filme a los padres de la niña, mientras esta permanecía en el lecho, aparentemente dormida. Pero la chiquilla se despertó, se deslizó en la sala y fue testigo de los últimos minutos de película. Esta la mostraba en el último día de su internamiento, primero llena de zozobra y llamando a gritos a la madre; luego, al aparecer sus zapatos, llena de alegría ante la perspectiva de regresar al hogar, y por último, a su partida del hospital, en compañía de la madre. Al finalizar la película y encenderse las luces, Laura se apartó de la madre y fue tomada en brazos por el padre. Mirando llena de reproche a la primera, la pequeña preguntó: «¿Dónde estabas tú, mamá? ¿Dónde estabas tú?». De manera similar, Wolfenstein (1957), en su estudio sobre las respuestas registradas ante un desastre, relata cómo una niña pequeña que había permanecido separada de su padre en medio de un tornado, al reunirse posteriormente con aquel lo golpeó llena de rabia, reprochándole haber estado ausente.

Ambas niñitas parecían actuar inspiradas en el supuesto de que los padres no deben hallarse ausentes mientras sus hijitos están asustados y desean su presencia, y albergaban esperanzas de que por medios violentos lograrían hacerles recordar que nunca más debían desviarse del camino correcto.

En otros casos la ira infantil surge como consecuencia de la desesperación. En el capítulo 1, por ejemplo, se suministra una descripción de Ricardito (tomada de Burlingham y Freud, 1944), que residía en las Guarderías de Hampstead y, a los dos años y medio, ya había recibido los cuidados de una serie de figuras maternas diferentes. Dos meses después la niñera en quien centraba su afecto dejó la guardería para contraer matrimonio. Ricardito no solo se mostró «perdido y desesperado» tras la partida, sino que rehusó mirarla cuando aquella lo visitó dos semanas después. Por la noche, después de la partida de la joven, se oyó exclamar al pequeño: «¡Mi Ana María! Pero ya no la quiero más».

En el caso de ese pequeño descubrimos, no una respuesta a una separación única y temporal, sino a una serie repetida de separaciones prolongadas, cada una de las cuales equivale a una pérdida. Y aunque la pérdida es, precisamente, el tema del tercer volumen de esta serie, cabe en este punto examinar brevemente algunos de sus aspectos más importantes.

En varios de sus trabajos (por ejemplo, Bowlby, 1960b; 1961b; 1963), el autor centra su atención en la frecuencia con que surge la ira después de una pérdida, no solo en los niños, sino también en los adultos, y plantea el interrogante de cuál podría ser su función biológica. La respuesta que se propone es que siempre que la separación sea solo temporal, como ocurre en la gran mayoría de los casos, cumple las dos funciones siguientes: primero, puede ayudar a derribar las barreras que obstaculizan la posibilidad de reencuentro; segundo, puede desalentar a la persona amada, evitando que se marche.

Siempre que la pérdida sea permanente, como cuando se produce el fallecimiento de alguien, por necesidad la ira y la conducta agresiva no cumplen función alguna. La razón por la cual se producen con tanta frecuencia, incluso después de un hecho tal, es que durante las fases tempranas de duelo la persona por lo general no cree que esa pérdida en realidad pueda ser permanente; por lo tanto, continúa actuando como si todavía fuera posible, no solo hablar y recuperar al ser perdido, sino también reprocharle sus actos; porque ocurre que con cierta frecuencia se lo considera, al menos en parte, responsable por lo sucedido, como si hubiera abandonado a los seres amados por propia voluntad. De resultas de todo ello, la ira se dirige hacia el ser que se ha perdido, así como, por supuesto, hacia cualquier otro que pueda haber desempeñado cierto papel como causante de la pérdida o, de alguna manera, obstaculizado el reencuentro.

La ulterior investigación sobre las respuestas registradas ante un fallecimiento confirma esta línea de razonamiento. En su estudio sobre las respuestas de los niños y adolescentes ante la muerte de uno de los progenitores, Wolfenstein (1969) confirma el hecho de que la ira es extremadamente común, por cierto, en los niños con perturbaciones, y corrobora el punto de vista de que se halla vinculada con las profundas esperanzas que alientan esos pequeños de recuperar al padre o a la madre cuya pérdida sufrieron. Parkes (1971a), asimismo, en su estudio sobre las respuestas de las viudas ante la pérdida del marido, halla que la ira suele ser común, si bien no reviste un carácter universal. Asimismo, la ve como parte de los esfuerzos de la persona que sufre el duelo por recobrar al ser querido.

Por consiguiente, siempre que una separación resulta ser temporal, y también cuando se considera que una separación en curso resultará solo temporal, son comunes las muestras de enojo contra la figura ausente. En su forma funcional, la cólera se expresa como una serie de reproches, una conducta punitiva cuyos objetivos fijos son facilitar el reencuentro con la figura de afecto y evitar toda ulterior separación. Por consiguiente, aunque se dirija contra uno de los progenitores, esa ira sirve para fortificar, y no para romper, el lazo de afecto.

La conducta airada coercitiva, que actúa al servicio de un vínculo afectivo, no es infrecuente. Se advierte cuando una madre, cuyo hijo corre tontamente a través de la calzada, lo reprende y castiga, llena de enojo generado por el miedo. Se observa también cuando uno de los integrantes de una pareja acusa al otro de infidelidad, real o aparente. Se verifica, asimismo, en algunas familias, cuando uno de sus miembros se enoja siempre que la respuesta ante sus intentos de acercamiento hacia otro miembro es un absoluto silencio (Heard, 1973). Por último, tiene también lugar en los primates no humanos; por ejemplo, cuando un mandril macho de carácter dominante ve a un animal de presa, puede reaccionar agresivamente hacia cualquier miembro de su propio grupo que pueda correr peligro. Bajo los efectos del miedo, en este último se despierta una conducta de apego que de inmediato lo hace acercarse al macho dominante y obtener su protección (Hall y DeVore, 1965).

Ira no funcional

La conducta airada cuya función es la coerción, ya que resulta compatible con la existencia de un firme apego, por lo general ha sido soslayada por los especialistas. Muy probablemente ello se debe a que puede tornarse no funcional de manera inmediata, y por lo común en el terreno clínico son las pautas no funcionales las que suelen ponerse de manifiesto.

La ira no funcional se produce siempre que un ser humano, niño o adulto, se muestra enojado de manera tan intensa o persistente con otro ser a quien lo une un vínculo de afecto, que este se debilita, en lugar de reforzarse, y se produce el alejamiento de esa segunda persona. La ira hacia ese tercero también se torna no funcional cuando los pensamientos o actos agresivos trascienden el estrecho límite existente entre la disuasión y la conducta vengativa. Es en este punto, asimismo, donde el sentimiento deja de reflejar el «cálido reproche» de la ira para trocarse, por el contrario, en la «malicia» generada por el odio.[1]

La experiencia clínica sugiere que las situaciones de separación y pérdida que enfoca esta obra son susceptibles de provocar contra una figura de apego un estallido de cólera que traspone el umbral de intensidad funcional y se torna no funcional. Las separaciones, en particular cuando son prolongadas o repetidas, ejercen un efecto dual. Por un lado, surge el enojo; por otro, disminuye el amor. Por consiguiente, la conducta de airado descontento no solo puede alienar a la figura de apego, sino que, en quien experimenta el apego, puede producirse un cambio en el equilibrio emocional. En vez de un afecto profundamente arraigado, mechado de tanto en tanto con muestras de «cálido desagrado», tal como ocurre en un niño al que crían padres afectuosos, nace un profundo resentimiento al que solo refrena parcialmente un afecto incierto y signado por la ansiedad.

Las respuestas de cólera más violenta y no funcional probablemente surjan en los niños y adolescentes que no solo experimentan separaciones reiteradas, sino que, de manera constante, se hallan sujetos a amenazas de abandono. En el capítulo 15 se suministran descripciones de la intensa zozobra que provocan esas amenazas en los niños pequeños, en especial cuando cobran apariencia de verosimilitud. Durante el tratamiento de la señora Q, parecía que nada podía haberle causado mayor dolor e inquietud que las amenazas realistas de la madre, fueran de abandonar a la familia o de cometer suicidio. A partir de un dolor tan intenso solo hay un breve paso para sentirse furioso contra la persona que lo inflige. Es este el modo en que, en apariencia, se comprendía con facilidad el intenso enojo que la señora Q experimentaba a veces hacia la madre.

Algunos años atrás llegó a la misma conclusión Stott (1950), un psicólogo británico que residió durante años en un reformatorio estudiando la personalidad y ambiente familiar de 102 jóvenes de quince a dieciocho años, quienes habían sido enviados a esa institución por haber cometido delitos reiterados. La información recogida por el psicólogo provenía de prolongadas entrevistas con los mismos adolescentes y con sus padres, así como de muchos contactos informales con aquellos durante su estancia en la institución. Los jovencitos, según se descubrió, se mostraban profundamente inseguros, y en muchos casos sus delitos parecen haber constituido actos de bravuconería. Las actitudes paternas adversas y los lazos de afecto desmembrados parecen haber sido lo común, como suele descubrirse en esos estudios, y parecían explicar en buena medida la sensación de inseguridad de los muchachos. No obstante, lo que impresionó a Stott más que nada fueron las pruebas de que en muchos casos la madre, y a veces el padre, había recurrido a amenazas como medio disciplinario, y la profunda ansiedad y enojo que esas amenazas habían causado en los jóvenes. Aunque Stott suministra detalles acerca de algunos casos típicos, se muestra renuente a suministrar cifras, en parte porque, en el curso de su investigación, solo tomó conciencia tardía de cuán importantes podrían ser esas amenazas, y en parte porque en una serie de casos tenía plena certeza de que las amenazas habían desempeñado un papel de importancia, a pesar de que en estos últimos casos tanto el joven como los padres habían negado firmemente su empleo.

Stott subraya la combinación de una ansiedad intensa y un conflicto profundo, que inevitablemente provocan las amenazas de esta índole. Ocurre que, en tanto que por un lado el niño se muestra furioso ante las amenazas de abandono de uno de los progenitores, por el otro no osa expresar su furia, para evitar que esta incite al padre o a la madre a cumplir realmente sus amenazas. Es esta una de las razones básicas por la cual, según sugiere Stott, en esos casos la cólera dirigida contra uno de los padres por lo común se reprime y orienta hacia otros blancos. Ello explica, también, por qué un niño o adolescente que siente terror de que lo abandonen suele quejarse de que alguna otra cosa le produce temor, sea la oscuridad, los truenos o la posibilidad de un accidente. En los dos capítulos siguientes se atribuye a una modificación de este tipo con respecto a la situación que supuestamente se teme la sintomatología de una amplia serie de pacientes que en la actualidad suelen ser tildados de fóbicos en los diagnósticos.

No es improbable que una serie de individuos que virtualmente llegan a alentar impulsos asesinos hacia uno de los progenitores hayan llegado a esos extremos como modo de reacción ante amenazas de abandono reiteradas sin cesar a lo largo de los años. Por ejemplo, en uno de sus trabajos iniciales, en el que enfoca los efectos traumáticos de la separación, Kestenberg (1943) describe a una niña de trece años a la cual habían abandonado sus padres, y quien había estado al cuidado de una vasta serie de personas en sucesión ininterrumpida. La pequeña no confiaba en nadie y respondía por medio de algún acto vengativo ante cualquier frustración. En el curso del tratamiento la jovencita se visualizó a sí misma como una persona adulta y, en consecuencia, capaz de vengarse de la madre matándola. Muchos analistas que han tratado a pacientes con antecedentes similares podrían citar ejemplos parecidos.

En otro trabajo en el cual también relaciona la ira con la separación, Burnham (1965) hace referencia sucinta a dos pacientes que efectivamente cometieron matricidio. Uno de ellos, un adolescente que asesinó a la madre, exclamó después: «No podía soportar que me dejara». Otro, un joven que colocó una bomba en el equipaje de la madre antes de que esta subiera a un avión, explicó: «Decidí que nunca más me abandonaría». La hipótesis propuesta hace que estas afirmaciones resulten menos paradójicas de lo que podrían parecer.

Evidentemente, estas no son más que anécdotas clínicas, y en ningún caso se suministra una historia adecuada sobre las relaciones familiares previas. Por añadidura, por lo que sabemos, después de Stott ningún investigador ha efectuado un estudio sistemático con el fin de verificar la existencia de un posible vínculo causal entre la cólera violenta, dirigida contra una figura de apego, y la historia del sometimiento en que esa figura tiene al sujeto, quien debe escuchar sus repetidas amenazas de abandono. Al presente, por lo tanto, el vínculo sugerido es poco más que una conjetura; pero brinda pautas de orientación promisorias para la ulterior investigación.

Una prueba destinada a evaluar las respuestas a la separación

Los psicoanalistas y otros expertos que adoptan el enfoque propio de las relaciones objetales durante muchos años han considerado el equilibrio entre la disposición de una persona a amar, enojarse con su figura de afecto y odiarla como criterio principal para efectuar una evaluación clínica. En años recientes Hansburg (1972), tomando como punto de partida algunas mediciones sobre el modo en que responde una persona ante una separación, comenzó a enfocar la cuestión de manera más sistemática.

El test clínico que Hansburg está desarrollando comprende una docena de láminas, todas las cuales, con la sola excepción de tres, describen una situación en la cual el niño deja a sus padres o los padres dejan a su hijo. Algunas de estas situaciones, como aquella en que el pequeño marcha a la escuela o la madre deja al niño en el lecho, a la hora de dormir, supuestamente resultarían de tipo corriente para el chiquillo de más de seis años. Otras poseen una naturaleza más perturbadora. Entre estas se incluye una lámina que muestra cómo llevan en ambulancia a la madre del niño, rumbo al hospital, y otra en la que el hijito se va a vivir de manera permanente con su abuela. Bajo cada lámina se halla escrita una leyenda, que torna explícito lo que representa la imagen.

En su forma presente el test se adapta a niños y adolescentes de diez a quince años. Hansburg informa que, a pesar de la naturaleza perturbadora de algunas escenas, la administración del test no ha planteado dificultades. Si aquel resultara tan útil como promete, podrían diseñarse de inmediato versiones para niños más pequeños y para adolescentes de mayor edad o adultos.

Al presentar cada lámina el especialista pregunta primero al niño sometido a la prueba: «¿Te sucedió esto alguna vez?» y luego, si la respuesta es no, «¿Puedes imaginar cómo te sentirías si te sucediera?». Se presenta entonces al sujeto una serie de diecisiete declaraciones sobre el modo en que podría sentirse un pequeño en una situación tal, y se lo invita a marcar tantas como considera adecuadas. Aunque para cada lámina las diecisiete declaraciones se hallan redactadas de manera algo diferente, la serie de sentimientos descritos es similar. La siguiente selección de ocho declaraciones ilustra parte de la gama de sentimientos cubiertos:

se siente solo y desdichado;
siente pena por sus padres;
siente que no le importa lo que sucede;
siente que hará todo lo posible por prosperar;
se siente enojado con alguien;
siente que, de haber sido un niño bueno, no le habría sucedido eso;
siente que ahora le dará miedo vivir en su casa;
siente que no le está sucediendo realmente, que es solo un sueño.

Los descubrimientos preliminares efectuados indican, entre otras cosas, que los niños que crecen en el seno de hogares estables suministran el doble o el triple de respuestas de zozobra y preocupación que de respuestas dictadas por la ira y la sensación de culpa por lo que sucede. Por el contrario, los niños perturbados que experimentan separaciones prolongadas y/o repetidas, muchas de ellas como consecuencia de ser rechazados por la familia, suministran por lo menos tantas respuestas de enojo y culpa como de zozobra e inquietud. Esta diferencia tan pronunciada en el equilibrio de las respuestas resulta particularmente obvia con respecto a las láminas que representan la profunda quiebra del vínculo que une al niño con sus padres; con respecto a las láminas que representan tan solo una separación cotidiana y transitoria, la diferencia de equilibrio es menos evidente.

Otra diferencia interesante de equilibrio, que también se advierte especialmente en respuesta a las láminas que reflejan una profunda ruptura, se da en la proporción de las respuestas en el sentido de que el niño hará todo lo posible por arreglárselas solo, o de que se sentirá más feliz como resultado del hecho ocurrido. En tanto que estas últimas constituyen solo una pequeña minoría de las respuestas suministradas por los pequeños provenientes de hogares estables, se ponen de manifiesto con frecuencia en las respuestas de los niños que han experimentado separaciones prolongadas y repetidas, o provenientes de hogares infelices. Hay razón para creer que la mayoría de estas respuestas constituyen la expresión de un intento forzado y prematuro de autonomía que habrá de resultar frágil, condición que Winnicott (1955a) describe como «sí mismo falso». Algunas características de las personas que, por contraste, dan muestras de autonomía estable, y las condiciones en que se desarrolla esta autonomía, constituyen el tema central del capítulo 21.

LA IRA, LA AMBIVALENCIA Y LA ANSIEDAD

De acuerdo con los esquemas propuestos se visualiza el período de separación y las amenazas proferidas en ese sentido, así como otras formas de rechazo, como causantes, en un niño o adulto, de una conducta caracterizada por la ansiedad y la ira. Ambas se dirigen hacia la figura de afecto: el apego ansioso tiene como fin mantener hasta un punto máximo la accesibilidad de la figura de apego; la ira constituye tanto un reproche por lo ocurrido como un medio de evitar que se produzca nuevamente. Por consiguiente, el amor, la ansiedad, la ira y a veces el odio suelen ser provocados por la misma persona. Como resultado, son inevitables los conflictos penosos.

El hecho de que un único tipo de experiencia provoque tanto ansiedad como ira no tiene por qué sorprender. Al final del capítulo 8 se señalaba que los estudiosos de la conducta animal han observado que en determinadas situaciones puede provocarse cualquiera de esas formas de conducta, y que el que el animal responda atacando o emprendiendo la retirada o con pautas combinadas de ambas conductas a la vez depende de una serie de factores que desequilibran la situación en uno u otro sentido. Entre el apego ansioso y el signado por la ira parece producirse un tipo de equilibrio similar. Un niño que en determinado momento se mostraba furioso con uno de sus padres puede al instante siguiente buscar aliento y muestras de seguridad en ese mismo progenitor. En las peleas de enamorados suele producirse una secuencia similar. Los términos *ansiedad* e *ira* parecen tener raíces en común (Lewis, 1967).[2]

Durante mucho tiempo los psicoanalistas se han interesado, en particular, por la interrelación existente entre el amor, el temor y el odio, ya que en los trabajos clínicos es común dar con pacientes cuyos problemas emocionales parecen surgir de una tendencia a responder hacia la figura de afecto con una combinación turbulenta de los tres elementos: profundo sentimiento de posesión, ansiedad intensa e ira igualmente intensa. Con no poca frecuencia se producen círculos viciosos. Un incidente de separación o rechazo provoca la hostilidad de una persona y conduce a pensamientos y actos hostiles; en tanto que los pensamientos y actos hostiles dirigidos hacia la figura de apego aumentan en grado sumo el temor a ser rechazado aún más, o incluso de perder por completo a la figura amada.

A los efectos de ilustrar los íntimos nexos existentes entre el afecto, la ansiedad y el enojo, se ha postulado una serie de hipótesis. Algunas se basan en el supuesto de que el componente agresivo surge como reacción ante frustraciones de determinada índole; otras sostienen que los impulsos agresivos van acumulándose internamente y hallan expresión, sea cual fuere la experiencia del individuo. Entre los principales analistas que consideran la ambivalencia hacia una figura amada como elemento clave de la psicopatología, y que han propuesto soluciones, se cuenta Fairbairn (1952), quien formula una hipótesis del tipo frustración-agresión; en tanto que Melanie Klein (1932; 1948b) sostiene que todo sentimiento y conducta agresiva son expresiones del instinto de muerte que late en el interior del ser humano y que debe dirigirse hacia fuera.

Debido a la gran influencia que ha ejercido Melanie Klein sobre muchos psicoanalistas y psicoterapeutas infantiles, consideraremos sus puntos de vista en primer término.

El fenómeno clínico en el cual Klein centró su atención durante las décadas de 1920 y 1930 residía en que algunos niños apegados a sus madres con particular intensidad revelan, paradójicamente, una fuerte hostilidad inconsciente que también dirigen hacia ella. En sus juegos pueden expresar gran violencia hacia una figura materna y luego mostrarse preocupados y ansiosos por la posibilidad de haber destruido o enajenado a la madre misma. Con frecuencia, tras uno de esos estallidos, el niño huye de la sala de análisis, no solo porque teme las consecuencias de su acción en la figura del analista, sino, según se sugiere, para asegurarse de que la madre todavía está viva y lo ama. Las observaciones de este tipo se han confirmado ampliamente en la actualidad; y muchos otros datos demuestran, sin que quepa duda, que la presencia de impulsos hostiles (sean conscientes o inconscientes) dirigidos hacia una figura amada pueden aumentar la ansiedad. (Obsérvese la pronunciada ansiedad de la señora Q en relación con la seguridad de su hijo, como consecuencia de sus propios impulsos de arrojar al niño por la ventana, hecho al que se hizo referencia en el capítulo 15.) Advertimos así que el valor de muchas de las observaciones de Klein sigue manteniéndose intacto, aceptemos o no sus ideas con respecto al origen de la ansiedad y la agresión.

Debe recordarse, no obstante, que así como la hostilidad dirigida hacia una figura amada puede aumentar la ansiedad, el mismo hecho de mostrarse ansioso, en particular cuando una figura de afecto puede tornarse inaccesible o carecer de capacidad de respuesta cuando se la desea, suele aumentar la hostilidad. Ello reviste gran importancia teórica y práctica, a los efectos de determinar cómo se generan esos círculos viciosos. ¿El aumento de ansiedad precede al aumento de hostilidad, ocurre a la inversa, o ambas cosas surgen de una fuente común? Al aplicar un enfoque retrospectivo, a partir de los datos suministrados por un paciente sometido a análisis, resulta notoriamente difícil desentrañar la secuencia real, tal como lo advirtió Ernest Jones hace muchos años (Jones, 1929); y esta dificultad sigue poniéndose de manifiesto durante el tratamiento de los niños pequeños, tal como ocurre con los pacientes de mayor edad. El descuido de esta dificultad metodológica y la insuficiente atención prestada a las relaciones familiares, sostiénese, habrían conducido a conclusiones unilaterales en el caso de Klein.

Como es lógico, es perfectamente posible que en algunos casos una ansiedad intensa preceda a una intensa hostilidad, así como que se invierta la secuencia en otros casos, o ambas emociones surjan de una fuente única y coincidan en un tercer grupo. Dichas posibilidades, no obstante, no tienen cabida en la teoría de Klein. Por el contrario, su postulado básico es que el aumento de ansiedad siempre es precedido y provocado por un aumento de hostilidad; el que la ansiedad a veces puede ser independiente, a veces provocar de por sí y a menudo ser provocada por la misma situación que la mayor hostilidad son factores que no se tuvieron en cuenta.

Fairbairn enfoca el mismo problema clínico que Klein, pero propone una solución muy diferente. De no existir una frustración, sostiene, el bebé no habrá de dirigir la agresión contra el objeto amado. Lo que lo impulsa a hacerlo es la «carencia y frustración en sus relaciones libidinosas y, en particular... el trauma de la separación de la madre» (Fairbairn, 1952).

La postura adoptada por el presente escritor (Bowlby, 1944; 1951; 1958a) y, como se habrá visto, adoptada también en esta obra, se acerca a la postura de Fairbairn.[3] La ira y la hostilidad dirigidas hacia una figura de apego, sea en un niño o en un adulto, puede comprenderse más adecuadamente, según se sostiene, como respuesta a una frustración. Toda frustración, bien es cierto, puede afectar a los sistemas motivacionales de cualquier tipo. Pero hay razones para creer que los sistemas motivacionales a los que hace referencia la presente obra, es decir, los que determinan la conducta afectiva, son los que se hallan afectados en una proporción muy amplia de los casos de frustración más graves y persistentes, en particular cuando el agente de frustración es, de manera voluntaria o involuntaria, la figura de apego en sí.

La razón por la cual la ansiedad generada en torno a una figura de afecto y la hostilidad dirigida hacia ella se dan juntas con tanta frecuencia se debería, por consiguiente, a que ambos tipos de respuesta son provocados por el mismo tipo de situación; y, en menor grado, a que, una vez provocadas con intensidad, cada respuesta tiende a agravar a la otra. Como resultado, tras experiencias repetidas de separación o amenazas de separación, es común que una persona desarrolle una conducta de apego sumamente ansiosa y posesiva aunada a una amarga cólera que dirige contra la figura de apego, y a menudo combina ambas con una preocupación llena de ansiedad acerca de la seguridad de esa figura.[4]

Debido a esta tendencia a reprimir y/o dirigir en otra dirección (desplazar) la ira y hostilidad dirigidas inicialmente contra la persona amada, así como a atribuir el enojo a otros en vez de a sí mismo (proyección), así como por otras razones, las pautas y equilibrio de respuestas dirigidas hacia una figura de afecto pueden distorsionarse y entremezclarse en grado sumo. Por añadidura, como los modelos de figuras de apego y expectativas en torno a su conducta se elaboran durante los años de la infancia y tienden, de allí en adelante, a no sufrir modificación alguna, la conducta actual de una persona puede explicarse, no en función de su situación presente, sino de experiencias acumuladas muchos años atrás. Por consiguiente, debido a estos aspectos complejos la naturaleza y origen de nuestros sentimientos y conducta con frecuencia permanecen tan oscuros, no solo para otros, sino también para nosotros mismos. Todos estos aspectos se considerarán de manera más exhaustiva en el tercer volumen de esta serie.

18

El apego ansioso y las «fobias» de la infancia

> Posteriormente la querida tía me preguntaría en reiteradas oportunidades por qué nunca había contado a nadie cómo me trataban. Los niños no expresan mucho más que los animales, porque aceptan lo que les sucede como algo preestablecido por el destino.
>
> RUDYARD KIPLING, *Something of Myself*

LAS FOBIAS, LAS SEUDOFOBIAS Y EL ESTADO DE ANSIEDAD

En el capítulo 14 se afirmaba que la propensión del individuo a responder con muestras de temor ante cualquier situación potencialmente alarmante depende, en gran medida, de su pronóstico acerca de la probable disponibilidad de las figuras de apego; dichos pronósticos, a su vez, derivan de la estructura de los modelos de las figuras de apego y del sí mismo con los que aquel opera. En el mismo capítulo se argumentaba, por añadidura, que esos modelos probablemente se van conformando a lo largo de la infancia y la adolescencia, y que de ahí en adelante tienden a seguir siendo comparativamente estables; y, por último, que las formas específicas que revisten los modelos de una persona constituyen un reflejo bastante exacto de los tipos de experiencia que ha adquirido a lo largo de su relación con las figuras de apego durante todos esos años, o que todavía está adquiriendo. En los capítulos 15 y 16 se analizan algunos datos sobre la naturaleza de las experiencias que aumentan la propensión del individuo a sentir temor.

En el presente capítulo y en el siguiente se ilustra la utilidad potencial de dicha teoría aplicándola a ciertos síndromes clínicos caracterizados por la ansiedad y el temor manifiestos. Las condiciones seleccionadas son aquellas que por lo común se incluyen en la categoría de *fobias*, término que, tal como habitualmente lo aplican psiquiatras y psicólogos (por ejemplo, Andrews, 1966; Marks, 1969), incluye una amplia serie de condiciones cuyos síntomas principales son la ansiedad y el temor. Los ejemplos más notorios que serán examinados son la «fobia a la escuela» y la «agorafobia».

Aunque cuando la manifestación de dichos síntomas es reciente algunos pacientes responden de manera favorable a una terapia relativamente simple (por ejemplo, Friedman, 1950; Kennedy, 1965), otros plantean problemas mucho más graves. En general aquellos que han padecido dichos síntomas durante un tiempo prolongado sufren también, tal como ahora se admite, una amplia serie de perturbaciones emocionales de distinta índole. La mayoría de ellos son seres timoratos, que no solo se muestran propensos a temer muchas situaciones de distinto tipo, sino a caer víctimas de estados depresivos y desarrollar, asimismo, diversos síntomas psicosomáticos. En todos esos casos la condición a la cual se aplica el término *fobia*, como, por ejemplo, el temor a la escuela (fobia escolar) o a los lugares apiñados (agorafobia), constituye solo un fragmento ínfimo, y a veces desdeñable, de determinado trastorno de la personalidad profundamente arraigado, y que se halla presente en el individuo desde hace muchos años.

No obstante, existe una pequeña minoría de casos de fobias de larga duración que parecen revestir un carácter muy diferente. En dichos casos los sujetos, a quienes hace referencia Marks (1969), demuestran intenso temor hacia determinado animal, pero, en otros aspectos, poseen una personalidad estable y poco dada a sufrir perturbaciones de índole psicológica. Marks suministra pruebas según las cuales, con respecto al funcionamiento de la personalidad y las respuestas psicofisiológicas, dichos individuos no solo se asemejan a las personas psiquiátricamente sanas, sino que difieren de manera muy pronunciada de las diagnosticadas como agorafóbicas. Asimismo, también difieren de estas últimas con respecto a la edad a la que se plantean las dificultades. En tanto que los síntomas agorafóbicos por lo general se manifiestan después de los diez años, las fobias específicas y limitadas a determinado animal suelen manifestarse antes de los siete años. Toda fobia específica parece deberse a la persistencia, en años posteriores, de la propensión a temer a determinados animales que suele ponerse de manifiesto durante los primeros años de la infancia, pero que por lo común va disminuyendo antes o durante la etapa de la adolescencia, hasta alcanzar proporciones muy moderadas o desdeñables.

En el presente capítulo nuestro análisis se centra en el grupo mayoritario, vale decir, el de personas que padecen trastornos de personalidad profundamente arraigados. El grupo minoritario, integrado por sujetos que padecen fobias con respecto a animales específicos, probablemente plantee un tipo distinto de problema, y solo se examina brevemente.

En las páginas siguientes el término *fobia* se utiliza tan solo porque gran parte del material descriptivo que nos interesa forma parte de la bibliografía incluida bajo ese título. Al comienzo del capítulo se coloca entre comillas con el fin de indicar que, cuando se aplica a pacientes del grupo mayoritario, se considera un término erróneo.

Otros estudiosos también sostienen que en muchos casos suele aplicarse equivocadamente el término *fóbico*. Brun (1946) distingue un grupo al que denomina «seudofóbico», en el cual incluye todos los casos de agorafobia. Snaith (1968) argumenta, de manera similar, que la agorafobia puede considerarse una seudofobia (si bien aplica dicho vocablo de manera diferente que Brun). En la presente obra se postula que no solo la agorafobia, sino también la fobia a la escuela pueden considerarse seudofobias. Por el contrario, el intenso temor que provoca un animal determinado o alguna situación distinta en una persona que, por lo demás, es poseedora de una personalidad sana puede a veces interpretarse como caso de auténtica fobia.

La diferencia existente entre ambas condiciones puede enunciarse con claridad en función de la presente teoría. En el caso de una personalidad fóbica, lo que más se teme es la *presencia* de algo que para otros resulta mucho menos temible, pero que aquella a toda costa procura *evitar* o de lo que se *aparta* de inmediato. En el caso de una persona seudofóbica, lo que más se teme es la *ausencia* o *pérdida* de una figura de afecto o alguna otra base segura, *hacia* la cual normalmente se dirige el sujeto en busca de *refugio*. En tanto que en el caso de una fobia el especialista identifica la situación temida de manera correcta, en el caso de una pseudofobia con frecuencia se le escapa la auténtica naturaleza de la situación y suele diagnosticarla erróneamente como fobia.

Aunque el término *seudofobia* contribuye a enfocar la atención tanto en el problema en sí como en los conceptos erróneos y confusos acerca de la psicopatología subyacente, tan abundantes en la bibliografía especializada, resulta poco aconsejable su uso corriente. Un enfoque mucho más adecuado de las seudofobias consiste en clasificarlas, simplemente, como estados ansiógenos, incluyéndolas, por consiguiente, entre los muchos casos de la denominada ansiedad «difusa». Ocurre que los casos de seudofobia y los estados de ansiedad no solo se desencadenan a determinada edad, sino que existe «superposición considerable en sus características clínicas» (Marks, 1969). Sin duda, una vez captado con acierto el papel que desempeña el apego ansioso en el desencadenamiento de dichas condiciones, resulta evidente que los pacientes supuestamente aquejados de una ansiedad difusa, al igual que los tildados de seudofóbicos en estas páginas, sufren un estado de ansiedad aguda o crónica acerca de la disponibilidad de su figura o figuras de afecto.

En apoyo de nuestra tesis dedicaremos la mayor parte de este capítulo a examinar la fobia a la escuela, acerca de la cual existe una bibliografía abundante y reveladora; posteriormente, consideraremos desde una perspectiva novedosa dos casos de fobia infantil que se consideran clásicos en la bibliografía psicoanalítica y en el campo de la teoría del aprendizaje, respectivamente. Se brinda atención especial a las pautas de interacción que parecen haber caracterizado a las familias de los niños. En el capítulo siguiente se examina la agorafobia en relación con el análisis efectuado acerca de las fobias escolares.

LA «FOBIA A LA ESCUELA» O RECHAZO ESCOLAR

Durante los últimos quince años se ha acumulado una vasta bibliografía en torno a una condición que por lo común se conoce como *fobia a la escuela* (Johnson y otros, 1941) o, mejor aún, *rechazo escolar* (Warren, 1948). Dichos términos suelen aplicarse no solo cuando los niños se niegan a asistir a la escuela, sino también cuando dan grandes muestras de ansiedad si se los obliga a acudir. Sus inasistencias son bien conocidas por los padres, y la mayoría de esos chiquillos permanecen en sus hogares durante las horas de clase. Con no poca frecuencia dicha condición se acompaña o se halla enmascarada por síntomas psicosomáticos de diversa índole (por ejemplo, anorexia, náuseas, dolores abdominales, debilidad general). Se expresa un temor provocado por numerosas causas: los animales, la oscuridad, las bravuconadas de terceros, la posibilidad de que la madre sufra algún daño, el abandono. En ocasiones, el pequeño parece ser víctima del pánico. Es común su aspecto lloroso y su desdicha manifiesta. Por regla general, se trata de niños de buena conducta, ansiosos e inhibidos. La mayoría provienen de familias unidas, no han experimentado separaciones prolongadas o frecuentes del hogar, y tienen padres que expresan profunda preocupación acerca del hijo y su negativa a asistir a la escuela. Las relaciones existentes entre el niño y sus padres son estrechas, incluso al punto de verse sofocados.

La condición descrita difiere, en todos esos aspectos, de la característica de los pequeños que «hacen pellas». Estos últimos no dan muestras de ansiedad acerca de su asistencia a la escuela, no vuelven a sus hogares durante las horas de clase y por lo general fingen, ante sus padres, haber asistido a la escuela. A menudo roban o cometen otros actos delictivos. Por lo común, provienen de hogares inestables o familias deshechas, y han experimentado prolongadas y/o frecuentes separaciones o cambios de la figura materna. Las relaciones entre ese tipo de niños y sus padres suelen ser distantes o caracterizarse por las disputas frecuentes.

Existen sólidos testimonios acerca de la validez de la diferencia trazada entre la fobia a la escuela y las inasistencias de los «que hacen pellas», en particular los provenientes del estudio de Hersov (1960a), quien compara una serie de cincuenta casos de negativa a asistir a la escuela con otros tantos de «pellas» y con un ulterior grupo de contraste, también tomado de una población objeto de estudios clínicos. Aunque varios otros estudios se basan en una serie de casos observados en el transcurso de la práctica clínica, en ninguno de ellos se enfocan los resultados desde el punto de vista estadístico. Por el contrario, las observaciones se presentan de manera descriptiva, intercaladas con interpretaciones teóricas más o menos abundantes. Entre estos estudios, cada uno de los cuales se basa en una serie de veinte a treinta casos, se cuentan los de Talbot (1957), Coolidge y sus colegas (1957; 1962), Eisenberg (1958) y Davidson (1961). En sus dos trabajos Sperling (1961; 1967) se basa en experiencias con cincuenta y ocho niños, parte de los cuales habían sido objeto de prolongado tratamiento psicoanalítico. Kennedy

(1965) informa acerca de cincuenta casos agudos de reciente fecha que fueron tratados utilizando métodos rápidos y simples. Weiss informa acerca del tratamiento y seguimiento, en años posteriores, de catorce niños y adolescentes asistidos como pacientes internos (Weiss y Cain, 1964; Weiss y Burke, 1970). En los *Smith College Studies in Social Work* (*Estudios sobre el trabajo social del Smith College*) se publican varios artículos de base empírica acerca del marco familiar de los niños que se niegan a asistir a la escuela, reseñados por Malmquist (1965). Un libro de Clyne (1966), basado en cincuenta y cinco casos observados en el curso de la práctica general, suministra una vívida descripción de los muchos y variados cuadros clínicos puestos de manifiesto. Entre otras publicaciones se cuentan los trabajos iniciales de Broadwin (1932) y E. Klein (1945), una obra de Kahn y Nursten (1968), reseñas de Frick (1964), Andrews (1966) y Berecz (1968), y varios trabajos que informan acerca de un reducido número de casos que han sido tratados por medio de uno u otro método, entre los cuales se cuenta la terapia de la conducta (por ejemplo, Lazarus, 1960; Montenegro, 1968).

En un nivel empírico existe notable grado de acuerdo entre todos esos autores, tanto con respecto a la personalidad, conducta y síntomas de los niños como a la personalidad, conducta y síntomas de sus padres. Por añadidura, existe considerable grado de acuerdo en el sentido de que lo que teme el niño *no* es lo que sucederá en la escuela, sino el hecho de tener que dejar su casa. Con excepción de Frick (1964), quien expresa sus dudas, casi todos los estudiosos del problema llegan a la conclusión de que las características desagradables de la escuela, como, por ejemplo, la presencia de un maestro severo o las burlas y actos de bravuconería de otros escolares, constituyen poco más que racionalizaciones. Adhiriendo a este punto de vista, Hersov (1960b) descubrió que solo una minoría de los niños que rehusaban asistir a la escuela por él estudiados tenían quejas acerca del maestro o los condiscípulos. Muchos de esos pequeños manifestaron que, una vez en la escuela, se sentían totalmente seguros. En consecuencia, y a diferencia de lo que ocurre con las fobias auténticas, la presencia de la situación supuestamente fóbica no exacerba el miedo de quien la sufre. Varios otros autores confirman este descubrimiento, así como el hecho de que el miedo demostrado suele llegar al paroxismo justo antes de salir de la casa o en camino a la escuela. Los sujetos de un estudio de seguimiento de Weiss y Burke (1970) confirman, al efectuar un enfoque retrospectivo del problema, que este había surgido como consecuencia de dificultades en las relaciones de familia.

Como la situación que provoca temor es la partida del hogar, es obvio que no se aplica el término *fobia a la escuela*.[1] Con el fin de subrayar la dinámica familiar que ella, al igual que otros, considera de máxima importancia, Johnson dejó de lado el término *fobia escolar*, cuyo uso ella misma había propugnado en 1941, y lo reemplazó por la expresión *ansiedad de separación* (Estes, Haylett y Johnson, 1956). Dicha expresión, no obstante, no constituye un nombre adecuado para un síndrome clínico. De los términos utilizados al presente, probablemente el más adecuado sea *rechazo escolar*, en virtud de ser el más descriptivo a la par que el menos cargado de implicaciones teóricas.

En el curso de estos estudios empíricos se ha elaborado un considerable cuerpo teórico. Son tres las influencias puestas de manifiesto.

Una de ellas, derivada del trabajo clásico de Freud acerca del análisis de una fobia en un niño de cinco años, el pequeño Hans (Freud, 1909), se halla acuñada en términos de la psicopatología individual del pequeño y asigna un rol central al proceso de proyección. De acuerdo con esa escuela los conceptos a los que por lo general se recurre incluyen los de dependencia y sobredependencia, gratificación excesiva y malcrianza, aunados, por regla general, a una teoría de la fijación o regresión a uno u otro nivel de desarrollo psicológico. Sperling (1967), por ejemplo, señala la etapa erótica anal (en particular, sádicoanal) del desarrollo libidinal, y Clyne (1966) trae a colación el concepto de Winnicott acerca de una etapa de transición infantil en el desarrollo de las relaciones objetales.

La segunda influencia teórica preponderante surge de un trabajo de Johnson y sus colegas (1941), que fue germen de numerosas ideas. Los autores basaban sus puntos de vista en la experiencia adquirida por medio de la práctica de la psiquiatría infantil y familiar, y asignaban particular importancia a la interacción familiar y al papel que uno de los progenitores desempeñaba al instigar y mantener dicha condición. En ese trabajo se describe a padres que, por cuestiones emocionales, se aferran al hijo y efectivamente impiden que asista a la escuela.

La tercera fuente de influencia proviene de la teoría del aprendizaje, la cual, al igual que el psicoanálisis tradicional, se halla concebida en función de una psicopatología individual. No obstante, tal como señala

Andrews (1966), los practicantes de una terapia de la conducta suelen hallarse mucho más atentos a la importancia de las relaciones interpersonales y la dinámica familiar de lo que podría desprenderse a partir de sus teorías.

Cuatro pautas de interacción familiar

De la lectura de la bibliografía especializada se desprende que, aunque los estudiosos pueden enfocar el problema del rechazo escolar desde muchas perspectivas diferentes, cuando deben evaluar casos reales las características en las que centran su atención suelen ser las mismas. Por consiguiente, es posible aceptar la validez de los descubrimientos clínicos y proceder a considerar de qué manera pueden interpretarse en función de la teoría del apego ansioso, por la ansiedad, tal como se esbozó en los capítulos precedentes.

Desde dicha perspectiva, una gran mayoría de los casos de rechazo escolar pueden interpretarse como producto de una o más de las siguientes cuatro pautas centrales de interacción familiar:

Pauta A. La madre o, más raramente, el padre, sufre de ansiedad crónica con respecto a las figuras de afecto, y mantiene al niño en casa como su compañero.

Pauta B. El niño siente que puede sucederle algo terrible a la madre o, quizá, al padre, mientras él está en la escuela, por lo cual permanece en casa para evitar ese hecho.

Pauta C. El niño teme que pueda sucederle algo terrible si se aleja del hogar, por lo cual permanece en casa para impedir ese hecho.

Pauta D. La madre o, más raramente, el padre, sienten que puede sucederle algo terrible al niño mientras está en la escuela, por lo cual tratan de retenerlo en el hogar.

Aunque en la mayoría de los casos suele desempeñar un papel preponderante alguna de esas pautas de interacción, estas pautas no son incompatibles entre sí, y pueden darse casos combinados. La pauta A es la más común, y puede asociarse con cualquiera de las otras tres.

Pauta A de interacción familiar

En la actualidad se reconoce ampliamente la pauta familiar según la cual la madre o el padre padecen de ansiedad crónica en relación con las figuras de apego y retienen al niño en el hogar para que les haga compañía. En la mayoría de los casos la madre es el agente principal y por tal razón, así como para simplificar la exposición, es a la figura de aquella a quien se hace referencia en las siguientes páginas. No obstante, no debe olvidarse que el padre puede también actuar como agente principal en dichos casos, tal como lo ilustran Eisenberg (1958), Choi (1961), Clyne (1966) y Sperling (1967).

Una madre que retiene al hijo en el hogar para que le sirva de compañía puede hacerlo de manera deliberada y consciente o puede no tener conciencia de lo que está haciendo ni del porqué.

Un ejemplo de la primera de esas circunstancias es el de la madre de un niño de diez años que había sido retenido en el hogar durante más de un año cuando la familia fue enviada a una clínica. Aunque inicialmente la madre sostenía que impulsaba al niño a regresar a la escuela, tras varios meses de tratamiento admitió con franqueza que no deseaba que reiniciara las clases. En un estallido de franqueza explicó de qué manera en su infancia ella misma había permanecido lejos del hogar durante muchos años, como pupila de un instituto, y no había tenido a nadie a quien amar; cómo el hijo era la primera persona en quien había podido depositar su amor, y cómo no podía hacerse a la idea de que se alejara de su lado. El padre del pequeño tenía conciencia de lo que estaba sucediendo, pero prefería permanecer inactivo para evitarle un trastorno a la esposa. También el niño, tal como pudo traslucirse, tenía conciencia cabal de la situación.[2]

Con mayor frecuencia la madre se halla inconsciente, o solo tiene conciencia parcial de la presión que ejerce sobre el hijo, y cree con relativa sinceridad que está haciendo todo lo posible por beneficiarlo. En algunos casos los acontecimientos se desencadenan cuando el hijo contrae alguna enfermedad de menor importancia, y la madre encara la situación como si su estado fuera mucho más grave. Entonces se retiene al niño en el hogar, aparentemente por motivo de la convalecencia, pero gradualmente el panorama cambia y se le hace ver que no podrá adaptarse al rudo mundo de la escuela, y que necesita los cuidados constantes de la madre. Los maestros muy estrictos, los niños afectos a las bravuconadas y la mala salud crónica resultan los culpables de todo. Dicha pauta, y sus muchas variantes, en las cuales la madre explota algún trastorno o ansiedad temporal sufridos por el niño, suelen aparecer descritas en casi todos los trabajos referentes al tema. Eisenberg (1958) presenta algunas viñetas acerca de madres que, a su llegada a la escuela con el hijo, se muestran sumamente reacias a abandonarlo y se comportan de manera tal que provocan la ansiedad del niño en relación con la escuela y, quizá, sus sentimientos de culpa si llega a disfrutar de la compañía de alguna persona que no sea la madre. Weiss y Cain (1964) describen a algunas madres que, en tanto que sostienen proteger a sus hijos de los horrores del mundo, no solo los sofocan con sus problemas personales y conyugales, sino que buscan su apoyo individual. Clyne (1966) describe casos en los que la madre desarrolla síntomas psicosomáticos cuando el niño regresa a la escuela. Otros (Estes, Haylett y Johnson, 1956) advierten de qué manera, una vez que un pequeño se libera de las ataduras paternas, dichas ataduras suelen concentrarse en otro de los hijos.

Siempre que se hallan presentes pautas familiares de este tipo, el progenitor involucrado suele mostrarse sumamente ansioso acerca de la disponibilidad de sus propias figuras de afecto, y, de manera inconsciente, suele invertir la relación normal entre padres e hijos exigiendo al niño que adopte el rol de padre, y adoptando él mismo el rol de hijo. En consecuencia, se espera que el pequeño cuide al padre y este busca el apoyo de aquel. Por regla general la inversión se halla camuflada. La madre sostiene que la persona que necesita cuidados y protección especial, y que los recibe, es el niño; y un médico clínico sin experiencia en el trabajo con familias puede incluso creer que el problema surge porque el pequeño está siendo «malcriado» al ver «satisfechos sus más mínimos deseos». En realidad lo que ocurre es muy diferente y mucho más penoso. Sin saberlo, la madre (o el padre) busca tardía satisfacción de su necesidad de amor y cuidados que quizá nunca recibió de niña o tal vez perdió y, de manera simultánea, impide que el pequeño participe del juego o las actividades escolares con el grupo de pares. Lejos de hallarse «complacidos en exceso», esos chiquillos se ven frustrados de modo crónico y, como supuestamente se les da todo, ni siquiera tienen libertad de hacer sus planteos. Durante el tratamiento un niño de nueve años ilustró el modo en que se sentía enrollando en torno a sí el cordón de la ventana y explicando: «Ven, estoy en una telaraña y no puedo salir» (Talbot, 1957). Otro pequeño, de once años, dibujó un perro al que una dama tiraba de una correa y puso bien en claro su sentir de que el can era él mismo, furioso por verse amarrado a la madre (Colm, 1959).[3]

El presente cuadro puede parecer unilateral e injusto para con los padres. No obstante, una vez que se examinan las propias dificultades de los progenitores y se rastrea su origen, analizando los problemas que experimentaron en su infancia, no solo se torna inteligible su conducta como padres, sino que se despierta nuestra simpatía. En reiteradas ocasiones descubrimos que la conducta patológica de uno de los progenitores se da como reacción contra una relación profundamente perturbada que quizá todavía mantenga con sus propios padres, o como reflejo o residuo de ella. Al reconocerlo se desvanece de inmediato toda propensión a ver al padre en el rol de villano, aun cuando trate al propio hijo de manera obviamente enfermiza. Por el contrario, se visualiza a dicho progenitor como producto desdichado de un hogar desgraciado y, como tal, tanto víctima como victimario.

Para comprender adecuadamente la dinámica y orígenes históricos de las familias en las cuales uno de los progenitores invierte la relación con el hijo exigiéndole que cuide de él (o ella), sería preciso contar con datos mucho más sistemáticos acerca de la personalidad e historia de la infancia de los padres y abuelos involucrados. Sobre los abuelos no parecen haberse registrado datos, excepto de manera anecdótica. En cuanto a los padres, no solo son escasos los datos sistemáticos sobre muestras representativas de los progenitores de niños que se niegan a asistir a la escuela, sino que en la medida en que existen no efectúan una distinción entre los padres en función de las cuatro pautas de interacción consideradas en el presente capítulo. Los datos sistemáticos disponibles serán examinados más adelante, después de haber considerado esas cuatro pautas.

No obstante, no resulta demasiado difícil, a la luz de la teoría esbozada, discernir las características centrales de la *psicopatología de los padres en las familias cuya conducta se ajusta a la pauta A*. Una vez más debe recordarse que, si bien sigue haciéndose referencia a las madres y abuelas maternas, puede darse prácticamente la misma dinámica cuando un padre y una abuela paterna desempeñan los roles principales, o uno u otro de los abuelos.

Por lo común una madre que invierte su relación con el hijo ha tenido, y todavía puede tener, una relación estrecha pero sumamente ansiosa y ambivalente con su propia madre. En dichos casos la madre cree, a menudo no sin razón, que no había sido deseada, o al menos que lo fue en inferior medida a uno de sus hermanos. Como resultado, ha tenido la sensación de que siempre ha debido luchar en busca de afecto y reconocimiento. No obstante, solo en unos pocos casos en que se aplica la pauta A aquella se ha visto totalmente rechazada. Con mucha mayor frecuencia el sentir de la abuela materna por su hija es ambivalente; y con no poca frecuencia la mujer de mayor edad parece plantear exigencias desmedidas e injustificadas a la hija. Observamos así que, en tanto que por un lado la madre nunca ha recibido el afecto y cuidados espontáneos que desean y por lo general reciben todos los hijos, por el otro a menudo se vio obligada a cuidar de su madre, ser dominante y lleno de exigencias. Como respuesta a esas presiones la madre puede satisfacer las exigencias de su propia progenitora, pero solo al precio de sentirse llena de amargura y resentimiento reprimido contra ella.

Podrá advertirse que la relación sumamente ambivalente entre la madre y la abuela, del tipo al que se hizo referencia anteriormente, suele de por sí constituir un ejemplo de una relación paternofilial invertida. En muchos casos la abuela materna exige a su hija el mismo afecto y cuidados que esta última, a su vez, exige al hijo que se niega a asistir a la escuela. Ello ocurre en infinidad de casos, tal como lo indica el hecho de que, en todas las muestras estudiadas, muchas madres (o padres) informan que, de niños, también ellos rehusaban asistir a la escuela. Por ejemplo, en un estudio de Goldberg (1953) sobre diecisiete casos, alrededor de la mitad de los padres acusaron, durante la infancia, síntomas idénticos a los puestos de manifiesto en sus hijos. En un estudio sobre treinta casos realizado por Davidson (1961), tres de las madres se habían negado a asistir a la escuela, y otras tres debieron permanecer en sus hogares para cuidar de la madre enferma o de hermanitos menores. Sperling (1967) informa sobre el caso de un padre que se estaba sometiendo a tratamiento psicoanalítico debido a una ansiedad de índole fóbica que lo aquejaba cuando el hijo comenzó a negarse a asistir a la escuela. Aunque en principio parecía que Juan, el hijo, era quien se aferraba al padre, muy pronto resultó evidente que era este último quien exigía que el hijo le hiciera compañía. En el curso del análisis el padre comenzó a reconocer que su propio progenitor lo había tratado de la misma manera en que él ahora estaba tratando al hijo, vale decir, que lo utilizaba, presumiblemente, con el fin de calmar su propia ansiedad. De ser posible, por consiguiente, siempre resulta deseable que en estudios futuros se explore la historia infantil y psicopatología de los abuelos.

Como era de prever, se ha descubierto que con frecuencia la vida conyugal de los progenitores de pequeños que rehúsan asistir a la escuela adolece de graves perturbaciones. Las formas de estas últimas varían en grado sumo y el análisis de todas sus pautas nos desviaría demasiado del tema. Una de las formas frecuentemente descritas se da con referencia a la esposa aprisionada en relaciones caracterizadas por la mutua ambivalencia, tanto con la propia progenitora como con el hijo que rehúsa asistir a la escuela, y que posee un marido bastante pasivo que procura evadirse de sus obligaciones como esposo y padre. El modo en que se concierta esta relación no es accidental. Por lo general solo los hombres muy pasivos pueden tolerar a una persona que no solo demuestra preferencia, de manera coherente, por su propia madre, cuyas exigencias no parecen tener fin, sino que también procura dominar al marido del mismo modo en que su madre la domina a ella. Tal como señalara la señora Q, quien evidentemente había tenido muchos admiradores de jovencita, solo su marido, de entre todos ellos, se había mostrado dispuesto a tolerar su atadura permanente con la madre, sumamente perturbada, y soportar los estallidos de histeria, producto de dicha relación, con que solía ahuyentar a sus pretendientes.

Sin duda también se da el caso opuesto, en el cual el marido es dominado por su propia madre y la esposa cumple un papel pasivo. En uno u otro caso las relaciones sexuales suelen ser espaciadas o nulas.

Retomemos el tema principal de nuestro análisis, vale decir, la relación de uno u otro de los progenitores (por lo general, la madre) con respecto al hijo que se niega a asistir a la escuela. Del análisis de la situación se desprende que, en reiteradas oportunidades, la madre trata al hijo como si este fuera una réplica de su propia madre, la abuela materna del niño. La madre no solo exige que el niño le brinde los cuidados y apoyo que había buscado, quizá en vano, en la persona de la abuela materna, sino que puede comportarse hacia él como si se tratase de la figura dominante. En tanto que por un momento puede bullir en ella el resentimiento contenido por lo que considera el rechazo del hijo, tal como le ocurre cuando se ve rechazada por su propia madre, al instante siguiente puede tratarlo con la misma deferencia ansiosa que demuestra hacia su madre anciana, quien gobierna a la familia toda con la excusa de su presunto desvalimiento.

En toda la bibliografía referente al tema abundan los ejemplos sobre padres integrantes de una familia que acusa alguna variante de la pauta de conducta A. Talbot (1957) centra su atención en la madre que permite que el hijo la domine, exactamente de la misma manera en que siempre lo hiciera su propia madre. En su informe sobre el caso de un niño de nueve años, Johnson y otros (1941) describen a una madre cuya propia progenitora había permanecido en cama durante años enteros, víctima de una dolencia de carácter histérico, y había exigido la atención constante de la hija. La madre del niño daba signos de hipocondría en relación con él, insistiendo, por un lado, en exámenes médicos constantes y, por otro, (so pretexto de que el pequeño se hallaba más necesitado de su amor que los otros hijos) planteándole exigencias desmedidas. Durante la fase final de su tratamiento, sin embargo, la madre pudo describir de qué manera ella misma siempre había estado sedienta de amor, siempre se sintió incapaz de brindarlo, e incluso llegó a competir con su propio hijo en busca de atención. Al describir otra variante de esta pauta Davidson (1961) informa de qué manera una madre hizo referencia a la hijita que rehusaba asistir a la escuela describiéndola de modo protector como «pequeña y blanca como la abuelita». Weiss y Cain (1964) observan que la madre se muestra propensa a tomar al hijo por confidente en relación con sus propios vínculos familiares problemáticos, y que el niño suele responder adoptando una conducta adulta inadecuada, tanto frente a los padres como frente a los extraños.

Aunque en dichos casos puede parecer, a primera vista, que la actitud de la madre hacia el hijo que rehúsa asistir a la escuela es producto de un amor desbordante, el mayor conocimiento de la familia puede revelar la otra cara del problema. Clyne (1966), quien escribe sobre sus experiencias en la práctica clínica general, apunta que, en tanto que la «necesidad de dependencia» de la madre sigue siendo relativamente constante, la respuesta del hijo varía: a veces se aferra a aquella, en otras oportunidades lucha de modo obvio por lograr su independencia. En este último caso la madre puede responder de distintas maneras, aferrándose a él con mayor intensidad, induciéndolo a sentirse culpable o enojándose con él, e incluso manifestando rechazo. Al conocerse los hechos se descubre a veces no solo que la relación de la madre con el hijo es sumamente ambivalente, sino que aquella lo trata con violencia mucho mayor de lo que nadie pudiera imaginar. Talbot (1957) describe de qué manera una madre puede oscilar entre un extremo y otro en el modo en que trata a su hijo, a quien primero besa y al rato castiga. En realidad, tal como veremos al considerar las pautas familiares B y C, que a menudo coexisten con la pauta A, muchos niños que rehúsan asistir a la escuela son objeto de intensa compulsión.

Antes de pasar a considerar las restantes pautas quizá resulte útil enumerar algunos de los procesos que, de manera unitaria o en su conjunto, explican el trato hostil que muchos de los niños que no quieren ir a la escuela reciben de parte de un progenitor con perturbaciones emocionales.

El tratamiento hostil que una madre acuerda al hijo que rehúsa asistir a la escuela puede explicarse como producto de uno o más de un mínimo de tres procesos estrechamente relacionados:

a. La reorientación (desplazamiento) de la ira, engendrada inicialmente por la propia madre, en contra del hijo.
b. La atribución errónea, a la figura del hijo, de características tales como el rechazo o las exigencias de la propia madre, con el enojo concomitante que provoca la figura del primero.
c. La elaboración de la conducta airada dirigida contra el hijo sobre el modelo de la conducta airada puesta de manifiesto por la propia madre.

Consideremos cada uno de esos procesos aisladamente.

a) De manera inevitable, una madre criada en el seno de una familia llena de trastornos, y prisionera de ella, suele demostrar intenso resentimiento por el escaso afecto que le brinda su propia progenitora y por las grandes exigencias que se le plantean. A la vez, no obstante, se siente incapaz de expresar su ira de manera abierta, sea porque la aterroriza el modo en que puede responder su progenitora o porque teme enfermarla. Sea como fuere, la mujer hierve de resentimiento no expresado y, más tarde o más temprano, halla una figura en quien descargarlo. Con no poca frecuencia el blanco es el hijo que se niega a asistir a la escuela.

b) En algunos casos es evidente que las acusaciones que la madre dirige contra el hijo constituyen la réplica de las que dirige, de manera expresa o encubierta, hacia la abuela. Por ejemplo, la madre puede primero atribuir exigencias totalmente desmedidas al hijo, y luego reprochárselo; en tanto que, para un observador externo, el niño se comporta de manera muy similar a cualquier otro pequeño de la misma edad colocado en circunstancias similares. A la vez, la madre puede, de manera errónea, ver en la conducta del hijo una actitud de rechazo o ingratitud. Dicho error de interpretación puede explicarse como resultado del tratamiento que el progenitor o progenitora acuerda al hijo, a quien considera una figura de apego, y de esa manera lo asimila al modelo de conducta que, en su opinión, deben tener las figuras de afecto. Este proceso es idéntico al desarrollado durante la transferencia en el curso del tratamiento psicoanalítico (véase el capítulo 14).

c) En el capítulo 15 se describe el proceso mediante el cual sin advertirlo una madre puede modelar su conducta con el hijo de acuerdo con el modo en que su propia progenitora la había tratado. Como ilustración se describió el caso de la señora Q, quien, en el curso de sus explosiones de histeria, solía dirigir contra su hijo Esteban las mismas amenazas tremebundas que ella había oído de labios de su madre. En las obras referentes al rechazo escolar varios escritores, entre quienes se destacan Estes, Haylett y Johnson (1956), invocan dicho proceso como explicación del modo en que la conducta de una madre airada adopta una forma determinada.

En las familias de niños que se niegan a asistir a la escuela son comunes las amenazas de un padre contra el hijo o, quizá, contra los miembros de la familia en general. Por cierto, una vez apreciada su frecuencia y efectos, en esas amenazas suele descubrirse la clave que permite comprender la mayor parte de los problemas clínicos planteados por las familias cuya conducta responde a las pautas B y C.

Pauta B de interacción familiar

En las familias cuya interacción familiar responde a la pauta B el niño siente que puede sucederle algo terrible a la madre o, posiblemente, al padre, mientras él se halla en la escuela, por lo cual decide permanecer en casa para impedir ese hecho. Esta pauta probablemente ocupe el segundo lugar de las cuatro en cuanto a su frecuencia; y suele darse bastante a menudo en combinación con la pauta A.

Los estudios empíricos indican que comúnmente los niños que rehúsan asistir a la escuela afirman que ello se debe a su temor de que le suceda algo a la madre durante su ausencia. Talbot (1957) manifiesta, en su estudio sobre veinticuatro niños: «Una y otra vez nos repiten todos los niños estudiados, tengan cinco o quince años, que tienen miedo de que le suceda algo terrible a la madre o a algún otro pariente cercano, como la abuela o el padre». Hersov (1960b), en su cuidadoso estudio sobre niños de siete a dieciséis años, informa que el miedo de que la madre sufra algún daño era la explicación más común que suministraban los pequeños cuando se les preguntaba por qué no asistían a la escuela; dicha explicación fue suministrada por diecisiete niños, de un total de cincuenta. Entre otros investigadores que describen casos semejantes se cuentan E. Klein (1945), Lazarus (1960), Kennedy (1965), Clyne (1966) y Sperling (1961; 1967).

Aunque la validez de este descubrimiento ya no puede cuestionarse, todavía no se ha llegado a un acuerdo en relación con el porqué del miedo que experimenta el niño. Al respecto, se plantean dos tipos de explicaciones. Aunque los procesos que cada una de ellas postula son muy diferentes, no resultan incompatibles, por lo cual en algunos casos posiblemente puedan aplicarse ambos tipos de explicación.

La primera de esas explicaciones, por lo común propuesta por los psicoanalistas, sobre el modo en que el niño llega a experimentar temor acerca de lo que puede acontecerle a la madre, reside en la posibilidad de que aliente deseos hostiles inconscientes dirigidos contra ella, y tema que esos deseos se hagan realidad. Es esta la explicación que de manera explícita favorecen Broadwin (1932), E. Klein (1945), Waldfogel, Coolidge y Hahn (1957), Davidson (1961), Clyne (1966) y Sperling (1967), así como los adherentes a las teorías de Melanie Klein.

El segundo tipo de explicación reviste un carácter más realista, y atribuye lo que el niño teme a experiencias verdaderas. Un pequeño, por ejemplo, puede albergar temores de que la madre enferme gravemente o muera tras ser testigo ocular o auditivo de la enfermedad o muerte de un pariente o vecino, en especial cuando la propia madre padece de salud deficiente. De manera alternativa, un niño puede temer el advenimiento de alguna catástrofe tras oír las amenazas de la madre acerca de lo que podría sucederle en determinadas circunstancias. Por ejemplo, si el niño no hace lo que se le pide, la madre podrá enfermarse; o, como «en la casa todo anda tan mal», podrá abandonar a la familia o cometer suicidio.

Gran parte de las escasas pruebas disponibles se hallan abiertas a una interpretación de uno de estos tipos; pero parece poco cuerdo adoptar una explicación postulada solo en función de deseos inconscientes, antes de investigarse cabalmente una explicación propuesta sobre la base de las experiencias vividas y demostrar que esta resulta inadecuada. En realidad, existen pruebas de que, en la gran mayoría de los casos, los acontecimientos que teme el niño pueden comprenderse cabalmente, o al menos en parte, en función de sus experiencias reales. La medida en que los deseos hostiles inconscientes también pueden o no contribuir se torna entonces objeto de investigación en cada caso individual.

Las experiencias que inducen al niño a temer que algo horrible le suceda a la madre son de dos tipos básicos: en primer lugar, hechos reales, como enfermedades o fallecimientos; en segundo término, amenazas. Con no poca frecuencia se combinan los efectos de ambos.

Con respecto a los hechos reales, muchos investigadores informan que las negativas a asistir a la escuela comienzan a producirse cuando la madre cae enferma o muere algún pariente o amigo íntimo, o al poco tiempo de ello. Talbot (1957) cita el caso de una adolescente que, al despedirse de su abuela con un beso antes de marchar a la escuela, de pronto se dio cuenta de que la anciana había muerto. Sperling (1961) registra un caso bastante similar. Lazarus (1960), desde el punto de vista de un terapeuta de la conducta, describe como típico el caso de una niña de nueve años cuyo «temor central era la posibilidad de perder a la madre a causa de su muerte» y cuya negativa había sido precedida por no menos de tres muertes: la de una amiguita de la escuela que se había ahogado, la de un vecino amigo, víctima de meningitis, y la de un hombre que murió ante sus propios ojos como consecuencia de un accidente automovilístico. Hersov (1960b) informa que «la muerte, la partida o la enfermedad de uno de los progenitores, por lo común, la madre» constituía el factor que precipitó dichos temores en nueve de sus cincuenta casos. Davidson (1961), quien prestó atención especial a este factor específico, informa que, en seis de una serie de treinta casos, la madre había estado gravemente enferma y, en otros nueve, un amigo o pariente cercano había muerto pocos meses antes de que el niño rehusara asistir a la escuela. En consecuencia, la mitad de sus casos eran precedidos por un acontecimiento de esta índole.[4]

Davidson se cuenta entre quienes adoptan la teoría referente al cumplimiento de deseos inconscientes con respecto a los temores infantiles, y sus propios descubrimientos le suministran datos para confirmarla. La enfermedad de la madre o la muerte de un amigo, argumenta, intensifica los temores del niño en el sentido de que sus deseos hostiles inconscientes se estén tornando o puedan tornarse verdad. No obstante, se verá que los hechos no son menos compatibles con una teoría del segundo tipo. Cuando la misma madre se halla enferma, por ejemplo, no deja de ser natural que el niño tema que empeore. Cuando una abuela o vecino muere de manera repentina, tampoco deja de ser natural que el pequeño tema que la madre pueda morir de manera igualmente inesperada. En consecuencia, siempre deben tenerse en cuenta tanto los factores internos como los factores externos al niño.

Aunque resulta natural que un pequeño experimente cierto grado de temor cuando la madre se encuentra enferma o un pariente muere de pronto y, en particular, cuando ambos hechos se producen a la vez, es preciso reconocer que no todos los niños que sufren estas experiencias desarrollan temores intensos o duraderos acerca de la posibilidad de que la madre sufra algún daño, ni tampoco permanecen en sus hogares con el propósito de impedirlo. Es evidente, por lo tanto, que entran en juego otros factores. Aunque en algunos casos puede tratarse de factores internos, hay pruebas abundantes de que en muchas oportunidades los elementos que explican los temores intensos y duraderos del niño en el sentido de que la madre puede sufrir algún daño derivan de su experiencia real.

Uno de esos factores puede descubrirse en los intentos fuera de lugar que hacen los adultos para ocultar al niño la gravedad de la enfermedad de uno de los padres o la verdad acerca de la muerte de un pariente o amigo. Cuanto más se trate de ocultarle la verdad, más habrá de preocuparse el chiquillo. Tanto Talbot (1957) como Weiss y Cain (1964) observan con qué frecuencia los padres de niños que se niegan a asistir a la escuela suelen recurrir a evasivas y tratar de ocultar la realidad de los hechos. Tal como manifiesta un paciente en el estudio de los dos últimos, «Nunca sé a quién creer en mi familia. Se dicen muchas mentiras "blancas". Tengo que estar alerta y escucharlos cuando piensan que no estoy cerca».

Otro factor, el cual suele intensificar en medida mucho mayor la ansiedad del niño acerca de lo que puede sucederle a la madre, reside en las amenazas proferidas por esta en el sentido de que si el hijo no se porta bien ella podrá enfermarse o morir. En dichos casos la enfermedad materna parece demostrar al niño que era verdad lo que la madre siempre decía que habría de suceder; y la muerte de un amigo resulta una lección que prueba que los pronósticos maternos no son vanos: la enfermedad y la muerte son bien reales y ella puede ser su víctima en cualquier momento.

En el capítulo 15 argumentábase que la alta frecuencia y efectos sumamente terroríficos de las amenazas paternas siempre habían sido soslayados gravemente como explicación plausible de los temores infantiles; y se informa sobre el caso de Esteban Q, quien por un tiempo se negó a asistir a la escuela, con el fin de demostrar qué fácil es para padres e hijos ocultar a los especialistas información de suma importancia. En este sentido la perspectiva que adoptan Talbot (1957) y Weiss y Cain (1964), quienes se hallan entre los contados especialistas que hacen referencia al papel que desempeñan las amenazas en los casos de niños que se niegan a acudir a la escuela, es la que más se acerca a la de la presente obra. Talbot, en particular, describe las muchas y variadas amenazas de que se hace objeto a algunos de esos pequeños: que la madre los habrá de castigar, matar o abandonar; o, de manera alternativa, que el hijo, debido a su comportamiento desconsiderado y cruel, causará la muerte de aquella. «Mamá quiere que me quede en casa, pero dice que la estoy matando» eran las palabras que utilizó una niñita para describir su situación.

Recientemente dos de mis colegas de Tavistock, Paul Argles y Marion Mackenzie (1970), informaron sobre el caso de una reiterada negativa a asistir a la escuela, situación en la que se profirieron amenazas de diversa índole, como las amenazas maternas de abandonar al hijo. Al identificar el problema como producto de relaciones familiares perturbadas y tratarlo como tal, los especialistas no solo lograron ayudar a la familia a reorganizar su forma de vida, sino que también pudieron obtener información clave acerca de las interacciones patológicas comunes en el seno de dicha familia.

La familia, con multiplicidad de problemas, había sido del conocimiento de instituciones de carácter médico y social durante varios años. Por la época en que se inició la labor terapéutica sistemática, Susana, de trece años, había rehusado asistir a la escuela durante dieciocho meses. La jovencita vivía con la madre, de cuarenta y siete años, la cual había trabajado como encargada, pero que ahora se veía incapacitada debido a las úlceras de sus piernas, y con un hermano menor, Arturo, de once años. El padre, quien siempre había padecido una dolencia física crónica, había enfermado de cáncer y muerto el año anterior. La madre tenía dos hijos varones de su anterior matrimonio, los cuales contaban ahora algo más de veinte años. Poco antes de que Susana comenzara a negarse a ir a la escuela, y como consecuencia de fricciones, la madre había echado de la casa al hijo mayor con su esposa y dos hijitos.

Antes del fallecimiento del padre, ocurrido justo antes de comenzar la investigación del caso, todos los intentos por ayudar a la familia en relación con la inasistencia escolar de la jovencita habían sido rechazados. Por la época en que se produjo la muerte del padre, sin embargo, se tomó una nueva iniciativa, como intervención en momentos de crisis (Caplan, 1964), y esta vez se halló mayor receptividad. Por ese entonces el funcionario de cuidado infantil responsable de Susana convino en que los tres miembros de la familia se hallarían presentes cuando un equipo médico visitara el hogar con el fin de efectuar una evaluación y, de ser posible, planificar un programa terapéutico.

Durante la entrevista de evaluación la madre comenzó a recriminar duramente a Susana por no asistir a la escuela y a efectuar observaciones amenazadoras en el sentido de que la hija era la culpable de la dolencia física de la madre. Se intercambiaron muchas expresiones de menosprecio y solo hacia el final de la entrevista, y gracias a los grandes esfuerzos del equipo, los miembros de la familia pudieron describir su soledad, la ansiedad que los afligía y su preocupación por el bien mutuo. Convinieron en recibir la visita reiterada del investigador durante un período fijo de tres meses, ocasión en que los tres miembros de la familia se hallarían de nuevo presentes. Tanto al elaborar los planes a tal efecto como en la posterior labor el investigador desempeñó un papel sumamente activo.

Durante las seis primeras sesiones, en cuyo transcurso el investigador debió tocar él mismo el tema de los problemas surgidos como consecuencia de la enfermedad y el fallecimiento del padre, las pautas de interacción familiar se tornaron claras. Entre ellas se destacaban las amenazas que explicaban la inasistencia escolar de Susana. Con frecuencia, cuando la madre procuraba aplicar métodos disciplinarios, culpaba a sus hijos por la muerte del padre y de manera implícita sugería que lo mismo le sucedería a ella si no se comportaban satisfactoriamente. También admitió haberlos amenazado con abandonarlos y llegar a ponerse el abrigo y salir de la casa. En respuesta a estas amenazas ambos hijos adoptaron una actitud más desafiante y se volvieron más desobedientes. Durante el curso de las sesiones planificadas cada uno de los tres miembros de la familia expresó hostilidad contra los demás y, ocasionalmente, los tres unieron sus fuerzas contra el investigador.

Durante la séptima sesión estuvo ausente por primera vez Susana. Se dejó traslucir que estaba en la escuela, pero que Arturo no se sentía bien, y por eso se había quedado en casa. Gradualmente comenzó a tomarse conciencia de que, durante un año o más, los dos niños se habían turnado para custodiar a la madre, con el fin de asegurarse de que no los abandonara. Susana permanecía en casa durante el día y visitaba a sus amigos al anochecer; en tanto que Arturo iba a la escuela de día y se quedaba en casa al regresar. Muchos de los altercados de los hermanos, acerca de los cuales la madre se quejaba amargamente, giraban en torno a la cuestión de cuál de ellos debía montar guardia.

Una vez puesto en claro que la negativa de Susana a asistir a la escuela surgía en respuesta a las amenazas del abandono materno, y cuando se pudo discutir con la familia el modo en que estas amenazas afectaban a los niños, la situación cambió rotundamente. Ya para la octava sesión salió a relucir el hecho de que, por primera vez en dieciocho meses, ambos niños estaban asistiendo a la escuela de manera simultánea. Cuando, durante esa sesión, regresó Arturo de la escuela, se mostró muy solícito acerca del modo en que se había sentido la madre durante su ausencia, y la mujer pudo tranquilizarlo.

Un mes después, al final del período de sesiones de tres meses, Susana ya acudía a la escuela tres o cuatro días por semana. Durante una visita realizada seis meses después, en las vacaciones de verano, la familia se encontraba en condiciones mucho más aceptables. La madre se había curado de sus úlceras y había reiniciado el trato con el hijo casado. Arturo la ayudaba a decorar nuevamente el apartamento, y Susana se hallaba de vacaciones con familiares. Cuando se inició el nuevo período lectivo ambos niños comenzaron a asistir con relativa regularidad.

El caso referido, al igual que varios otros, ilustra de qué manera, en cuanto se inicia como práctica regular el curso de entrevistas a la familia, salen a relucir los orígenes de muchos problemas infantiles, aparentemente insolubles; mientras que cuando cada miembro de la familia se entrevista por separado pueden permanecer ocultas ciertas pautas de interacción de profundo significado patogénico. Las técnicas clínicas inadecuadas, junto con algunas teorías muy arraigadas que no dan cabida a los efectos de la patología familiar, permiten explicar en gran medida por qué, con contadas excepciones, los especialistas en ejercicio de la psiquiatría y el psicoanálisis infantil han demorado tanto en reconocer que una gran mayoría de los niños tratados por sus problemas psiquiátricos han sido objeto de la profunda influencia patológica de la familia, o todavía lo siguen siendo.

El reconocimiento del papel crucial que desempeñan las amenazas de los padres en muchos casos de negativa a asistir a la escuela posibilita la lectura de muchos casos clínicos desde una nueva perspectiva. En algunos de esos informes, como, por ejemplo, los de E. Klein (1945), se describe a niños cuyos progenitores amenazan con abandonarlos o declaran que la mala conducta del hijo hará que se enfermen o les causará la muerte; a pesar de los datos presentados, no obstante, al analizarse la psicopatología infantil se presta escasa o ninguna atención a esas amenazas. En otros informes se analizan casos en los que la explicación más factible del temor infantil con respecto al mal que puede acontecerle a la madre reside en que el niño la ha oído proferir amenazas de abandonar a la familia o cometer suicidio. No obstante, es evidente que el especialista nunca consideró dicha posibilidad, incluso cuando el pequeño le suministraba indicios bien explícitos. Como ejemplo, uno de nuestros autores suministra el interesante relato de un niño de diez años, quien le refirió, en términos «muy confidenciales», que una de las razones de su renuencia ocasional a asistir a la escuela se debía a que no le agradaba dejar sola a la madre, puesto que «podría escaparse», y él no la encontraría a su regreso. Empero, la posibilidad de que el pequeño hubiera oído a la madre proferir amenazas al respecto nunca pareció cruzársele por la mente al autor. Otro escritor refiere el caso de un niño que, al oír música que le recordaba el funeral de un vecino que había cometido suicidio mientras él estaba en la escuela, de pronto se sintió muy «raro» y triste, y lo acosó el impulso irresistible de ver a la madre. El autor, tras explicar confiadamente ese temor en función de la teoría del cumplimiento de deseos, agrega, casi como si se le hubiera ocurrido más tarde: «Era bastante probable que Pedro hubiera captado el estado de ánimo depresivo de la madre, y que su fobia repentina actuara también como fuente de protección realista de aquella». Pero llamemos a las cosas por su nombre: es más que probable que Pedro hubiera oído a la madre proferir amenazas de suicidio.

Hasta este punto de nuestro análisis de los casos incluidos dentro de la pauta B los datos obtenidos y los argumentos planteados confirman firmemente el punto de vista de que la negativa a asistir a la escuela, en esos casos, surge como respuesta a hechos ocurridos fundamentalmente en el seno del hogar. ¿Significa esto, entonces, que la teoría relativa al cumplimiento de deseos inconscientes queda descartada? ¿O es posible que dicha teoría pueda haber tenido alguna aplicación, por más limitada que fuese?

Quienes se adhieren a la teoría del cumplimiento de deseos señalan, de manera muy natural, datos en el sentido de que muchos pequeños que se niegan a asistir a la escuela en realidad albergan deseos hostiles hacia uno de los progenitores. Y es admisible que, en la medida en que ello ocurre, existen razones válidas para suponer que la ansiedad del pequeño acerca de la seguridad de ese progenitor habrá de intensificarse. En algunos casos, por consiguiente, la teoría antedicha puede aplicarse como explicación parcial. Incluso en estos casos, sin embargo, es necesario efectuar investigaciones más exhaustivas, ya que no por nada surge en los niños un sentimiento de hostilidad hacia los padres.

En los casos en que el chiquillo se muestra ansioso por la seguridad de su progenitor, quienes adoptan la teoría del cumplimiento de deseos no solo tienden a soslayar el papel desempeñado por las amenazas de la madre, sino que suelen pasar por alto, asimismo, las profundas frustraciones y actos de provocación de que son víctimas frecuentes los pequeños que rehúsan acudir a la escuela. El hecho de que un niño se vea obligado a permanecer en su hogar día tras día, para hacerle compañía a la madre o asegurarse de que no intentará abandonarlo o cometer suicidio, constituye una fuente de tensión inenarrable; y, de manera casi inevitable, comienzan a bullir en él sentimientos de cólera. Johnson reiteradamente trae a colación este problema. En uno de sus trabajos (Johnson y otros, 1941) describe el tratamiento seguido por un niño de nueve años y su madre. En el curso de aquel, Juan dio expresión a la ira que provocaba en él la madre, debido a las exigencias que le planteaba y debido al resentimiento que dejaba traslucir la progenitora siempre que el pequeño luchaba por independizarse. De manera casi simultánea, y durante el curso de su propio tratamiento, la madre llegó a reconocer que la ira que despertaba en Juan era la réplica exacta de sus propias reacciones ante los insistentes requerimientos de que la hiciera objeto su madre, quien siempre había demostrado inquina cuando la hija procuraba hacer algo por sí sola.

En conclusión, por lo tanto, puede afirmarse que, siempre que un pequeño que se niega a asistir a la escuela expresa ansiedad en torno a la presencia continua o la seguridad de uno de los progenitores, esa ansiedad suele darse como respuesta bastante directa a los hechos desencadenados en el seno de la familia; además, en la medida en que aumenta su ansiedad, surgida por miedo de que puedan realizarse ciertos deseos hostiles inconscientes, dichos deseos posiblemente surgirán, en sí, como respuesta a los hechos producidos en el hogar. Por estas razones el especialista deberá considerar en primer término los incidentes registrados en el seno de la familia.

Las dos siguientes pautas de interacción familiar probablemente ocurran con menor frecuencia que las pautas A y B, y por lo tanto podrá examinárselas más rápidamente.

Pauta C de interacción familiar

En las familias donde se da la pauta C el niño tiene miedo de dejar el hogar por lo que pueda sucederle a *él mismo*, de hacerlo así. Una vez más las amenazas de los padres, expresas o encubiertas, por lo general explican la situación.

Wolfenstein (1955) suministra un vívido relato de un caso en el cual se habían proferido amenazas expresas de deshacerse de un niño, amenazas que, en opinión de la experta, explican sus síntomas.

Tomás, un pequeño de seis años, se negaba a permanecer en la guardería o a separarse de la madre por cualquier otro motivo. Por la época en que el chiquillo cumplió años la madre había perdido a sus propios padres (debido a su fallecimiento), y pocos meses después la abandonó el marido. A partir de entonces madre e hijo habían compartido una vida de aislamiento. La madre se veía acosada de manera constante por dos ideas contradictorias: retener a Tomás consigo o colocarlo en un hogar adoptivo: «En tanto que constantemente la acosaba la idea de deshacerse de Tomás, a la vez se aferraba a él con desesperación. Como ella misma lo admitía, el pequeño era cuanto poseía, su vida entera». La relación de la mujer con su propia madre evidentemente había sido muy irregular; existen datos internos que indicarían que ella misma también había sido amenazada con un posible abandono.

Las amenazas de la madre en el sentido de abandonar a Tomás no constituían ningún secreto: «Tomás no solo entreoyó a la madre cuando discutía el tema con los vecinos, sino que reiteradamente era amenazado con un posible abandono cuando se portaba mal». La respuesta del pequeño se caracterizaba por su intensa ansiedad, en conjunción con una conducta provocativa extremadamente activa y ataques de risa desenfrenada. Durante la terapia lo preocupaba profundamente la idea de ser enviado lejos de su hogar, y con frecuencia jugaba a un juego en el que él abandonaba al terapeuta. A veces se mostraba violento con sus maestras, y les gritaba: «¡Váyanse de aquí!». En ambos casos su conducta parece claro reflejo del comportamiento de su madre hacia él. Wolfenstein no alberga duda alguna de que «la ansiedad básica y abrumadora» de Tomás «surgía de sus justificados temores de que lo abandonara la madre». Su negativa a asistir a la escuela era, por consiguiente, una respuesta simple y explicable.

Robert S. Weiss (comunicación personal), quien se halla abocado al estudio de madres que luchan por criar a sus hijos sin ayuda alguna de su pareja, informa que gran parte de ellas admiten que, en momentos en que se hallan más ansiosas o deprimidas de lo habitual, albergan ideas de deshacerse de los hijos. Por consiguiente, no es improbable que, en momentos de desesperación, muchas de ellas manifiesten ideas al respecto en presencia de los niños, con lo cual provocan en ellos una profunda ansiedad. A menos que el investigador despierte gran confianza en ella, sin embargo, la madre difícilmente habrá de admitirlo.

En realidad, hay razones para sospechar que, tal como ocurre en los casos ilustrados en relación con la pauta de conducta B, muchos niños son objeto de amenazas que constituyen un secreto celosamente guardado para todos aquellos que podrían proporcionarles alguna ayuda. Tyerman (1968) suministra un ejemplo al respecto, en el cual el niño solo divulgó el secreto al ser sometido a la acción de una droga:

> Eric tenía trece años, era un alumno aplicado de una escuela técnica, y gozaba de popularidad tanto entre los profesores como entre sus compañeros. Iba a la iglesia con regularidad, en compañía de sus padres, y era siempre bienvenido como miembro del club de jóvenes. Pero de pronto comenzó a negarse a asistir a la escuela, aduciendo temer que en mitad del camino su corazón dejaría de latir, y moriría... Según dijo, había leído en los periódicos acerca de personas que caían muertas en medio de la calle, y temía que le ocurriera lo mismo. Comía y dormía normalmente, según informó la madre; pero no parecía interesarse por nada y lo acosaban pensamientos sobre la muerte... Los padres parecían amarse y amar al

> niño. En apariencia, se trataba de un hogar feliz, y no pudo descubrirse ninguna fuente de tensión. Ni en la escuela ni en el hogar había señales de hostilidad hacia Eric, y su conducta constituía un misterio. No dio muestras de mejorar cuando se le administró fenobarbital, ni tras sus conversaciones con el psiquiatra o conmigo; por fin, el psiquiatra consultor decidió intentar una abreacción administrando pentotal sódico.
>
> Durante la sesión, Eric describió un hecho inquietante que había ocurrido una semana antes de que diera a conocer su miedo a la muerte. Aparentemente, el padre lo había acusado de robarle dinero de los bolsillos. Cuando Eric lo negó, el padre dijo que iba a castigarlo; no por robar, sino por mentir. Eric refirió al psiquiatra que él no había tomado el dinero, pero que más tarde confesó haberlo hecho para que no lo castigaran. Tras su confesión (la cual, en realidad, constituía su única mentira), el padre dijo que igual merecía ser castigado, y suscribió un documento según el cual él y su esposa cedían de manera irrevocable todos sus derechos sobre Eric, encomendando al funcionario a cargo de los niños que lo llevara a uno de los hogares locales. Luego llevó a Eric en auto a la oficina del funcionario. Era la hora del almuerzo, y la oficina se hallaba cerrada. Entonces el pequeño fue conducido reiteradamente de la oficina al auto y viceversa, hasta que rompió a llorar, al borde de la histeria. El padre entonces le dijo que, como parecía bastante arrepentido de lo que había hecho, podría permanecer en casa.

Los padres no aceptaron invitaciones para ser objeto de ulteriores entrevistas, y la historia del niño no pudo confirmarse. No obstante, los expertos tienden a tomarla por real, al menos en esencia.

Tyerman observa que ni los padres ni el hijo habían mencionado el incidente en el curso de las entrevistas anteriores, presumiblemente porque aquellos se sentían avergonzados y el niño tenía miedo de decir la verdad. Si no nos equivocamos al tomar por fidedigna la historia del pequeño, el presente caso demostraría una vez más cuán fácil resulta, incluso para especialistas con experiencia, verse inducidos a error cuando suponen que los temores infantiles no poseen base real alguna. Asimismo, esta es una de las razones principales que ha impulsado a los especialistas a recurrir con suma frecuencia a teorías sobre deseos inconscientes, fantasías y proyecciones, en tanto que han tardado tanto tiempo en reconocer el papel que desempeñan los factores situacionales, sea en el presente o en el pasado.

Pauta D de interacción familiar

En las familias que se ajustan a esta pauta la madre o, con menos frecuencia, el padre, temen que le suceda algo terrible al niño, por lo cual lo mantienen consigo en el hogar. En muchos de estos casos los temores de los padres se han visto exacerbados por alguna enfermedad del hijo, grave a veces, pero más a menudo de poca importancia.

Las explicaciones sobre por qué uno de los progenitores alberga temores en relación con el hijo pueden clasificarse, una vez más, en dos categorías centrales. Una de esas explicaciones, que tradicionalmente adoptan los psicoanalistas, es la teoría sobre el cumplimiento de deseos reprimidos: lo que el progenitor teme es que sus propios deseos hostiles e inconscientes hacia el niño se tornen realidad. La otra explicación deriva del hecho de que, de manera insólita, uno de los progenitores se muestra aprensivo sobre la posibilidad de que algún peligro aceche al hijo porque recuerda alguna tragedia ocurrida en el pasado.

Como viéramos al considerar el caso opuesto, sobre por qué el niño teme que sus padres sufran algún daño, esas teorías no son incompatibles entre sí. En todos los casos puede aplicarse cualquiera de ellas o ambas a la vez.

Se han registrado muchos casos que se ajustan a la pauta de comportamiento D, en los cuales la ansiedad de los padres surge como consecuencia de algún hecho pasado. Por ejemplo, Eisenberg (1958) describe a un padre cuya ansiedad en relación con la seguridad del hijo tenía estrecha relación con la muerte repentina de su hermano a los diecisiete años, muerte de la cual él se había sentido responsable. Davidson (1961) suministra otros ejemplos. En uno de ellos, referente a una niña de once años, se descubrió, después de diez meses de tratamiento, que la hermana de la madre había muerto a los once años. La niña misma postuló esta teoría para explicar por qué su abuela materna de pronto se había vuelto tan melindrosa y sobreprotectora. Talbot (1957) hace referencia a progenitores que siguen preocupándose en demasía por los fallecimientos acaecidos en el seno de la familia años antes. Casi todos los especialistas con experiencia en el campo de la psiquiatría familiar se habrán topado con casos semejantes.

No obstante, también se dan casos en los que la teoría sobre el cumplimiento de deseos reprimidos resulta ciertamente aplicable. Uno de los casos con los que he tenido experiencia personal es el de la señora Q, quien manifestaba profunda aprensión de que Esteban pudiese morir, como reacción directa de sus propios impulsos de arrojar al bebé por la ventana, impulsos de los que había tenido plena conciencia, y que la habían horrorizado. Lo que la señora Q no llegaba a comprender era que su hostilidad hacia Esteban derivaba, muy probablemente, del desplazamiento, en dirección al bebé, de sus sentimientos hostiles, que inicialmente habían sido provocados por la conducta de su propia madre.

Los padres de los niños que se niegan a asistir a la escuela: resultados del examen psiquiátrico

En vista de todo lo dicho no causará sorpresa que, cuando se somete a examen psiquiátrico una muestra de padres de niños que se niegan a asistir a la escuela, sean muy frecuentes los trastornos de origen psíquico y que, con excepción de los casos menos graves, siempre existan discordias entre los cónyuges.

De las cincuenta madres que estudió Hersov (1960b), ocho habían recibido tratamiento psiquiátrico previo (cinco por su estado depresivo, tres por su condición de histeria), y diecisiete sufrían también de un alto grado de ansiedad y depresión. De las treinta madres a quienes estudió Davidson (1961), doce mostraban síntomas de depresión, y entre ellas dos habían sido hospitalizadas. En una serie de dieciocho casos de niños que daban señales de experimentar una pronunciada ansiedad por una separación, Britton (1969) señala que diez de las madres habían recibido tratamiento psiquiátrico y en seis había síntomas de perturbaciones psíquicas.

La frecuencia de las perturbaciones entre los padres no es tan elevada, si bien tampoco se la puede soslayar. De los cincuenta padres a los que estudió Hersov (1960b), ocho revelaron síntomas de trastornos psíquicos: dos habían sufrido grandes ataques de depresión, cometiendo intentos de suicidio, y cuatro revelaban síntomas de ansiedad. Davidson (1961) informa que en once de treinta padres se advertían síntomas de neurosis.

En su valiosa reseña de la bibliografía especializada, Malmquist (1965) suministra amplios datos de índole similar. Este autor subraya que el problema involucra a la familia entera, y objeta la tendencia a prestar muy poca atención al papel del padre.

Lo expuesto completa nuestra reseña sobre los datos conocidos acerca de las familias cuyos hijos se niegan a abandonar el hogar para asistir a la escuela. Cuando se consideran los casos presentados a la luz de las cuatro pautas de interacción familiar descritas, se advierte, en primer término, que una vez conocidos los hechos e identificadas las pautas familiares, por lo general la conducta del niño resulta fácilmente inteligible en función de la situación en que se encuentra; y, en segundo lugar, que muchos de los juicios que los especialistas han elaborado hasta el momento en relación con dichos niños (que estos han sido malcriados por padres demasiado indulgentes, que tienen miedo de crecer, que son desmedidamente codiciosos, que desean seguir siendo bebitos atados a las faldas de la madre, que son víctimas de fijaciones y regresiones) son tan erróneos como injustos.

DOS CASOS CLÁSICOS DE FOBIAS INFANTILES: REEVALUACIÓN

De acuerdo con nuestra reseña de las pautas familiares subyacentes en casi todos los casos de fobias escolares, resulta interesante reevaluar dos casos de fobias infantiles que, inicialmente registradas durante el primer cuarto de siglo, han servido como modelo de todas nuestras posteriores teorizaciones. De acuerdo con la tradición psicoanalítica, el caso clásico es el del pequeño Hans (cinco años), descrito por Freud (1909). Según la tradición de la teoría del aprendizaje, un caso clásico es el del pequeño Pedro, de dos años y diez meses, descrito por Mary Cover Jones (1924b), discípula de Watson.

En vista del papel clave que, de acuerdo con la tesis postulada en el presente trabajo, desempeñaría el apego ansioso en todos los casos de fobias infantiles considerados hasta este punto, cabe preguntarse si existen pruebas de que haya también desempeñado un papel en alguno de esos casos famosos. En los siguientes párrafos se argumenta que en ambos casos existen presuntas pruebas de que puede haber ocurrido tal cosa y de que, debido a que las expectativas teóricas impulsan a cada investigador a prestar atención a otros aspectos del caso, aquellos que se subrayan en esta obra fueron soslayados o se los relegó a una posición subordinada.

En ambos niños el primer síntoma advertido fue una fobia hacia algún animal. La pauta de interacción familiar presente en el primer caso posiblemente sea del tipo B, y en el segundo caso de tipo C.

El caso del pequeño Hans

Un trabajo clave en el desarrollo de la teoría psicoanalítica es el estudio de Freud sobre la fobia a los caballos que manifestaba un niño de cinco años. La teoría que propone Freud en el citado artículo (1909) es que el temor del pequeño Hans a que lo mordiera un caballo era consecuencia de la represión y subsiguiente proyección de sus impulsos agresivos, en los cuales se daba una hostilidad dirigida hacia el padre y sadismo hacia la madre. Más adelante Freud llega a la siguiente conclusión: «La fuerza motivadora de la represión era el miedo a la castración» (1926a, *Standard Edition*, vol. 20, pág. 108). Aunque el origen de la hostilidad, edípica o preedípica, puede haber sido debatido por otros psicoanalistas, el esquema teórico sigue en vigencia y constituye la base de todas las posteriores teorías psicoanalíticas sobre los casos de fobia.

Cabe preguntarse, entonces, qué pruebas existen de que la ansiedad surgida en torno a la disponibilidad de las figuras de apego haya desempeñado un papel más importante que lo que advirtiera Freud en el problema del pequeño Hans.

Cuando se efectúa una nueva lectura del informe a la luz de nuestro análisis de la negativa a asistir a la escuela, parece probable que el apego ansioso efectivamente contribuyera en gran medida a explicar el problema del pequeño Hans. Su ansiedad, en términos generales, surge fundamentalmente como consecuencia de las amenazas que profirió la madre, en el sentido de abandonar a la familia. Esta tesis se postula teniendo en cuenta dos factores:

- La secuencia de desarrollo de los síntomas y las apreciaciones efectuadas por el propio Hans (*Standard Edition*, vol. 10, págs. 22-24).
- Las pruebas suministradas por el padre en el sentido de que la madre tenía por costumbre proferir amenazas alarmantes como método disciplinario, y que entre ellas se contaban amenazas de un posible abandono (*Standard Edition*, vol. 10, págs. 44-45).

Aunque el título de su trabajo es «Análisis de una fobia en un niño de cinco años», Freud solo vio al pequeño en una única oportunidad y el «análisis» estuvo a cargo del padre de Hans. El trabajo publicado comprende el protocolo estenográfico del padre con un comentario conjunto y un posterior análisis de Freud en el que llega a diversas conclusiones.

Durante varios años los padres del pequeño se habían adherido a las teorías freudianas, contándose entre sus primeros discípulos (Jones, 1955), y Freud había tratado a la madre por un problema de neurosis antes de que contrajera matrimonio. Hans tenía una hermanita menor, Hanna, nacida tres años y medio después de aquel, y de quien el pequeño se mostraba celoso.

Hans contaba cuatro años y nueve meses cuando el padre comenzó a preocuparse por él y decidió consultar a Freud. El problema, tal como se lo presenta, residía en que Hans temía que pudiera morderlo un caballo por la calle. El padre refirió como algunos días antes Hans había ido a Schönbrunn con la madre, paseo del que por lo común disfrutaba. En dicha oportunidad, sin embargo, no quiso ir, había llorado y, ya en marcha, se había mostrado asustado en la calle. Durante el viaje de regreso «confesó a la madre, tras prolongadas luchas internas: "Tenía miedo de que me mordiera un caballo"». Por la noche, antes de acostarse, observó lleno de aprensión: «El caballo entrará en la habitación».

Los síntomas apuntados, como era de esperar, tenían alguna razón de ser. De acuerdo con el informe del padre, Hans se había mostrado sumamente inquieto durante la semana anterior. Todo había comenzado cuando cierta mañana Hans despertó bañado en lágrimas. Al preguntársele por qué lloraba había explicado a la madre: «Mientras dormía pensé que te habías ido y no tenía ninguna mamita a quien abrazar». Algunos días después el aya lo llevó, como de costumbre, al parque local. Pero en la calle el pequeño rompió a llorar y pidió que lo llevaran de regreso al hogar, diciendo que quería «abrazarse» a la madre. Cuando más tarde se le preguntó por qué no quiso ir al parque, se negó a responder. Durante esa noche se mostró una vez más muy asustado, rompió a llorar y exigió permanecer con la madre. Al día siguiente esta, ansiosa por descubrir qué andaba mal, lo llevó consigo a Schönbrunn, ocasión en que salió a relucir por primera vez la fobia a los caballos.

Una lectura más detenida de la historia permite descubrir que Hans no expresó su temor de que desapareciera la madre por primera vez la semana anterior a la irrupción de su fobia. Seis meses antes, durante las vacaciones de verano, había hecho observaciones tales como «Suponte que me quedara sin mamá» o «Suponte que te fueras». Yendo aún más atrás, según recordó el padre de Hans, advertimos que cuando nació Hanna su hermano, de tres años y medio, había sido mantenido lejos de la madre. En opinión del padre, su «ansiedad actual, que le impide abandonar el vecindario, constituye en realidad el anhelo (por la figura de la madre) que entonces experimentaba». Freud corrobora esta opinión y describe el «afecto intensificado al máximo» que sentía Hans por la madre como «fenómeno fundamental de su condición» (*Standard Edition*, vol. 10, págs. 24-25; también 96 y 114).

Por consiguiente, tanto la secuencia de acontecimientos que conducen a la fobia como las propias declaraciones de Hans ponen bien en claro que, *de manera específica y antes de que surgiera en él el temor a los caballos*, surgió en el pequeño el miedo de que la madre pudiera marcharse y abandonarlo. Como, a la luz de los conocimientos actuales, la expresión de dicho temor indicaría la posibilidad de que la madre hubiese proferido amenazas en el sentido de abandonar a la familia, explícitas o implícitas, resulta interesante averiguar si existe alguna prueba al respecto.

Ya al comienzo del informe resulta evidente que la madre se muestra inclinada a proferir amenazas de índole bastante alarmante. Por ejemplo, cuando Hans solo contaba tres años, lo habría amenazado, según lo descrito, con mandar al médico que le cortara el pene si el pequeño se lo tocaba (*Standard Edition*, vol. 10, págs. 7-8). Y sabemos también que, solo un año después, por la época en que por primera vez se registró la fobia, la madre todavía procuraba eliminar en él dicho hábito (pág. 24). Según el informe la madre le había «advertido» que no debía tocarse el pene, aunque no sabemos la naturaleza de dichas advertencias.

Tres meses después, sin embargo, en medio del informe «analítico» Hans levanta el telón sobre lo oculto hasta entonces. Una mañana se había dirigido al lecho del padre y, en medio de la conversación, dijo a aquel: «Cuando no estás tengo miedo de que no vuelvas». El padre lo interroga: «¿Acaso alguna vez te amenacé con no volver a casa?». «Tú no», respondió el niño, «pero mamita sí. Mamita me dijo que no volvería». El padre advierte lo ocurrido. «Lo habrá dicho», replica, «porque te portabas mal». «Sí», admite el niño. (*Standard Edition*, vol. 10, págs. 44-45.)

En el pasaje siguiente el padre reflexiona de manera lógica: «Su motivo para salir apenas de la casa y no alejarse nunca, y para regresar ante el mínimo signo de ansiedad que lo atacara a mitad de camino, surge del temor a no hallar a sus padres en casa a su regreso, porque estos pueden haberse marchado». Poco después, sin embargo, el padre invierte los términos de la explicación, trayendo a colación un problema edípico.

Incluso los temores expresos de Hans en el sentido de que podría morderlo un caballo están a tono con la tesis según la cual la partida de la madre era la principal causa de ansiedad. Esto lo demuestra un incidente ocurrido durante las vacaciones de verano del año anterior, al que hizo referencia Hans procurando refutar las afirmaciones de su padre en el sentido de que los caballos no muerden. Cuando Lizzi, una pequeña que estaba parando en una casa del vecindario, se marchó, su equipaje fue transportado a la estación en un carro arrastrado por un caballo blanco. El padre de Lizzi estaba allí, y le había advertido a la niña: «No le acerques el dedo al caballo blanco, que puede morderte» (*Standard Edition*, vol. 10, pág. 29). En consecuencia, descubrimos que el temor de Hans de que lo mordiera un caballo se halla estrechamente asociado en su mente con la partida de alguien. Hay también otros datos que confirman que los caballos se identifican con la partida de personas (por ejemplo, pág. 45).

Es evidente que el pensamiento freudiano en relación con todas estas cuestiones sigue tendencias muy distintas de las aquí propuestas. El insistente deseo de Hans de permanecer con la madre no se interpreta en función de un apego ansioso, sino como la expresión de su amor por aquella, de un carácter supuestamente erótico genital, el cual habría llegado a un «punto extremo de ansiedad» (*Standard Edition*, vol. 10, págs. 110-111). El sueño en el cual la madre se había marchado dejándolo solo no sería, en consecuencia, la expresión de los temores de Hans sobre la posibilidad de que la madre cumpliera sus amenazas de abandonar a la familia, sino de su temor al castigo que podía infligírsele en razón de sus deseos incestuosos (*Standard Edition*, vol. 10, pág. 118). El episodio en el cual Hans oyó a un vecino decir que el caballo blanco podría morder a la niña se asocia con un deseo manifiesto de que se alejara el padre, no con el temor de que la madre lo abandonara. Las manifestaciones de afecto que la madre le prodigaba al niño, a quien permitía acostarse en la cama con ella, no se interpretan como una expresión natural y consoladora de sentimientos maternos, sino como acciones que podrían haber alentado, de manera bastante desdichada, los deseos edípicos de Hans (*Standard Edition*, vol. 10, pág. 28).

Un corolario que tiende a confirmar la actual hipótesis es el posterior desarrollo de los hechos: tras los incidentes relatados, los padres de Hans se separaron, y posteriormente se divorciaron (*Standard Edition*, vol. 10, pág. 148). (El hecho de que Hans fuera separado de su pequeña hermana sugiere que la madre se habría hecho cargo de ella, dejando a Hans con el padre.)

Es preciso abandonar aquí nuestro examen de los hechos, ya que no hay manera de determinar cuál de las interpretaciones alternativas se acerca más a la verdad. Teniendo en cuenta los datos registrados, tanto a partir del caso en sí como a partir de otros casos de fobias infantiles analizados anteriormente, la hipótesis postulada en la presente obra no sería menos plausible que la freudiana; no estaría fuera de lugar, por consiguiente, interpretar los síntomas puestos de manifiesto en el caso del pequeño Hans como exponentes de una interacción familiar del tipo correspondiente a la pauta B.

El caso de Pedro

En la bibliografía referente a la terapia de la conducta también se destaca el caso de otro pequeño, Pedro (dos años y diez meses), quien también temía desmedidamente a los animales; se trata del primer ejemplo registrado de temores no condicionados. Aunque el terapeuta, discípulo de Watson, supone que el niño comenzó a temer a los animales tras haber sido condicionado en ese sentido en un momento del que no se tienen noticias, los datos explícitos sobre el modo en que lo trataba la madre sugieren que las amenazas maternas probablemente desempeñaron un papel fundamental.

«Cuando comenzamos a estudiarlo», puntualiza Mary Cover Jones (1924b), «sentía miedo de una rata blanca, y este temor se extendió hasta abarcar un conejo, un abrigo de piel, una pluma, algodón, etcétera». Al ver a una rata blanca en la cuna «Pedro comenzó a gritar y cayó de espaldas, en un paroxismo de horror»; por otra parte, experimentó un temor aún más pronunciado ante la visión de un conejo. Como otros niños de la misma edad no experimentaban mayor temor de esos animales, los investigadores decidieron averiguar si podían ayudar a Pedro para que disipara sus temores.

Uno de los métodos principales utilizados para «descondicionar» a Pedro era el de hacerlo jugar todos los días con otros tres niños elegidos debido a «su actitud completamente falta de temor hacia el conejo»; durante parte de la sesión de juego en que se traía a este animalito. Después de nueve sesiones se agregó un segundo procedimiento: justo antes de que apareciera el conejo, Pedro y los otros niños recibían algunos caramelos. En total se administraron alrededor de cuarenta y cinco sesiones, extendidas a lo largo de seis meses, con una interrupción de dos meses debido a la hospitalización de Pedro, quien por ese entonces enfermó de fiebre escarlatina. De tanto en tanto se verificaban los progresos efectuados por el niño, mostrándosele el conejo mientras estaba solo. Al final del proceso Pedro ya no temía ni al conejo ni a la pluma, y se había reducido notablemente el miedo que le inspiraban la rata y el abrigo de piel.

Desde el punto de vista de la presente obra cabe destacar dos aspectos del caso citado.

En primer término, de acuerdo con su descripción, Pedro era un niño proveniente de un hogar lleno de problemas, cuya familia vivía en la pobreza. Durante el transcurso del experimento, en apariencia permaneció en una guardería con internado[5] o en el hospital. Se describe a la madre como «una persona sumamente emotiva, quien no puede concluir una entrevista sin romper a llorar». La hermana mayor de Pedro había muerto, y a partir de entonces se decía que los padres habían prodigado «un cariño excesivo» al niño. La disciplina adolecía de pautas «erráticas» y en sus esfuerzos por controlarlo la madre había recurrido a amenazas: por ejemplo, diciendo «Ven, Pedro, que alguien quiere raptarte». La pauta de interacción familiar que sugiere la limitada información con que se cuenta sería del tipo C.

El segundo aspecto de interés es el efecto del proceso de descondicionamiento debido a la presencia o ausencia de un asistente al que Pedro era afecto, y a quien el niño insistía en tomar por padre. En las dos ocasiones en que se hallaba presente dicho asistente Pedro se mostró mucho menos temeroso, aunque aquel no efectuó ninguna sugerencia abiertamente. Jones comenta con respecto a este fenómeno: «Puede que su presencia haya contribuido a intensificar la sensación general de bienestar de Pedro y, de manera indirecta, afectado sus reacciones».

FOBIA A LOS ANIMALES EN LA INFANCIA

Nuestro deseo no es argüir que todo tipo de fobia animal puesta de manifiesto durante la infancia o en la existencia posterior de la persona constituye apenas el pico de un *iceberg*, cuyo cuerpo es el miedo intenso de perder a una figura de apego. En algunos individuos, sin duda alguna, se ha desarrollado una fobia animal porque de niños habían sufrido alguna experiencia terrorífica durante la cual fueron atacados por un animal de esa especie. En otros casos, la visión o relato de dichos incidentes, quizá en circunstancias trágicas y a una edad en la que los malentendidos y las generalizaciones extremas y falaces son comunes, puede explicar lo ocurrido. También se da el caso de que el contacto prolongado con un progenitor u otro adulto que habitualmente responde con muestras de temor ante determinada especie animal pueda ejercer influencia. Sea cual fuere la causa, Marks (1969) suministra datos en el sentido de que existen personas que experimentan un temor muy pronunciado de determinada especie de animal, pero no padecen ningún otro tipo de trastorno emocional.

Empero, si bien pueden existir casos de fobias a los animales auténticos y restringidos, no cabe duda de que en muchos niños y también, probablemente, en los adultos, la principal fuente de ansiedad reside en el hogar, y no fuera de él. Hemos puntualizado ya que los casos del pequeño Hans y de Pedro pueden considerarse desde ese punto de vista. También suministra ulteriores pruebas de peso el descubrimiento de que, como ya se observara, muchos de los niños que se niegan a asistir a la escuela manifiestan, entre sus síntomas heterogéneos, cierto temor por los animales. Por añadidura, así como todo temor expreso de la escuela cae en el olvido una vez reconocida y tratada la situación familiar problemática, lo mismo ocurre en relación con el miedo a los animales. Por esta razón, y debido a que las dificultades surgidas en el seno del hogar con tanta frecuencia se mantienen en secreto, siempre que un paciente se queje del temor que le inspiran ciertos animales conviene examinar detenidamente las pautas de interacción desarrolladas en el seno de la familia de la cual proviene aquel, para investigar sus probables causas.

La conveniencia de dicho proceder la ilustra cabalmente un caso de fobia animal en un adulto, sobre el que informa Moss (1960). El paciente era una mujer de cuarenta y cinco años, quien desde su infancia había sentido profundo temor a los perros. Tras ver un filme (*Los tres rostros de Eva*) en el cual una mujer recibe tratamiento hipnótico para curarse de una fobia, ella misma decidió someterse a dicho tratamiento.

Durante el curso del tratamiento la paciente recordó un hecho trágico acontecido cuando contaba cuatro años. Parece ser que estaba jugando en el fondo de su casa con su hermanita menor, cuando el perro de la familia, Rover, tiró al suelo a la segunda. La pequeña se clavó una astilla en la mejilla, la herida se infectó y a los pocos días la niña murió. La paciente recordaba que la madre la había acusado de haber tirado al suelo a la hermanita, culpándola abiertamente por su muerte; a partir de entonces había comenzado a odiar profundamente a Rover y a albergar temor de los perros de todas las razas. Pocos años después, tras el nacimiento de otra hermana, recordó haber albergado profundos temores de que también la atacara un cachorrito.

Cuando la paciente recordó cómo la madre la había acusado de la muerte de la hermana, gran parte de los hechos ocurridos durante su existencia parecieron cobrar sentido. Por ejemplo, este episodio parece explicar, al menos en parte, por qué siempre se había sentido incomprendida por la madre, por qué había experimentado sentimientos crónicos de culpa y deseos compulsivos de resultar agradable y, en última instancia, por qué su relación con la madre siempre había estado caracterizada por su ambivalencia profunda.

Cuando un hecho que recuerda el paciente se ha producido muchos años atrás resulta sumamente difícil determinar la validez de los detalles que se recuerdan. En este caso fue posible obtener confirmación limitada de la historia del paciente. Un hermano mayor confirmó la existencia de Rover así como la circunstancia de que, cuando se produjo el accidente fatal, ambas hermanitas estaban solas, porque él y su otro hermano, con quienes se las había dejado, habían ido a mirar un incendio. La hermana menor de la paciente recordó que en años posteriores aquella la había protegido, llena de ansiedad, de cualquier perro que pudiera acercársele. No obstante, no pudo confirmarse el hecho de que la madre la hubiera culpado por el accidente, y la propia progenitora, quien aún vivía, lo negó.

La experiencia acumulada en el campo de la psiquiatría familiar indica, sin embargo, que cuando un niño de corta edad muere no es infrecuente que uno de los progenitores, desesperado ante el hecho y, quizá, sintiéndose culpable de no haber adoptado precauciones, de manera impetuosa atribuya la culpa de lo ocurrido a un hermano mayor. En algunas familias el hijo mayor se convierte entonces en el chivo expiatorio; en otras el padre, tras recuperarse de su agudo dolor, puede olvidar, y entonces negar, el haber hecho esa acusación. Pero en ambos casos la acusación deja una dolorosa secuela, incluso cuando se reprima su recuerdo.

Parecería ser que fue esto lo ocurrido en el caso descrito. De ser así, no sería de extrañar que la niña a quien se acusó comenzara a odiar y temer al animal a quien cree responsable de su desdicha. Ni tampoco lo sería el hecho de que, a partir de entonces, sintiera que la madre y, por ende, todas las demás personas que podrían brindarle consuelo y apoyo renegaban de ella y la hacían objeto de su desprecio.

Posiblemente baste lo apuntado para demostrar que la teoría del apego ansioso, expuesta en los capítulos anteriores, puede arrojar luz sobre muchos casos en que un pequeño experimenta temores intensos y persistentes ante determinada situación, en circunstancias que dejan atónitos a todos los que lo rodean y, quizá, también al niño mismo. En el siguiente capítulo se enfoca el problema de la agorafobia en los adultos desde el mismo punto de vista teórico.

19

El apego ansioso y la «agorafobia»

De la naturaleza de los hechos se desprende... que en nuestras historias clínicas estamos obligados a prestar tanta atención a la circunstancia puramente humana y social de nuestros pacientes como a los datos somáticos y a los síntomas del desorden. Por sobre todo, nuestro interés se concentrará en su circunstancia familiar...

SIGMUND FREUD (1905a)

SINTOMATOLOGÍA Y TEORÍAS SOBRE LA «AGORAFOBIA»

Cuando un psiquiatra acostumbrado a tratar con niños y familias examina el problema de la «agorafobia»,[1] de inmediato se verá sorprendido por su similitud con la fobia hacia la escuela. En ambos casos el paciente supuestamente teme entrar en un lugar lleno de gente; en ambos el paciente suele también experimentar temor ante varias otras situaciones; en ambos suele experimentar ataques de ansiedad, depresión y síntomas psicosomáticos; en ambos a menudo una enfermedad o muerte suele precipitar la dolencia; en ambos el paciente sufre una «dependencia extrema», uno o ambos padres padecen neurosis de larga duración y con frecuencia, asimismo, lo sobreprotege una madre dominante. Por fin, un número significativo de pacientes agorafóbicos se habían negado a asistir a la escuela de niños.

Si bien la agorafobia probablemente sea común en grados reducidos y, cuando su origen es reciente, probablemente sea elevada su tasa de remisión (Marks, 1971), los pacientes puestos al cuidado de psiquiatras por lo común experimentan este mal de manera crónica y con cierta gravedad, o bien sufren un ataque agudo de la dolencia. Con frecuencia el paciente se muestra sumamente ansioso, tiende a ceder al pánico cuando no puede marcharse a casa de inmediato, y suele experimentar temor de una serie extensísima de situaciones (característicamente, de los lugares atestados, la calle, los viajes) o de descomponerse e incluso morir cuando sale solo. Dentro de esta serie heterogénea y variada de situaciones que provocan temor es posible, no obstante, identificar dos que inspiran miedo en todos los casos, y son las más temidas. Estas son, primero, dejar el ambiente familiar y, segundo, verse solo, en particular lejos del hogar. Como la tesis propuesta gira en torno al hecho de que el temor que inspiran esas situaciones constituye la esencia del síndrome, cabe analizar los datos obtenidos al respecto.

Durante la última década los psiquiatras del Reino Unido se han interesado de manera activa por ese síndrome. Roth y sus colegas de Newcastle sobre el Tyne describen dos series de casos, con más de cien ejemplos cada uno (Roth, 1959; 1960; Harper y Roth, 1962; Roth, Garside y Gurney, 1965; Schapira, Kerr y Roth, 1970). Los aspectos específicos de dicha condición a los que prestan atención son: la elevada frecuencia de hechos traumáticos que la precipitan, en especial una dolencia física verdadera o amenazas de enfermedad, fallecimientos y enfermedades dentro de la familia; la frecuente despersonalización y la estrecha relación existente entre la condición apuntada y los estados de ansiedad y depresión. Otro proyecto de investigación en el que se hizo referencia específica a la eficacia de los diferentes métodos de tratamiento es el que emprendieron en el Hospital Maudsley, de Londres, los especialistas Marks y Gelder (en referencia a sus numerosos trabajos, véase Marks, 1969 y 1971). Un tercer estudio muy valioso es el emprendido por Snaith (1968), quien informa acerca de cuarenta y ocho casos de fobia en pacientes adultos, veintisiete de los cuales eran casos típicos de agorafobia. Roberts (1964) describe los resultados de un seguimiento de treinta y ocho pacientes, todas ellas mujeres casadas.

Aunque ninguno de los citados investigadores encara el problema desde un punto de partida similar al nuestro, todos ellos sostienen que una de las características principales de dicha condición es el temor a abandonar el hogar. Roth (1959) habla de «una tremenda aversión a apartarse del ambiente familiar»; Marks (1969) sostiene que «el miedo a salir a la calle es, probablemente, el síntoma más frecuente, a partir del cual se desarrollan los demás»; Snaith (1968) puntualiza que, en veintisiete de sus cuarenta y ocho casos, la principal fuente de temor es el hecho de abandonar el hogar y las circunstancias concomitantes. Por añadidura informa, en primer término, que cuanto más ansioso se torne el paciente agorafóbico más se intensifica su miedo a dejar el hogar; y, en segundo lugar, que cuando el paciente se torna más ansioso el temor a dejar el hogar se ve intensificado al máximo, por comparación con cualquier otro de sus temores. Estos descubrimientos condujeron a Snaith a sugerir que la condición analizada no constituye una fobia auténtica, y que sería más apropiado aplicar la expresión «temor no específico dictado por la inseguridad». La perspectiva de Snaith coincide con el criterio de Roberts (1964), en relación con la incapacidad del paciente para abandonar el hogar sin un acompañante.

Los investigadores citados no solo descubrieron que el temor a dejar el hogar sin compañía alguna constituye la característica central de la agorafobia, sino que informan, asimismo, que la mayoría de los pacientes siempre han sido personas muy ansiosas: algunos de ellos se mostraron inquietos ante la posibilidad de tener que salir solos durante décadas enteras (Marks, 1969). De acuerdo con los informes, del 50 al 70 % de los pacientes padecieron fobias y miedos de diversa índole durante toda su infancia (Roth, 1960; Roberts, 1964; Snaith, 1968). En un estudio reciente de 600 casos, para el cual se empleó un cuestionario, de una quinta a una sexta parte se describieron a sí mismos como víctimas de «fobias escolares» en mayor o menor grado (Berg, Lipsedge y Marks, en preparación).

Asimismo, aunque los psicoanalistas se adhieren a las teorías más tradicionales enfocan el problema desde un punto de vista totalmente diferente del de cualquiera de los investigadores citados hasta este punto, y diferente, también, del adoptado en esta obra, los descubrimientos sobre los que informan son prácticamente idénticos. Por ejemplo, en un trabajo inicial en el que describe el caso de un niño de corta edad, Abraham (1913) advierte que el pequeño «no hace referencia a sus miedos, sino que habla de su deseo de estar con la madre». Esto lleva a Abraham a la conclusión de que el problema básico, en los pacientes afectados de agorafobia, reside en que su «inconsciente [...] no les permite alejarse de aquellos en quienes se fija su libido».

Tanto Deutsch (1929) como Weiss (1964), en años más recientes, apoyan la tesis de Abraham. Weiss advierte, en particular, que la ansiedad del paciente tiende a aumentar cuanto más se aleja de su hogar, lo cual lo lleva a definir la agorafobia como «reacción ansiógena producida al abandonar un punto de apoyo fijo».

Observamos de esta manera que, a pesar de la variedad de enfoques y perspectivas que adoptan todos los investigadores citados, los descubrimientos a que hacen referencia tienen grandes puntos de coincidencia. Solo cuando se intenta encuadrar estos descubrimientos dentro de un marco teórico comienzan a surgir diferencias y plantearse dificultades.

Tres tipos de teorización

Como ocurre con tanta frecuencia, los dos tipos opuestos de teoría que dominan nuestro campo de estudio son la teoría psicoanalítica y la teoría del aprendizaje. En el caso de la agorafobia, sin embargo, se ha propuesto un tercer tipo de teoría: la psicosomática de Roth, que tiene en cuenta procesos tanto psicológicos como neurofisiológicos (Roth, 1960). No deja de sorprender que, a pesar de todos los indicios en el sentido de que uno de los elementos de mayor importancia es el tipo de relaciones existentes en la familia de origen del paciente, brilla por su ausencia un cuarto tipo de teoría: la que señalaría las pautas patogénicas de la interacción familiar como agentes etiológicos básicos.

1. *Las teorías psicoanalíticas* referentes a la agorafobia comprenden dos variedades según si prevale el temor de hallarse en la calle o el de salir del hogar.

Freud tiende a enfocar primordialmente el temor a verse en la calle, el que interpreta como un desplazamiento hacia fuera del temor que experimenta el paciente en referencia con su propia libido. Aun cuando en 1926 Freud inició la revisión radical de sus puntos de vista y llegó a la conclusión de que «la clave para comprender la ansiedad» es el hecho de «extrañar a alguien a quien se ama y desea» (véase el capítulo 2 de este volumen), nunca aplicó su teoría novel a la agorafobia.[2] Como consecuencia, muchos psicoanalistas siguen haciendo referencia a su hipótesis originaria; para ellos, una tentación sexual de determinada índole sigue siendo la situación básica que teme el paciente agorafóbico (por ejemplo, Katan, 1951; Friedman, 1959; Weiss, 1964).

Otros psicoanalistas enfocan primordialmente el temor que experimenta el paciente a salir de su casa y postulan teorías muy similares a las formuladas por sus colegas para explicar los temores de índole similar que caracterizan a los niños que, según el diagnóstico, sufren de fobia a la escuela. Deutsch (1929), por ejemplo, apunta que la razón por la cual un paciente agorafóbico se siente inclinado a permanecer cerca de la madre (o de algún otro ser amado) reside en que alienta deseos hostiles inconscientes contra ella y, por consiguiente, debe permanecer en su compañía para asegurarse de que sus deseos no se hacen realidad. Para Weiss (1964) la compulsión del paciente, que lo induce a permanecer en su hogar, se debe a una «regresión al estado de necesidades no resueltas de dependencia». Es esta, también, la tesis de Fairbairn (1952), aunque en sus historias clínicas atribuye un papel accidental a la infancia sumamente insegura de los pacientes.

En ninguna de las formulaciones psicoanalíticas, con la sola excepción, quizá, de la de Fairbairn, se sugiere que la negativa del paciente a salir de su casa se da en respuesta a la conducta de uno de sus padres, no solo pasada sino también, quizá, presente.

2. Durante la última década se postuló un nuevo enfoque para la comprensión teórica de las condiciones fóbicas de todo tipo, y esta vez sus autores fueron los *teóricos del aprendizaje*, quienes formularon teorías que procuran explicar cada una de las diversas situaciones que producen temor. En tanto que dicho enfoque puede ayudarnos a comprender algunas de las diversas fobias animales, no se sabe a ciencia cierta hasta qué punto puede facilitar la comprensión de los casos de agorafobia. Al describir esta última postura tal como él la visualiza, Marks (1969), quien efectuó un estudio especial de la agorafobia y aplicó muchos elementos de la teoría del aprendizaje, expresa:

> Por lo común determinadas fobias, y en particular la agorafobia, se dan junto con otros síntomas múltiples, como ansiedad difusa, ataques de pánico, depresión, despersonalización, obsesiones diversas y frigidez. La teoría del aprendizaje no explica por qué se desarrollan estos síntomas, por qué se dan de manera conjunta o por

> qué ocurren con mayor frecuencia en los casos de agorafobia que en cualquier otro tipo de fobia.

Por añadidura, en opinión de Marks «el origen del pánico, depresión y otros síntomas no es identificado por la teoría del aprendizaje» (pág. 93).

El origen del pánico y el estado de depresión constituyen, para Marks, el aspecto más enigmático de la condición citada. En su opinión, la teoría del aprendizaje no solo no logra explicarlos, sino que tampoco lo consigue ninguna de las restantes teorías (pág. 93). Marks admite el dilema y deja abierto el interrogante, si bien tiende a optar por el punto de vista de que los ataques de ansiedad probablemente tienen un origen fisiológico desconocido. En ninguno de sus escritos considera la posibilidad de que puedan originarse en situaciones familiares que crean una inquietud de índole psicológica.

Tras reconocer con franqueza las dificultades que surgen cuando se procuran explicar los síntomas de agorafobia estrictamente en función de la teoría del aprendizaje, Marks considera, no obstante, que dicha teoría ofrece muchos elementos útiles. La hipótesis que formula se basa en un concepto, sugerido por la teoría del aprendizaje, según el cual «los ataques de pánico y depresión (pueden) actuar como superreforzadores que facilitan el condicionamiento fóbico» cuandoquiera que un paciente que experimenta esos efectos parte de su hogar. Esta línea de pensamiento lleva a Marks a postular que, en el desarrollo de la agorafobia, primero se produce un ataque de ansiedad, y solo más tarde el paciente comienza a temer determinadas situaciones, sea como resultado de un efecto condicionante secundario o como resultado de la racionalización. En ese contexto tanto el miedo de marcharse de la casa como el temor a separarse de un acompañante (los dos síntomas más característicos de los pacientes agorafóbicos) se desarrollarían a través de un proceso de condicionamiento secundario.

De manera coherente con esta hipótesis, Marks expresa profundo escepticismo en relación con el papel causal que desempeñan los factores que precipitan el mal, y sostiene que es probable que estos últimos actúen, simplemente, como «factores de tensión no específicos en un paciente ya aquejado por ese desorden [...] o quizá el desorden ya se hallaba presente, aunque oculto hasta que el factor de tensión lo hizo salir a la superficie o logró exacerbarlo». En apoyo de esta tesis subraya su postulado en el sentido de que «no pocas fobias se desencadenan de manera muy repentina, sin que se produzca ningún cambio obvio en la situación existencial del paciente» (pág. 128).

Tanto la secuencia de hechos que postula Marks como la debilidad de su postura se ilustran a partir de su descripción del caso de una mujer que inició tratamiento a los treinta y tres años, debido a su estado de depresión aunado a ideas suicidas. De acuerdo con su relato, diez años antes, a los veintitrés, había sido víctima de un ataque de ansiedad, con síntomas tales como sudor y temblor de las piernas, mientras viajaba en tren rumbo a su trabajo. Posteriormente descubrió que se sentía mejor cuando su marido se hallaba presente, por lo cual aceptó un trabajo en la firma en que trabajaba aquel. A los pocos meses, sin embargo, comenzó a temer una posible separación, sentía necesidad de saber con exactitud dónde se encontraba aquel y lo llamaba por teléfono muy a menudo. Si por una razón u otra no podía ponerse en contacto con él de inmediato era víctima del pánico, se sentía totalmente perdida y con deseos de gritar.

La única información que suministra Marks en relación con la infancia de la paciente es que «de pequeña solía asustarse cuando los padres habían salido, y una vez envió a su hermano menor en busca de ellos. A veces experimentaba deseos de gritar, difíciles de reprimir. Estos desaparecieron hacia el final de su adolescencia».

A pesar de la validez incierta de estos datos retrospectivos, Marks parece depositar confianza en la serie de síntomas registrados: «Primero se produjo la fobia a los viajes y la despersonalización, luego el alivio hallado en presencia de su esposo, tras lo cual este se volvió indispensable. Por fin la paciente se sometió a tratamiento buscando curarse de su ansiedad de separación». Al explicar los síntomas Marks propone dos patologías distintivas. Por un lado está la agorafobia; por otro, la ansiedad en torno a una posible separación, con respecto a lo cual la paciente ya se había mostrado sensible de pequeña. Originadas de manera independiente, ambas patologías habrían interactuado en épocas posteriores.

La tesis de Marks adolece de varias fallas. En primer término, y a la luz de la historia de la infancia de la paciente, resulta difícil aceptar su confiada aseveración en el sentido de que primero se produjo la agorafobia, y después experimentó ansiedad de separación. En segundo lugar, al aceptar de buenas a primeras la declaración de la paciente citada y de otros tantos pacientes en el sentido de que el ataque inicial de ansiedad se produjo de manera totalmente imprevista, como algo «caído del cielo», el investigador no tiene en cuenta la omisión voluntaria o involuntaria de datos que efectúa el paciente, proceso que suele ser muy común y a menudo oculta indicios de importancia vital para explicar su condición. En tercer lugar, el postular dos psicopatologías totalmente distintas para un par de síntomas que habitualmente se dan juntos[3] no parece caracterizarse por el debido rigor científico. Por último, tal como lo admite el mismo Marks, no puede suministrar explicación alguna sobre el modo o razón por la cual la paciente (o cualquier otro) comenzó a experimentar esos ataques de ansiedad y de pánico.

Una hipótesis alternativa que procura explicar los síntomas de la paciente radica en que, durante su infancia, había sido objeto de reiteradas y muy reales amenazas de abandono, de manera tal que incluso al llegar a la vida adulta continuaba mostrándose sumamente susceptible al respecto.

En cuanto al papel desempeñado por los padres del paciente en la génesis de la agorafobia, los teóricos del aprendizaje comparten el mismo cuadro sombrío con los psicoanalistas tradicionales. En tanto que ni uno ni otro grupo atribuye demasiada importancia a la conducta paterna, en la medida en que lo hacen propugnan la teoría de la «malacrianza». Tal como señala Andrews (1966), Wolpe (1958) y Lazarus (1960), dos de los principales teóricos del aprendizaje, interpretan la tendencia del paciente a retraerse y permanecer en su hogar como respuestas aprendidas durante la interacción con padres sobreprotectores. Marks (1969), en su análisis de la prevención, da por sentado el mismo proceso. Algunos años antes Terhune (1949), un psiquiatra cuyo enfoque es similar, en muchos aspectos, a los de los teóricos del aprendizaje de la actualidad, manifestó lleno de absoluta confianza: «La persona fóbica es aquella que ha sido excesivamente dependiente, criada con "blandura"».

3. El tercer tipo principal de teoría sobre la agorafobia, formulada inicialmente por Roth (1959; 1960), considera esta condición como verdaderamente *psicosomática*. Al postular su teoría, Roth subraya en grado sumo la personalidad vulnerable de los pacientes, el papel de los acontecimientos causantes de tensión, que precipitan los hechos, y la despersonalización, a la que considera síntoma básico del síndrome. Los factores psicológicos que señala incluyen tanto situaciones que, al influir, tal vez, desde la temprana infancia, pueden haber contribuido al desarrollo de la personalidad ansiosa dependiente, y hechos causantes de tensión, como un falleci-

miento o una enfermedad, que parecen precipitar el mal. El factor somático que postula es un mecanismo cerebral específico que, una vez puesto en marcha, difícilmente pueda interrumpirse. Tras considerar ciertos trastornos de la percepción y la conciencia propios de esos pacientes, junto con síntomas que atribuye a una disfunción temporal de los lóbulos, Roth llega a la conclusión de que probablemente la patología somática debe interpretarse como si surgiera en los mecanismos que regulan la conciencia, los cuales, según postula, han sufrido perturbaciones crónicas. Aunque no suministra mayores detalles sobre el modo en que, a su entender, una infancia difícil y las situaciones causantes de tensión de la vida posterior interactúan a los efectos de producir un síndrome agorafóbico, el enfoque de Roth no es incompatible con el nuestro.

Consideremos ahora un cuarto tipo de teoría, propuesta cuando el problema de la agorafobia se analiza desde la perspectiva teórica desarrollada en esta obra.

En el siguiente análisis es preciso tener en cuenta que, tal como señalan todos los investigadores en la actualidad, el síntoma central de la condición objeto de estudio es el temor a abandonar el hogar.

PAUTAS PATOGÉNICAS DE INTERACCIÓN FAMILIAR

No sabemos a ciencia cierta si la teoría del apego ansioso, ya aplicada a los problemas de fobias escolares, puede contribuir a solucionar los problemas causados por la agorafobia. Aparte de algunas observaciones limitadas y, por lo común, bastante groseras, todavía no se cuenta con mayores datos sobre las pautas de interacción puestas de manifiesto dentro de la familia del paciente agorafóbico. Casi todos los datos publicados hasta la fecha provienen del mismo paciente o de una entrevista única con un familiar, con las muchas distorsiones y omisiones de que sabemos adolecen nuestros procedimientos clínicos. Lo que hace falta, sin duda, son observaciones directas sobre el modo en que el paciente y sus padres por lo común se comportan el uno con el otro. A falta de dichos datos cuanto cabe hacer es centrar la atención en determinados descubrimientos verificados de manera razonable, coherente, al menos, con el punto de vista de que muchos de los casos de agorafobia (pero no todos) pueden interpretarse como el producto de pautas patogénicas de interacción familiar.

Hay abundantes datos de tipo bastante general que, si bien no suministran mayor información sobre pautas específicas de interacción, señalan la frecuencia del trastorno en las familias de las que provienen los pacientes agorafóbicos. Antes de analizar ciertas pautas específicas, por consiguiente, consideremos dicha información general.

Casi todos los informes coinciden en señalar que una gran mayoría de los pacientes agorafóbicos provienen de hogares perfectamente constituidos, en el sentido de que los dos progenitores viven juntos de manera continuada. No obstante, hay datos de peso que indican que, en el seno de esos hogares, a menudo las relaciones distan de ser armoniosas; y existen reiterados indicios de que los padres de los pacientes son neuróticos o adolecen de otros trastornos. Adoptando como criterio las crisis de neurosis bien definidas en los parientes de primer grado, Roth (1959) señala una frecuencia del 21 %. Tampoco debe soslayarse el hecho de que una minoría de los pacientes (que llega a un 25 % en uno de los estudios) provienen de hogares desmembrados por los fallecimientos, los divorcios u otras causas.

En un estudio reciente sobre ochenta y siete pacientes analizados consecutivamente en Londres por M. S. Lipsedge (inédito), se registra el origen de un número elevado de perturbaciones en las familias de origen. Los pacientes oscilan, en su edad, entre los veintidós y los sesenta y cuatro años; catorce eran hombres y setenta y tres mujeres. Casi toda la información se obtuvo a partir de los pacientes mismos, durante una entrevista inicial, aunque ocasionalmente se suplementó con información suministrada por un médico clínico. Por inadecuado que resulte este método para obtener la información requerida, difícilmente exagere el grado de perturbaciones de que adolecen las familias en cuyo seno se han criado los pacientes.

Sobre la base de estos datos las familias de los pacientes pueden dividirse, a muy grandes rasgos, en tres categorías:

I. Familias integradas y razonablemente estables.
II. Familias integradas en las cuales son frecuentes las peleas, la violencia y el alcoholismo, y/o la carencia de afecto casi absoluta.
III. Familias desmembradas por un fallecimiento o divorcio, o en las cuales uno de los progenitores sufría enfermedades crónicas y/o el paciente debía soportar prolongadas separaciones o cambios de la figura paterna.

El número y proporción de los pacientes provenientes de familias enmarcadas dentro de cada una de esas categorías se registra en el siguiente cuadro.

Categoría de la familia	*N.º de pacientes*	*Porcentaje de pacientes*
I	37	42
II	26	30
III	24	28
Total	87	100

Categoría I: Treinta y siete pacientes describieron su vida familiar como feliz, o no suministraron información particularmente adversa al respecto. No obstante, dos de esos pacientes describieron a uno de los progenitores como agorafóbico (la madre en el caso de uno, el padre en el otro), y otros dos se describieron a sí mismos como «excesivamente dependientes». Diez de los pacientes admitieron haber sido sumamente timoratos de niños; de ellos, dos se habían negado a asistir a la escuela y uno era agorafóbico. Observamos, por consiguiente, que en los miembros de alrededor de una tercera parte de estas familias, sin perturbaciones demasiado evidentes, se registra algún trastorno de origen neurótico.

Categoría II: Veintiséis pacientes cuyos hogares parecen haberse hallado bien integrados refirieron haber tenido vidas familiares sumamente desgraciadas de niños. Dieciocho pacientes describieron a sus padres como envueltos en perpetuos altercados, en los que incluso se producían actos de violencia, y a menudo eran víctimas del alcohol. Otros ocho se quejaron de no haber recibido ningún afecto y/o de haber sido rechazados. En tres de esos veintiséis casos la madre del paciente había sido agorafóbica. Dos de los pacientes se habían negado a asistir a la escuela de pequeños.

Categoría III: De los veinticuatro pacientes restantes, veintiuno tenían vidas familiares que habían sido trastocadas por la muerte, el divorcio o el abandono, y/o habían experimentado muchos cambios en la figura materna. De ellos, diez habían perdido a uno o a ambos padres debido a su fallecimiento antes de que el hijo llegara a los diez años (el padre en seis de esos casos, la madre en tres y ambos en uno de ellos). En cinco de los casos la madre había hecho abandono del hogar y, en por lo menos uno de ellos, el padre. Dos pacientes, de niños, habían sido evacuados durante varios años de Londres, por ese entonces en tiempos de guerra; en uno de los casos ello ocurrió inicialmente a los tres años, y en otro a los cuatro. Varios de los niños habían sido criados por familiares. Además de los veintiún pacientes cuyos lazos afectivos se habían quebrado, tres habían sido criados por madres víctimas de enfermedades crónicas: en uno de esos casos la madre había padecido de esclerosis múltiple desde que el paciente cumpliera los siete años.

De ese total de veinticuatro pacientes, tres tenían una figura paterna agorafóbica: el padre en el caso de uno, la madre en el caso de otro, y una abuela con quien vivía el paciente en el tercer caso. Ocho de los pacientes dijeron haber sufrido de ansiedad desde la infancia; de ellos, dos se habían negado a asistir a la escuela y uno era agorafóbico.

A pesar de las limitaciones manifiestas de que adolecen estos datos, hay razones para creer que en más de la mitad de los casos (es decir, en aquellos correspondientes a las familias enmarcadas dentro de las categorías II y III), durante la infancia del paciente se produjeron grandes perturbaciones en su vida familiar. De la minoría que manifestó provenir de hogares estables, en alrededor de la tercera parte hay claros indicios de perturbaciones encubiertas.

Algunas pautas específicas

Como, según ya se ha advertido, existe una semejanza notable entre los casos de agorafobia en los adultos y la negativa a asistir a la escuela por parte de los niños, existen bien sentados fundamentos, *prima facie*, para sospechar que las pautas específicas de interacción presentes en las familias de los pacientes agorafóbicos pueden ser idénticas, o similares a las puestas de manifiesto en las familias de los niños que se resisten a asistir a la escuela. A pesar de la calidad muy deficiente de las pruebas con que se cuenta, estas confirman dichas expectativas.

Las tres siguientes pautas de interacción, puestas de manifiesto comúnmente en las familias de niños que se niegan a asistir a la escuela, probablemente se den con suma frecuencia, asimismo, en las familias de los pacientes agorafóbicos:

Pauta A. La madre o, en casos más raros, el padre, sufre de ansiedad crónica con respecto a las figuras de apego y en el pasado retenía al paciente en el hogar, para que le brindara compañía (cosa que a veces todavía sigue haciendo).

Pauta B. El paciente teme que pueda sucederle algo terrible a la madre, o posiblemente al padre, mientras él se halla lejos; por consiguiente, permanece en el hogar con el progenitor o progenitora o bien insiste en que lo acompañen siempre que sale de la casa.

Pauta C. El paciente teme que pueda sucederle algo terrible si se aleja del hogar y, por consiguiente, permanece en él con el fin de evitar que eso suceda.

Tal como ocurre en el caso de las familias con un hijo que se niega a asistir a la escuela, dichas pautas de interacción diferenciadas no son incompatibles entre sí; probablemente resulten comunes los casos en que se combinan.

La cuarta pauta de interacción puesta de manifiesto en las familias de los niños que se niegan a asistir a la escuela (la pauta D, en la cual es uno de los progenitores quien teme por la seguridad del niño y, por consiguiente, lo tiene con él en el hogar) no se registra de manera directa en las familias de los pacientes agorafóbicos, pero hay datos indirectos de que posiblemente tenga lugar.

Pauta A de interacción familiar

Existen abundantes datos en el sentido de que la pauta A, en la cual uno de los progenitores retiene consigo a un hijo o hija como compañía, es común en este tipo de familias. Por consiguiente, el papel de dominio y control que han ejercido los padres (por lo común la madre), y que a veces siguen ejerciendo en la vida de sus hijos, salta a la vista en casi todos los estudios efectuados. Roth (1959) describe las relaciones entabladas entre estas pacientes del sexo femenino y la madre como tendientes a ser «estrechas e intensas», y con frecuencia excluyen todo contacto fuera del círculo familiar inmediato. Una mujer joven y «emocionalmente inmadura», a la que Roth presenta como exponente típico de esta serie de casos, habría roto su compromiso a instancias de su madre, ser «dominante e imperioso», cortando así sus relaciones con un tranquilo pastor y permaneciendo en su hogar. Snaith (1968) informa que, por lo menos en siete de sus veintisiete casos, había claros indicios de «sobredependencia». Webster (1953), quien estudió veinticinco casos, informa que con la excepción de uno solo de ellos todos se caracterizaban por el hecho de que las madres de los pacientes eran seres dominantes y sobreprotectores. Terhune (1949), en su reseña de ochenta y seis casos, llega a la conclusión de que el síndrome fóbico surge «cuando una persona aprensiva, dependiente y emocionalmente inmadura trata de concretar sus ambiciones de convertirse en un miembro independiente de la sociedad».

A pesar de esos descubrimientos coherentes, ningún estudioso del síndrome parece haber tenido en cuenta el problema de por qué una madre habría de tratar a su hija (o hijo) de manera tan dominante y posesiva, o por qué medios logra mantener su dominio sobre los hijos. En un caso sobre el que informa Deutsch (1929), proveniente de la bibliografía psicoanalítica, hallamos datos a los efectos de que la madre del paciente planteaba exigencias insistentes a la hija para que se convirtiera en su compañera y cuidadora. Pero Deutsch no analiza las razones que habrían llevado a la madre a comportarse de esa manera.

Al presentar el caso de esa joven de veinte años, quien sufría de síntomas típicos y graves de agorafobia, Deutsch describe a la madre de la paciente como «profundamente neurótica», una mujer que desde un principio habría «concentrado toda su libido insatisfecha en la hija», la única que tenía. Por el contrario, el padre de la paciente habría sido tratado por la madre como una nulidad. Aunque la madre sostenía que «desde el nacimiento de la hija se había convertido en su esclava», y que la hija nunca soportaba que se alejara de ella, hay abundantes pruebas en el sentido de que, tal como ocurre en casos similares de negativas a asistir a la escuela, el relato suministrado por la madre puede invertir los papeles con respecto a lo que realmente ocurría en su relación con la hija. En otras palabras, es factible que, en tanto que sostenía que la hija le planteaba grandes exigencias, la propia madre era quien se las planteaba a la hija. El estudio inédito de Lipsedge al cual ya se hizo referencia confirma esta interpretación. De los ochenta y siete pacientes de su muestra, no menos de ocho informaron que una de las figuras paternas adolecía de agorafobia.

Por supuesto, los descubrimientos a los que ya se hizo referencia no constituyen más que pruebas presuntas sobre la presencia de la pauta A en una serie de familias de las cuales provienen los pacientes agorafóbicos. Al menos, señalan la necesidad de efectuar una investigación sistemática, no solo en el terreno de las relaciones existentes entre el paciente y sus padres, sino también en cuanto a las relaciones existentes entre los padres y los abuelos. Sucede que, para lograr una adecuada comprensión de la psicodinámica de dicha condición, tal como se transmite de una generación a la siguiente, es indispensable que las perturbaciones neuróticas de los padres de los pacientes se enfoquen con pleno conocimiento de causa, en el contexto de sus propias experiencias como niños. También es preciso examinar la relación existente entre un paciente agorafóbico y su cónyuge. Fry (1962) informa sobre el caso de siete pacientes cuyos maridos también sufrían de agorafobia, aunque de manera encubierta. En algunos de estos casos el marido insistía en que la esposa necesitaba tenerlo consigo, aunque al examinar la situación se descubrió que era él quien realmente exigía la compañía de aquella.

Pauta B de interacción familiar

El temor que experimenta el paciente en el sentido de que pueda sucederle algo terrible a uno de sus padres solo se registra muy rara vez en la bibliografía referente a la agorafobia. En tanto que ello podría significar que el temor a dicha eventualidad es realmente poco común, quizá no signifique más que el hecho de que no se ha informado al respecto, sea porque los pacientes se descubren incapaces de hablar acerca de las situaciones que temen o porque los psiquiatras, ignorantes del significado de la interacción familiar, no indagan en esos factores.[4]

El cuadro que pinta Lipsedge acerca de los trastornos de interacción en muchas de las familias de pacientes agorafóbicos presenta características tales que no sería de sorprender que algunos pacientes hubieran vivido durante toda la infancia con un temor crónico de lo que podría ocurrirles a uno o a ambos progenitores. Once de sus ochenta y siete pacientes informaron que uno o ambos padres habían tenido conductas violentas, y otros siete describieron las perpetuas querellas que tenían lugar entre ambos. Cualquier persona con experiencia acerca de los niños o adultos criados en ambientes de ese tipo sabe qué efectos terroríficos puede tener para un chiquillo la conducta violenta y las disputas de los padres. En primer lugar, los actos de violencia a veces parecen encubrir intenciones criminales. En segundo término, las meras amenazas emitidas pueden llenar de horror al niño, ya que en las disputas familiares suelen ser muy comunes las amenazas en el sentido de abandonar a la familia o cometer suicidio. La aprensión constante en torno a la posible pérdida de uno o ambos progenitores debido a asesinato o suicidio, aprensión que padeció la señora Q durante toda su infancia, se ha descrito ya en el capítulo 15.

Además de las amenazas dirigidas principalmente contra uno de los cónyuges, los padres pueden proferir amenazas con el fin de ejercer control sobre sus hijos. Y debe recordarse que esas amenazas, en el sentido, por ejemplo, de que si el niño no se comporta bien la madre habrá de enfermarse o cometer suicidio, no solo pueden continuar durante la adolescencia, sino durante toda la vida adulta y, de proferírselas de manera constante, pueden lograr que el adulto se vea reducido a un estado de intimidación permanente.

Resulta factible que una situación familiar de este tipo explique uno de los casos de agorafobia ya mencionados: de la joven de veinte años en quien, en palabras de Deutsch, la madre había «concentrado toda su libido». Consideremos dicho caso de manera más exhaustiva.

En esta joven uno de los síntomas principales era el temor de que algo terrible pudiera ocurrirle a la madre. Cuando esta última dejaba la casa la hija temía que pudiera atropellarla un automóvil; todos los días aguardaba su regreso con ansiedad, parada frente a la ventana, y lanzaba un suspiro de alivio cuando la veía retornar sana y salva. De manera alternativa, la paciente tenía miedo de que, mientras ella misma se hallaba fuera de la casa, algo terrible pudiera acontecerle a la madre antes de su regreso.

En sus comentarios sobre el origen de la ansiedad de la paciente, Deutsch adopta sin prolegómenos la hipótesis de que cualquier persona versada en el campo del psicoanálisis adoptaría sus mismos postulados: que la «ansiedad provocada por un afecto exagerado» de la paciente compensa en exceso sus deseos hostiles inconscientes, dirigidos contra la madre; y que esos deseos hostiles han surgido como consecuencia de un complejo de Edipo. Si bien muchos psicoanalistas todavía podrían adoptar esta hipótesis (aunque atribuyendo dicha hostilidad, tal vez, más a una fase preedípica que edípica), otros, en virtud de su experiencia en el campo de la psiquiatría familiar, tendrían conciencia de que existen varias otras posibilidades. Una de ellas es que esa madre «sumamente neurótica» sea dada a las amenazas de suicidio. Otra, según la cual Deutsch estaría en lo cierto al pensar que el paciente teme, en esencia, que sus deseos hostiles se lleven a la práctica, radica en que la madre de la paciente habría provocado esos deseos al plantear a la hija exigencias insistentes, aunque inconscientes, a lo largo de muchos años. Por añadidura, al mostrarse los hijos tan propensos a adoptar las pautas de conducta observadas en uno de los padres, debe tenerse en cuenta que la paciente, al elaborar el deseo de empujar a la madre bajo un tranvía (deseo que registra Deutsch), podría haber sido motivada por una amenaza reiterada de la progenitora en el sentido de ejecutar ella misma esa acción.

Ninguna de las tesis anteriores es demasiado fantasiosa si tenemos en cuenta lo que suele suceder en el seno de las familias, aunque rara vez obtengamos información directa al respecto. No obstante, a menudo los especialistas ni remotamente sueñan con estas posibilidades, debido a que la teoría que aplican no da lugar a ellas. Solo si se explora nuevamente cada caso a la luz de los conocimientos del papel que pueden desempeñar las influencias familiares de los tipos citados lograremos comprender y ayudar más cabalmente a nuestros pacientes.

Pauta C de interacción familiar

El miedo a que ocurra algo terrible mientras se está lejos del hogar es un síntoma sumamente común en los pacientes agorafóbicos. Las principales situaciones causantes de temor que mencionan son la muerte y el desamparo. Con no poca frecuencia estos temores se aúnan a los diversos síntomas físicos que experimentan los pacientes (palpitaciones, vértigo, debilidad de las piernas), los cuales ellos pueden interpretar como signos de inminente incapacidad física o de la muerte misma. Otros pacientes describen sus temores en función de un sobrecogedor sentimiento de inseguridad.

Si bien las situaciones que dice temer el paciente con frecuencia suelen ser desechadas sin más trámites como algo irracional, el conocimiento de lo que a veces existe por detrás del miedo a hechos similares en los niños que se niegan a asistir a la escuela debe ponernos sobre aviso acerca de la posibilidad de que el paciente agorafóbico se halle sujeto (o lo haya estado) a amenazas de abandono o de rechazo por parte de la familia. Como en el caso de los niños que se niegan a asistir a la escuela, la información acerca de estas amenazas es difícil de obtener, pero en la bibliografía referente al tema hay abundantes datos que puntualizan la necesidad de proseguir su investigación sistemática.

En la mayoría de los estudios a los que se hizo ya referencia es evidente que nunca se les ocurrió a los investigadores la posibilidad de que los síntomas que aquejaban a sus pacientes puedan haberse producido en respuesta a las amenazas de abandono escuchadas durante largos períodos de la infancia y la adolescencia. Un ejemplo de este tipo, que evidentemente debe considerarse desde dicho punto de vista, es el de la paciente agorafóbica a la que describe Marks (1969), caso al que se hizo referencia anteriormente en este capítulo; esta paciente recordaba cómo, de niña, a menudo se había sentido asustada cuando sus padres salían de la casa, y cómo, en determinada oportunidad, había enviado a su hermanito a buscarlos.

Entre los muchos estudios de agorafobia publicados, en solo uno parecen mencionarse las amenazas, y, por añadidura, se considera que habrían desempeñado un papel causal en la condición del paciente. Se trata de un estudio de Webster (1953), quien registra sus descubrimientos acerca de veinticinco mujeres casadas que sufrían de agorafobia, todas las cuales habían recibido tratamiento psicoterapéutico durante un mínimo de tres meses. Empleando como datos las notas del especialista, Webster evaluó la actitud de las madres de esas pacientes hacia sus hijas. De veinticinco madres, veinticuatro fueron descritas como dominantes y sobreprotectoras. Al efectuar estas evaluaciones, Webster adoptó como criterio básico el hecho de que la madre se mostraba «sumamente solícita con respecto al bienestar de la hija, a la que a menudo recompensaba sin razón o a la que rechazaba o amenazaba con rechazar, o a quien advertía que dejaría de amarla si no se comportaba bien». Los sentimientos de inseguridad de las pacientes, sugiere Webster, probablemente se dieron como resultado directo del hecho de haber sido tratadas de esa manera en la familia.[5]

Algunos años atrás traté a una paciente de veintitantos años cuyos síntomas eran los propios de un caso severo de agorafobia. Aunque durante un año o más insistió con empecinamiento en que no alcanzaban las palabras para elogiar a su madre, posteriormente la describió como una «vieja gruñona», quien siempre había recurrido a las amenazas más violentas y terribles (como el rechazo directo de la hija) para salirse con la suya; más aún, todavía continuaba profiriendo amenazas de esa índole. El padre, según dijo la paciente, se sentía aterrorizado de la esposa y pasaba todo el tiempo posible ocupado fuera de la casa; la joven dijo sentir afecto por él, a la vez que lástima. La coherencia de la historia y, en particular, el modo amenazador y coercitivo en que la paciente a menudo trataba al analista sugerían que el cuadro que había trazado de la madre posiblemente no era exagerado. Si debiera tratar a esa paciente en la actualidad le prestaría mayor atención al papel que, según creo ahora, desempeñaron las amenazas de la madre tanto en la etiología como en el mantenimiento de su condición.

El estudio inédito de Lipsedge confirma la tesis de que una proporción sustantiva de los pacientes agorafóbicos se han visto sometidos a un trato cruel en sus hogares. Además, Snaith (1968) presenta pruebas de que, en tanto que las madres de algunos pacientes agorafóbicos son ciertamente seres sobreprotectores, otras suelen hacerlos objeto de su rechazo: en su serie de veintisiete pacientes, siete han sido víctimas de sobredependencia y ocho de rechazo.[6]

No obstante, estas categorías simples suelen ser demasiado groseras como para justificar los hechos. Con no poca frecuencia un progenitor que da la impresión de sobreproteger en exceso al hijo ocasionalmente puede actuar de manera totalmente opuesta; en tanto que un padre que parece siempre rechazarlo, a veces, puede mostrarse sumamente afectuoso. La conducta de los padres de muchos agorafóbicos, al igual que la de los padres de muchos pequeños que se niegan a asistir a la escuela, suele ser muy ambivalente. En ambos casos, por lo general la conducta paterna sería, sin duda, una herencia directa de un tipo similar de conducta que los padres, a su vez, debieron soportar por parte de uno o ambos abuelos.

Pauta D de interacción familiar

En la pauta D de interacción familiar uno de los progenitores teme que el niño sufra algún daño y, en salvaguardia de sus intereses, lo retiene con él en el hogar. En el caso de los pequeños que se niegan a asistir a la escuela una razón principal que explica el temor de que ello ocurra en la mente de uno de los padres es el recuerdo de algún hecho trágico producido en su propia existencia anterior.

No se han registrado pruebas directas sobre esta pauta en las familias de los pacientes agorafóbicos, aunque las repetidas referencias a la sobredependencia de que son objeto por parte de los padres torna probable su existencia.

Con lo expuesto culminan nuestros intentos por descubrir en qué medida las características clínicas de la agorafobia pueden interpretarse en función de alguna de las cuatro pautas de interacción citadas en las familias con perturbaciones, pautas que emergen con tanta claridad en nuestro estudio sobre los casos de negativas a asistir a la escuela. Como el tipo de datos disponibles sobre los pacientes agorafóbicos y sus familias se ajusta de manera tan poco adecuada a nuestra tarea, todavía no puede dictarse un veredicto final. Es de esperar, no obstante, que nuestro análisis permita asegurar que en estudios futuros de este síndrome se prestará atención especializada a la interacción dentro de las familias de origen de los pacientes, abarcando, de ser posible, por lo menos dos generaciones. Solo de recogerse datos específicos a tales efectos podrá explorarse más exhaustivamente la serie de hipótesis esbozadas y, a su debido tiempo, someterlas a verificación sistemática.

LA «AGORAFOBIA», EL DUELO Y LA DEPRESIÓN

Existe por lo menos un ulterior aspecto en el cual se descubre un estrecho parecido entre los adultos que sufren de agorafobia y los niños que se niegan a asistir a la escuela: en una elevada proporción de casos, los síntomas agudos fueron precipitados por un fallecimiento en la familia, una enfermedad grave (de un familiar o del paciente) o algún otro cambio de importancia en la situación familiar. En la mayoría de los informes clínicos estos incidentes se mencionan solo al pasar. En el estudio de Roth (1959; 1960), empero, se suministran estadísticas sobre los hechos que precipitaron la dolencia.

En la muestra de Roth sobre 135 casos de agorafobia, el fallecimiento o enfermedad repentina de un pariente cercano, «por lo general uno de los padres, del cual el paciente dependía en grado sumo», se registra en el 31 % de los casos. Ello nos da un total del 83 % de los casos en los cuales pudo identificarse un hecho que precipitó las circunstancias. Además de advertir la similitud de dichos descubrimientos con los atinentes a casos de rechazo escolar, sin embargo, poco es lo que puede deducirse hasta tanto los casos no se registren con mayor amplitud de detalles clínicos que en el presente. En particular, el material de Roth no arroja ninguna luz sobre la posible influencia de los incidentes que registra.

No obstante, ya hay pruebas de que en la psicopatología de la agorafobia el fallecimiento o duelo motivado por dicha causa desempeña un papel específico, y no simplemente incidental, como Marks tiende a argumentar. Utilizando un test de proyección especialmente diseñado y consistente en siete rostros deficientemente estructurados, cada uno de los cuales, según sugiere el test, representa a una persona que «ha tenido problemas» en un momento dado de su existencia, Evans y Liggett (1971) descubrieron que una muestra de diez pacientes agorafóbicos tendían a identificar el «problema» como duelo por el fallecimiento de un ser querido en mayor medida que una muestra comparativa de otros tantos pacientes que sufrían de algún otro tipo de fobia, así como a identificar a dicha persona con ellos mismos.

El ulterior examen de la relación existente entre ansiedad y duelo nos llevaría más allá de los límites permitidos dentro de este volumen. No obstante, puede advertirse que en los estudios sobre personas que lloran la muerte de algún ser querido, como, por ejemplo, los de Parkes (1969; 1971a), resulta muy común que esos individuos sufran ataques de pánico y otros síntomas de ansiedad. Al reflexionar sobre estos descubrimientos descubriríamos que existe un espectro de casos en uno de cuyos extremos se encuentran los pacientes a quienes los psiquiatras diagnostican como agorafóbicos, y en el extremo opuesto la proporción mucho más amplia de seres humanos cuyos síntomas son, o bien menos graves, o de menor duración, y quienes, por consiguiente, nunca acuden al consultorio del psiquiatra.

También tiene relación con el argumento global que postula esta obra el estrecho vínculo existente entre la agorafobia y la depresión. En primer lugar, los síntomas de agorafobia y los de depresión tienden a cambiar de manera simultánea y en un mismo sentido, empeorando o mejorando ambas condiciones a la vez (Roth, 1959; Snaith, 1968). En segundo término, los pacientes agorafóbicos corren mayores riesgos de desarrollar enfermedades depresivas que otras personas (Schapira, Kerr y Roth, 1970). En el tercer volumen de esta serie, cabe esperar, podremos explorar estas relaciones y sus implicaciones en mayor detalle.

NOTA SOBRE LA RESPUESTA AL TRATAMIENTO

En una reseña muy detenida, Andrews (1966) señaló que, en su modo de tratar a los pacientes agorafóbicos, los terapeutas de escuelas muy diferentes a menudo tienen más elementos en común de lo que suponen. Tanto en la terapia tradicional de la conducta como en determinadas escuelas psicoanalíticas (por ejemplo, Freud, 1919; Fenichel, 1945; Alexander y French, 1946), se considera deseable que la relación del paciente con el terapeuta se desarrolle a lo largo de dos fases. Durante la primera el paciente acude al terapeuta en busca de apoyo. Durante la segunda el terapeuta utiliza esa relación para exhortar al paciente a que enfrente las situaciones que más teme.[7] Como los terapeutas de la conducta han llevado a sus últimas consecuencias la técnica de enfrentamiento, y aducen haber alcanzado resultados relativamente satisfactorios, tal vez resulte útil considerar sus posibles implicaciones teóricas.

En estos últimos años Marks y Gelder, en el Hospital de Maudsley, Londres, llevaron a cabo una serie de experimentos para determinar la eficacia de diferentes formas de tratamiento psicológico. La terapia de la conducta se administró en dos formas: a) reaprendizaje graduado junto con insensibilización sistemática de la mente, y b) inmersión, técnica mediante la cual se alienta al paciente a visualizar de manera continuada las imágenes fóbicas que le resultan más terroríficas, mientras el terapeuta habla ininterrumpidamente acerca de esas fobias y procura reducir la ansiedad a un grado mínimo. Después de la quinta y sexta sesión, por añadidura, el paciente, a quien acompaña el terapeuta, dedica otra hora a afrontar todas las situaciones que, según cree, más terror le producen.

En un reciente informe sobre los resultados de una prueba cruzada de dos tratamientos (Marks, Boulougouris y Marset, 1971), se describen las mejorías experimentadas por el paciente, tal como se advierten inmediatamente después del tratamiento, y los resultados obtenidos doce meses después. En el caso de nueve pacientes agorafóbicos la combinación de ambos tratamientos redujo el nivel de los síntomas de grave o muy grave a moderado o leve. De las dos técnicas, la de «inundación» resultó más eficaz. Cabe plantearse el interrogante de si estos resultados son compatibles con las hipótesis propuestas en el presente capítulo o incompatibles con ellas.

Al iniciarse el tratamiento, la edad promedio de los pacientes era de treinta y tres años, y habían padecido los síntomas citados durante unos doce años. En todos ellos era muy elevada la motivación que los impulsaba a iniciar el tratamiento. Muchos de ellos consideraban el método de inmersión como un desafío, una prueba de que podían enfrentar la situación fóbica, y para algunos era la primera vez, en muchos años, que se decidían a afrontarla. Los beneficios obtenidos a partir de la experiencia podrían atribuirse, sobre la base de la presente teoría, a dos circunstancias:

a. Las situaciones fóbicas, como el hecho de tener que estar solo o viajar en un medio de transporte público, no constituían las situaciones básicas que habían provocado el temor de los pacientes, sino situaciones complementarias en las cuales se había centrado la atención de aquellos, a la par que la de sus familias. En consecuencia, aunque el paciente realmente experimentaba temor de esas situaciones, una vez que las enfrentaba descubría que después de todo no eran tan terroríficas.
b. En estos casos los síntomas agorafóbicos se habían desarrollado unos doce años antes, término medio, cuando los pacientes contaban unos veinte años o pocos más. Sea cual fuere la situación familiar que habría provocado la respuesta del paciente, es probable que esta hubiera cambiado de manera sustantiva durante ese intervalo. En consecuencia, en el caso de algunos pacientes (o quizá de todos) la situación familiar que, de acuerdo con lo postulado, habría producido los síntomas quizá se había modificado por completo. Una vez enfrentados de manera resuelta, por lo tanto, cabe esperar que habrán de desaparecer muchos de los síntomas.

De resultar válida esta última explicación, ello implicaría que los síntomas agorafóbicos, una vez desarrollados plenamente, en algunos casos pueden persistir mucho después de cambiar la situación que los provocó. Esta contingencia confirma la presente teoría. No obstante, como la teoría postula que persisten los modelos infantiles de las figuras de apego, sería de prever que esos pacientes seguirán mostrándose especialmente sensibles tanto en relación con la pérdida de una figura de apego como ante cualquier otra situación que, según ellos la interpretan, preanuncie una pérdida. De esta manera seguirían siendo propensos a desarrollar síntomas de ansiedad, aunque no puede afirmárselo a ciencia cierta.

En conclusión, los resultados del tratamiento descrito no parecen ser mayormente incompatibles con la teoría propuesta. A la vez, tampoco se afirma que dichos resultados la corroboren. Sea como fuere, evidentemente resulta peligroso extraer teorías etiológicas a partir de los resultados de un tratamiento.

20

Omisión, supresión y falsificación del contexto familiar

Suppressio veri suggestio falsi

Quienes coinciden con el punto de vista sustentado en estas páginas, en el sentido de que la negativa a asistir a la escuela, la agorafobia y algunas formas de fobia animal pueden interpretarse más cabalmente en función de un apego ansioso, que surge de una interacción familiar perturbada, deben por fuerza responder a dos interrogantes que plantea dicha teoría. En primer término, ¿a qué se debe que el paciente fóbico teme, o se considera que teme, tantas situaciones, como las relacionadas con la escuela, las muchedumbres o los animales, que no tienen nada que ver con su relación con los padres? En segundo lugar, por el contrario, si el problema básico del paciente fóbico reside en su relación con los padres, ¿a qué se debe que con tanta frecuencia se soslaye ese hecho, y que se considere que el problema radica en otra parte?

Las respuestas a estos interrogantes no son difíciles de esbozar. Parecen ponerse en marcha varios procesos que oscurecen y distorsionan las situaciones verdaderamente causantes del mal, y que inducen a centrar la atención en situaciones distintas.

Cuando un individuo inseguro, que no sabe con certeza si las figuras de afecto se mostrarán accesibles y responderán a sus requerimientos, debe enfrentar una situación que potencialmente puede provocarle temor, es más factible que sienta miedo que la persona que se siente segura y confía en sus figuras de apego. Por lo tanto, se explica así la mayor propensión del ser inseguro a temer el sinnúmero de situaciones potencialmente causantes de temor que pueden producirse en su existencia fuera del círculo familiar. Lo que queda por explicar, entonces, es por qué su preocupación se centra de manera tan definida en esas situaciones extrafamiliares, en tanto que se pasa por alto el temor que alberga acerca de lo que podría sucederles a sus figuras de apego.

En el capítulo 11 se advertía que, en cualquier circunstancia, distaría de ser fácil identificar la naturaleza de las situaciones-estímulo que provocan temor en una persona. Además, se analizaban varias razones posibles. Una de ellas surge de las características de las situaciones complejas. Siempre que una situación compleja o compuesta provoca temor, existe una pronunciada tendencia a aislar uno de sus componentes como si se tratara del único que produce temor, en tanto que se ignoran los demás. Se suministraba el ejemplo de una persona que siente temor cuando, sola en la oscuridad, oye ruidos extraños. En tanto que la intensidad del miedo experimentado en una situación tal suele darse como resultado de la coincidencia de esos tres elementos, es muy probable que la atención se concentre en solo uno de ellos, en tanto que los demás se consideran meramente incidentales o se los soslaya totalmente. Los prejuicios o tendencias intrínsecas a la persona misma y a quienes la rodean suelen explicar por qué se elige determinado componente y se ignoran los demás elementos.

En las culturas de Occidente, al menos, se tiende a centrar la atención en los elementos de la situación que se toman más fácilmente por señales de peligro, como el caso de los ruidos extraños en el ejemplo suministrado, en tanto que se descuidan los restantes elementos. Por el contrario, el hecho de «hallarse solo» no se considera demasiado importante. En realidad, dentro de nuestra cultura a veces se considera vergonzoso, o simplemente tonto, que una persona confiese tener miedo cuando está sola. De ahí que se dé una tendencia abrumadora a soslayar precisamente aquel elemento de las situaciones causantes de temor que, según los estudios de pacientes ansiosos, suele revestir máxima importancia.

No obstante, es sumamente improbable que los motivos culturales expliquen por sí solos la poderosa tendencia de los pacientes, sus familiares y aun los especialistas mismos a identificar de manera errónea las situaciones que dan lugar al miedo del paciente. En muchos casos también entran en juego otros factores mucho más específicos. Entre aquellos que demandan nuestra atención se cuentan: la omisión del contexto familiar dentro del cual se desarrollaron y ponen de manifiesto los síntomas del paciente; la supresión del contexto familiar; la falsificación de dicho contexto.

Ya se ha acentuado sobremanera la importancia de la notoria tendencia de los padres de los pacientes (sean viejos o jóvenes) a ocultar el rol que ellos mismos desempeñan o han estado desempeñando. Rara vez proporcionan a los especialistas que procuran ayudar al paciente información voluntaria acerca de sus disputas, sus amenazas de separación, de abandonar o rechazar los hijos o de cometer suicidio. A veces no se suministra ese tipo de información porque en realidad los progenitores ignoran su importancia, o porque el especialista no parece interesarse. En otras oportunidades esas omisiones no carecen de motivo. Por ejemplo, en la práctica de la psiquiatría familiar sucede a menudo que, una vez ganada la confianza de los padres, estos admiten con franqueza que en su versión de los hechos, suministrada durante las primeras entrevistas, suprimían o deliberadamente distorsionaban información clave. A menudo lo hacen, según afirman, por miedo a ser blanco de críticas, cosa que bien puede ocurrir en muchos casos. Pero en otros la supresión o falsificación de la verdad puede tener raíces mucho más profundas.

En determinadas familias se va tornando evidente, a medida que avanza la labor del terapeuta, que los padres, a veces a toda costa, tratan de presentar la conducta del paciente como algo a todas luces irracional e incomprensible, en tanto que ellos mismos serían las personas razonables que hicieron cuanto estaba a su alcance por ayudarlo. Un especialista dotado de percepción podrá advertir cuán sensibles se muestran dichos padres ante cualquier indicio de crítica, en especial cuando el que la efectúa es el paciente, y con qué decisión niegan haber desempeñado papel alguno en el desencadenamiento del problema. La conducta del paciente, según afirman, debe entenderse simplemente en función del paciente mismo, quien se halla emocionalmente perturbado, enfermo, loco o es víctima de algún mal.[1]

De manera alternativa, siempre que los problemas del paciente pueden, de modo plausible, explicarse en virtud de alguna situación extrafamiliar, los padres se aferran con fuerza a esa explicación. A los efectos de explicar la dolencia que aqueja al paciente se culpa entonces a maestros incomprensivos, niños bravucones, perros que ladran, la posibilidad de un accidente de tráfico. Así nacen las fobias y, como a menudo constituyen un chivo expiatorio muy conveniente para la familia, suelen adquirir vida propia.

De ser correcto este análisis, llegaríamos a la conclusión de que tanto al determinar el origen de una condición diagnosticada de manera plausible como fóbica, como al alentar su desarrollo suele tener suma influencia la actitud de los padres.[2] No obstante, en el escenario también cumplen su papel otros dos actores: el paciente mismo y el terapeuta. Ambos, evidentemente, a menudo se apoyan el uno al otro.

Los pacientes parecen variar muchísimo en cuanto al grado en que aceptan la definición paterna de su condición. Muchos rechazan esta interpretación, total o parcialmente. En consecuencia, tal como se observó en los capítulos anteriores, solo una minoría de entre los niños cuyo diagnóstico indica que experimentan fobia a la escuela suelen quejarse de su maestro o compañeritos. De manera similar, los estudios de pacientes agorafóbicos demuestran, de manera reiterada, que el temor dominante que los aqueja es el hecho de tener que abandonar el hogar, y no lo que pueda suceder fuera de él. Con la comprensión y el aliento adecuado, y a veces sin ellos, muchos de estos pacientes, trátese de niños o adultos, suelen describir de manera exacta las situaciones que realmente les provocan profundo temor. Con demasiada frecuencia, sin embargo, los terapeutas no advierten la importancia de lo que les refiere el paciente, y pasan por alto o ignoran su historia.

No obstante, debe reconocerse que muchos otros pacientes parecen realmente creer que la raíz de sus problemas reside en su temor irracional a determinada situación extrafamiliar, e incluso pueden llegar al extremo de desechar toda sugerencia en el sentido de que pudiera haber dificultades en el hogar. ¿Cómo ocurre tal cosa? Una vez más, parecen entrar en juego varios procesos de interacción potencial.

En primer lugar, ningún niño desea admitir que uno de sus progenitores está actuando de manera totalmente equivocada. Reconocer con franqueza que una madre nos explota, en prosecución de fines propios, o que un padre se muestra injusto y tiránico, o que nunca fuimos deseados por nuestros padres, resulta sumamente doloroso y, por añadidura, provoca profundo temor. Si se les presenta alguna vía de escape, por consiguiente, la mayoría de los niños procurarán visualizar la conducta de sus padres desde una perspectiva más favorable. Esta tendencia natural de los pequeños es muy fácil de explotar.

La mayoría de los niños no solo no sienten deseos de visualizar a los padres a una luz demasiado desfavorable, sino que algunos padres también hacen cuanto está a su alcance por asegurarse de que el hijo no lo haga o, al menos, de que no transmita su impresión desfavorable de ellos. Recuérdese que durante la niñez de la señora Q la madre se preocupaba por la posibilidad de que la pequeña llegara a revelar los terribles altercados que se producían entre los padres. De resultas de ello, la señora Q nada decía a vecinos amistosos, maestras o compañeritos de la escuela; y tuvo grandes dificultades para revelarle lo que ocurría al terapeuta que la trató, ya una mujer adulta: porque ni siquiera para los adultos resulta fácil desobedecer a un progenitor dominante e implacable.

De esta manera, al sentirse amenazado con grandes castigos si dice la verdad tal como él la interpreta, el paciente de modo habitual puede tornarse cómplice de los padres, presentando la vida en familia desde una perspectiva falsamente favorable. No obstante, en lo profundo de su ser no ignora cuál es la verdad y, si recibe el merecido apoyo, podrá hacerse de valor para contarla.

Esta condición mental difiere por completo de otra también relacionada, que hace que el paciente suministre un cuadro erróneo de la situación familiar porque ignora dónde reside la verdad. Esta última condición se desarrolla, probablemente, cuando a partir de la infancia la persona se ve bombardeada de información sistemáticamente falsa acerca de las figuras familiares, sus motivos y relaciones. Consideramos necesario aclarar este punto.

En el capítulo 14 se suministraba un informe sobre el modo en que, en el curso del desarrollo, el niño elabora para sí modelos de las figuras de afecto, y de sí mismo en relación con ellas. Esos datos utilizados para la construcción del modelo derivan de fuentes múltiples: sus experiencias cotidianas, las declaraciones que sobre él formulan los padres, información suministrada por terceros. Por lo general los datos que recoge de esas fuentes diversas son razonablemente compatibles. Por ejemplo, el pequeño no solo puede considerar que sus padres le resultan accesibles, se muestran considerados y responden a sus requerimientos, sino que la información procedente de otras fuentes puede confirmar en grado sumo esa visión de las cosas. Otros le dicen cuán afortunado es por tener padres que lo quieren tanto; y sus progenitores también dicen amarlo mucho, y hallarlo totalmente digno de amor. De manera alternativa, tanto la experiencia que tiene el niño sobre los padres como la información que recibe de ellos y de otros sobre aquellos pueden revelarle su falta de amor. Pueden imaginarse relaciones mucho más complejas; pero, siempre que en todos los casos la información que llega al niño de las distintas fuentes sea razonablemente compatible, los modelos que elabora de los padres y de sí mismo revestirán coherencia interna y se complementarán entre sí. Como tales, los modelos pueden reflejar con bastante precisión el tipo de personas que son los padres, cómo visualizan al hijo y el modo en que podrán tratarlo. En consecuencia, sean felices o no las relaciones, el pequeño podrá efectuar predicciones firmes y precisas y, en base a ellas, elaborar planes de acción que podrán resultar eficaces.

Por el contrario, en una minoría de chiquillos los datos que llegan a ellos de diversas fuentes pueden ser incompatibles de manera regular y persistente. Consideremos un ejemplo real, aunque desde ningún punto de vista extremo: el pequeño puede ver a la madre como una mujer sin capacidad de respuesta y que no lo ama e inferir, de modo correcto, que nunca lo había deseado ni amado. No obstante, esa madre puede insistir, con o sin razón, en afirmar que lo ama. Por añadidura, de producirse alguna fricción entre ellos, como ocurrirá de manera inevitable, aquella aducirá que se debe a que tienen temperamentos opuestos de manera innata. Cuando el pequeño busca llamarle la atención, la madre se queja de sus exigencias insoportables; cuando la interrumpe, de ser un egoísta imposible de tolerar; cuando se enoja porque la progenitora no le presta atención, esta se queja de su temperamento malhumorado o incluso de su natural perverso. De alguna manera la madre está afirmando que el hijo es malo de nacimiento. No obstante, gracias a una buena suerte que no merece, recibió la bendición de tener a una madre amante que, a pesar de todo, lo cuida con devoción.

En estos casos la información que llega al niño de boca de los progenitores no solo se halla distorsionada de manera sistemática, sino que se contrapone de manera notoria con la que pudo inferir a partir de sus experiencias directas. Si aceptase como correcto el punto de vista de la madre, el modelo que elaboraría de ella, como reflejo de su conducta y motivación, y el modelo de sí mismo, reflejo de las suyas propias, revestirían determinadas características; en tanto que si aceptara el modelo derivado de su propia experiencia, elaboraría modelos por completo opuestos. En una situación tal, el niño enfrenta un dilema sumamente grave: ¿Debe aceptar su propia versión de las cosas o la que, según sus padres, es verdadera?

Son varias las consecuencias posibles de este dilema. Una de ellas es que el niño se adhiera firmemente a su propia visión de las cosas, aun a riesgo de quebrar los lazos que lo unen a sus padres. Esto dista de ser fácil, en especial si el progenitor de marras exige que el pequeño acepte la versión paterna amenazando con expulsarlo o abandonarlo, o incluso con enfermarse o cometer suicidio. Siempre que el niño o joven adulto siga su propio camino puede producirse una grave ruptura entre él y los padres, difícil de reparar. Un segundo resultado, totalmente opuesto, es la completa aceptación de la versión paterna, a costo de desechar la propia. Ambas partes interpretarán entonces su conducta y sentimientos en función de las perturbaciones que lo aquejan, pero como totalmente ininteligibles en función del contexto familiar tal como ellos lo ven y presentan. Un tercer resultado, tal vez común, reside en llegar a un difícil arreglo, mediante el cual el niño procura dar crédito a los dos puntos de vista y oscila con inquietud entre ambos. Una cuarta consecuencia radica en su intento desesperado por integrar ambos cuadros, intento que, como aquellos resultan incompatibles de por sí, se ve condenado al fracaso y puede llevar a una crisis del conocimiento. De ser correcta la interpretación que hace Schatzman del caso de Schreber (véase el capítulo 11), la enfermedad de este constituiría un ejemplo de una crisis semejante.

En la actualidad hay muchos psiquiatras, entre quienes se cuenta el autor, que consideran que una amplia serie de perturbaciones muy graves pueden interpretarse como producto de un conflicto cognitivo de esa índole.[3] Empero, en este punto solo cabe tener en cuenta dos de los resultados factibles. Se trata de los descritos en segundo y tercer lugar, cuando el pequeño, a medida que va madurando, sigue aceptando la versión paterna del ambiente familiar, con o sin reservas aparentes. En estos casos el niño, e incluso el adulto, sigue aceptando la versión que de sí misma le suministró la madre, como una mujer devota y abnegada, en tanto que para un tercero puede parecer un ser exigente y posesivo, y el sujeto también sigue aceptando la visión de sí mismo propuesta por la progenitora, como si se tratara de un individuo egoísta y dado a arranques de mal humor, en tanto que para un extraño puede resultar de una docilidad patética. Si por casualidad diera señales de cuestionar la versión materna de su relación, por añadidura, la madre puede recurrir a amenazas para lograr que la mantenga. Si entonces el sujeto se muestra presa del pánico ante la posibilidad de que la madre cumpla sus amenazas, aquella podrá negar haberlas proferido. Y si entonces resultara plausible atribuir su ansiedad a alguna situación extrafamiliar, la madre se apresurará a proponer esa explicación. Bombardeado por todas partes, no es de sorprender que el sujeto desespere de poder elaborar su propia visión de los hechos y, por el contrario, admita débilmente la versión de la madre, o incluso llegue a adherirse a ella con tesón.

Por supuesto, la supresión o falsificación sistemática, por parte de los padres, de los roles que desempeñan en la vida familiar reviste suma gravedad desde el punto de vista patológico. Empero, el modo en que refieren su versión de los hechos puede ser tan convincente que cualquier ser ajeno a la posibilidad de una distorsión sistemática puede ser inducido a error, en particular cuando el paciente confirma el relato de los padres. Lamentablemente, muchos terapeutas atosigados de teorías que no vienen al caso y sin capacitación alguna en el campo de la psiquiatría familiar se ven pobremente equipados para ver lo que sucede. En consecuencia, el chivo expiatorio de la familia (el sujeto aquejado de fobias) se convierte en un caso clínico.

Muchos especialistas carecen de capacitación en este terreno, y a menudo se dejan llevar por los prejuicios. A veces esos prejuicios son contra los padres, en favor de los hijos. Más a menudo, empero, ocurre lo contrario. Con frecuencia los médicos son también padres y, por lo tanto, involuntariamente tienden a identificarse de buenas a primeras con el punto de vista de quien también lo es. Los padres suelen considerarse seres experimentados y sensatos; los pacientes, por el contrario, son jóvenes, y a veces se los considera inclinados a exagerar o incluso inventar las cosas. Al referir su propia historia los padres pueden parecer más lúcidos y coherentes que los hijos. Por añadidura, los padres pueden ser ciudadanos respetables, quizá conocidos o incluso amigos del profesional especializado, quien se muestra renuente a cuestionar su relato. Quizá no haya sido coincidencia el hecho de que los padres del pequeño Hans se hayan contado entre los más «fervientes discípulos» de Freud (*Standard Edition*, vol. 10, pág. 6). Además, sobre el cuadro general y todas las partes influye un mandamiento tradicional: «Honrar a padre y madre».

Otro factor que también desequilibra la visión de los hechos en la misma dirección es la tendencia, tan visible en los profesionales como en los legos, a convertir las emociones en hechos concretos, en particular en los casos más incómodos. En vez de describir la situación que provoca el temor de una persona, se dice que esa persona «tiene» miedo. En vez de describir la situación en que una persona llega a enojarse, se dice que esa persona «tiene» un carácter iracundo. De manera similar, alguien «tiene» una fobia o se halla «lleno» de ansiedad o agresividad.[4] Una vez que las emociones se convierten en características concretas, ya no vale la pena tomarse la molestia de averiguar qué es lo que determina que la persona de marras experimente temor o ira, y difícilmente se advierte la omisión o supresión del contexto familiar. De esta manera, todo profesional que adopta ese punto de vista suele aceptar la declaración paterna en el sentido de que la conducta de un niño es totalmente ininteligible y desconcertante, para atribuirla a alguna anomalía psicológica o fisiológica inherente al chiquillo. La preocupación por entidades nosológicas o anomalías bioquímicas tiene los mismos efectos. Buena parte de las actuales teorías, de carácter analítico o no analítico, son de esa índole.

Como resultado de todas estas influencias, las cuales, como arguye Scott (1973a y b), convergen a los efectos de conformar la presente imagen cultural de la enfermedad mental, la tendencia central del psicoanálisis y la psiquiatría reside en dar crédito a las formulaciones paternas y poner en duda las del hijo. Con suma facilidad las discrepancias se atribuyen a los efectos distorsionantes de los sentimientos y fantasías infantiles, y solo con renuencia a efectos de esa índole en los sentimientos y fantasías paternas.

No obstante, en ciertos círculos se adopta un punto de vista radicalmente opuesto. Los adherentes a la antipsiquiatría entienden que el paciente está en lo cierto, y que los padres son quienes están equivocados o enfermos. Lamentablemente, algunas de estas postulaciones son tan estridentes y tan condenatorias de los padres que se desacredita la perspectiva familiar y se pierden de vista algunos aspectos válidos.

La posición adoptada en esta obra reside en que, si bien los padres desempeñarían un papel fundamental para determinar el desarrollo de la propensión al miedo en el hijo, su conducta no se visualiza en función de una condena moral, sino como determinada por las experiencias que ellos mismos vivieron de niños. Una vez adoptada esta perspectiva y sostenida con rigor, podrán comprenderse y enfocarse sin aplicar censuras morales las conductas paternas que ejercen más graves consecuencias sobre la persona de los hijos. De esta manera será posible romper la brecha generacional.

21

El apego sereno y el desarrollo de la confianza en sí mismo

> Los seres humanos son mucho más grandes y fuertes de lo que creemos, y cuando se produce una tragedia inesperada... a menudo los vemos adquirir una estatura que supera todo lo imaginado. Debemos recordar que los hombres pueden alcanzar grandes alturas, mostrarse muy valientes... pero no cuando se hallan solos... Y necesitan formar parte de una unidad humana sustentada por vínculos sólidos, en la cual cada uno de sus integrantes esté dispuesto a asumir responsabilidad conjunta.
>
> Arzobispo ANTHONY BLOOM[1]

EL DESARROLLO DE LA PERSONALIDAD Y LA EXPERIENCIA FAMILIAR

A lo largo de los seis últimos capítulos nuestra atención se concentró en las condiciones que, dentro de la familia, impulsan a un niño en pleno proceso de crecimiento a tornarse insólitamente ansioso y timorato. En el presente capítulo, el penúltimo de esta obra, analizamos las condiciones que generan resultados opuestos, y más felices. Y así como habíamos visto que la tremenda incertidumbre que puede experimentar un pequeño en relación con la accesibilidad y capacidad de respuesta de las figuras de apego es uno de los factores principales que llevan al desarrollo de una personalidad ansiosa e inestable, veremos también que la confianza ilimitada en la accesibilidad y apoyo que pueden brindar dichas figuras constituye la base de desarrollo de una personalidad estable y segura de sus propias fuerzas.

Por supuesto, un postulado tan simple no puede aceptarse de buenas a primeras, sino que debe analizarse exhaustivamente. Por ejemplo, la experiencia familiar de los niños que, a medida que crecen, van convirtiéndose en seres temerosos y llenos de ansiedad suele caracterizarse tanto por la incertidumbre acerca del apoyo paterno como asimismo, y muy a menudo, por formas de coerción paterna encubiertas, que distorsionan la personalidad del niño: viene al caso la presión que ejercen los padres para que el hijo se convierta en su cuidador, o para que adopte y confirme ciertos modelos paternos falsos acerca de sí mismo, de su rol como hijo y de su relación con aquellos. De manera similar, la experiencia familiar de los niños que se convierten en seres relativamente estables y dotados de confianza en sí mismos no solo se caracteriza por el indefectible apoyo que les brindan los padres cuando ello es necesario, sino también por el aliento que les brindan, de modo paulatino pero oportuno, para que vayan adquiriendo una autonomía cada vez mayor, y por el modo franco en que les transmiten modelos (de sí mismos, del hijo, de terceros) que no solo resultan tolerablemente válidos, sino que pueden ser cuestionados y modificados.

Como en todos estos aspectos los niños tienden, inconscientemente, a identificarse con los progenitores y, en consecuencia, a adoptar, cuando ellos mismos se convierten en padres, las mismas formas de conducta de las que ellos fueron testigos durante su infancia, las pautas de interacción se transmiten con mayor o menor fidelidad de una generación a la otra. Por consiguiente, la herencia de salud o enfermedad mental transmitida por medio de la microcultura familiar no es menos importante (y tal vez no lo sea mucho más) que la herencia genética.

Por supuesto, es inevitable la inexistencia de pruebas suficientes para corroborar estos postulados. En los estudios existentes puede cuestionarse el criterio adoptado para decidir qué es una personalidad estable y llena de confianza en sí misma, y qué no lo es; los métodos utilizados para recopilar información acerca de la conducta paterna pueden adolecer de fallas; los supuestos relativos a la continuidad de la organización de la personalidad a través del tiempo pueden resultar objetables; y el hecho en sí de que las muestras estudiadas se limiten a las culturas de Occidente hace que resulte dudosa toda generalización efectuada a partir de los descubrimientos realizados. Sin embargo, la coherencia de los descubrimientos hasta aquí registrados sigue siendo notable. Ello implica que quienes se sientan inclinados a cuestionar las pruebas obtenidas o las conclusiones extraídas a partir de ellas deben tener argumentos suficientes para hacerlo así. Y sus objeciones solo podrán aceptarse si presentan datos que, a su juicio, llevan a conclusiones diferentes.

En las siguientes páginas se hace referencia a los resultados de una docena de estudios dados a conocer a partir de 1960. La reseña no pretende ser exhaustiva y, lamentablemente, se limita a estudios emprendidos en el territorio de Estados Unidos. Hasta la fecha, no obstante, estos descubrimientos no se vieron contradichos por los resultados de ningún otro estudio. Además, los conocimientos sobre el desarrollo de la personalidad en relación con la experiencia familiar que pudieron adquirir los expertos por medio del trabajo profesional con familias del Reino Unido de ninguna manera desvirtúan la validez de los descubrimientos norteamericanos.

Estudios sectoriales del ciclo vital

Como en la actualidad no existen facilidades para estudiar a los seres humanos en el curso de su desarrollo, desde que nacen hasta que mueren, es preciso considerar aisladamente distintos sectores del ciclo vital. Una vez recopilado un número suficiente de estos estudios sería razonable esperar que, al formarse una suerte de mosaico con los distintos descubrimientos efectuados, habrá de emerger un panorama de las diversas pautas de personalidad existentes, cada una de las cuales podrá analizarse a lo largo de su desarrollo dentro del ambiente familiar específico que, para bien o para mal, inexorablemente tiende a fomentarla. En el presente capítulo se procurará trazar un bosquejo de dicho mosaico.

El fragmento del ciclo vital que ha sido objeto de mayor cantidad de estudios es el que se extiende entre los diez años y los primeros años de la segunda década de vida. De manera característica, la muestra elegida resulta representativa de niños que asisten a una escuela determinada o estudiantes de un determinado tipo de instituto. En tanto que en la mayor parte de los estudios, como los de Bronfenbrenner (1961), Grinker (1962), Rosenberg (1965), Coopersmith (1967), Megargee, Parker y Levine (1971), se obtiene información acerca de la personalidad y la familia en un único momento de la historia del individuo, en algunos de ellos se efectúa el seguimiento del sujeto durante varios años. Como ejemplo de este último tipo de estudios se cuenta el de Peck y Havighurst (1960), en el cual se efectuó el seguimiento de los sujetos entre los diez y los diecisiete años, el de Offer (1969), en el cual el seguimiento se extendió entre los catorce y los dieciocho años, y el de Murphey y otros (1963), en el cual el seguimiento se extendió desde el último año de la escuela secundaria hasta el primer año de la universidad. La cantidad de información disponible sobre cada individuo difiere en sumo grado y, como era de esperar, varía en proporción inversa al tamaño de la muestra. En tanto que la mayoría de las muestras incluyen tanto muchachos como niñas, algunas se limitan a varones.

Los descubrimientos efectuados en la serie de estudios que enfocan el período comprendido entre la preadolescencia y el comienzo de la vida adulta suministran una perspectiva invalorable de otros fragmentos del ciclo vital, tanto anteriores como posteriores. En un sentido, pueden considerarse los resultados de tres estudios sobre el desarrollo de la personalidad y la experiencia familiar que cubren, respectivamente, los años preescolares (Baumrind, 1967; Heinicke y otros, en prensa) y el primer año de vida (Ainsworth, Bell y Stayton, 1971). En el sentido opuesto pueden tenerse en cuenta los descubrimientos de un estudio relativo a hombres de treinta y tantos años inusitadamente eficaces en su vida personal, y con gran dosis de confianza en sí mismos (Korchin y Ruff, 1964). Por último, son dignos de nota los resultados de un estudio sobre casi un centenar de adultos de poco más de treinta años que, desde su primera infancia, habían sido tomados como sujetos de un estudio longitudinal (Siegelman y otros, 1970).

Entre los distintos objetivos de todos estos estudios se da, en común, el de analizar la relación existente entre los distintos grados y formas de organización de la personalidad sana y/o el rendimiento adecuado, y los distintos tipos de experiencias vividas en el seno de la familia. Como en la mayoría de los estudios el interés se centra, fundamentalmente, en la naturaleza del desarrollo favorable y las condiciones necesarias para lograrlo, muchas de las muestras adolecen de errores sistemáticos tal vez deliberados, de manera tal que es mínima o nula la representatividad de seres emocionalmente perturbados o de psicología criminal. Pero de esta manera se contrarresta otro error sistemático más común y característico de los estudios clínicos, que determina que una muestra se integre primordialmente por seres que adolecen de perturbaciones o con mentes delictivas.

Fuentes de información

Con respecto al desarrollo de la personalidad y su presente organización y manifestaciones, puede obtenerse información a partir de un mínimo de cuatro fuentes principales:

- A partir del sujeto mismo, sea durante el curso de una entrevista o en respuesta a cuestionarios y escalas de evaluación de sí mismo.
- A partir de observadores que conocen bien al sujeto, en especial, padres, maestros y el grupo de pares.
- Sobre la base de inferencias efectuadas teniendo en cuenta las respuestas que proporciona el sujeto durante el curso de una entrevista o en test de proyección.
- Sobre la base de observaciones directas de la conducta, sea en un ambiente natural, como el hogar o la escuela, o en un laboratorio.

De manera similar, y en relación con la experiencia familiar, puede obtenerse información a partir de un mínimo de cuatro fuentes principales:

- De labios de los padres o hermanos del sujeto, sea en el curso de una entrevista o en respuesta a cuestionarios y escalas para autoevaluación.
- De labios del mismo sujeto.
- Sobre la base de inferencias extraídas a partir de las respuestas paternas, suministradas en el curso de una entrevista o durante la aplicación de test de proyección.
- Sobre la base de observaciones directas de las familias en el curso de su interacción, sea en el hogar o en un ambiente clínico o de laboratorio.

En relación con los datos utilizados en uno o ambos contextos, algunos investigadores se basan en una única fuente, con lo cual pueden estudiar una muestra más amplia. La mayoría, sin embargo, obtienen datos a partir de varias fuentes, aunque de tal manera se limitan al estudio de una muestra pequeña. El hecho de que los descubrimientos obtenidos a partir de dos tipos de estudio tan divergentes coincidan entre sí confirma su validez.

Criterios de evaluación

Una dificultad intrínseca de todos los estudios del tipo que nos interesa reside en decidir qué criterios se aplicarán en la evaluación de la estructura de personalidad. ¿Cuál es el criterio o qué nos induce, cabe preguntar, a clasificar a determinadas personas como bien integradas en su medio, seguras y mentalmente sanas, y no así a otras? ¿Qué validez poseen estos criterios? ¿Y si al juzgar determinadas características favorablemente no estuviéramos haciendo más que aplicar pautas propias de la clase media, en esferas donde no tienen ninguna validez? En consecuencia, ¿corremos el riesgo de que nuestros resultados, en el mejor de los casos, solo puedan aplicarse de manera limitada, y que, en el peor, induzcan a cometer graves errores? Como a menudo se formulan críticas en este sentido (por ejemplo, Spiegel, 1958; Miller, 1970; Bronfenbrenner, 1970), procuraremos encontrar una respuesta.

En primer lugar, los criterios aplicados hasta este punto distan de ser uniformes. En algunos estudios el criterio central de evaluación es el *desempeño competente* en el marco social del hogar, la escuela, la universidad o el lugar de trabajo. Vienen al caso los ejemplos de Bronfenbrenner (1961) sobre estudiantes de escuela secundaria evaluados por sus profesores, los de Megargee y otros (1971) sobre estudiantes universitarios evaluados por los investigadores sobre la base de información suministrada por los estudiantes mismos, y los de Korchin y Ruff (1964) sobre el entrenamiento de los astronautas. En otros estudios el principal criterio de evaluación es la *autoestima* del sujeto, medida fundamentalmente en función del modo en que, según él, se siente en relación con los demás. Un ejemplo de este tipo de estudios es el de Coopersmith (1967) sobre escolares de diez a doce años, y el de Rosenberg (1965) sobre estudiantes del ciclo medio, de dieciséis a dieciocho años. En otros estudios, como, por ejemplo, el de estudiantes universitarios llevado a cabo por Grinker (1962), los criterios aplicados son complejos y *derivan de la experiencia psiquiátrica.* En otros, asimismo, como los estudios de Grinker (1962), Peck y Havighurst (1960) y Offer (1969), se aplican conjuntamente criterios de diversa índole. La misma multiplicidad de criterios aplicados por los distintos investigadores garantiza que no tengan efecto ciertos prejuicios involuntarios.

Una segunda razón por lo cual los criterios apuntados resultan dignos de confianza es que existen pruebas, suministradas por varios estudios, de que las pautas aplicadas para medir el desarrollo saludable se correlacionan de manera negativa con medidas independientes de enfermedad mental. Rosenberg (1965), por ejemplo, demuestra que su medida de autoestima se correlaciona de manera negativa con una tendencia a la depresión, a sentirse apartado del resto del mundo, solo, y una propensión a experimentar síntomas psicosomáticos. De modo similar, una medida algo semejante de autoestima que aplica Coopersmith (1967) se correlaciona negativamente con la ansiedad, tal como la miden los test clínicos, y con los problemas emocionales y la conducta destructiva, de los que informa la madre del sujeto.

Una tercera razón para confiar en la validez de los criterios adoptados es que, cuando se aplican a una muestra de individuos, la clasificación de las personalidades resultante solo se correlaciona de manera muy ligera con la clase social de la cual provienen los sujetos; véase, por ejemplo, Peck y Havighurst (1960), Rosenberg (1965), Coopersmith (1967). Esto significa que, como ciertos valores relativos a la personalidad y las relaciones familiares suelen asociarse, en particular, con la clase media, es erróneo presuponer que no los sostienen también los miembros de la clase baja, si bien en proporción mucho más reducida. Por otra parte, tampoco puede presuponerse, como a menudo se ha hecho, que los llamados valores de clase media no tienen relación alguna con la salud mental. Por el contrario, cabe suponer que algunos, aunque no todos, los valores y prácticas psicosociales de una familia, que contribuyen a lograr resultados modestos en la esfera educacional, social y económica en relación con el niño, coinciden con los que determinan que su salud mental supere al promedio. Este punto de vista resulta tanto más plausible cuando se expresa en su forma complementaria, vale decir, que algunos de los valores y prácticas psicosociales de una familia, que determinan que la salud mental del pequeño sea inferior al promedio, son los mismos que ocasionan su fracaso educacional, social y económico. Por cierto, los estudiosos de las causas de fracasos ineludibles, al igual que quienes estudian las causas de la enfermedad mental, deben enfrentar ciertas pautas adversas y reiteradas de la microcultura familiar que (hay razones para creer) constituyen agentes causales comunes a ambas condiciones.

Los interrogantes planteados, complejos y difíciles, vuelven a examinarse en las últimas páginas de este capítulo. Entretanto, lo expuesto basta para demostrar por qué, en los párrafos siguientes, no se acepta la objeción de que los descubrimientos efectuados no resultan válidos debido a que sobre ellos actúan prejuicios involuntarios de clase media.

Consideramos que todos los criterios aplicados en los presentes estudios se relacionan estrechamente entre sí y constituyen medidas, bien que algo rudimentarias, de una característica que podría denominarse *adaptabilidad*. Este último término hace referencia a la capacidad del ser humano para adaptarse satisfactoriamente y sobrevivir durante períodos prolongados en una amplia variedad de ambientes físicos y sociales, en especial cuando la supervivencia depende de la colaboración con otros. Si bien esta capacidad, en principio, podría ser objeto de test empíricos, en la práctica resulta difícil hacerlo. Con el objeto de ilustrar dicho concepto, empero, podría describirse un experimento imaginario. En él, el experimentador seleccionaría varios grupos de personas, desconocidas entre sí, y trasladaría a cada grupo a una serie de ambientes extraños y llenos de dificultades (algunos, por motivos de costumbres y estructuras sociales; otros, debido a sus características geográficas). Cabría predecir, entonces, que un grupo de personas con puntuación muy alta en relación con su adaptabilidad tendría mayores probabilidades de sobrevivir y desempeñarse satisfactoriamente a lo largo de un tiempo prolongado en cada uno de esos ambientes que un grupo de individuos con puntuaciones similares en relación con otras características de importancia, pero con puntuación baja en relación con su adaptabilidad.

Observamos, en consecuencia, que el criterio de adaptabilidad difiere de criterios tales como el de «adaptación al *statu quo*», cuyo uso en el presente contexto sería totalmente cuestionable. Asimismo, también difiere del criterio basado en el hecho de que una persona tienda a aceptar, criticar o rechazar el *statu quo*. Por cierto, el modo en que las personalidades consideradas sumamente adaptables pueden contribuir de manera positiva o negativa a la existencia política de las sociedades en que viven dista de ser conocido; y su dilucidación es una tarea para la cual no se hallan plenamente capacitados los psiquiatras.

En consecuencia, cabe advertir que los criterios de evaluación considerados en el presente capítulo son solo unos pocos de entre los muchos que resultan aplicables en la esfera de la personalidad. Otros, como, por ejemplo, grado de originalidad, espíritu creativo, capacidad para la innovación, etcétera, difieren por completo de los referentes a salud mental y adaptabilidad y, en algunos casos, tal vez solo se correlacionen con ellos en grado mínimo. Por consiguiente, debe tenerse en cuenta que, al concentrarnos en una serie determinada de criterios, con exclusión de otros, no pretendemos afirmar que los adoptados son los únicos que revisten importancia. El motivo de su elección es que, en la práctica de la psiquiatría, los problemas que deben preocuparnos en primer término son los relativos a enfermedad o salud mental. En la medida en que apliquemos también otros criterios de evaluación, lo haremos, simplemente, por cuestiones de ética profesional o en carácter absolutamente personal.

El lector que se interese por el tema y desee profundizar en los problemas referentes a los criterios a aplicar puede remitirse a los análisis que del tema efectuaron Grinker (1962), Heath (1965) y Douvan y Adelson (1966), así como consultar una reseña muy amplia de Offer y Sabshin (1966).

ESTUDIOS SOBRE ADOLESCENTES Y ADULTOS JÓVENES

El estudio de Peck y Havighurst

Como los especialistas por lo general se muestran escépticos en relación con los resultados de grandes muestras estudiadas por medio de métodos que, en su opinión, resultan inadecuados, comenzaremos por examinar un estudio sumamente detallado y cuidadoso de treinta y cuatro niños (diecisiete varones y diecisiete niñas) que se criaron en una pequeña ciudad del medio oeste norteamericano, a la que denominaremos Ciudad de la Pradera. Este estudio de Peck y Havighurst, publicado en 1960, forma parte de otro estudio más extensivo iniciado durante la década de 1940, en relación con la vida social y psicológica en la ciudad. Cuando se la seleccionó para su estudio, esta última contaba con una población de alrededor de 10.000 habitantes, el 90 % de los cuales habían nacido allí mismo, y eran fundamentalmente de origen noruego y polaco. Los hombres desempeñaban tareas agrícolas o se hallaban empleados en la industria local. Las zonas de residencia se encontraban escasamente segregadas por clase social, y no había ningún sector socialmente desorganizado.

La muestra de niños estudiados constituía una submuestra de todos los pequeños nacidos en la ciudad durante 1933. Todos los niños incluidos en ella (120 en total) fueron examinados por primera vez en 1943, cuando contaban diez años. Por ese entonces se les administró una serie de test de inteligencia y personalidad, y también se los evaluó en relación con determinadas características de personalidad, evaluación que estuvo a cargo de sus maestros y sus pares. Como resultado de esta selección preliminar se eligió una submuestra de treinta y cuatro niños, representativos de a) las diferentes características morales, y b) la estructura de clases sociales de la ciudad. A partir de entonces el desarrollo de esos treinta y cuatro pequeños y de las familias en que vivían se convirtió en objeto de estudio intensivo, hasta el año 1950, en que todos cumplieron diecisiete años.

Como ambos criterios utilizados («rasgos morales» y «clase social») pueden dar lugar a controversias, consideramos necesario decir unas palabras sobre el lugar que cada uno de ellos ocupa en el estudio que examinamos.

Aunque al seleccionar la submuestra Peck y Havighurst adoptaron un criterio definido en términos de carácter moral, de la lectura del material del caso se desprende que existe una elevada correlación entre los juicios basados en este criterio y los basados en la medida en que el individuo posee una personalidad adecuadamente organizada y es capaz de desempeñarse efectivamente en el campo del trabajo y de las relaciones humanas y de llevarse bien con sus pares. En consecuencia, la escala utilizada prácticamente equivale a las escalas destinadas a medir, por ejemplo, la «integración de la personalidad», o la «fuerza del yo», la «seguridad emocional», la «salud mental» o la adaptabilidad tal como se la define en estas páginas.[2]

En cuanto al tema referente a clase social, una ventaja del presente estudio, a diferencia de tantos otros, reside en que la muestra seleccionada es representativa, a grandes rasgos, de toda la población de la Ciudad de la Pradera y, por lo tanto, proviene fundamentalmente del estrato socioeconómico inferior, tal como puede advertirse por el siguiente cuadro. La crítica en el sentido de que los descubrimientos efectuados pueden inducir a error porque se hallan contaminados por valores de clase media no tendría mayor asidero en el presente contexto.

Clase socioeconómica	*Muestra estudiada*			*Población de la ciudad - todas las edades (%)*
	N.º varones	*N.º niñas*	*Muestra total (%)*	
Alta	0	0	0	3
Media alta	1	0	3	11
Media baja	4	5	26	31
Baja alta	9	10	56	41
Baja baja	3	2	15	14
Total	17	17	100	100

Sobre cada uno de los treinta y cuatro niños incluidos en el estudio se reunió gran cantidad de datos. Muchos de estos provienen del niño mismo, como, por ejemplo, las datos obtenidos a partir de entrevistas, test estandarizados y cuestionarios, y test de proyección. Otros se basan en medidas sociométricas asignadas a la muestra total de 120 pequeños, y en las evaluaciones de sus maestros. El proceso de análisis y evaluación de datos se dividió en varios pasos. En primer lugar se analizaron por separado los datos provenientes de cada fuente. Luego se procedió a su examen clínico, con el fin de elaborar un cuadro de la estructura de personalidad a partir de todos los datos obtenidos de las distintas fuentes. En tercer lugar cada uno de los investigadores que participaba en el proyecto evaluó la personalidad de cada niño en una serie de escalas destinadas a medir diferentes aspectos de la estructura caracterial; como resultado, se elaboró el perfil de personalidad que permitiría identificar a cada pequeño. Por último, y sobre la base de dichos perfiles, los niños se agruparon en ocho categorías empíricas dispuestas según grado de madurez (equivalente al término *adaptabilidad*, utilizado en este capítulo). A continuación se suministran breves descripciones de los ocho tipos de caracteres estudiados, comenzando con el que se consideró «menos maduro», y se indica el número de niños asignados a cada categoría.

1. *El amoral*: estos cinco niños se caracterizan por

> [...] percepción inadecuada de las situaciones sociales, de otras personas y de sí mismos; escasa capacidad para fijarse objetivos claros, realistas

> y alcanzables de cualquier índole, conducta poco apropiada para cumplir los fines propuestos; pobre control de los impulsos, que interferirá con la adaptación satisfactoria al mundo social, incluso para lograr satisfacciones egoístas de índole puramente personal.
>
> Su emotividad tiene un carácter inmaduro y hostil. Además, se dan pautas de labilidad emocional puerilmente inadecuadas, que provocan un excesivo desgaste de energías y dificultan aún más el ejercicio del autocontrol. Por lo general estas emociones se caracterizan por su naturaleza negativa y hostil. El sujeto se muestra poco dispuesto a aceptar las restricciones autónomas y las reglas de conducta positivas que indica la sociedad...
>
> Las personas de este tipo padecen sentimientos de culpa que no llevan a nada bueno: solo al autocastigo; pero dichos sentimientos resultan poco eficaces para controlar su conducta. Ello indica, de por sí, la existencia de un agudo conflicto interno y la falta de otras características saludables, como la autoestima y el respeto por sí mismo...
>
> La consecuencia de todo ello es que no se encuentran en paz consigo mismos ni con el mundo, aunque lo nieguen, con actitud desafiante, ante cualquier representante de la cultura que con tanta violencia rechazan.

2. *Tipo intermedio entre el amoral y el oportunista*: tres niños (a quienes no se describe en detalle).

3. *El oportunista*: cuatro niños que se caracterizaban por «seguir el camino más fácil»:

> Su oportunismo casi innato no es [...] tanto un intento activo por manipular los hechos y personas que los rodean con el fin de obtener beneficios personales, como un esfuerzo por lograr el máximo de gratificación personal posible adaptándose a su mundo cuando es necesario, y evitando en lo posible todas las exigencias de la sociedad que los obligarían a actuar de manera positivamente socializada.
>
> La constricción que sufren y el hecho de ceder a la orientación de las fuerzas sociales en torno de sí mismos conduce, simplemente, a la ausencia de una inmoralidad activa [...] y los obliga a reprimir

> muchos de sus impulsos egoístas espontáneos, lo que les provoca tensión, inquietud, y los hace sentirse incómodos consigo mismos...
>
> En teoría, son hedonistas [...] pero la ineludible realidad social parece determinar que la felicidad auténtica se base en relaciones amistosas activas y cálidas con otras personas, en un plano de total reciprocidad. Pero como este tipo de personas no tiene mayor conciencia de la reciprocidad que por fuerza debe darse en toda relación, sus esfuerzos dirigidos a obtener placeres de carácter hedonista les producen satisfacciones vanas. Buscan algo, pero no lo encuentran, porque les resulta imposible reconocer el calor humano y la aprobación que buscan de manera azarosa, pero llena de intensidad.

4. *El impulsivo acosado por sentimientos de culpa:*[3] dos niños que poseían una «conciencia primitiva, estricta», cuyos dictados desoían.

> En consecuencia, no son «amos en su hogar». Reaccionan llevados por los impulsos o por principios morales internalizados y adoptados de manera irracional, en los que personalmente no creen... No les importa mucho el resto de la gente, y se sienten culpables por el mal que creen cometer. Pero su culpa es en parte inconsciente, ya que, para que no decaiga su autoestima, se visualizan a sí mismos en colores más favorables, aunque no del todo realistas. De todas maneras, sin embargo, sus conflictos internos son demasiado poderosos como para que logren ignorarlos. A pesar de sus arduos esfuerzos, no encuentran mayor placer real en la existencia.

5. *El conformista*: ocho niños que se caracterizaban por una buena dosis de hostilidad, reprimida eficazmente por una conciencia punitiva.

Dos de las niñas incluidas en la muestra aparentemente no podían expresar sus deseos de forma espontánea y la vida les brindaba escasa satisfacción.

> Experimentan un sentimiento de culpa muy fuerte y de índole crónica en relación con sus «impulsos malignos», si bien rara vez se dejan llevar por ellos. Su superyó se halla compuesto casi en su totalidad de prohibiciones que han incorporado sin cuestionarse. Creen ser personas malas, y tampoco ven nada muy positivo en los

> demás. Les resulta imposible acallar la voz de sus conciencias culpables (réplica exacta, en apariencia, de las severas críticas paternas) que rechazan la realidad de la vida cotidiana, no logran aceptarla de manera racional ni autónoma. En síntesis, se trata de seres que se dejan llevar por la depresión, el tedio, la desdicha, y a quienes les resulta imposible enfrentar el mundo, ni siquiera para expresar su antagonismo.

Otros niños a quienes también se incluyó en la categoría de «conformistas» adoptarían, de acuerdo con su descripción, «una actitud amistosa, y se mostrarían relativamente satisfechos consigo mismos». No obstante, parecían carecer de orientación autónoma y aceptaban con cierta pasividad las exigencias de quienes los rodeaban.

6. *El niño regido por escrúpulos irracionales*: tres pequeños a quienes se describe como

> [...] el ejemplo viviente de la «conciencia puritana»... con un grado apreciable de hostilidad generalizada. Ello produce en esos niños cierto sentimiento de culpa, aunque no demasiado intenso, ya que se dejan guiar enteramente por los dictados del superyó. Automáticamente, se comportan de manera responsable, «leal», honesta, «generosa»; pero más por costumbre que por decisión personal. Exigen a los demás tanto como se exigen a sí mismos en relación con la moral convencional.
>
> No obstante, su falta de interés real y positivo por los demás como personas, por no decir su hostilidad pronunciada, aunque reprimida, hace que su mentalidad sea demasiado literal y su sentido de la virtud demasiado estricto, por lo cual resulta difícil convivir con ellos...
>
> El acatamiento riguroso del espíritu de la ley les produce cierta tibia satisfacción. Pero a ello se reducen los goces que obtienen de la existencia... El grupo de pares los respeta, pero no siente estima por ellos.

7. *El tipo bien integrado, aunque no tanto como el tipo 8*: cinco niños con «alto grado de raciocinio, actitud amistosa e impulsos altruistas [...] elevado nivel de autonomía y adecuada integración de su impulsos bási-

cos». Son «totalmente espontáneos», estiman a otras personas y, a su vez, despiertan la estima de los demás. Si bien de ninguna manera carecen de principios morales, se los juzga demasiado propensos a dar primacía a su propio goce, por lo cual no pueden ser colocados en la categoría 8. Empero, suelen ser muy considerados con los demás.

8. *El altruista racional*: cuatro niños descritos como «bien integrados» y «emocionalmente maduros», en posesión de «principios morales firmes e internalizados» que aplican de manera consciente.

> Gozan de la vida de manera cabal y activa, y albergan un saludable respeto por sí mismos, así como por el resto del mundo. En ello no hay falso orgullo. Simplemente, tienen cabal conciencia de su propia naturaleza y capacidad. Como no los aqueja ningún conflicto grave ni sienten una necesidad irracional de seguir ciegamente las convenciones para obtener «seguridad», son libres de emplear casi todas sus energías emocionales.

Los juicios que sobre los niños emitieron los investigadores en función de su «desarrollo moral», y que más tarde se equipararían a nivel de «madurez», coincidían estrechamente con otros juicios independientes sobre esos mismos niños, emitidos por sus pares sobre la base de criterios mucho más uniformes. Por ejemplo, los nueve pequeños que ocupaban las dos categorías más altas en cuanto a grado de madurez son considerados por sus pares, de manera casi unánime, como seres amistosos, alegres, que colaboran satisfactoriamente en empresas conjuntas y tienen capacidad de autocontrol y aptitudes para el liderazgo. Por el contrario, los ocho niños que ocupan las dos categorías inferiores en cuanto a nivel de madurez no parecen merecer la estima de sus pares. Los diecisiete pequeños colocados en las cuatro categorías intermedias por los investigadores también ocupan una posición intermedia de acuerdo con el juicio de sus pares. La única diferencia de criterio se produjo en relación con tres niños, a uno de los cuales los investigadores clasificaron como «oportunista», y a los dos restantes como «conformistas», pero que resultaron más favorecidos en la evaluación del grupo de pares. Queda abierto el interrogante sobre qué jueces mostraron mayor capacidad de discernimiento.

Los lectores con espíritu crítico sin duda se mostrarán en desacuerdo con los evaluadores en relación con determinadas características y determinados niños; por ejemplo, puede objetarse la evaluación de la evolución moral (o «madurez» de desarrollo) sobre una única base. No obstante, la gran mayoría de los lectores admitirá que las estimaciones globales de la «madurez» de los niños se ajustan de manera bastante exacta a las estimaciones relativas a su salud mental, tal como podría deducirse por el diagnóstico de los expertos. Por añadidura, los descubrimientos más significativos del estudio, en el cual el desarrollo de la personalidad se relaciona con la experiencia familiar, no giran en torno a detalles de metodología.

Consideremos ahora las familias de donde provienen todos estos pequeños. Por suerte, se recopiló información detallada sobre sus familias cuando los niños contaban entre trece y catorce años, compilación que estuvo a cargo de un grupo de investigación independiente que trabajaba en la Ciudad de la Pradera. Todos estos datos fueron archivados sin introducirse modificación alguna, lo cual permitió analizar el modo en que la estructura de personalidad se relaciona, o no, con las pautas de interacción familiar, comparándose dos series de datos recopilados con absoluta independencia los unos de los otros. Los resultados indican la existencia de una correlación significativa en aquellos aspectos que, de acuerdo con nuestra teoría, resultan más previsibles.

El equipo independiente de investigadores evaluó a cada una de las treinta y cuatro familias en una serie de escalas que, al ser sometidas a análisis factorial, permitieron determinar la existencia de cuatro pautas características de la interacción familiar. Dos de esas pautas se correlacionaban positivamente entre sí y también se correlacionaban de manera notoria con las puntuaciones obtenidas por los niños en relación con su grado de madurez, aspecto sobre el cual coincidía la opinión de los integrantes del equipo principal.[4] Dichas pautas familiares, y los elementos que las caracterizan, son los siguientes:

Aprobación y confianza mutua entre el niño y sus padres:

- Los padres aceptan al niño por lo que es, lo elogian y le brindan todo su afecto.
- Los padres confían en el criterio del hijo y no lo controlan exageradamente.

- El niño se siente en libertad de discutir ciertos problemas con los progenitores.
- Los padres alientan al niño a hacer amigos y acogen con agrado a estos últimos.
- Existe compatibilidad entre los padres, y su relación es satisfactoria.

Coherencia de la vida familiar:

- Horarios y actividades diarias regulares.
- Posibilidad de prever, en cuanto a tiempo y naturaleza, los métodos de control paternos.
- Participación frecuente de los miembros de la familia en actividades compartidas.

Cuando consideramos la experiencia familiar de los nueve niños que obtuvieron una puntuación más elevada en relación con su madurez descubrimos que, con una sola excepción, las familias de todos ellos también habían obtenido puntuaciones elevadas en relación con las dos pautas citadas anteriormente. Por el contrario, con respecto a los ocho niños que obtuvieron puntuaciones más bajas en relación con su grado de madurez, también sus familias obtuvieron puntuaciones bajas en relación con esas pautas.

Las pautas familiares características de los niños incluidos dentro de los cinco grupos centrales se describen a continuación.

Las familias de los niños amorales: «La característica más notable de estas familias es que, sin excepción alguna, son sumamente incoherentes en sus pautas; y (con una sola excepción) suelen desconfiar de los hijos y desaprobar todo lo que estos hacen. Los niños y niñas criados en el seno de tales familias crecen desconociendo lo que es el amor, la seguridad emocional y los métodos disciplinarios coherentes». No es de extrañar, por consiguiente, que este tipo de niños expresen «odio manifiesto por sus familias, y por casi todo el resto del mundo».

Las familias de los niños oportunistas: Estos niños provienen de «hogares en los que prima el *laissez-faire*, en donde los padres les conceden libertad indiscriminada para adoptar sus propias decisiones, aprueban todo lo que hacen y aplican una disciplina muy leve, aunque también incoherente...». Aunque estos niños reciben «bastante apoyo de los padres... a ello se aúna la incoherencia, la irregularidad y la extremada indulgencia (por lo cual) ello no implica auténtico reconocimiento o interés por el niño como individuo».

Asimismo, tampoco es de extrañar que este tipo de niños alienten sentimientos débiles por sus padres, y tiendan a rechazarlos siempre que les resulte necesario.

Las familias de los niños conformistas: La mayoría de estos pequeños provienen de hogares severamente punitivos y autocríticos, en los cuales reina la desconfianza. Cuando la conducta de los padres, asimismo, se caracteriza por su incoherencia, la estructura caracterial resultante del chiquillo se aproxima a la de los niños «amorales». Cuando, por el contrario, es menor la incoherencia y la desconfianza, se acercan más al tipo regido por «escrúpulos irracionales».

Las familias de los niños regidos por «escrúpulos irracionales»: Los padres de las tres niñas (se trataba de mujeres en todos los casos) aplicaban métodos disciplinarios estrictos o muy severos. En ninguno de los casos existía demasiada confianza entre los miembros de la familia, y en una de ellas reinaba la desconfianza. La coherencia, no obstante, iba de un término medio a un grado elevado.

Las familias de los niños caracterizados por su altruismo racional: Las características que distinguen a los padres de los niños incluidos dentro de este grupo, que obtuvo la puntuación más elevada, son: decidida aprobación del hijo y de sus actividades y amigos; los padres comparten muchas de sus actividades, y las relaciones entre ellos son armoniosas. El hogar se rige por pautas y horarios regulares, aunque no demasiado rígidos. Los padres confían en el hijo. En asuntos de disciplina se muestran coherentes en sus exigencias, pero «es más su indulgencia que su severidad». Los niños albergan fuertes sentimientos positivos hacia ambos padres, que más tarde se extienden a otras personas. Las pautas de conducta, como nunca se instrumentan con dureza, se hallan abiertas a la discusión, y pueden entonces aplicarse de acuerdo con las características específicas de la situación.

En la relación existente entre la «madurez» del carácter y la experiencia familiar se da un caso que configura una notoria excepción a la regla. Se trataba de un niño cuya madurez fue evaluada en términos muy altos por los investigadores, y que merecía toda la estima de sus pares, pero cuya familia había obtenido puntuaciones muy bajas en las distintas escalas. Al visitarse el hogar por primera vez, se lo describió como un «hogar de clase baja muy descuidado, en el cual el entrevistador advirtió pocas pautas de regularidad o coherencia». No obstante, cabe advertir que algunos años después otro visitador observó que las «relaciones (del hijo) con la familia y demás allegados se caracterizaban por la aceptación y el apoyo mutuo». Una explicación posible de este caso aparentemente anómalo, la cual Peck y Havighurst tienden a adoptar, es que el primer investigador se había dejado impresionar exageradamente por el desorden material que reinaba en la casa, y no había tomado demasiado en cuenta los lazos menos obvios, pero mucho más poderosos e importantes, existentes dentro de la familia, y el mutuo apoyo que se brindaban sus miembros.

Como los treinta y cuatro adolescentes y los hogares de donde provenían fueron estudiados y observados a lo largo de un período de siete años, los investigadores pudieron calibrar la existencia o falta de cambios producidos en la personalidad de los niños y sus familias durante ese tiempo. Lo que más llamó la atención de los investigadores fue el alto grado de coherencia puesto de manifiesto en la evolución de ambas partes. Es así que «las evaluaciones e historias clínicas sugieren que, sean cuales fueren las pautas de conducta moral y estructura caracterial puestas de manifiesto por el niño a los diez años, es muy probable que estas sigan en vigencia hasta los últimos años de la adolescencia». Además, en la medida en que pudieron obtenerse datos sobre su anterior desarrollo, esos datos resultaron coherentes con los referidos a su ulterior evolución. De modo similar, se descubrió que «los padres tendían a reafirmar su personalidad de manera coherente con el paso de los años, al igual de lo que ocurría con los hijos; y ello se daba, en particular, en su relación con un hijo determinado».

Estas pautas coherentes de desarrollo, puestas de manifiesto a lo largo de siete años (desde los comienzos hasta el fin de la adolescencia), también revisten importancia en relación con nuestra tesis, por dos razones. En primer término, convalidan el método teórico basado en la elaboración de retratos de la estructura de personalidad a medida que esta se va desarrollando durante todo el ciclo vital, al empalmar, a la manera de un mosaico, descubrimientos efectuados a partir de estudios de diferentes segmentos de ese ciclo. En segundo término, corroboran la teoría (analizada más exhaustivamente en el capítulo final) de que los diferentes tipos de personalidad adulta pueden explicarse más cabalmente en función del desarrollo analizado en todas sus pautas distintas y divergentes, y no estudiando el desarrollo como algo totalmente fijo en una serie de puntos, examinados a distintos intervalos pero considerados, en su totalidad, como parte de un único camino lineal.

Estudios de muestras representativas de gran tamaño

En la presente sección se analizan en menor detalle algunos descubrimientos efectuados en muchos otros estudios sobre adolescentes y jóvenes adultos, y se hace hincapié en la regularidad con que los descubrimientos registrados resultan similares o compatibles con los de Peck y Havighurst, a pesar de que cada investigador estudió una muestra estructurada de manera distinta y aplicó criterios diferentes para evaluar el desarrollo caracterial, así como diferentes índices para medir las pautas que regían la existencia familiar.

Como Peck y Havighurst estudiaron una muestra tan pequeña, resulta provechoso considerar, a continuación, estudios que toman como base muestras representativas de gran tamaño y que, por lo tanto, pueden examinar aspectos algo diferentes de la existencia familiar. Al analizar los descubrimientos de esos estudios debe recordarse, sin embargo, que en la mayoría de ellos la información obtenida acerca de las familias proviene, en su totalidad, de los sujetos mismos, por lo cual debe enfocarse con cautela.

En dos de los estudios basados en muestras de gran tamaño se perfila una relación muy clara entre las pautas de desarrollo de la personalidad y ciertas características básicas de los hogares de donde provienen los sujetos.

Uno de esos estudios es el de Rosenberg (1965), cuya muestra incluía no menos de 5.024 jóvenes de ambos sexos; contaban entre dieciséis y dieciocho años y asistían a diez escuelas secundarias públicas en el estado de Nueva York. Se los seleccionó de manera tal que se aseguraba la representatividad de comunidades de todo tipo. El criterio de personalidad aplicado fue una medición de la autoestima, vale decir, de lo que la persona siente por sí misma y, en especial, de lo que siente cuando se compara con otras personas. Rosenberg midió dicho aspecto por medio de una lista de diez preguntas, cada una de las cuales debía responderse de acuerdo con una escala de cinco puntos que iba desde «totalmente de acuerdo» a «totalmente en desacuerdo».

La lista para la evaluación de la autoestima era suministrada como parte de un cuestionario mucho más amplio. En una sección se indagaba acerca de la familia del adolescente, y en otra, acerca de la opinión que tenía de sí mismo, sus sentimientos y cualquier síntoma psicosomático al cual fuera propenso. Los profesores presentaban el cuestionario a los alumnos, y estos lo completaban en horas de clase. A partir de la información disponible es posible establecer dos tipos de correlaciones: a) correlación de la autoestima del sujeto con otras declaraciones sobre sí mismo que pueda haber efectuado, y b) correlación de la autoestima del sujeto con la estructura familiar.

Con respecto a las correlaciones del primer tipo, Rosenberg descubrió que el bajo nivel de autoestima se correlaciona de manera significativa con varias mediciones relacionadas con ciertos síntomas psiquiátricos potenciales, como, por ejemplo, la sensación de soledad, la susceptibilidad a las críticas, la ansiedad, la depresión y los síntomas psicosomáticos. Por el contrario, un alto nivel de estima se correlaciona con la confianza que merecen otras personas, la participación social activa y la posibilidad de ser elegido como líder.

Con respecto a las correlaciones del segundo tipo, Rosenberg descubrió que, en lo que atañe al nivel de autoestima, los niños de padres divorciados tienden a salir desfavorecidos de la comparación con pequeños que viven en familias no desmembradas. La reducción del grado de autoestima se produce, básicamente, en hijos de madres que se han casado muy jóvenes, han tenido hijos poco después del matrimonio y se divorciaron antes de cumplir veinticuatro años. De manera similar, los hijos de madres que se casaron muy jóvenes y pronto quedaron viudas también suelen acusar un grado de autoestima más reducido. Por el contrario, esos efectos adversos no se advirtieron en los hijos de madres que contaban mayor edad al nacer el pequeño o cuando perdieron a su marido por fallecimiento o por divorcio. Rosenberg explica sus descubrimientos postulando una tesis bastante plausible: el divorcio o viudez temprana deja a la madre de niños pequeños en una situación difícil y vulnerable, lo que a menudo la torna insegura, ansiosa e irritable, y ello, a su vez, afecta el desarrollo de la personalidad del niño. Otra circunstancia, que Rosenberg no menciona, es que los hijos pequeños de madres solas suelen quedar al cuidado de sustitutos durante períodos prolongados y sin ninguna estabilidad.

En otro estudio basado en una muestra muy amplia, que incluía 488 estudiantes universitarios (280 hombres y 208 mujeres) de una edad promedio de diecinueve años, Megargee, Parker y Levine (1971) informan que se da una relación sistemática entre el grado de socialización del sujeto y las características del matrimonio de los padres. La medida de socialización aplicada (la Escala de Socialización del Inventario de Personalidad de California) se considera un instrumento adecuadamente convalidado y estandarizado, que permite la selección de grupos de personas de uno u otro sexo caracterizadas por un grado superior o inferior de socialización, por referencia a las normas nacionales. Según esta escala, los grupos de adolescentes con perturbaciones, o delincuentes, obtienen puntuaciones muy bajas.

Cuando se dividió a los 488 adolescentes en cuatro grupos, de acuerdo con sus puntuaciones, se determinó que la pendiente de estas se correlacionaba positivamente con las siguientes características de la vida familiar:

- Convivencia con ambos padres.
- Matrimonio de los padres clasificado como excelente por el estudiante.
- Infancia del estudiante calificada como feliz.

Por el contrario, la pendiente se correlaciona de manera negativa con el divorcio de los padres.

En el siguiente cuadro solo se transcriben los resultados correspondientes a los estudiantes que obtuvieron las puntuaciones más altas y más bajas de los cuatro grupos. En todos los casos las puntuaciones para los dos grupos intermedios se encuentran en la pendiente que une ambos extremos. Al considerar por separado los descubrimientos efectuados para cada sexo, no se hallaron diferencias significativas. Los resultados se expresan como porcentajes de los estudiantes de cada grupo que dicen provenir de las familias con las características mencionadas.

Experiencia familiar	*Porcentaje del grupo de puntuación elevada* N = *51*	*Porcentaje del grupo de puntuación baja* N = *110*
Convivencia con ambos padres	95	78
Calificación del matrimonio de los padres como excelente	85	29
Calificación de la propia infancia como feliz	85	42
Padres divorciados	2	19

En este estudio no se estableció correlación alguna entre la muerte de uno de los padres y la puntuación de socialización. Como alrededor del 7 % de los integrantes de la muestra habían perdido a uno de los padres, es posible que la falta de correlación se deba, en parte, al hecho de que una proporción inferior de adolescentes huérfanos habían ingresado a la universidad, por comparación con los que tenían a los dos padres.

Bronfenbrenner (1961) registra los resultados de un tercer estudio basado en una muestra de gran tamaño. Su objetivo era investigar el medio familiar de adolescentes de ambos sexos, de dieciséis años, a quienes sus profesores habían evaluado de acuerdo con dos criterios: a) la medida de liderazgo alcanzada en la escuela, o la medida en que simplemente seguían a los otros, y b) la medida en que podía o no confiarse en ellos para cumplir sus obligaciones. La información relativa a sus familias provenía de un cuestionario destinado a medir veinte aspectos diferentes de las relaciones padre-hijo, completado por los sujetos mismos.

La muestra estudiada incluía 192 integrantes, divididos de manera equitativa por sexo y en cuatro grupos representativos de cuatro clases socioeconómicas, determinadas a grandes rasgos por el grado de educación recibida por el padre.

Los resultados se suministran por separado para cada sexo, y para cada uno de los dos criterios aplicados. Los muchachos tendían a obtener una puntuación superior a las niñas en relación con su capacidad de liderazgo, pero ocurría a la inversa en relación con su grado de responsabilidad. De acuerdo con cada criterio, los jóvenes cuyos padres tenían mayor grado de educación tendían a obtener una puntuación más elevada que aquellos cuyos padres tenían un nivel educacional inferior. Otros descubrimientos de importancia son que un adolescente que tiene disposición al liderazgo suele provenir de un hogar en el que se le dedica mucho tiempo y donde recibe el afecto y apoyo de sus padres; y que el poseedor de sentido de responsabilidad suele provenir de un hogar donde los padres ejercen una buena dosis de autoritarismo, por lo común no tanto por medio de castigos, sino por medio del razonamiento y las recompensas. El liderazgo y la responsabilidad de los hijos, y el afecto y la autoridad puesta de manifiesto en sus hogares, se correlacionan todos positivamente entre sí.

En los extremos superiores de las escalas de puntuación, con respecto a ambos criterios, se descubrieron ciertas diferencias en la experiencia familiar entre jóvenes y niñas. En tanto que para los muchachos parecía benéfico un alto grado de apoyo y control paterno, había ciertos peligros de que la dosis de uno o ambos fuera excesiva en el caso de las niñas.

En los extremos inferiores de las escalas de puntuación, por el contrario, no se descubrieron diferencias importantes en el medio familiar, entre muchachos y niñas. Por añadidura, sea que el adolescente obtuviera una puntuación baja en relación con el liderazgo, o en relación con su grado de responsabilidad, la imagen que emergía del hogar era muy similar: en ambos casos la regla general era la indiferencia o el rechazo paterno. El muchacho (o niña) tendía a describir a sus padres como inclinados a quejarse de él, ridiculizarlo y compararlo de manera desfavorable para él con otros niños, amén de dedicarle muy poco tiempo e incluso evitar su compañía. La disciplina era muy escasa o, por el contrario, se administraba por medio de castigos arbitrarios y excesivos. Con respecto a unos pocos niños cuya propensión al liderazgo era baja, sin embargo, surgía un cuadro muy diferente: lejos de ser descuidados, tenían padres que los sobreprotegían en exceso.

En un cuarto estudio basado en una muestra bastante amplia y registrado por Coopersmith (1967), la información acerca de la familia se obtuvo de manera directa, aunque solo de boca de la madre. La muestra se limitaba a muchachos provenientes de hogares de padres blancos, totalmente integrados.

La muestra de Coopersmith comprendía ochenta y cinco niños de diez a doce años, que asistían a establecimientos educacionales en dos ciudades de mediano tamaño en Nueva Inglaterra. La clase socioeconómica de la cual provenía la mayoría de ellos no era ni alta ni baja. La muestra, extraída a partir de un número mucho mayor de niños inicialmente evaluados, se estratificó de acuerdo con dos criterios: a) la autoevaluación de los niños en un test destinado a medir la autoestima, y b) las evaluaciones de los profesores en función de la conducta de los niños. Tal como ocurría en el estudio de Rosenberg, se halló una correlación muy significativa entre el bajo nivel de autoestima y la ansiedad, tal como la medían los test clínicos; asimismo, aunque en menor medida, ese nivel también se correlacionaba con la existencia de problemas emocionales mencionados por la madre.

La información relativa a las familias de los niños provenía de: 1) un cuestionario completado por la madre; 2) una entrevista de dos horas y media con la madre, a cargo de un entrevistador sin información alguna acerca de la puntuación de autoestima obtenida por el pequeño, y 3) las respuestas del niño a una serie de preguntas sobre las actitudes y prácticas de los padres. No se entrevistó al padre de los niños.

Al rever sus descubrimientos, Coopersmith acentúa, por sobre todo, el alto nivel de aceptación materna descubierto en las familias de niños con alto grado de autoestima: «Los descubrimientos son todos coherentes, indiscriminadamente del instrumento o fuente de información utilizado. Revelan que las madres de los niños con alto grado de autoestima los aman más, y tienen una relación más estrecha con sus hijos que las madres de niños con reducido nivel de autoestima». Además, y en relación con las formas fuertemente contrastantes de disciplina aplicadas por los padres de los niños de uno y otro grupo, los descubrimientos de Coopersmith son notablemente similares a los de Peck y Havighurst y a los de Bronfenbrenner, aunque los criterios relativos a un desarrollo de personalidad favorable eran totalmente diferentes en los tres estudios. En el estudio de Coopersmith los padres de los niños con alto nivel de autoestima no solo esperaban de ellos que satisficieran altos estándares, sino que el control paterno era ejercido con cuidado, respeto y firmeza, y mediante la utilización de recompensas, más que castigos. Por el contrario, se descubrió que los niños con bajo nivel de autoestima no solo recibían escasos cuidados y orientación de sus padres, sino que a menudo eran sujetos a castigos duros e irrespetuosos, entre los que se contaba la pérdida de amor.

Desarrollo de la personalidad, formas de disciplina y clase social

Es muy llamativa la coherencia registrada al analizarse las diferencias existentes en los métodos disciplinarios y cuidados suministrados a los niños que dan muestras de alcanzar un desarrollo favorable o desfavorable. Igualmente llamativa es la coherencia con la que se verifican algunas de las mismas diferencias en relación con la clase social. Por ejemplo, se descubrió que los padres de clase baja, con menor grado de educación, suelen ser más propensos a aplicar castigos severos y arbitrarios, y a ignorar o rechazar al niño, que los padres de clase media y superior nivel educacional; por otra parte, los padres de clase baja suelen pasar menos tiempo desarrollando actividades conjuntas con sus hijos adolescentes que los padres de clase media (véase la reseña de Bronfenbrenner, 1958). En su conjunto, estos descubrimientos relativos a: a) métodos disciplinarios y desarrollo de personalidad, y b) métodos disciplinarios y clase social confirman la hipótesis propuesta anteriormente, en el sentido de que puede explicarse (al menos en parte) la correlación positiva, aunque débil, existente entre el desarrollo de una personalidad saludable y la clase social superior por medio de las diferencias en el modo en que los padres provenientes de diferentes clases sociales tienden a tratar a sus hijos.

Los descubrimientos del estudio empírico de Bronfenbrenner (1961) pueden aplicarse a los efectos de ilustrar una serie de correlaciones aparentemente típicas:

- Las bajas puntuaciones de liderazgo y responsabilidad en los niños se hallan asociadas con padres que demuestran escaso interés por ellos y que aplican métodos disciplinarios punitivos o les brindan escasa orientación.
- Los métodos disciplinarios arbitrarios, entre los que se incluyen el castigo físico y las mofas, tienden a ser aplicados con mayor frecuencia por padres con inferior nivel de educación, que por padres con educación superior.
- Los hijos de padres menos educados tienden a obtener puntuaciones más bajas en relación con su aptitud de liderazgo y responsabilidad, que los hijos de padres con mayor nivel de educación.

Rosenberg registra una serie similar de correlaciones entre el grado de autoestima, el grado de atención e interés que los padres brindan a sus hijos y la clase social. Se analizan ulteriores pruebas compatibles con la hipótesis propuesta en el capítulo 15, en el que se examina la relación existente entre los síntomas de ansiedad de un niño y las amenazas paternas de abandonarlo o cometer suicidio. No sería apropiado proseguir el análisis de un tema tan complejo y difícil en esta obra.

Otra esfera amplia y dificultosa, que tampoco se analizará aquí, es la atinente a la influencia diferencial de padre y madre sobre el desarrollo de sus hijos, haciendo especial referencia a la influencia de cada uno sobre niños y niñas. Remitimos al lector interesado en el tema al estudio de Bronfenbrenner (1961) y al de Douvan y Adelson (1966), quienes analizan detalladamente la diferencia en las pautas de desarrollo puestas de manifiesto por varones y niñas entre los doce y los dieciocho años.

Ulteriores estudios de muestras pequeñas

A continuación haremos referencia a estudios más intensivos, analizando los descubrimientos de tres proyectos, en cada uno de los cuales muestras reducidas de hombres o jóvenes, elegidos especialmente por su desarrollo aparentemente sano y bien integrado, fueron sometidas a examen clínico y observación intensiva durante un período de por lo menos un año. Presentado por orden descendente según la edad del sujeto, el primer estudio hace referencia a un grupo de astronautas en período de entrenamiento, el segundo a jóvenes que asistían a una universidad, y por último el tercero a estudiantes de escuela secundaria que proseguirían estudios universitarios.

Con respecto tanto a las pautas de desarrollo puestas de manifiesto por dichos seres, como a la vida familiar que experimentaron o siguen experimentando, los descubrimientos de los tres estudios coinciden entre sí, y también con los de Peck y Havighurst. En primer lugar, en una personalidad bien adaptada se da un equilibrio básico entre la iniciativa y la confianza en sí mismo, por un lado, y la capacidad de buscar ayuda y utilizar esa ayuda cuando la ocasión lo exige. En segundo término, el examen de su desarrollo indica que esos seres crecieron en el seno de familias bien integradas, cuyos padres, en apariencia, nunca dejaron de brindarles apoyo y aliento.

Todos los estudios suministran el mismo cuadro: una familia estable, de cuyo seno el niño, primero, luego el adolescente y finalmente el adulto se aparta para vivir una serie de experiencias de duración cada vez más prolongada. Si bien dichas familias evidentemente alientan la autonomía de sus miembros, no la fuerzan. Cada paso sigue al anterior en una serie de etapas fáciles. Aunque pueden atenuarse algunos lazos familiares, nunca se quiebran.

Los astronautas alcanzan puntuaciones elevadas como seres llenos de confianza en sí mismos y capaces de vivir y trabajar con eficacia en condiciones de gran peligro potencial y alto grado de tensión. Su desempeño, personalidad e historia fueron estudiadas por Korchin y Ruff. En dos artículos (Korchin y Ruff, 1964; Ruff y Korchin, 1967), los autores publican descubrimientos preliminares sobre una pequeña muestra de siete hombres.

Aunque esos hombres tienden a ser seres individualistas con alto grado de confianza en sí mismos y decidida preferencia por la acción independiente, todos fueron descritos como «mostrándose cómodos cuando es preciso depender de otros» y con «capacidad para mantener la *confianza*, en condiciones que inducirían a la *desconfianza*». El desempeño de la tripulación del Apolo 13, que sufrió un accidente en pleno vuelo a la Luna, da testimonio de su capacidad para no perder la confianza. Los hombres no solo mantuvieron un desempeño eficaz en circunstancias de grave peligro, sino que continuaron colaborando de manera eficaz y confiada con sus compañeros de la base terrestre.

Al analizar la historia de sus vidas descubrimos que:

> [...] crecieron en comunidades relativamente pequeñas y bien desarrolladas, con considerable grado de solidaridad familiar y fuerte identificación con el padre [...] un tema común en muchas de las entrevistas es el recuerdo de actividades al aire libre compartidas con el padre [...] Su ambiente no les planteaba un desafío que excediera su capacidad. Fueron a escuelas y universidades en donde podían alcanzar un rendimiento satisfactorio [...] Se advierten pautas de crecimiento relativamente estables, que les permitían satisfacer ciertas exigencias, aumentar su grado de aspiraciones, alcanzar el éxito y un mayor grado de confianza, y de esa manera aumentar su competencia [...] Tenían un concepto de sí mismos estable, en el cual los valores profesionales estaban clara y estrictamente definidos.

Al evaluar estos descubrimientos y las conclusiones que de ellos se desprenden es preciso considerar en qué medida los antecedentes de esos hombres en lo relativo a solidaridad familiar, identificación con el padre y pautas de crecimiento estables pudieron ser criterios aplicados en los procedimientos que determinaron su elección como candidatos a astronautas. Como, sin duda alguna, esos factores desempeñaron un papel, existe el peligro de incurrir en un círculo vicioso. Debe recordarse, no obstante, que antes de la selección esos hombres ya se habían destacado como eficaces pilotos de prueba.[5] Al menos, por lo tanto, el estudio demuestra que el ambiente familiar y la experiencia descrita por Korchin son altamente compatibles con el desarrollo de una personalidad estable, en la cual un alto grado de confianza en sí mismos se aúna a la capacidad de confiar en los demás.

El segundo estudio, sobre jóvenes universitarios que en opinión de sus profesores poseían una salud mental general buena, así como considerable estabilidad, y prometían convertirse en jóvenes líderes y trabajadores al servicio de la comunidad, es reseñado por Grinker (1962). La muestra estudiada comprendía más de cien estudiantes. Aunque al extraer conclusiones siempre se sigue corriendo el riesgo de aplicar un razonamiento vicioso, en el presente estudio ese riesgo se reduce al poder compararse el ambiente familiar de los miembros de tres submuestras con diferencias en el grado de integración y salud mental puesta de manifiesto por sus miembros.

El estudio se inició cuando Grinker y sus colegas buscaron sujetos sanos sobre los cuales efectuar una investigación psicosomática. Durante las entrevistas iniciales en una universidad específica, Grinker se mostró tan vivamente impresionado por el modo en que esos jóvenes parecían libres de toda perturbación de índole neurótica, que decidió efectuar un estudio de todos los jóvenes del sexo masculino que asistían a la universidad el año siguiente. Sus principales descubrimientos derivan de los resultados de un cuestionario sumamente extensivo administrado personalmente a todos los estudiantes (ochenta). Se ampliaron esos resultados considerablemente por medio de entrevistas psiquiátricas a treinta y cuatro voluntarios de la muestra y a otros treinta y un estudiantes que habían sido examinados el año anterior. Los descubrimientos obtenidos a partir de la entrevista se presentan en primer término, seguidos de los del cuestionario.

La universidad en cuestión se halla patrocinada por la Asociación Cristiana de Jóvenes y su objetivo es capacitar a hombres y mujeres de corta edad para que emprendan obras coherentes con los ideales de la asociación. Los estudiantes provienen de todas partes de Estados Unidos y Canadá, con clara preponderancia de jóvenes oriundos del medio oeste y de comunidades rurales o ciudades pequeñas. Muchos ingresan «con firmes convicciones y motivaciones para realizar obras de la asociación o en casas de colonias, campos de juego, etcétera». El nivel exigido para el ingreso no es tan elevado como en muchas universidades, y el plan de estudios es de carácter menos académico. La mayoría de los estudiantes tienen espíritu práctico y son buenos deportistas; el CI oscila entre 100 y 130. En una gran mayoría de los casos coinciden estrechamente sus propios valores y metas con los de sus padres y los del cuerpo docente. Los graduados tienen excelente reputación y son muy buscados para determinados puestos.

Entre los sesenta y cinco estudiantes entrevistados, Grinker solo descubrió unos pocos con una estructura de personalidad neurótica. La gran mayoría parecían jóvenes rectos, honestos y capaces de efectuar una autoevaluación acertada, con «capacidad para mantener relaciones humanas estrechas y profundas [...] con los miembros de sus familias, el grupo de pares, los profesores y el entrevistador». Sus informes sobre la ansiedad o tristeza experimentada indican que dichos sentimientos surgían en situaciones apropiadas, y que no eran muy severos ni prolongados. Grinker advierte, en particular, que una mayoría describió cómo, por un lado, les agradaba tener responsabilidades y las buscaban y cómo, por otro, aun así solicitaban consejos en asuntos de importancia. Por consiguiente, no existe incompatibilidad alguna, deduce Grinker, entre estar dispuesto a buscar la ayuda de los demás en circunstancias apropiadas y el desarrollo de una personalidad independiente.

En relación con su experiencia familiar, el panorama general que dejaron traslucir los estudiantes es notablemente similar al de los astronautas. En casi todos los casos ambos progenitores todavía vivían. El cuadro típico era el de un hogar lleno de paz y felicidad, en el cual los dos progenitores compartían responsabilidades e intereses, y eran juzgados por los niños como padres amantes y generosos. La madre se visualizaba como un ser algo más cálido, más susceptible de brindar aliento y más cercana a los hijos que el padre. La disciplina, ejercida fundamentalmente por el padre, se consideraba justa, y coherentes sus métodos; por lo general ellos incluían, fundamentalmente, regaños, castigos físicos moderados y retiro de privilegios. Rara vez se acusaba al padre de amenazar al hijo con retirarle su amor.

Los estudiantes describieron de qué manera, durante toda su infancia, se sentían seguros por sobre todo en compañía de la madre. A la vez, se habían identificado notablemente con la figura del padre. Tan impresionado se mostró Grinker por la identificación de esos jóvenes con la imagen del padre y otras figuras paternas, que sintió la tentación de extraer el corolario de que en los varones esta identificación constituye «un factor altamente significativo en el proceso de convertirse en un ser (mentalmente) sano, y continuar siéndolo».

Dichas conclusiones son firmemente corroboradas por los descubrimientos del cuestionario aplicado al total de ochenta estudiantes para los cuales fue posible una comparación intragrupal. Sobre la base de sus respuestas al cuestionario, los estudiantes se clasificaron dentro de uno de tres subgrupos, de acuerdo con la medida en que su personalidad parecía haberse desarrollado sin características neuróticas. Los estudiantes clasificados dentro del subgrupo más sano eran los que tenían una relación más estrecha y gratificante con ambos padres, en tanto que los del subgrupo menos sano solían tener relaciones familiares algo distantes o caracterizadas por la tensión, y también registrar en mayor medida experiencias de tensión, ansiedad y conflictos durante la adolescencia. Una vez más, al resumir sus descubrimientos sobre los estudiantes mejor integrados y más sanos, Grinker utiliza palabras muy similares a las que emplea Korchin para describir a sus astronautas. Se muestra impresionado por el carácter directo y simple de las pautas de desarrollo que parecen haber seguido, la índole gradual de los cambios que tuvieron lugar tanto en relación con el desarrollo de su personalidad como en el ambiente en el que se criaron, y por la falta casi total de tensiones, conflictos y desilusiones en las vidas de esos estudiantes.

Grinker analiza algunas de las objeciones que pueden hacérsele a su estudio y a las conclusiones a las que llegó. Por ejemplo, es consciente de que sus críticos podrían alegar que esos jóvenes no son más que seres aburridos y conformistas, carentes de espíritu creativo y capacidad de innovación. Aun cuando eso fuera cierto (cosa que se presta a discusión), la crítica no sería justa, ya que, tal como se apuntara anteriormente, como psiquiatras lo que nos interesa es el desarrollo de una personalidad mentalmente sana y llena de autoconfianza, soslayándose los demás criterios aplicados en la evaluación de la personalidad. Y, tal como Grinker observa al defender a sus estudiantes de críticas fáciles que podrían realizar profesionales interesados en la innovación y en carreras competitivas, la innovación constante y la competencia intensa pueden, de por sí, constituir síntomas de neurosis y agentes que la provocan. La población sana, por contraste, tal vez pueda suministrar esa base de estabilidad constante sin la cual todo se convertiría en un caos.

Grinker tiene conciencia, asimismo, de que la validez de la información histórica que utiliza puede ser debatible, ya que toda ella fue obtenida de labios de los mismos sujetos. Por añadidura, sabe que no se halla en posición adecuada para estimar la medida en que los sujetos con un desarrollo sano habrían contribuido ellos mismos a la estabilidad y la armonía reinante en sus hogares. Estas deficiencias se contrarrestan en alguna medida, sin embargo, cuando descubrimos que los datos y conclusiones de Grinker difieren escasamente de aquellos provenientes de estudios en los que se obtiene información directa sobre los padres, como, por ejemplo, en el de Peck y Havighurst (1960) y en el de Coopersmith (1967), así como en el estudio que se describirá a continuación.

El citado constituye un estudio de estudiantes durante su etapa de transición de la escuela secundaria a la universidad, emprendido en Washington D. C. por Hamburg y sus colegas (véase Murphey y otros, 1963). Los diecinueve estudiantes de ambos sexos que habían decidido asistir a la universidad fueron elegidos durante el último año de escuela secundaria, sobre la base de sus notas y una entrevista selectiva; según ambas, sería elevado su nivel de competencia. Este último se evaluó en función de su eficacia en la esfera educacional, sus relaciones satisfactorias y estrechas con el grupo de pares, y su aptitud para participar en grupos sociales. Se entrevistó a los estudiantes un mínimo de siete veces durante el primer año de estudios universitarios. Los padres fueron entrevistados tres veces: una vez antes de que el estudiante ingresara a la universidad, otra durante las vacaciones de Navidad, y una tercera, junto con el estudiante, a fin de año.

Al final del estudio cada estudiante fue evaluado sobre la base de dos criterios: 1) el grado de autonomía demostrada, definida en función de su aptitud para efectuar sus propias elecciones y asumir responsabilidad para adoptar sus propias decisiones, y 2) la medida en que era capaz de mantener y perfeccionar relaciones mutuamente gratificantes con los padres. Sobre la base de ambos criterios, se asignó a los estudiantes a uno de los cuatro subgrupos siguientes:

a. Aquellos con alto nivel de autonomía y buenas relaciones con la familia: nueve estudiantes.
b. Aquellos con alto nivel de autonomía, pero con relaciones familiares deficientes: seis estudiantes.
c. Aquellos con bajo nivel de autonomía, pero relaciones familiares satisfactorias: un estudiante.
d. Aquellos con bajo nivel de autonomía y relaciones familiares deficientes: tres estudiantes.

Los nueve estudiantes del subgrupo (a) evidentemente se encontraban en una posición de privilegio, ya que tenían confianza en sí mismos y su rendimiento en la universidad era satisfactorio, a la vez que gozaban de creciente nivel de intimidad con los padres durante las vacaciones. Se asemejan al grupo bien adaptado de Grinker. Los del subgrupo (b) también aprovechaban cabalmente sus oportunidades en la escuela, pero las relaciones con los padres eran distantes e incluso hostiles. Los cuatro estudiantes de los subgrupos (c) y (d) tenían escasa habilidad para valerse por sí mismos y para organizar sus propias vidas. Se observó así que, sobre la base de los datos compilados durante el transcurso de un año, solo la mitad de los estudiantes de la muestra pudieron satisfacer el alto nivel de expectativas de aquellos que los habían seleccionado originariamente.

Las entrevistas con los padres, entre las que se incluía una entrevista junto con el estudiante, arrojaron considerables diferencias en el modo en que los estudiantes de los diferentes subgrupos eran tratados por los progenitores.

Los padres de los estudiantes ubicados en el subgrupo (a) poseían valores y estándares claramente definidos, que podían comunicar a sus hijos. A la vez, asignaban gran valor al desarrollo de la propia autonomía del estudiante, y la alentaban. Si su hijo (o hija) requería ayuda o consejos, se mostraban prontos a responder, pero no lo hacían a menos que se los pidieran. Trataban al hijo con respeto, y lo mantenían informado acerca de todas las noticias, tanto buenas como malas, ya que lo consideraban lo bastante adulto como para enfrentar responsabilidades. En una palabra, alentaban al hijo a desarrollar su propia personalidad y vivir su propia vida, gozaban de su compañía durante las vacaciones y estaban dispuestos a brindarle ayuda cuando aquel la necesitaba.

Los padres de seis alumnos asignados al subgrupo (b), estudiantes caracterizados por su alto nivel de autonomía, pero deficientes relaciones familiares, satisfacían muchas de las condiciones propias de los padres del subgrupo (a). La diferencia central residía en que los padres del subgrupo (b) asignaban a sus hijos un rol más de acuerdo con sus propios intereses paternos que con los del hijo o hija de marras. Como resultado, y teniendo la oportunidad de llevar una existencia independiente, esos estudiantes quebraban los lazos que los ataban al hogar y emprendían su propio camino. No se sabía a ciencia cierta si los conflictos resultantes habrían de persistir; ello parecía depender del hecho de que los padres aceptaran o no el modo de vida que habían decidido seguir sus hijos.

Por fin, los tres estudiantes ubicados en el subgrupo (d), quienes se caracterizaban por su bajo nivel de autonomía y las deficientes relaciones familiares, tenían padres que, según se descubrió, a menudo no sabían con claridad dónde estaban parados ni qué valores representaban. En esas familias la comunicación era pobre y los conflictos y cambios de opiniones, al hacerse presentes, permanecían latentes y difusos. Tras adoptar una decisión, el estudiante podría no saber a ciencia cierta si él mismo la había adoptado o si uno de los padres lo había impulsado a ello con sus tejes y manejes.

Observamos así que, al igual que en el estudio de Grinker, las comparaciones efectuadas dentro de la misma muestra indican que los estudiantes que mejor satisfacen los criterios iniciales son aquellos que provienen de hogares en los que los niños reciben un máximo de apoyo, en los que la comunicación entre padres e hijos se caracteriza por su claridad, y en donde los niños se hacen depositarios de confianza y responsabilidades. La conclusión a que puede llegarse parece obvia. Cuando un estudiante confía en sostener relaciones familiares caracterizadas por la seguridad, el apoyo y las muestras de aliento, no tiene dificultad en sacar el mayor provecho posible de las nuevas oportunidades que le ofrece la universidad.

Las mismas pautas de creciente confianza en sí mismos, basadas en los firmes lazos de afecto que los unen a una figura en quien confían y con la cual se desarrollan, y que se revelaron en todos los estudios examinados hasta este punto, caracterizan también los primeros años de vida del niño.

ESTUDIOS SOBRE NIÑOS PEQUEÑOS

Aunque se han llevado a cabo otros estudios sobre los adolescentes y sus familias, como los de Offer (1969), cuyos descubrimientos confirman la tesis propuesta, creemos que es hora ya de analizar otro período del ciclo vital. Cabe preguntarse qué pruebas hay de que el tipo de experiencia familiar que se asocia con adolescentes bien integrados y adaptables caracteriza también la existencia de los niños pequeños que, por lo que puede preverse, prometen evolucionar siguiendo caminos similares. Un estudio transversal de Baumrind (1967) sobre pequeños que asistían a una guardería y un breve estudio longitudinal de Ainsworth y sus colegas (1971) sobre niños a lo largo de su desarrollo durante y hasta el final de su primer año de vida permitirán obtener una respuesta aproximada.

Niños en edad preescolar

Con el fin de obtener una muestra para estudio sistemático, Baumrind investigó a un total de 110 pequeños que asistían a una de las cuatro secciones de una guardería que funcionaba en una universidad. Los niños contaban entre tres y cuatro años y provenían, fundamentalmente, de hogares de clase media. Con el fin de asegurar que los niños seleccionados para su estudio pudieran clasificarse en uno de tres grupos centrales, cuyos sujetos se caracterizaran por pautas definidas y coherentes de conducta interpersonal, la indagación se dividió en dos etapas. Primero, tras catorce semanas de observación, los maestros y los psicólogos clasificaron a los pequeños de acuerdo con cinco dimensiones de conducta. El segundo paso se llevó a cabo inmediatamente después: cincuenta y dos niños que, de acuerdo con estas categorías, siempre ocupaban un lugar alto o bajo de la escala se estudiaron en situaciones experimentales. En ellas, a cada pequeño se le presentaron tres enigmas, graduados de acuerdo con su dificultad, para ver de qué manera respondían a situaciones de éxito fácil, éxito probable y fracaso seguro. Como resultado, se seleccionaron tres grupos de pequeños, que incluían un total de treinta y dos sujetos.

Los niños del grupo I, que comprendía siete varones y seis niñas, obtuvieron altas puntuaciones y clasificaciones, tanto en la guardería como en el gabinete, en relación con características tales como participación decidida y alegre en las actividades escolares, buena voluntad para enfrentar tareas nuevas y difíciles, exploración activa del ambiente, habilidad para realizar esfuerzos sostenidos, turnarse y obedecer las reglas de la escuela, aptitud para salir a flote por sí solos y disposición a buscar la ayuda de los adultos cuando fuese necesario.

Los niños del grupo II, cuatro varones y siete niñas, habían obtenido una puntuación baja en relación con dichos aspectos. En particular, era pobre su habilidad exploratoria, su habilidad para enfrentar tareas nuevas y difíciles, y su capacidad de colaboración con otros pequeños; asimismo, su estado de ánimo era cambiante; ora se mostraban agresivos y ponían obstáculos a los demás, ora se los veía temerosos, aburridos o aplastados.

Los niños del grupo III, cinco varones y tres niñas, también obtuvieron puntuaciones deficientes, en particular en relación con su participación en distintas actividades y su aptitud para la exploración, su habilidad para efectuar esfuerzos sostenidos, turnarse y obedecer las reglas de la escuela, y en relación con su capacidad para salir a flote por sí mismos y abrirse caminos por sí solos.

En tanto que los niños del grupo I pueden considerarse bien integrados y adaptables para su edad, el desarrollo de los incluidos en los grupos II y III claramente está lejos de ser óptimo, sea cual fuere el criterio aplicado.

Las informaciones relativas a la experiencia familiar de cada niño provenían de tres fuentes: a) dos visitas al hogar, cada una de ellas de tres horas de duración, aproximadamente; una de ellas se efectuó al anochecer, en momentos de máxima tensión doméstica; b) observación estructurada de la madre y el niño en el laboratorio, y c) una entrevista a cada padre por separado.

Durante una visita al hogar el observador registró todo ejemplo de interacción padre-hijo en el cual uno de los miembros de la pareja procuraba influir sobre la conducta del otro. Con el fin de calibrar la confiabilidad de las observaciones, dos investigadores observaron a ocho familias. Se efectuaron registros en código. A continuación, el padre y la madre de cada niño fueron evaluados según cuatro escalas de puntuaciones, que pueden resumirse del siguiente modo:

Nivel de crianza: la medida en que el progenitor se preocupa por el bienestar físico y emocional del niño, le presta atención y expresa afecto por él y orgullo y placer por sus logros.

Exigencias de madurez: la medida en que el progenitor espera que el niño tenga confianza en sí mismo y se desempeñe de acuerdo con su capacidad.

Control: la medida en que el progenitor busca modificar la conducta del pequeño, sea ejerciendo presiones o resistiéndolas.

Modo de comunicación: la medida en que el progenitor consulta la opinión y sentimientos del hijo, y recurre al razonamiento y técnicas abiertas y claras de control, por contraste con técnicas manipulativas.

La segunda fuente de información acerca de la experiencia familiar de un niño proviene de la observación de madre e hijo en el gabinete. Dos psicólogos observaron y registraron su interacción. La sesión se dividió en dos fases: primero se solicitó a la madre que enseñara a su hijo conceptos elementales, utilizando varas de diferente largo y colores; segundo, se le pidió que estuviera con él mientras este jugaba. La madre podía jugar con él o no, según sus deseos, pero en todos los casos se le exigía mantener al niño dentro de ciertos niveles fijados por el experimentador. Dentro de este contexto era posible advertir de qué manera una madre asistía y apoyaba al hijo, qué expectativas parecía albergar con respecto a él, su empleo del elogio y la desaprobación, el modo de poner en práctica los reglamentos, el modo de enseñarle, y su capacidad para lograr la colaboración del pequeño. Más adelante las madres eran evaluadas de acuerdo con las cuatro escalas de puntuaciones utilizadas para la evaluación de los padres tras las visitas a sus hogares.

La coherencia de los descubrimientos relativos a la conducta de cada madre en los dos contextos, el hogar y el gabinete, fue tal que permitió confirmar la validez de las observaciones (si bien debe admitirse que las dos series de puntuaciones no fueron registradas de manera totalmente independiente entre sí).

Al compararse la conducta de los padres en relación con los tres grupos en los que se dividieron inicialmente sus hijos, surgen diferencias del tipo exacto que los estudios sobre adolescentes y sus padres nos indujeron a esperar. Los padres y madres de los niños del grupo I obtuvieron una evaluación muy alta en cada una de las cuatro escalas de puntuaciones descritas anteriormente. Los progenitores de los niños de los grupos II y III obtuvieron puntuaciones bajas en relación con el nivel de crianza; los de los niños del grupo III obtuvieron puntuaciones particularmente bajas en relación con control y exigencias de madurez.

Los cuadros típicos de la experiencia familiar de los niños de cada uno de los tres grupos, basados en informaciones derivadas de las tres fuentes (o sea que se incluyen las entrevistas), se describen a continuación:

Experiencia familiar de los niños del grupo I: En el contexto del hogar, los padres de estos pequeños activos, controlados y llenos de confianza en sí mismos se mostraron coherentes en el manejo de sus hijos, así como también afectuosos y conscientes en los cuidados que les dispensaban. Respetaban sus deseos, pero podían también atenerse a sus propias decisiones. Daban sus razones cuando contravenían los deseos del niño, y alentaban la comunicación verbal. En el gabinete demostraban ejercer firme control y esperaban bastante del niño, pero también le brindaban su apoyo. Hacían saber con claridad cuáles eran sus deseos.

Experiencia familiar de los niños del grupo II: Tanto en el hogar como en el gabinete los padres de estos niños bastante ansiosos y agresivos brindaban a sus hijos escaso afecto, atención o apoyo. Aunque ejercían un control firme, no daban razones de sus actos. Por añadidura, no alentaban ni aprobaban mayormente al hijo. En las entrevistas, las madres admitieron utilizar métodos disciplinarios que incluían amenazas o actos que asustaban al pequeño.

Experiencia familiar de los niños del grupo III: Los padres de estos niños que demostraban poca firmeza en sus actos y permanecían bastante inactivos resultaron ser bastante inseguros ellos mismos, y no muy eficaces en el manejo de sus hogares. Ninguno de los progenitores exigía demasiado al niño, y ambos tendían a mimarlo como si fuera un delito. En las entrevistas se descubrió que como métodos disciplinarios las madres solían amenazarlos con retirarles su amor o ponerlos en ridículo.

Otro estudio destinado a arrojar luz sobre las relaciones existentes entre la experiencia familiar y la conducta de los niños pequeños en una guardería es el llevado a cabo en Los Ángeles por Heinicke. Los niños se estudian longitudinalmente, desde el momento mismo en que ingresan a la guardería, a los tres años, hasta cuatro años después. Además de evaluaciones regulares de su rendimiento en tareas educacionales, se registra la conducta social y emocional cotidiana del chiquillo de manera muy detallada, haciéndose referencia específica a la conducta que visualiza en la persona de sus padres y maestros. Cuando las diferentes pautas de conducta puestas de manifiesto en la escuela se correlacionan con los modos diferentes en que una madre puede tratar al hijo, se descubren los mismos tipos de asociación registrados por Baumrind. En un informe preliminar Heinicke y sus colegas (en prensa) ilustran sus resultados describiendo el desarrollo contrastante de dos niños y sus familias. La medida en que la conducta puesta de manifiesto en la escuela resulta reactiva con respecto a la experiencia en el hogar, en especial en relación con la disponibilidad o falta de disponibilidad de las figuras de apego del hijo, tiende a confirmar categóricamente la presente tesis.

No obstante, debe recordarse que los niños estudiados por Baumrind y por Heinicke ya contaban tres o cuatro años, edad para la cual ya han tenido lugar varios años de interacciones muy complejas entre el hijo y sus padres, y la personalidad del niño ha experimentado un considerable desarrollo. Cabe preguntarse, entonces, qué sabemos acerca de las pautas de personalidad y las condiciones en las cuales se desarrollan durante un período anterior de su ciclo vital. Para obtener datos al respecto recurrimos al estudio de Ainsworth y sus colegas sobre veintitrés niños y sus madres, observados durante el primer año de vida del bebé.

Niños de un año

En el capítulo 3 se suministra una descripción del método de Ainsworth para observar la interacción de una madre con su pequeño de doce meses, primero al hallarse juntos en circunstancias extrañas pero no amenazadoras, y luego después de que la madre hubiera abandonado la habitación por breves instantes, para retornar posteriormente. Del total de cincuenta y seis niños de hogares de raza blanca y clase media que Ainsworth estudió cuando contaban doce meses, una submuestra de veinte fueron observados en sus propios hogares en compañía de la madre, durante todo el primer año de vida.

El hogar de cada niño de la submuestra fue visitado cada tres semanas por un observador, quien permaneció en él durante una prolongada sesión de unas cuatro horas de duración, a lo largo de la cual se instó a la madre a seguir con sus actividades habituales. Se tomaron apuntes detallados durante las visitas, a partir de las cuales se dictó y transcribió un informe sobre la conducta del niño y la interacción desarrollada entre madre e hijo. A partir de los datos disponibles sobre esta submuestra es preciso, para nuestros fines, concentrarnos exclusivamente en tres series:

- La conducta del bebé tal como se la observó a los doce meses, cuando se lo sometió en compañía de la madre a la situación experimental.
- La conducta del bebé tal como se la observó a los once y doce meses, cuando se hallaba con su madre en el hogar.
- La conducta de la madre hacia su hijo, tal como se la observó durante visitas al hogar a lo largo de todo el primer año de vida del niño.

El examen de los descubrimientos, registrado por Ainsworth, Bell y Stayton (1971), indica que, con solo contadas excepciones, el modo en que un bebé de doce meses se comporta en ausencia y en presencia de la madre en el propio hogar y el modo en que se comporta en su presencia y en su ausencia en una situación de prueba ligeramente extraña tienen mucho en común. Sobre la base de observaciones de la conducta en ambos tipos de situaciones es posible clasificar a los bebés en cinco grupos centrales, aplicando dos criterios: a) la medida en que se produce una conducta exploratoria del bebé en situaciones diferentes, y b) el modo en que trata a la madre cuando esta está presente, cuando parte y cuando regresa.[6]

Los cinco grupos, con el número de bebés incluidos dentro de cada uno, son los siguientes:

Grupo P: La conducta exploratoria del bebé dentro de este grupo varía de acuerdo con la situación, y se torna más evidente en presencia de la madre. Toma a la madre como base para sus exploraciones, toma nota del paradero de aquella e intercambia miradas con ella. De tanto en tanto regresa donde ella se encuentra y disfruta de su compañía. Al regresar tras una breve ausencia la saluda afectuosamente. No hay muestras de ambivalencia hacia ella. $N = 8$.

Grupo Q: La conducta de estos pequeños es muy similar a las de los del grupo P. Difiere en que, en primer término, los bebés de este grupo tienden a explorar más activamente en la situación extraña y, en segundo lugar, tienden a dar muestras de cierta ambivalencia hacia la madre. Por un lado, si ella los ignora, el bebé puede redoblar sus exigencias; por otro, puede ignorarla o evitar su contacto a su regreso. Empero, en otros momentos la pareja puede tener una interacción feliz. $N = 4$.

Grupo R: El tipo de bebé incluido dentro de este grupo tiene una conducta exploratoria muy activa, sea que la madre se halle presente o no, o que la situación sea familiar o extraña. Por añadidura, suele comunicarse muy poco con la madre, y a menudo no le interesa que lo tomen en brazos. En otras oportunidades, en especial después de que la madre lo haya dejado solo en una situación extraña, se comporta de maneras totalmente opuestas, buscando alternativamente su proximidad y rechazándola, o buscando su compañía y luego evitándola. $N = 3$.

Grupo S: La conducta de los bebés incluidos dentro de este grupo es poco coherente. A veces parecen mostrarse muy independientes, aunque por lo común solo durante breves lapsos; en otras ocasiones se los ve notablemente ansiosos en relación con el paradero de la madre. Se muestran notoriamente ambivalentes en relación con el contacto con ella; con frecuencia lo buscan, aunque no parecen disfrutar de él, o incluso llegan a resistirlo con fuerza. Resulta bastante insólito que en la situación extraña tiendan a ignorar la presencia de la madre y evitar tanto su proximidad como el contacto con ella. $N = 5$.

Grupo T: Estos bebés tienden a mostrarse pasivos tanto en el hogar como en la situación extraña. Su conducta exploratoria es relativamente escasa, pero tienen un alto grado de conducta autoerótica. Se muestran llamativamente ansiosos acerca del paradero de la madre y lloran mucho en su ausencia; no obstante, cuando aquella retorna su conducta hacia ella puede ser muy ambivalente. $N = 3$.

Cuando se efectúa un intento por evaluar estas diferentes pautas de conducta como predecesoras del futuro desarrollo de la personalidad, los ocho niños de los grupos S y T parecen los *menos* capacitados para desarrollar una personalidad bien integrada, en la cual la confianza en sí mismos se asocie a la confianza en los demás. Algunos se muestran pasivos en ambas situaciones; otros inician una conducta exploratoria, pero de muy breve duración. La mayoría parecen ansiosos por descubrir el paradero de la madre, y sus relaciones con ella suelen ser sumamente ambivalentes.

Los tres niños del grupo R son los que desarrollan una conducta exploratoria más activa, y parecen muy independientes. No obstante, sus relaciones con la madre son cautelosas, incluso caracterizadas por un ligero desapego. Ante el especialista, dan la impresión de ser incapaces de confiar en otros, y de haber logrado un nivel de independencia prematuro.

Los cuatro niños del grupo Q resultan más difíciles de evaluar, y parecen hallarse a mitad de camino entre los del grupo R y los del grupo P.

De resultar correcta la perspectiva adoptada en esta obra, los ocho niños del grupo P serían, a su debido tiempo, los más susceptibles de desarrollar una personalidad bien integrada, llenos de confianza en sí mismos y en los demás, ya que se mueven con toda libertad entre sus dos puntos de interés: la activa exploración del ambiente y las personas que en él se encuentran, y el contacto estrecho con la madre. Es verdad que a menudo demuestran menos confianza en sí mismos que los niños de los grupos Q y R, y que en la situación extraña se ven más afectados que estos últimos ante la breve ausencia de la madre. No obstante, su relación con esta última parece siempre feliz y llena de confianza, sea que se exprese por medio de abrazos afectuosos o intercambiando miradas y palabras a distancia; y ello parece augurarles un futuro promisorio.

Volvamos ahora al tipo de cuidados maternos recibidos por los bebés de cada uno de los cinco grupos, sobre la base de los datos obtenidos durante las prolongadas visitas efectuadas por los observadores a sus hogares; las diferencias y correlaciones descubiertas son, una vez más, del mismo tipo que las determinadas en estudios de niños de mayor edad y adolescentes.

Al evaluar la conducta de una madre hacia su hijo, Ainsworth utiliza cuatro escalas diferentes de clasificación, de nueve puntos cada una. Estas son: una escala de aceptación-rechazo, una escala de colaboración-interferencia, una escala de accesibilidad-desatención y una escala que mide el grado de sensibilidad de la madre en relación con las señales del bebé. Puesto que las puntuaciones de todas las escalas guardan estrecha correlación entre sí, se suministran resultados detallados solo para la última escala, de sensibilidad o insensibilidad ante las señales y pautas de comunicación del bebé. En tanto que una madre sensible parece hallarse siempre pronta a captar las señales del bebé, suele interpretarlas correctamente y responder de manera rápida y apropiada, una madre insensible a menudo no advertirá dichas señales, o si las advierte las interpretará de manera errónea, y responderá tardíamente, de modo inadecuado, o no responderá en absoluto.

Al examinar las puntuaciones de esta escala para las madres de los bebés de cada uno de los cinco grupos, descubrimos que las madres de ocho pequeños del grupo P obtuvieron puntuaciones uniformemente elevadas (que oscilaban entre 5,5 y 9,0), las de los once pequeños de los grupos R, S y T obtuvieron puntuaciones uniformemente bajas (entre 1,0 y 3,5), y las de los cuatro del grupo Q se encontraban en una posición intermedia (entre 4,5 y 5,5). Las diferencias resultan significativas desde el punto de vista estadístico. Por añadidura, cuando se evalúa a las madres en las otras tres escalas, también se descubren diferencias entre los grupos, en la misma dirección y de aproximadamente la misma magnitud.

Al analizar sus resultados, Ainsworth y sus colegas (en prensa) puntualizan que:

> [...] las madres que proporcionan un contacto físico relativamente mayor a sus hijos durante sus primeros meses de vida [...] tienen bebés que hacia fines del primer año no solo gozan con una interacción afectuosa activa, sino que dejan que las madres los bajen de sus brazos y emprenden con alegría actividades exploratorias y juegos [...] (Este contacto) no convierte (al bebé) en un niño de un año cargoso y dependiente, sino que, por el contrario, facilita la obtención gradual de independencia. Son los bebés mantenidos en los brazos de la madre durante períodos muy breves los que tienden a protestar cuando los bajan, y no emprenden enseguida juegos de características independientes [...]

Es evidente que se requerirán amplias investigaciones en este terreno antes de llegar a conclusiones dotadas de cierto grado de confiabilidad. No obstante, las pautas globales del desarrollo de la personalidad y de la interacción madre-hijo visibles a los doce meses son lo bastante similares a las pautas del desarrollo de la personalidad y de la interacción padres-hijo en años posteriores como para que resulte plausible creer que las unas preceden a las otras. Al menos, los descubrimientos de Ainsworth indican que un bebé cuya madre es sensible, accesible y dotada de capacidad de respuesta, capaz de aceptar su conducta y colaborar con él, está lejos de convertirse en el ser exigente e infeliz que algunas teorías parecen insinuar. Por el contrario, los cuidados maternos de esta índole resultan evidentemente compatibles con la evolución de un niño que desarrolla una medida limitada de confianza en sí mismo para la época de su primer cumpleaños, aunada a un alto grado de confianza en la madre, y al placer que le provoca su compañía.

CONFIANZA EN SÍ MISMO Y CONFIANZA EN LOS DEMÁS

En el capítulo 14 se presentaron tres hipótesis sobre el funcionamiento y desarrollo de la personalidad. La primera sostiene que cuando una persona confía en que una figura de afecto estará disponible para ella cuando lo desee, se mostrará menos propensa a experimentar temores intensos o crónicos que otro individuo que, por alguna razón, no pueda albergar tal grado de confianza. La segunda hipótesis postula que la confianza en la accesibilidad y capacidad de respuesta de las figuras de apego, o la falta de esta confianza, se va forjando gradualmente durante todos los años de inmadurez y, una vez desarrollada, las expectativas tienden a mantenerse prácticamente invariables durante el resto de la existencia. La tercera hipótesis postula que las expectativas referentes a la disponibilidad de las figuras de apego que elaboran diferentes individuos configuran un reflejo bastante exacto de sus experiencias reales. Solo porque cada hipótesis es, o ha sido, tan controvertida, pareció necesario describir ampliamente los datos sobre los que cada una de ellas se basa.

Aunque cada propuesta derivó, inicialmente, de un intento por comprender y tratar a los niños perturbados, en especial a aquellos cuyas perturbaciones se desencadenaron tras una separación, esos postulados parecen tener aplicación más amplia. Es evidente que no solo los niños pequeños, sino también los seres humanos de todas las edades, se muestran más felices y pueden desplegar su talento de manera más provechosa cuando confían en contar con el respaldo de una o más personas que siempre acudirán en su ayuda al surgir dificultades. La persona digna de confianza suministra una base segura a partir de la cual su acompañante puede operar. Y cuanto más digna de confianza sea esa base, más se la da por descontada;

lamentablemente, a su vez, cuanto más se la da por sentada, más suele soslayarse su importancia, u olvidársela.

Paradójicamente, la persona con auténtica confianza en sí misma, visualizada desde esta perspectiva, de ninguna manera parece ser tan independiente como sugieren ciertos estereotipos culturales. Un ingrediente esencial es la capacidad para confiar plenamente en otros cuando la ocasión lo exige, y saber en quién puede confiarse. De esta manera, una persona con auténtica confianza en sí misma puede intercambiar los papeles cuando la situación lo exige; en determinado momento suministra una base segura a partir de la cual puede operar su compañero o compañeros; en otro, está dispuesta a tomar, a su vez, a uno o más de sus compañeros como base.

La capacidad para adoptar uno u otro rol, según lo exigen las circunstancias, es adecuadamente ilustrada por una mujer llena de saludable confianza en sí misma durante las fases sucesivas de su existencia, desde el embarazo hasta el nacimiento de sus hijos y la experiencia de la maternidad. Según Wenner (1966),[7] una mujer capaz de enfrentar exitosamente esos cambios será también capaz, durante el embarazo y el puerperio, de expresar sus deseos de recibir apoyo y ayuda y hacerlo de manera directa y eficaz, en relación con una figura adecuada. Su relación con el marido es muy estrecha, y ella se muestra ansiosa y dispuesta a recibir su apoyo. A su vez, ella es capaz de darlo espontáneamente a otros, entre quienes se incluye un bebé. Por el contrario, también según Wenner, una mujer que experimentó grandes conflictos emocionales durante el embarazo y el puerperio suele tener grandes dificultades para confiar en otros. O bien es incapaz de expresar su deseo de recibir apoyo, o bien lo solicita de manera insistente y agresiva; en ambos casos su conducta refleja su falta de confianza en la posibilidad de recibirlo. Por lo común, se muestra insatisfecha con lo que se le otorga, y a la vez es incapaz de dar algo a otros de manera espontánea. Un estudio de Melges (1968) demuestra que las mujeres con este tipo de problemas casi siempre tienen una relación profundamente ambivalente con la propia madre.

Concordancia respecto de algunos principios básicos

La postura teórica aquí adoptada tiene mucho en común con las propuestas por muchos otros psicoanalistas, en especial aquellos que acuerdan importancia sustantiva a la influencia del ambiente sobre el desarrollo.

En el Reino Unido, por ejemplo, Fairbairn (1952), quien insistía en que «para que resulte satisfactoria, toda teoría sobre el desarrollo del yo debe ser concebida en función de relaciones objetales», postula que durante el desarrollo de un individuo «el estado original de dependencia infantil [...] se abandona en favor de un estado adulto de dependencia madura [...]». En opinión de Winnicott:

> La madurez y la capacidad para estar solo implica que el individuo ha tenido oportunidad, gracias a los adecuados cuidados maternos recibidos, de elaborar una creencia en un ambiente benigno... Gradualmente, el ambiente que apoya la afirmación del yo es introyectado y corporizado en la personalidad del individuo, de manera que surge en él la capacidad de estar solo. Aun así, teóricamente, siempre hay alguien presente, alguien equiparado, en última instancia y de manera inconsciente, con la madre [...] (Winnicott, 1958).

En Estados Unidos ha ejercido influencia durante muchos años una tradición similar de teorizaciones, adecuadamente descrita en un reciente trabajo de Fleming (1972). Benedek (1938; 1956) puntualiza de qué manera la confianza de una persona en la existencia de figuras de apoyo deriva de experiencias gratificantes reiteradas a lo largo de su relación con la madre durante la infancia y la niñez y de qué modo, como resultado, se desarrolla un yo fuerte, capaz de mantener su integración y autorregulación durante períodos carentes de apoyo. Mahler (1968), quien basa sus puntos de vista en estudios de niños gravemente perturbados o psicóticos, alcanza una conclusión similar. La confianza en sí mismo, la autoestima y el placer que brinda la independencia, concluye, se desarrollan a partir de la confianza en los demás. Esta confianza se cimenta durante la infancia y la niñez, mediante la experiencia del niño con una persona que le brinda cuidados maternos y que actúa como «punto de referencia» para sus actividades, en tanto que, a la vez, le suministra libertad suficiente como para permitirle atravesar la etapa del desarrollo que Mahler denomina «separación-individuación». Fleming (1972), después de pasar largos años estudiando los problemas de pacientes adultos a quienes afectó la muerte de familiares durante la infancia o la adolescencia, se adhiere a dichos puntos de vista e insiste en que, aun en la vida adulta, «nunca somos totalmente independientes de la necesidad de contar con una persona que pueda prestarnos ayuda, a la cual podamos llamar de ser necesario».

De esta manera, aunque las fuentes de las observaciones en las que diferentes especialistas basan sus conclusiones y el marco teórico dentro del cual las describen son a menudo muy diferentes, y también diferentes de las fuentes de observación y el modelo teórico utilizado en esta obra, existe decidido acuerdo en torno a ciertos principios básicos. La confianza en sí mismo adecuadamente fundada, es evidente, no solo es compatible con la capacidad de confiar en otros, sino que surge de esta última, y la complementa. Ambas, por añadidura, son productos similares de una familia que proporciona sólido apoyo a sus hijos, amén de albergar respeto por sus aspiraciones personales, su sentido de responsabilidad y su habilidad para enfrentarse al mundo. Lejos de coartar el nacimiento de la confianza en sí mismo del niño, entonces, una base segura y el firme apoyo familiar la alientan en grado sumo.

22

Caminos para el desarrollo de la personalidad

> El organismo y el ambiente no son dos entes separados, cada uno de ellos con un carácter específico por derecho propio, que se imponen en contacto con una relación esencial mutua tan escasa como la que vincula una criba con la palada de guijarros que se arroja en ella. Las características fundamentales del organismo son propiedades que se expanden con el transcurso del tiempo, y puede visualizárselas como una serie de rumbos alternativos de desarrollo...
>
> C. H. Waddington (1957)

LA NATURALEZA DE LA VARIACIÓN INDIVIDUAL: MODELOS ALTERNATIVOS

Durante la mayor parte del presente siglo el modelo de personalidad más comúnmente aceptado es el que considera la personalidad como si esta se desarrollara a lo largo de una serie de etapas siguiendo un rumbo unilateral hacia la madurez. Las diversas formas de personalidad perturbada se atribuyen entonces a la detención producida en una u otra de esas etapas. Dicha detención, considérase, puede ser más o menos completa. Con suma frecuencia se supone que es solo parcial. En estas circunstancias se considera que el desarrollo prosigue de manera aparentemente bastante satisfactoria, solo que, en casos de tensión, suele producirse una crisis. Es entonces cuando verificaría una regresión de la personalidad, hasta la fase de desarrollo en que se habría producido la detención parcial, o fijación. En algunos de los más conocidos sistemas teóricos basados en ese modelo, como, por ejemplo, el de Abraham (1924), cada forma de desorden de la personalidad, de neurosis o de psicosis derivaría, en cierta medida, de una fijación ocurrida en alguna fase específica del desarrollo. A partir de este modelo surge la aplicación de los términos *maduro* e *inmaduro* a personalidades sanas y perturbadas, respectivamente (véase el capítulo 14).

Un sistema teórico esbozado en tiempos más recientes por Anna Freud (1965), aunque más complejo que el de Abraham, retiene, sin embargo, las mismas características esenciales: las diferencias individuales se siguen mensurando en función del grado de progresión, fijación o regresión que parece advertirse. La principal característica nueva es que, en tanto que el modelo de Abraham solo toma en cuenta las distintas fases del desarrollo de la libido, el de Anna Freud considera las fases del desarrollo que supuestamente tendrían lugar en cada una de las distintas áreas del funcionamiento de la personalidad; por ejemplo, el desarrollo de hábitos para comer o de relaciones objetales. De tal manera se introduce el concepto de una serie de «líneas de desarrollo» a lo largo de las cuales se espera que una personalidad sana progrese de modo relativamente llano y armonioso, y a un ritmo a tono con la edad cronológica. Las diferentes formas de perturbación psicológica se explican entonces en función de un perfil en el cual se habría producido cierto grado de fijación y regresión durante el desarrollo a lo largo de una o más de estas pautas.

En los círculos clínicos se han efectuado escasos análisis de los modelos alternativos del desarrollo de la personalidad. Una alternativa que, sostiénese ahora, se ajusta a los datos actualmente disponibles mucho más estrechamente que el modelo tradicional es la que concibe la personalidad como una estructura que se desarrolla sin cesar a lo largo de uno u otro de entre una serie de senderos de evolución posibles y discontinuos. Todos esos senderos tendrían un origen casi simultáneo, de manera que, individualmente, el sujeto tiene acceso a una amplia variedad de posibilidades, de entre las que puede elegir cualquier rumbo. El camino elegido, según se sostiene, se bifurca en cada una de las etapas de la jornada, al producirse una interacción entre el organismo tal como se había desarrollado hasta ese momento y el ambiente en el que se halla inmerso. De esta manera, ya en la concepción misma el desarrollo depende de la interacción entre el genoma recientemente formado y el ambiente intrauterino; en el momento del nacimiento depende de la interacción entre la constitución fisiológica (la cual incluye la estructura mental germinal) del recién nacido y la familia (o no familia) en la cual nace; y en cada edad sucesiva depende de la estructura de personalidad entonces presente y la familia y, más adelante, los ambientes sociales más amplios dentro de los que se mueve.

En el momento de su concepción, la serie total de caminos potencialmente abiertos al individuo se halla determinada por la conformación del genoma. A medida que va produciéndose su desarrollo y las estructuras se van diferenciando progresivamente, disminuye el número de caminos que quedan abiertos.

Estos dos modelos teóricos alternativos se asemejarían a dos tipos de líneas férreas. El modelo tradicional se asemeja a una línea central única a lo largo de la cual se halla ubicada una serie de estaciones. En cada una de ellas, cabe imaginar, puede detenerse un tren, sea de manera temporal o permanente; y cuanto más se detenga más susceptible será de volver a dicha estación siempre que enfrente dificultades a lo largo del camino.

El modelo alternativo se asemeja a un sistema iniciado en una vía única principal que parte de una metrópolis central en determinada dirección, pero pronto se desvía, siguiendo una serie de rutas diferentes. Aunque cada una de estas líneas diverge en cierta medida, inicialmente la mayoría de ellas prosigue en dirección no muy diferente de la original. Cuanto más se desvía de la metrópolis cada línea, sin embargo, más ramales se desprenden de ella, y mayor es el grado de divergencia que puede producirse en la dirección. No obstante, aunque muchos de esos subramales efectivamente divergen cada vez más de la dirección originaria, otros pueden seguir un camino convergente con el original, de manera que en última instancia pueden incluso correr en dirección cercana, o incluso paralela, a las vías que han mantenido la dirección originaria desde un comienzo. En función de este modelo los puntos críticos son los empalmes donde se bifurcan las líneas, ya que una vez que el tren sigue un rumbo determinado se aplican presiones tendientes a mantenerlo en él; aunque, siempre que la divergencia no sea demasiado grande, siempre queda la posibilidad de que el tren tome por una vía convergente al producirse el siguiente empalme.

Las implicaciones de estos diferentes modelos de investigación y práctica tienen muy largo alcance. Con respecto a la investigación, el modelo tradicional postula que cada forma del desorden de personalidad puesto de manifiesto en los adultos surge de determinada pauta de estructura de personalidad que resulta normal y sana en una etapa (apropiada) de la existencia, por lo general durante los primeros años, o incluso meses de vida. De manera coherente con este supuesto se postula un esquema según el cual a cada etapa sucesiva de una infancia sana se atribuyen características típicas de una u otra forma de desorden de personalidad en la existencia posterior del individuo. De esta manera, se elabora una psicología del desarrollo que toma como datos primarios para cada fase del desarrollo temprano observaciones sobre el modo en que una u otra forma de trastorno de personalidad se pone de manifiesto en algún punto posterior del ciclo vital.

Las implicaciones que para la investigación tiene el modelo alternativo, el cual postula una amplia serie de caminos divergentes del desarrollo, son muy diferentes. Tal como se argumentara al final del capítulo 14, este modelo objeta el punto de vista de que los trastornos de la personalidad adulta son reflejos de estados más tempranos de un desarrollo saludable, y considera un serio error todo intento por elaborar una psicología del desarrollo sobre tal base. Lo que se necesita, por el contrario (sostiene), es trazar un plano de los muchos y a menudo divergentes caminos de desarrollo potencialmente disponibles al ser humano, junto con las variables orgánicas y ambientales que ejercen coerción sobre el individuo, de manera tal que sea llevado por determinado sendero, en lugar de otro. Ello solo puede efectuarse estudiando las personalidades tal como se desarrollan dentro de su ambiente específico. Solo de esta manera será posible comprender las secuencias de interacción de la personalidad y el ambiente que hacen que esa personalidad se desarrolle a lo largo de un camino específico.

LOS CAMINOS DEL DESARROLLO Y LA HOMEORRESIS

Este modelo alternativo, el cual interpreta las diferencias en la estructura de la personalidad como consecuencia de un desarrollo producido a lo largo de caminos distintos y divergentes, se halla estructurado sobre la base de la teoría de la epigénesis propuesta por Waddington (1957), la cual actualmente tiene amplia difusión entre los biólogos del desarrollo. De acuerdo con esta teoría los procesos que determinan el desarrollo de un organismo y, en particular, la medida en que cada característica del desarrollo es sensible o insensible a la variación ambiental serían regulados por el gemona. Toda característica del desarrollo relativamente insensible a los cambios ambientales puede denominarse «ambientalmente estable»; toda característica relativamente sensible a ellos puede denominarse «ambientalmente lábil» (véanse los capítulos 3 y 10 del primer volumen de esta serie).

Waddington analiza las ventajas y desventajas, en función de la supervivencia, resultantes, para una especie determinada, de la mayor o menor medida de sensibilidad al cambio ambiental que caracteriza a sus miembros durante el desarrollo. Por un lado, un grado reducido de sensibilidad al cambio ambiental puede asegurar un desarrollo adaptativo dentro de una amplia variedad de ambientes, pero al precio de una total incapacidad para adaptarse si el ambiente es modificado más allá de ciertos límites. Por otro, un alto grado de sensibilidad permite al organismo modificar su desarrollo de acuerdo con el ambiente en particular dentro del cual aquel tiene lugar, con perspectivas de una mejor adaptación del adulto a ese ambiente. Asimismo, asegura una reserva de adaptabilidad dentro del patrimonio genético de la especie, de manera tal que, de darse grandes fluctuaciones en el ambiente, siempre suele haber algunos miembros de la población capaces de adaptarse y sobrevivir. Dicha flexibilidad, no obstante, se adquiere a costa de notorias perturbaciones del desarrollo de muchos individuos en una serie de ambientes distintos, y las formas resultantes pueden tener serias deficiencias de adaptación a uno o quizá a todo tipo de ambiente. En razón de este peligro, ninguna especie puede conceder a sus miembros más que un grado limitado de sensibilidad a la fluctuación ambiental durante su desarrollo.

En el curso de su evolución diferentes especies han adoptado estrategias muy diferentes con respecto al grado de sensibilidad ambiental que resulta tolerable durante el desarrollo. Como ambos extremos (sensibilidad o insensibilidad excesiva) plantean graves peligros para la supervivencia, toda especie llega a lograr cierto equilibrio de las dos propiedades. Probablemente, en todas las especies la sensibilidad epigenética es mayor durante el comienzo de su existencia, para disminuir posteriormente.

Con el fin de limitar la sensibilidad epigenética y asegurar un desarrollo coherente a pesar de las fluctuaciones ambientales, se desarrollan procesos fisiológicos y de conducta que fortifican al individuo en pleno proceso de evolución, permitiéndole resistir el choque con su ambiente. Al actuar de manera concertada estos procesos tienden a mantener al individuo en el mismo camino de desarrollo que ya ha emprendido, a pesar de las muchas fluctuaciones que pueden producirse en el ambiente donde tendrá lugar su ulterior desarrollo. Waddington denomina *homeorresis* a la propiedad fuertemente autorreguladora de la cual son agentes estos procesos.

Cuando se aplican los conceptos de Waddington al desarrollo de la personalidad humana, el modelo propuesto postula que los procesos psicológicos que van forjando la estructura de la personalidad se hallan dotados de mayor grado de sensibilidad al ambiente, especialmente al ambiente familiar, durante los primeros años de vida; pero esta sensibilidad disminuiría durante la infancia para ser ya muy limitada hacia fines de la adolescencia. De esta manera, se concibe el proceso de desarrollo como un proceso susceptible de modificar su curso, de modo más o menos adaptativo, durante los primeros años de vida, de acuerdo con el ambiente dentro del cual tiene lugar ese desarrollo; posteriormente, al reducirse la sensibilidad ambiental, se limita cada vez más al camino específico ya elegido.

La experiencia corriente indica que la sensibilidad al ambiente puesta de manifiesto durante las fases iniciales del desarrollo de la personalidad por lo común tiene consecuencias adaptativas, en el sentido de que la personalidad adulta resultante puede funcionar adecuadamente en cualquiera de la amplia serie de ambientes familiares y sociales culturalmente determinados dentro de los cuales suele hallarse inmerso. No obstante, como ya viéramos, esta sensibilidad temprana no brinda garantía alguna de que se den consecuencias adaptativas, ya que, cuando el ambiente de desarrollo escapa a ciertos límites, la sensibilidad del organismo al ambiente puede redundar en que una personalidad en proceso de desarrollo no solo siga un camino de adaptación errónea, sino que, debido a la homeorresis cada vez mayor, se circunscriba de manera más o menos permanente a dicho camino. La personalidad psicopática, consecuencia del desarrollo dentro de un ambiente familiar severamente atípico durante los tres primeros años de vida, aproximadamente, sería un ejemplo de este tipo de desarrollo perturbado de la personalidad.

El desarrollo de la personalidad puede también seguir un rumbo tal que se produce una adaptación deficiente en la vida adulta cuando la personalidad en pleno proceso de evolución se adapta de manera bastante razonable al ambiente dentro del cual se produce efectivamente el desarrollo, pero no logra adaptarse a la serie de ambientes dentro de los cuales suele verse inmerso el adulto. Una personalidad obsesiva y fuertemente conformista, que requiere un ambiente social notablemente estructurado, pero se ve imposibilitada de adaptarse al cambio, constituye un ejemplo de este otro tipo de desarrollo perturbado.

Presiones homeorréticas sobre el desarrollo de la personalidad

A continuación consideraremos sucintamente la naturaleza de los procesos que tienden a hacer que una personalidad en proceso de desarrollo no se desvíe de la senda ya elegida. Se ejercen dos tipos de presiones: aquellas derivadas del ambiente, y las derivadas del organismo. Debido a su interacción constante, el efecto combinado de esas presiones es inmenso.

Las presiones ambientales se deben, en gran medida, al hecho de que el ambiente familiar dentro del cual vive y crece el niño tiende a permanecer relativamente invariable, tal como informan, entre otros, Peck y Havighurst. Esto significa que sean cuales fueren las presiones familiares que hacen que el desarrollo de un niño siga un rumbo determinado, estas presiones suelen persistir y, por ende, tienden a impedir que el niño se desvíe de esa senda. Por ese motivo los intentos por modificar la estructura de personalidad del pequeño por medio de la psicoterapia no suelen arrojar resultados si a la vez no se procura modificar simultáneamente el ambiente familiar, por medio de la terapia familiar.

Empero, no son solo las presiones ambientales las que tienden a impedir que el desarrollo se desvíe de determinada senda. Las características estructurales de la personalidad, una vez desarrolladas, tienen sus propios medios de autorregulación, que también tienden a mantener el desarrollo en el camino ya emprendido. Por ejemplo, las estructuras cognitivas y de conducta presentes determinan la manera en que ciertos elementos son percibidos y otros ignorados, el modo en que se interpreta una situación nueva, y el plan de acción que habrá de elaborarse para encararla. Las estructuras presentes, por añadidura, determinan que se favorezca a determinadas situaciones y personas, y se rehúyan otras. De este modo el individuo llega a ejercer influencia en la selección de elementos de su propio ambiente, con lo cual se cierra el círculo. Como esos procesos fuertemente autorreguladores tienen lugar en todo individuo, las medidas terapéuticas destinadas a modificar el ambiente familiar o social de un paciente (trátese de un escolar, adolescente o adulto) sin procurar, simultáneamente, modificar la estructura de personalidad del paciente mismo tampoco suelen dar resultado alguno.

En consecuencia, como las presiones homeorréticas de ambos tipos (ambiental y orgánico) se refuerzan constantemente entre sí, y por lo tanto determinan que el desarrollo continúe un curso determinado, las medidas terapéuticas que tienen mayor posibilidad de lograr un cambio son aquellas delineadas de manera tal que encaran ambos tipos de presiones simultáneamente. Hoy en día muchos psiquiatras de orientación dinámica prestan atención al perfeccionamiento de técnicas terapéuticas combinadas de este tipo.

Los procesos psicológicos y las pautas de conducta que configuran la contribución del organismo a la homeorresis se cuentan, por supuesto, entre las denominadas «defensivas» en la teoría psicoanalítica tradicional. En el tercer volumen de esta serie se procurará examinar los procesos y conductas defensivas desde este punto de vista.

EL CAMINO SEGUIDO POR UNA PERSONA DADA: FACTORES DETERMINANTES

Basándonos en Waddington y adaptando sus puntos de vista, cabría decir que las características fundamentales de la personalidad son propiedades que se extienden a lo largo del tiempo y que pueden visualizarse como una serie de sendas o caminos alternativos de desarrollo. El camino finalmente elegido, de entre la gran variedad de sendas inicialmente abiertas a todos nosotros, depende de una serie casi infinita de variables. Empero, entre todas ellas algunas son más fáciles de discernir que otras, debido a que poseen efectos de muy largo alcance. Y, según se sostiene, ninguna variable tiene efectos de más largo alcance sobre el desarrollo de la personalidad que las experiencias del niño en el seno de su familia. A partir de sus relaciones con la figura materna durante los primeros meses de vida, para llegar a las relaciones con ambos progenitores a lo largo de la niñez y la adolescencia, el niño va elaborando modelos del modo en que las figuras de apego suelen comportarse para con él dentro de una amplia variedad de situaciones. Sobre esos modelos se basan todas sus expectativas y, por consiguiente, todos los planes que elaborará durante el resto de su existencia.

Las experiencias de separación de las figuras de apego, sean de escasa o prolongada duración, y las experiencias de pérdidas o amenazas de separación o abandono actúan todas ellas de manera tal, advertimos ahora, que desvían el desarrollo del camino óptimo. En función de la analogía con las vías férreas trazada anteriormente, dichas experiencias actúan de tal modo que, al llegar a un empalme, el tren se desvía de la vía principal y comienza a marchar por un ramal. A menudo, afortunadamente, el desvío no es ni muy notorio ni muy prolongado, por lo cual el retorno a la línea central sigue siendo bastante fácil. En otras oportunidades, por el contrario, el desvío es mucho más grande y prolongado, o bien se repite; entonces el retorno a la vía central se vuelve mucho más dificultoso, y puede tornarse imposible.

No debe suponerse, empero, que las separaciones, las amenazas en ese sentido y las pérdidas son los únicos agentes que desvían el desarrollo del camino óptimo. De ser correcta la tesis formulada en este capítulo, muchas otras limitaciones y fallas de los padres pueden tener idénticos efectos. Además, se puede producir una desviación después de cualquier incidente que origina tensiones o crisis, en especial cuando su víctima es un individuo inmaduro a cuyo desarrollo ya sigue un camino distinto del óptimo. En consecuencia, como hechos susceptibles de desviar el desarrollo de un rumbo determinado en dirección a otro, las experiencias de separación y pérdida y las amenazas de abandono son solo parte de una serie mucho más amplia de hechos que provocan cambios fundamentales en el espacio vital (Parkes, 1971b). Dentro de esa categoría también se incluyen hechos que, en determinadas condiciones, pueden influir sobre el desarrollo de manera favorable.

Son muchas las razones que nos inducen a centrar nuestra atención en las experiencias de separación y pérdida y en las amenazas de abandono, excluyendo experiencias o incidentes de otro tipo. En primer lugar, las primeras constituyen incidentes fáciles de definir y con efectos fácilmente observables a corto plazo; además, cuando el desarrollo sigue produciéndose a lo largo de un camino gravemente divergente, también poseen efectos a largo plazo fácilmente observables. De esta manera suministran a los investigadores un valioso punto de partida sobre la base del cual podrán planificar proyectos destinados a arrojar luz sobre el terreno sumamente complejo y aun oscuro del desarrollo de la personalidad y las condiciones que lo determinan.

En segundo término, y en parte debido a que los efectos de estos incidentes no se circunscriben al género humano, sino que también se advierten en otras especies, se brinda la oportunidad de ensayar un replanteo de la teoría del desarrollo de personalidad y sus desviaciones, para incorporar ideas surgidas tanto de la tradición psicoanalítica como de la etología y la biología del desarrollo.

En tercer lugar, esos hechos se producen de manera tan frecuente en la vida de niños, adolescentes y adultos, y constituyen una proporción tan grande de sus fuentes de tensión básicas, que la clara comprensión de sus efectos brinda ayuda inmediata a los especialistas encargados de diagnosticar perturbaciones de origen psiquiátrico, tratarlas y, en la medida de lo posible, prevenirlas.

No obstante, por útil que resulte la empresa propuesta, solo se trata de un comienzo. La personalidad humana es, tal vez, el sistema más complejo de todos los existentes sobre la tierra. Describir los elementos centrales que la componen, comprender y predecir el modo en que habrá de funcionar y, sobre todo, señalar los múltiples e intrincados caminos que puede seguir el desarrollo de una persona determinada son tareas que quedan confinadas al futuro.

Agradecimientos

En el primer volumen de esta serie se enumeraron los muchos colegas y amigos sin cuya ayuda a lo largo de los años aquella no podría haberse intentado. Con sumo placer expreso una vez más mi profunda gratitud hacia ellos: mi deuda de agradecimiento es muy grande y duradera.

En la preparación de este volumen recibí la valiosa ayuda de Robert Hinde, Mary Salter Ainsworth y David Hamburg, quienes leyeron los borradores de todo o la mayor parte del material y realizaron muchas críticas y sugerencias valiosas. James Robertson revisó el primer capítulo y propuso una serie de mejoras. También prestaron su contribución Christoph Heinicke, Colin Murray Parkes y Philip Crockatt. A todos ellos agradezco profundamente el tiempo y atención que me brindaron.

Mi secretaria, Dorothy Southern, trabajó en la preparación del texto con el entusiasmo y cuidado habituales. Ann Sutherland suministró una vez más servicios bibliotecarios con su acostumbrada eficacia, y Rosamund Robson prestó asistencia editorial. A todas ellas vaya mi profundo agradecimiento.

En el primer volumen de esta serie se enumeran los muchos organismos que han apoyado la investigación por mí encarada en el Instituto Tavistock de Relaciones Humanas desde 1948. Durante todo el período dedicado a la preparación de este volumen he sido miembro con dedicación parcial del Equipo Científico Externo del Consejo de Investigaciones Médicas.

Doy las gracias a los editores, autores y otras personas mencionadas a continuación por su autorización para citar material publicado. En la lista de referencias adjunta al final de este volumen se suministran datos bibliográficos sobre todas las obras citadas en el texto.

George Allen and Unwin Ltd., Londres, y Aldine Publishing Co., Chicago, con respecto a *Four Years Old in an Urban Community* (*Niños de cuatro años en una comunidad urbana*), de J. y E. Newson; doctores I. C. Kaufman y L. A. Rosenblum y revista *Science* con respecto a «Depresión en los monos bebés separados de sus madres» (*copyright* 1967 por la Asociación Norteamericana para el Progreso de la Ciencia); Methuen and Co. Ltd., Londres, con respecto a «Conducta afectiva y exploratoria de los niños de un año en una situación extraña», de M. D. S. Ainsworth y B. A. Wittig, en *Determinants of Infant Behaviour* (*Determinantes de la conducta del bebé*), vol. 4, compilado por B. M. Foss; doctores R. F. Peck y R. J. Havighurst, con respecto a *The Psychology of Character Development* (*La psicología del desarrollo del carácter*), editado por John Wiley and Sons, Inc., Nueva York; University of Chicago Press, Chicago, con respecto a *The Structure of Scientific Revolutions* (*La estructura de las revoluciones científicas*), de T. S. Kuhn; University of London Press Ltd., Londres, con respecto a *Truancy*, de M. J. Tyerman.

Vaya mi agradecimiento, asimismo, a Tavistock Publications Ltd., Londres, por su autorización para incluir, en el capítulo 21 de este volumen, material publicado en *Support, Innovation and Autonomy* (*Apoyo, innovación y autonomía*), compilado por R. Gosling; y al *Journal of Child Psychology and Psychiatry* por su autorización para reproducir, como base del Apéndice I, un trabajo inicialmente publicado en esa revista en 1961.

Apéndice I

Ansiedad de separación: reseña de la Bibliografía especializada[1]

Del estudio de la bibliografía especializada se desprende que existen seis enfoques principales del problema de la ansiedad de separación: tres de ellos son las contrapartes, aunque no siempre necesarias, de teorías referentes a la naturaleza del apego que une al niño con su madre. A continuación se citan esos enfoques según el orden en que han recibido la atención de los psicoanalistas:

1. El primero, propuesto por Freud en *Tres ensayos* (1905b), es un caso especial de la teoría general de la ansiedad a la que se adhirió el padre del psicoanálisis desde 1926. Como resultado de su estudio sobre la ansiedad neurótica (1895), Freud había formulado la tesis de que la ansiedad morbosa se debe a la transformación en ansiedad de una excitación sexual de origen somático que no puede descargarse. La ansiedad que podemos observar cuando se separa a un bebé de la persona a quien ama es, según Freud, ejemplo de ello, ya que en dichas circunstancias la libido infantil sigue estando insatisfecha, y sufre una transformación. Esta teoría puede denominarse de la «libido transformada».

2. La ansiedad puesta de manifiesto por los niños pequeños al separarse de la madre reproduce el trauma del nacimiento, de tal modo que la ansiedad del nacimiento es el prototipo de toda ansiedad de separación experimentada posteriormente. Siguiendo a Rank (1924), esta teoría puede denominarse del «trauma del nacimiento». Es la contraparte de la teoría de los deseos de volver al vientre materno, que explicaría el vínculo de afecto infantil.

3. En ausencia de la madre el bebé o niño pequeño corre el riesgo de sufrir experiencias psíquicas traumáticas, y por consiguiente pone en funcionamiento una suerte de válvula de seguridad que lo lleva a dar muestras de conducta ansiógena siempre que la progenitora lo deja solo. Esta conducta cumple su función: lograr que la madre no se aleje durante un tiempo demasiado prolongado. Es esta la denominada teoría de las «señales», término introducido por Freud en 1926. Existen diversas variantes de dicha teoría, de acuerdo con el modo en que se concibe la situación traumática que deberá evitarse.

Las principales variantes son: a) la situación traumática es una perturbación económica causada al producirse una acumulación excesiva de estimulación, que surge de necesidades corporales insatisfechas (Freud, 1926a); b) indica la inminencia de una extinción total y permanente de la capacidad de goce sexual, o afánisis (Jones, 1927) (al ser propuesta inicialmente por Jones como explicación de la ansiedad, la teoría de la afánisis no guardaba relación con la ansiedad de separación; dos años después, no obstante, procuró adaptarla con el fin de acomodarse a las últimas ideas de Freud), y c) una variante propuesta por Spitz (1950) y presentada dentro de un nuevo modelo teórico por Joffe y Sandler (1965) radica en que la situación traumática que debe evitarse es la de una herida al narcisismo de la persona. En la historia del pensamiento freudiano la teoría de las señales surge, y en ciertos aspectos es la contraparte, de la teoría que explica el vínculo que une al niño con la madre en función de un impulso secundario. La variante que toma en consideración la herida al narcisismo del individuo como amenaza de trauma surge también de la tradición del impulso secundario.

4. La ansiedad de separación se produce cuando un niño pequeño cree que la desaparición de la madre se debe a que él la ha devorado o la ha destruido de algún otro modo y que, en consecuencia, la ha perdido para siempre. Esa creencia, sostiénese, surge de los sentimientos ambivalentes que alberga el niño hacia la madre, ambivalencia que torna inevitable la existencia en él del instinto de la muerte. La teoría, propuesta por Melanie Klein (1935), puede denominarse, siguiendo su terminología, de «ansiedad depresiva».

5. Al proyectar su agresividad, el niño ve en la madre a su perseguidora, lo que lo lleva a interpretar su alejamiento como consecuencia del enojo

materno o los deseos de castigarlo que alberga la progenitora. Por esta razón siempre que la madre lo deja solo el hijo considera que aquella no habrá de regresar, o que lo hará llena de hostilidad, por lo cual experimenta ansiedad. Siguiendo una vez más a Melanie Klein (1934), denominaremos a esta teoría la de la «ansiedad persecutoria».

6. Inicialmente la ansiedad es una respuesta primaria no reducible en otros términos, y debida, simplemente, a la ruptura del apego que une al niño con la madre. Es esta la teoría del «apego frustrado». Se trata de la contraparte de las teorías que consideran que el placer del niño en presencia de la madre es de índole tan primaria como el placer que le produce el alimento y el calor. James (1890), Suttie (1935) y Hermann (1936) propusieron una teoría de esta naturaleza, pero nunca concitó mayor atención en los círculos psicoanalíticos. En un trabajo anterior (Bowlby, 1960a) postulé una teoría de este tipo, ligada a otra variante de la teoría de las señales. La teoría propuesta en la presente obra (capítulo 12) constituye también una combinación del sexto y el tercer tipo de estas tesis. Considera que la separación producida entre un niño pequeño y una figura de apego es de por sí perturbadora, y suministra las condiciones necesarias para que se experimente con facilidad un miedo muy intenso. Como resultado, cuando el niño visualiza ulteriores perspectivas de separación, surge en él cierto grado de ansiedad.

En el capítulo 5 de este volumen se subraya el hecho de que casi todas las teorizaciones psicoanalíticas acerca de la ansiedad y el miedo se conciben en función de un paradigma biológico que antecede a la moderna teoría evolutiva. Ello explicaría, según se cree, las muchas teorías complejas, contradictorias o alternativas que surgen del estudio de la bibliografía especializada en el tema.

PRINCIPALES CONTRIBUCIONES TEÓRICAS

Sigmund Freud

Hemos advertido ya que en 1926, cuando Freud contaba setenta años, prestó atención sistemática a la ansiedad de separación en *Inhibición, síntoma y angustia.* Con anterioridad, y habiendo prestado atención insuficiente al apego que une al niño con la madre, como él mismo lo afirma

(Freud, 1931), también había prestado atención escasa a la ansiedad de que da muestras el hijo pequeño al separarse de su progenitora. No obstante, lejos estaba de ignorar el problema. Tanto en *Tres ensayos* (1905b) como en *Introducción al psicoanálisis* (1917b), se había interesado por el tema, y había reconocido su profunda importancia.[2]

En *Tres ensayos*, tras una sección referente a las relaciones objetales tempranas, dedica un párrafo a la «ansiedad infantil» (*Standard Edition*, vol. 7, pág. 224). En él postula la teoría de que la «ansiedad en los niños no es, originariamente, sino la expresión del hecho de que sienten la pérdida de la persona que aman». De inmediato aúna esta teoría a su hipótesis sobre la ansiedad neurótica en los adultos. Por ese entonces Freud todavía sostenía el punto de vista de que, cuando no existe descarga suficiente de una excitación sexual poderosa, la libido se transforma directamente en ansiedad. Lo mismo ocurre en el caso de los niños, a su entender. Como «los niños [...] se comportan, desde edad temprana, como si su dependencia de las personas que los cuidan fuera de la misma naturaleza que el amor sexual», y como al producirse una separación la libido del pequeño queda insatisfecha, Freud llega a la conclusión de que el niño encara la situación tal como lo haría un adulto, vale decir, «convirtiendo su libido en ansiedad». Cuatro años después explica de la misma manera la ansiedad de separación que constituyó el primer síntoma del pequeño Hans: «Fue su creciente afecto por la madre lo que de pronto se tornó en ansiedad...» (*Standard Edition*, vol. 10, pág. 25).

Sigue el mismo razonamiento en *Introducción al psicoanálisis* (1971b). Tras prestar atención, una vez más, a la ansiedad puesta de manifiesto cuando la madre está ausente, llega a la conclusión de que la «ansiedad infantil guarda muy poca relación con la ansiedad de índole realista, pero, por otra parte, sí tiene relación estrecha con la ansiedad neurótica de los adultos. Como esta última, deriva de una insatisfacción de la libido...» (*Standard Edition*, vol. 16, pág. 408). Obsérvese que ello equivale a identificar la ansiedad neurótica de los adultos con la ansiedad de separación de los niños, semejanza que ya había indicado en 1905.[3]

Aunque en *Introducción al psicoanálisis*, por razones que parecen inadecuadas, Freud torna más compleja su teoría al postular que la esencia de la ansiedad es una réplica del afecto experimentado en el nacimiento (*Standard Edition*, vol. 16, pág. 396), no obstante es la ansiedad provocada ante una separación entre el niño y la madre, observada empíricamente, la que ocupa un lugar de primacía en sus trabajos teóricos sobre la ansiedad infantil a partir de 1905. La ansiedad surgida con el nacimiento, la cual había sido postulada, inicialmente, algunos años antes (1910, *Standard Edition*, vol. 11, pág. 173), comienza por ser solo un agregado de naturaleza especulativa a su teoría. Aunque gradualmente alcanza igual importancia, nunca llega a ocupar el lugar de la ansiedad surgida al separarse el niño de la madre. Es importante tenerlo en cuenta, ya que muchos analistas le dieron preeminencia en sus teorizaciones.[4]

La siguiente referencia a la ansiedad se efectúa en *Más allá del principio del placer* (1920), en el cual Freud relata el famoso incidente del carrete de algodón del que Jones (1957, pág. 288) nos dice que aquel fue testigo cinco años antes, en Hamburgo. Su nieto, de dieciocho meses, tomó todo tipo de objetos pequeños y los arrojó en los rincones o debajo del lecho, con expresión que parecía significar «se fueron». Ello pareció confirmarse cuando posteriormente el pequeño trajo un carrete atado de un hilo y comenzó a jugar un doble juego: lo arrojaba lejos, con expresión de que «se había ido», y lo recuperaba tirando del hilo, emitiendo un alegre «da». Este juego tan simple, aunado al hecho de que el niño «sentía un poderoso afecto por la madre», llevó a Freud a efectuar una

> interpretación del juego [...] tenía relación con la gran conquista cultural del niño: la renuncia instintual (vale decir, la renuncia a la satisfacción instintual) que había hecho al permitir que la madre se alejara sin protestar. Ello era compensado, por así decirlo, con sus juegos sobre la desaparición y recuperación de los objetos a su alcance (*Standard Edition*, vol. 18, págs. 14-15).

Nunca sabremos cuán firme fue esta conquista cultural, pero si el nieto de Freud se desarrolló de acuerdo con los caminos corrientes es difícil que aquella haya sido permanente. Hay muchos bebés que permiten a la madre que los deje durante una hora sin romper a llorar cuando cuentan dieciocho meses, pero que en meses subsiguientes comienzan a hallar su ausencia intolerable, y se muestran sumamente perturbados. Sea como fuere, la observación del incidente y, sin duda, de otros similares, parece haber esclarecido el modo en que Freud percibía el vínculo de afecto que unía al pequeño con su madre, y haberlo inducido a ulteriores reflexiones sobre la teoría de la ansiedad, ejemplo temprano del valor de la observación directa.

Fue la publicación de *El trauma del nacimiento* de Rank, en 1924, según refiere Freud en un apéndice a *Inhibición, síntoma y angustia* (1926a), la que «lo obligó a reconsiderar una vez más el problema de la ansiedad». En esa obra Rank había aceptado la sugerencia propuesta inicialmente por Freud de que «el apego ansioso es consecuencia del hecho de nacer, y una repetición de la situación entonces experimentada [...] Pero —continúa Freud— no lograba aceptar su idea de que el nacimiento constituye un trauma, los estados de ansiedad una reacción de descarga de aquel, y todos los subsiguientes apegos ansiosos un intento por lograr una abreacción cada vez más completa» (*Standard Edition*, vol. 20, pág. 161). Por el contrario, lo que Freud hace, al reconsiderar con valentía su teoría, es volver al camino seguro de la observación empírica, lo que lo lleva una vez más al análisis de la ansiedad de separación.

La lectura de *Inhibición, síntoma y angustia* revela que Freud luchó con los problemas teóricos de la ansiedad a lo largo de siete capítulos, en el curso de los cuales abandona una de sus hipótesis favoritas: la de que la ansiedad representa una transformación directa de la libido. Deriva sus razones del reconocimiento de que, en tanto que anteriormente suponía que la ansiedad era el producto de la represión, el examen del material clínico sugeriría que, por el contrario, la represión es una consecuencia de la ansiedad (*Standard Edition*, vol. 20, pág. 109). Como resultado, al comienzo del octavo capítulo llega con tristeza a la siguiente conclusión: «Hasta ahora no habíamos alcanzado sino opiniones contradictorias al respecto (de la ansiedad) [...] Por consiguiente, propongo adoptar un procedimiento diferente. Propongo reunir, de manera imparcial, todos los datos conocidos acerca de la ansiedad sin esperar lograr una nueva síntesis» (pág. 132). Tras una breve digresión continúa:

> Solo nos resultan comprensibles unas pocas manifestaciones de ansiedad en los niños, y debemos centrar nuestra atención en ellas. Se producen, por ejemplo, cuando un niño está solo, o en la oscuridad, o en compañía de un desconocido, en vez de la persona que suele acompañarlo habitualmente (como la madre). Estos tres ejemplos pueden reducirse a una condición única: la de extrañar a alguien amado, cuya presencia se anhela. Pero aquí, considero, está

> la clave que permite comprender la ansiedad... la ansiedad se produce como reacción ante la pérdida sentida del objeto (págs. 136-137).

Hasta este punto Freud sigue trabajando con datos empíricos, datos que, por añadidura, resultan ahora ampliamente confirmados. No obstante, y al igual que otros, sigue mostrándose perplejo y no sabe cómo interpretar sus observaciones. ¿Por qué se produce esa reacción de ansiedad? Tiene «toda la apariencia», puntualiza, «de ser la expresión de los sentimientos del niño cuando ya da todo por perdido, como si en su estado todavía muy poco desarrollado no supiera cómo manejar su catexia de anhelos» (pág. 137). En la actualidad es posible tomar como base una teoría más compleja de la conducta instintiva con el fin de elaborar una hipótesis que considera la «catexia del anhelo» como la esencia del problema. Hace cincuenta años, sin embargo, eran desconocidas esas ideas sobre la conducta instintiva; por el contrario, Freud tenía la impresión de que el apego del niño podría comprenderse solo en función del impulso secundario, y que las únicas necesidades primarias son las del cuerpo.

Freud prosigue:

> La razón por la cual el bebé de brazos desea percibir la presencia de la madre reside, tan solo, en que ya sabe por experiencia que ella habrá de satisfacer todas sus necesidades sin demora. La situación, entonces, que considera «peligrosa», y contra la cual desea resguardarse, es la de insatisfacción, la de una *creciente tensión debida a la necesidad*, contra la cual se siente impotente.

Ello, continúa, es «análogo a la experiencia de nacer... Lo que ambas situaciones tienen en común es la perturbación económica causada por la acumulación de distintas cantidades de estimulación, que deben liberarse. Es este factor, entonces, el que constituye la esencia real del "peligro" [...]» al que el autor denomina «situación traumática». Con el fin de evitarlo, el bebé, por medio de un proceso de aprendizaje, desplaza «el temor que siente [...] de la situación económica a la condición que determina esa situación, vale decir, la pérdida del objeto. El peligro es ahora la ausencia de la madre; y en cuanto surge ese peligro el bebé da señales de ansiedad, antes de que se produzca la temida situación económica» (págs. 137-138).

Al considerar los enfoques freudianos del problema de la ansiedad es necesario recordar constantemente que, desde el comienzo mismo de sus teorizaciones psicoanalíticas, adopta como postulado básico el hecho de que el sistema nervioso tiene por función liberarse de los estímulos, y que la mayor catástrofe que puede ocurrir es la de ser bombardeado por una multiplicidad de ellos (véase el capítulo 5 de este volumen). Estas teorizaciones configuran lo que Freud describe como el punto de vista económico, y a veces se formula en función de una energía psíquica que va acumulándose y que, o bien se descarga por medio de la acción, o bien permanece estancada, y otras en función de una excitación o estimulación que, de manera similar, varía cuantitativamente. La «temida situación económica» que, según Freud, amenaza al bebé separado de la madre no es sino la acumulación de energía psíquica que no puede descargarse.

Como consecuencia de su reconsideración del problema, Freud llega a la conclusión de que la ansiedad tiene dos fuentes. La ansiedad procedente de la primera de ellas surge como «un fenómeno automático», con características fisiológicas que, según considera, pueden muy bien ser parte de una respuesta apropiada a la situación del nacimiento. Dicha ansiedad se produce siempre que una situación traumática «se establece en el ello», o sea, en «situaciones de insatisfacción en que la cantidad de estimulación alcanza un grado muy poco placentero, sin ser posible dominarla psíquicamente o descargarla...» (*Standard Edition*, vol. 20, págs. 137-141). Dichas situaciones traumáticas se caracterizan siempre por el desamparo. En la formulación de Freud sobre esta fuente de ansiedad vemos un producto directo de su teoría inicial, la propuesta en su trabajo sobre la «Neurosis de ansiedad» (1895), en el cual postulaba que la ansiedad se desarrolla cuando el sistema nervioso es incapaz de enfrentar determinada cantidad de excitación.

La ansiedad derivada de la segunda fuente, sugiere Freud, constituye «una señal de rescate» destinada a indicar un peligro inminente. Como requiere previsión, esta ansiedad «solo puede ser experimentada por el yo» (*Standard Edition*, vol. 20, pág. 140). La tarea del yo consiste, precisamente, en imaginar la situación de peligro por adelantado, de manera que pueda reducir «esa experiencia perturbadora a una mera indicación, una señal» (pág. 162). Freud procede a enumerar una serie de situaciones de peligro, cada una de las cuales corresponde a una fase específica de la evolución, la cual, si se le permite desarrollarse, redundaría en una situación traumática: entre ellas se cuentan el nacimiento, la pérdida del objeto (o sea, la madre), el miedo al padre y el miedo del superyó (págs. 146-147).

Al examinar esta segunda fuente de ansiedad Freud acentúa la importancia de los elementos previsión y expectativa: «El individuo habrá efectuado un gran adelanto en su capacidad de autopreservación si logra prever y esperar la situación traumática [...] lo cual entraña una situación de desamparo, en vez de meramente aguardar que se produzca» (pág. 166). Antes de que pueda surgir la ansiedad de esta fuente, en consecuencia, se requiere un grado notable de desarrollo cognitivo.

Aunque, como ya indicáramos, Freud interpreta la ansiedad de separación como una simple señal, desarrollada a lo largo del proceso de aprendizaje (lo cual resulta necesario ya que ha de basarse en la previsión), es evidente que no está del todo satisfecho con esta conclusión. Al final de la obra (*Standard Edition*, vol. 20, pág. 168) vuelve una vez más a las «intrigantes fobias de la temprana infancia» y arriesga la tesis de que tal vez, como ocurre en otras especies, el miedo a la pérdida del objeto puede ser una respuesta innata: a ella hace referencia como «herencia arcaica» y «vestigios de la disposición congénita a enfrentar peligros reales». Estas reflexiones, y otras similares con respecto al apego del niño, propuestas en el *Esquema* (1940) y puntualizadas en el apéndice del primer volumen de esta serie, sugieren que hacia el fin de su vida Freud estaba procurando formular una tesis no muy diferente de la aquí propuesta.

No obstante, reviste mucha más importancia el hecho de que en su última obra Freud finalmente aclara lo que, según puntualizamos aquí, es la auténtica relación existente entre la ansiedad de separación y la pérdida sufrida por un fallecimiento y la defensa. Anteriormente, según admitiera con franqueza, se sentía confundido. No solo había supuesto que la represión antecede a la ansiedad, sino que también le había resultado difícil aceptar que la ansiedad, así como el dolor, pudiera darse en respuesta a la pérdida de un objeto. Ahora advierte esa secuencia con toda claridad: la ansiedad es la reacción producida ante el peligro de la pérdida del objeto, el dolor es la respuesta producida ante la pérdida real de aquel, y las defensas protegen al yo contra demandas instintuales que amenazan con dominarlo y que pueden producirse con excesiva frecuencia en ausencia del objeto (*Standard*

Edition, vol. 20, págs. 164-172). Esta fórmula no ha sido comúnmente adoptada por teóricos posteriores.

Ernest Jones

Cuando Jones (1927) propuso por primera vez su teoría de la afánisis, es evidente, debido a la falta de referencias a *Inhibición, síntoma y angustia*, que no estaba al tanto de los últimos cambios producidos en el pensamiento freudiano. Además, existen pruebas de que todavía no había tomado debida conciencia de la importancia del vínculo que une al niño con la madre (sea cual fuere el sexo de aquel). Cabe advertir, por consiguiente, que la teoría de la afánisis de Jones fue propuesta sin hacer referencia alguna al presente tema. Según esta, «el temor fundamental es el (de) la total y, por supuesto, permanente extinción de la capacidad (incluyendo la oportunidad) de goce sexual». La única mención que se hace de la ansiedad de separación es con referencia al destete como acto pregenital precursor de la castración, y al temor que experimenta la niña de ser separada del padre.

Dos años después, sin embargo, Jones (1929) se esfuerza por integrar su propia teoría de la afánisis con la teoría freudiana de las señales de ansiedad. La integración resulta difícil, y la teoría resultante es notablemente más compleja que cualquiera de las dos integrantes tomadas por separado. Una de las varias dificultades que Jones debe enfrentar reside en que todavía no tiene debida conciencia del vínculo que une al hijo con la madre, sea cual fuere el sexo del primero.[5] Como la teoría resultante no cobró mayor difusión, no consideramos necesario esbozarla aquí. En términos muy generales, puede decirse que Jones acepta la teoría freudiana referente a las señales de ansiedad, a las que cree «deliberadamente provocadas por el yo para advertir a la personalidad» sobre la posible inminencia de peligros graves. Al describir estos peligros, el autor agrega a la concepción freudiana de lo que constituye la «situación traumática» su propia noción de la afánisis.

Melanie Klein

En tanto que Jones desarrolló su teoría de la ansiedad con total independencia de la de Freud y luego procuró aunar ambas teorías, Melanie Klein no solo desarrolló la suya propia con total independencia de la freudiana, sino que con frecuencia subrayó las diferencias existentes entre ambas. La ansiedad, a su juicio, ha de entenderse en función del instinto de muerte, al cual Freud nunca hizo referencia en este sentido, y, en consecuencia, en términos de agresión. Sus puntos de vista con respecto a la ansiedad en general, que estaban cobrando forma entre 1924 y 1934, y con respecto a la ansiedad de separación en particular, se desarrollan exhaustivamente en su trabajo «Sobre la teoría de la ansiedad y la culpa» (1948b, en Klein y otros, 1952). Estos representan la única formulación efectuada por un psicoanalista que resulte sustantivamente diferente de las propuestas de Freud y que, a la vez, haya ejercido considerable influencia en esferas teóricas y prácticas.

En *Inhibición, síntoma y angustia*, continuando una línea de argumentaciones ya propuesta en su *Introducción al psicoanálisis* (*Standard Edition*, vol. 16, págs. 407-408), Freud explícitamente rechazó la idea de que el temor a la muerte constituyese una forma de ansiedad primaria, y llegó a la conclusión de que, por el contrario, es un temor que surge posteriormente, como producto del aprendizaje.[6] Melanie Klein disiente: «No comparto ese punto de vista porque mis observaciones clínicas indican que en el inconsciente existe el temor a la aniquilación de la existencia». Esta, presupone, debe ser la respuesta al instinto de muerte: «De esta manera, en mi opinión el peligro que surge de las elucubraciones internas del instinto de muerte es la causa primera de la ansiedad» (Klein y otros, 1952, pág. 276). El bebé lo vive como «un ataque incesante, una persecución», que, por añadidura, se experimenta por primera vez en el momento del nacimiento: «Cabe suponer que la lucha entre los instintos de vida y de muerte ya se ha desatado en el momento del nacimiento, y acentúa la ansiedad persecutoria que provoca esa dolorosa experiencia». A partir de este argumento Klein extrae una importante conclusión referente a las primeras relaciones objetales del bebé: «Parecería», dice, «que esta experiencia (es decir, el nacimiento) tiene el efecto de hacer que el mundo externo, incluyendo el primer objeto externo, el pecho de la madre, parezca hostil» (1952, pág. 278). En otro trabajo (1946) resume su punto de vista en una oración: «Sostengo que la ansiedad surge de la acción del instinto de muerte dentro del organismo; se experimenta como temor a la aniquilación (muerte), y adopta la forma de un temor persecutorio» (Klein y otros, 1952, pág. 296). Contra este trasfondo (la ansiedad como resultante de la actividad continua del instinto de muerte, y la ansiedad persecutoria que ya aflige al recién nacido) Klein presenta sus teorías sobre la ansiedad de separación.

Partiendo de la diferencia trazada por Freud entre ansiedad objetiva (que surge en relación con un peligro externo conocido) y ansiedad neurótica (que surge en relación con un peligro desconocido e interno) (Freud 1926a, *Standard Edition*, vol. 20, págs. 165 y 167), Klein (1948b) entiende que ambas contribuyen a profundizar el temor a una posible pérdida que experimenta el bebé. Describe su naturaleza del siguiente modo: la ansiedad objetiva surge de «la completa dependencia del niño de la persona de la madre para lograr la satisfacción de sus necesidades y el alivio de la tensión»; la ansiedad neurótica «surge de la aprensión que experimenta el bebé sobre la posibilidad de que la madre amada haya sido destruida por sus impulsos sádicos o corra el riesgo de ser destruida, y este temor [...] contribuye a reafirmar el sentir infantil de que aquella no ha de regresar nunca». Si Klein se limitara a postular que esa ansiedad depresiva solo se desarrolla durante los últimos años de la infancia, no se desviaría materialmente del punto de vista freudiano, sino que lo ampliaría en un aspecto importante. No obstante, no es esa su postura. Klein puntualiza que, en su opinión, ambas fuentes de ansiedad se hallan presentes desde un comienzo e interactúan constantemente entre sí. Debido a ello «ninguna situación de peligro que surja de causas externas podrá ser experimentada por el niño pequeño como un peligro puramente externo y conocido» (Klein y otros, 1952, pág. 288). Al respecto, sus postulados coinciden con los de sus colegas. Al examinar el incidente del carrete de algodón, Klein se disocia explícitamente del punto de vista freudiano y concluye: «cuando (un bebé) extraña (a la madre), y sus necesidades no son satisfechas, la ausencia de aquella se experimenta como resultado de sus impulsos destructivos» (págs. 269-270). En el mismo volumen Susan Isaacs sostiene que siempre «el dolor mental tiene un contenido, un significado, e implica fantasías. De acuerdo con la teoría aquí formulada, la frase "se comporta como si nunca fuera a verla nuevamente"[7] significa que, según sus fantasías, el propio odio o codicia del niño habría destruido a la madre, a quien ha perdido para siempre» (Klein y otros, 1952, pág. 87).

Estos pasajes parecen no dejar lugar a dudas de que, en sus explicaciones sobre la ansiedad de separación, Melanie Klein y sus colegas visualizan la ansiedad depresiva como virtualmente su único componente. No obstante, en realidad no ocurre así, ya que en otros trabajos puntualizan que la relación con la madre es en sí «una primera medida de defensa... La dependencia de la madre y el temor de perderla, hecho que según Freud es la causa más profunda de ansiedad, constituye, desde nuestro punto de vista (el autopreservativo), ya una defensa contra un peligro mucho mayor (el de desamparo ante la destrucción interna)» (Joan Riviere en Klein y otros, 1952, págs. 46-47). «Desde un comienzo mismo», escribe, «se siente que las fuerzas internas del instinto de muerte y la agresión constituyen el peligro cardinal que amenaza al organismo» (pág. 44). Puesto que estas fuerzas se desencadenan durante una experiencia de separación, en última instancia la ansiedad de separación se visualiza como una respuesta a la amenaza de destrucción interna. Evidentemente, esta teoría difiere por completo de la de Freud, y también de la aquí postulada. En tanto que Freud otorga primacía a la ansiedad que surge de «la acumulación de cantidades de estimulación», que entiende resultante de la separación, Melanie Klein y sus colegas acuerdan mayor importancia a la ansiedad persecutoria.

Cabe agregar, no obstante, que en diversos pasajes Klein hace referencia, asimismo, al nacimiento en tanto trauma que provoca ansiedad, y a veces parece suscribir la teoría del trauma de nacimiento que origina la ansiedad de separación. A continuación de un pasaje ya citado anteriormente (1952, pág. 296), escribe: «Otras fuentes importantes de ansiedad primaria son el trauma de nacimiento (ansiedad de separación) y la frustración de las necesidades corporales». No obstante, aunque postula esas fuentes adicionales de ansiedad, las retrotrae con prontitud al ámbito de la ansiedad persecutoria, atribuyéndole al bebé la tendencia a suponer que el temor lo despierta siempre un objeto. Tras haber expresado anteriormente la opinión de que «el temor al impulso destructivo parece tener su inmediato asidero en un objeto», completa su afirmación sobre el trauma del nacimiento y la frustración de las necesidades corporales del siguiente modo: «y estas experiencias, asimismo, también se consideran causadas por objetos desde un comienzo mismo.[8] Aun cuando dichos objetos se consideren externos, por medio de la introyección se convierten en perseguidores internos y, de esa manera, refuerzan el temor al impulso destructivo interno» (pág. 296).

Al evaluar las teorías de Melanie Klein es preciso tener en cuenta que su postura teórica básica surgió en los años precedentes a la publicación de *Inhibición, síntoma y angustia*, de Freud, y que, a diferencia de este, quien en la formulación final de su teoría tomó como punto de partida la ansiedad provocada por las experiencias de separación, Klein ya había desarrollado su teoría de la ansiedad antes de prestar atención alguna a la separación de la madre como situación que provoca ansiedad. Discute por primera vez el tema en 1935, en su trabajo sobre «La psicogénesis de los estados maníaco-depresivos».

Al reconsiderar los trabajos iniciales de Melanie Klein no deja de impresionarnos su observación en el sentido de que a menudo coexisten la ansiedad y la agresión inconsciente, particularmente cuando existe un lazo inusitadamente ansioso e intenso que liga a una persona con otra. A mi juicio, no obstante, la investigadora se apresuró a presuponer que la agresión precede y origina la ansiedad, de manera que, en vez de reconocer en la agresión consciente e inconsciente una respuesta común a la separación y una condición importante y frecuente para la *exacerbación* de la ansiedad de separación, llegó a ver en la agresión la fuente única de la ansiedad. Además, al identificar con la oralidad el lazo que une al niño con la madre, fue llevada a elaborar supuestos poco plausibles sobre la existencia mental de los bebés durante los primeros meses de vida y, a partir de ahí, a crear una superestructura teórica que está lejos de ser convincente. Ello ha tenido dos resultados que son de lamentar. Por un lado, algunos de sus críticos no lograron apreciar el valor de algunas de sus contribuciones; por otro, sus discípulos tardaron mucho en reconocer que, por significativas que a veces puedan ser la ansiedad depresiva y la ansiedad persecutoria, el origen de la ansiedad de separación no puede comprenderse en esos términos y, lo que es más, que las perturbaciones de la relación madre-hijo surgidas durante el segundo año y los subsiguientes pueden entrañar un potencial de muy vasto alcance para el desarrollo patológico.

Anna Freud

En tanto que Melanie Klein se ha explayado exhaustivamente acerca de la ansiedad de separación, pero reseña escasas observaciones sobre el modo en que los bebés y los niños pequeños realmente se comportan al producirse una separación, Anna Freud se contó entre las primeras en registrar esas observaciones, pero hasta años recientes no abordó de manera cabal sus implicaciones teóricas. Como en el caso de Klein, parecería que una de las razones principales reside en que su orientación teórica ya había sido fijada antes de que Freud efectuase una nueva evaluación de la naturaleza y génesis de la ansiedad. En la obra de Anna Freud *El tratamiento psicoanalítico de los niños* (1946), que data de 1926, 1927 y 1945, no se hace referencia alguna a *Inhibición, síntoma y angustia*; y, aunque se dedica un capítulo a los procesos de defensa en relación con la causa generadora de ansiedad o peligro, en *El yo y los mecanismos de defensa* (1936) no se hace referencia ni a la ansiedad de separación ni a la pérdida del objeto. Con prioridad a sus experiencias con bebés y niños pequeños en las Guarderías de Hampstead durante la guerra, Anna Freud parece haber prestado escasa atención a estos problemas.

En los dos modestos tomos publicados con Dorothy Burlingham (Burlingham y Freud, 1942; 1944), la observación es aguda y las descripciones reveladoras. Acerca de los niños de uno a tres años escriben: «Las reacciones ante una separación en esa época de la vida son particularmente violentas [...] La novel capacidad de amar se ve privada de los objetos acostumbrados, y su sed de afecto sigue sin satisfacer. Su deseo de contar con la presencia de la madre se torna intolerable, y le provoca un estado de desesperación» (1942, pág. 51). No obstante, a pesar de esta clara comprensión del origen de la inquietud, implícita en tales respuestas, ni en esos dos tomos ni en los trabajos publicados por Anna Freud durante la década subsiguiente se relacionan esas manifestaciones de manera sistemática con la ansiedad en general o la ansiedad de separación en particular.

Por el contrario, uno tiene la impresión de que Burlingham y Freud no estaban preparadas para aceptar la intensidad de las respuestas observadas en las Guarderías, y les resultó difícil explicarlas. Por ejemplo, hay un pasaje (1942, págs. 75 y 77) en el cual expresan la creencia de que quizá si las separaciones pudieran producirse de manera más gradual todo marcharía bien: «La reacción del niño no se produce tanto ante la separación, como ante la forma en que la separación ocurre». En otro pasaje (pág. 57) la zozobra del niño de tres a cinco años parece atribuirse enteramente a su creencia de que la separación es un castigo: «Con el fin de superar ese sentimiento de culpa acentúa desmedidamente todo el amor que ha sentido por sus padres», comentario que sugiere que, en opinión de las autoras, a esa edad no se produciría zozobra alguna de no mediar un sentimiento de culpa y ansiedad persecutoria. Tal vez se acercan más a la verdad cuando en los mismos pasajes hacen referencia a «el dolor natural de la separación» y al hecho de que «los anhelos insatisfechos producen en él un estado de tensión que experimenta como un *shock*».

Siempre que, durante ese período, Anna Freud postula una interpretación teórica de estas respuestas o de los resultados a largo plazo de una separación (por ejemplo, 1952; 1953), da por sentado que el lazo que une al niño con la madre ha de explicarse en función de la teoría del impulso secundario. Como las únicas necesidades que tiene el bebé son las del cuerpo, su interés se concreta, inicialmente, en cualquier persona que satisfaga esas necesidades; en la medida en que se genera una sensación de ansiedad ante la separación de la madre, aquella es resultado del temor de que esas necesidades corporales no sean satisfechas. Sus puntos de vista posiblemente se expresen más claramente en una alocución dirigida a estudiantes de medicina (1953). Tras describir su concepción del modo en que va creciendo el apego en el niño bien cuidado, prosigue:

> Por otra parte, en los casos en que la madre cumple su misión con indiferencia, o ha permitido que la sustituyan muchas otras personas, la transformación de un amor estomacal codicioso en amor auténtico y constante deviene con mayor lentitud. *El bebé puede seguir estando demasiado inseguro y demasiado preocupado acerca de la satisfacción de sus necesidades* como para albergar sentimientos demasiado profundos por la persona o personas que lo han cuidado [cursivas del autor].

Esta conclusión es consecuencia lógica de la teoría del impulso secundario que explica el vínculo de afecto infantil, y de la versión freudiana sobre la teoría de las señales en relación con la ansiedad de separación.

En años más recientes, en una obra publicada en 1965, Anna Freud describe varias «formas» adoptadas por la ansiedad durante los primeros años de vida; la autora considera a cada una de ellas característica de una fase específica en el desarrollo de las relaciones objetales. La secuencia de formas es la siguiente: «miedos arcaicos a la iniquilación [...] ansiedad de separación, ansiedad de castración, temor a la pérdida del amor, culpa [...]». La ansiedad de separación (así como el temor a la aniquilación) se considera característica, y privativa, de la primera fase en el desarrollo de las relaciones objetales; se describe como fase de «unidad biológica entre la pareja madre-hijo, con la extensión del narcisismo de la madre hacia la figura del hijo, el cual, por su parte, incluye a la madre en su "medio interno" narcisista...». Durante las fases subsiguientes, se considera que se producen otras formas de ansiedad, diferentes de la ansiedad de separación. Por ejemplo, la tercera fase, que se describe como de constancia objetal, se hallaría caracterizada por el temor a la pérdida del amor del objeto.

Contribuciones de otros representantes de la psicología del yo

Las teorías propuestas por Anna Freud en sus primeros años también reciben la adhesión de Nunberg (1932), Fenichel (1945) y Schur (1953; 1958). En sus dos estudios cuidadosamente meditados acerca de la ansiedad, Schur adopta un supuesto muy difundido: que en el hombre los componentes de la conducta biológicamente dados se hallan estrictamente limitados. En su último trabajo, en el que utiliza extensivamente datos y conceptos derivados de la etología, detalla lo que a su entender comprenden. Por un lado, postula la presencia de reacciones de lucha y huida, características de la fase de desarrollo que comienza con la capacidad para percibir objetos externos. Por otro, postula la existencia de una fase más temprana («la fase sin diferenciar») durante la cual «todo peligro es, debido al desarrollo infantil específico del hombre, un peligro "económico", interno»; vale decir, un peligro que surge de la acumulación de excitación producida por necesidades físicas no satisfechas. A partir de esta fuente de ansiedad específicamente humana considera que la ansiedad de separación se desarrolla como derivado del aprendizaje: «La toma de conciencia de que un objeto externo puede iniciar o poner fin a una situación traumática desplaza el peligro de la situación económica a la condición que determina esa situación. Entonces ya no es el hambre lo que plantea un peligro al niño, sino la ausencia de la madre». Aunque el investigador analiza varios peligros que, en su opinión, «pueden basarse en elementos dados innatos», en ningún momento considera que la posibilidad de perder a la madre sea uno de ellos.

Tras reconocer la importancia de la ansiedad de separación, Kris (1950) efectúa serios esfuerzos por incorporarla en sus teorizaciones. Pero sus puntos de vista se basan más en inferencias a partir de teorías previas que en una reevaluación de los datos; lo que lo preocupa en particular, al igual que a Schur, es visualizarlos de manera compatible con la psicología del yo de Hartmann. Ello lo lleva a acentuar sobremanera la diferencia entre el peligro a perder el objeto del amor y el peligro de perder el amor del objeto. Aunque Freud (1926a) ya se refirió brevemente a esta diferencia, el modo en que Kris maneja el material es exclusivamente suyo. Basándose en postulaciones teóricas, sostiene que el temor a perder el objeto de amor tiene relación exclusiva con necesidades anaclíticas (es decir, corporales), y no con un objeto de amor específico. A la inversa, postula que el desarrollo de una «relación con un objeto de amor permanente y personalizado que ya no puede reemplazarse con facilidad» ocurre sincrónicamente con el desarrollo de la capacidad de respuesta ante el peligro de perder el amor del objeto; representa, en su opinión, «un paso decisivo en el desarrollo del yo».

No obstante, las observaciones no confirman esta asociación hipotética. Las reacciones de ansiedad ante la pérdida de un objeto de amor específico se advierten meses antes de que sea posible atribuir de manera razonable una conciencia del peligro de perder el amor del objeto al bebé, y antes del límite de los doce meses de vida sugerido por Kris (1950). Tal como se puntualiza en el volumen anterior de esta serie (capítulo 15), las respuestas que exteriorizan la conducta de apego tanto en el hombre como en las especies inferiores tienden a centrarse rápidamente en una figura en particular; y no hay razón para suponer que ello represente un paso importante en el desarrollo del yo. Por consiguiente, la diferencia teórica propuesta por Kris debe considerarse errónea.

No se ha reconocido ampliamente la relación básica existente entre la ansiedad como reacción ante el peligro de perder el objeto y el dolor sufrido ante su pérdida real, diferencia que Freud señala en las últimas páginas de *Inhibición, síntoma y angustia*. Solo se le asigna un lugar de importancia en la obra de Melanie Klein y Therese Benedek. Helene Deutsch (1937) divorcia ambas reacciones de manera específica: la ansiedad es la respuesta infantil, sostiene; el dolor sufrido ante la pérdida, la reacción madura. «La temprana reacción infantil», apunta, «es la reacción del niño pequeño ante la separación de la persona que lo ama y protege». Cuando el niño es mayorcito, por otra parte, «el sufrimiento y el dolor *reemplazan* a la ansiedad» (pág. 14, *bastardillas* del autor). Por añadidura, la ansiedad de separación en una persona de mayor edad ha de entenderse siempre como una regresión a la infancia, y se produce en situaciones en que el «dolor [...] amenaza la integridad del yo o, en otras palabras, cuando el yo se halla demasiado debilitado como para [...] dar muestras de dolor» (pág. 14). No obstante, esta diferenciación por grado de madurez no resiste un examen más exhaustivo. En las respuestas de los bebés y los niños pequeños ante la pérdida de la madre, sin duda se hallan presentes elementos de dolor. A la inversa, y tal como señala Therese Benedek, entre otros, la ansiedad es la regla incluso en adultos que se separan durante cierto período de los seres que aman.

Durante muchos años Therese Benedek se ha interesado por los problemas de separación y reencuentro con los seres amados, y con las respuestas producidas ante una pérdida o fallecimiento; como resultado de su investigación clínica, adquirió aguda conciencia de la notoria importancia de la ansiedad de separación y su estrecha relación con la ansiedad y el dolor. Al describir las respuestas observadas ante las separaciones, reencuentros o pérdidas sufridas en tiempos de guerra, con frecuencia habla de la separación como un trauma por derecho propio, y procede a generalizar de manera arriesgada: «La respuesta universal ante una separación es la ansiedad» (Benedek, 1946, pág. 146). Asimismo, reconoce que la experiencia de separación o las expectativas de separarse de una persona amada hacen que se anhele su compañía de modo mucho más intenso. En un trabajo posterior (1956) advierte que la explosión de llanto de un bebé no siempre es causada por «una necesidad psicológica imperiosa, tal como el hambre y el dolor, sino por la frustración de sus intentos de comunicación emocional (psicológica) y satisfacción».

Todas estas observaciones pueden explicarse de manera parsimoniosa haciendo referencia a las teorías relativas al vínculo de afecto, la ansiedad de separación, el sufrimiento y el dolor propuestas en la presente obra. No obstante, aunque originariamente se capacitó en Budapest (véase el Apéndice del volumen anterior), Benedek no acepta estas hipótesis más simples. Por el contrario, en todas sus teorizaciones se concentra en una teoría del impulso secundario que explica el vínculo existente entre el niño y la madre, con todas sus complicaciones y desventajas. En consecuencia, los crecientes anhelos por la presencia del otro que se ponen de manifiesto en los adultos al producirse una separación, y que para nosotros no serían más que una respuesta natural y normal, son explicados en función de una regresión a una etapa oral de dependencia. Por cierto, y tal como ocurre con tantas teorías derivadas del concepto de dependencia, Therese Benedek a veces tiende a teorizar como si todo apego que une al ser humano con personas amadas no fuese sino resultante de una regresión indeseable a una etapa infantil.

En los trabajos de Benedek nunca se efectúa un análisis sistemático de la ansiedad de separación; pero, en su último trabajo (1956), al que se hizo referencia anteriormente, parecen esbozarse dos teorías independientes. La primera es similar a la teoría de las señales de ansiedad de Freud; la segunda hace referencia al peligro de la desorganización del yo.

La investigadora, que todavía lucha con el mismo problema contra el que Freud arremetiera treinta años antes, se pregunta por qué un bebé ha de responder a «la frustración de un deseo "dependiente"» con muestras de llanto. Postulando una vez más la creencia de que el llanto se relaciona de manera intrínseca y exclusiva con las experiencias del hambre y el dolor, llega a la conclusión de que «responde a la falta de participación del adulto como una completa interrupción de la simbiosis, como si lo abandonaran y dejaran con *hambre*» (pág. 402, *bastardillas* de Bowlby).

Como, no obstante, no sabe a ciencia cierta si el llanto ha de interpretarse como ansiedad, y considera que la ansiedad propiamente dicha es una respuesta surgida ante el peligro de la desintegración del yo, Benedek propone otra teoría: que el niño pequeño ha de volverse hacia la madre para preservar la integración del yo cuando debe enfrentar la «ansiedad, humillación y vergüenza del fracaso». En el caso de niño de mayor edad «su yo puede mantenerse con sus propios recursos» (págs. 408-409). De tal manera, y aunque los datos clínicos que presenta son coherentes con la teoría propuesta en estas páginas, la interpretación de Benedek está fuertemente afectada por el paradigma tradicional.

En gran parte de sus teorías, y en especial en el uso del concepto de simbiosis, Margaret Mahler (1968) se adhiere a las postulaciones de Therese Benedek; pero se revela discípula de Anna Freud al atribuir una forma específica de ansiedad a cada fase del desarrollo de las relaciones objetales. No obstante, y a pesar de la similitud de las fases postuladas, la fase del desarrollo a la cual Mahler atribuye el origen de la ansiedad de separación no es la misma que identifica Anna Freud. En tanto que esta última considera la ansiedad de separación como respuesta específica a las «infracciones del vínculo biológico que une a la madre con el bebé» durante la primera fase del desarrollo, Mahler sostiene que la ansiedad de separación solo puede atribuirse con propiedad a una etapa posterior: la fase «posterior al comienzo de la constancia objetal». Dicha fase, según la investigadora, se daría entre los tres y cuatro años. La forma de ansiedad que Mahler atribuye a la primera fase del desarrollo, la fase simbiótica, consiste en un temor a la autoaniquilación; su razonamiento es que en esa fase la «pérdida del objeto simbiótico» equivaldría a la «pérdida de una parte integral del yo mismo». Este tipo de teorización es similar al de Spitz.

Aunque, al igual que la mayoría de los restantes analistas, Spitz se adhiere a la teoría del impulso secundario con el fin de explicar el vínculo que une al niño con la madre, y acepta la versión freudiana de la teoría de las señales en relación con la ansiedad de separación (1950), postula, por añadidura, una variante de esa teoría. Se trata de la teoría del «trauma narcisista». Tras esbozar sus puntos de vista sobre el desarrollo de las relaciones objetales a partir de una fase narcisista (los tres primeros meses), pasando por una fase de relaciones preobjetales (los tres meses siguientes) a una fase de auténticas relaciones objetales (tres meses después), prosigue:

> Es durante el tercer trimestre cuando por primera vez aparecen los objetos auténticos. Ahora tienen rostro, pero todavía mantienen su función como parte constitutiva del Yo recién establecido del niño. La pérdida del objeto implica, por consiguiente, una disminución del Yo a esa edad, y genera un trauma de origen narcisista tan severo como la pérdida de una parte importante del cuerpo. La reacción ante esta situación es igualmente severa.

Sobre la base de otros pasajes, en los que insiste sobre la función que cumple la ansiedad para hacer una advertencia, y el modo en que depende del aprendizaje y la previsión, es evidente que en opinión de Spitz la ansiedad constituye una señal de advertencia contra el peligro de un trauma narcisista. Se trata de una variante novedosa de la teoría de las señales de ansiedad: la situación traumática que ha de evitarse es, esta vez, la que plantea una amenaza al narcisismo.

Cabe advertir que gran parte de las teorías de Spitz acerca de la ansiedad gira en torno a su preocupación por explicar la ansiedad que pone de manifiesto un bebé de siete u ocho meses al verse enfrentado a un extraño. Spitz fue el primero en utilizar la expresión «ansiedad de los ocho meses» en ese sentido. No tiene tan en cuenta la ansiedad puesta de manifiesto ante la separación de un objeto amado. En vista de la naturaleza de sus trabajos empíricos, ello puede resultar sorprendente, pero solo hasta que tomamos conciencia de que en sus observaciones de bebés carenciados no le importaban tanto las respuestas inmediatas ante una separación (como la protesta, la zozobra o la ansiedad) o las respuestas advertidas tras el reencuentro, sino que se concentraba en gran medida en las respuestas observadas durante las últimas fases de la separación, como el dolor y la depresión. Como resultado, no tuvo ocasión de observar el continuo de respuestas que van desde la ansiedad de separación hasta el dolor y el sufrimiento experimentado por la muerte de un ser querido.

El modo en que Sandler y Joffe encaran estos problemas se ajusta estrechamente al enfoque de Kris y Spitz. Se adopta la teoría tradicional del impulso secundario con el fin de explicar el lazo que une al pequeño con la madre, junto con el concepto de dependencia. De manera coherente con este modelo básico, por añadidura, subrayan casi exclusivamente los estados emocionales producidos en el niño por la presencia o ausencia de la madre, y no hacen mayor esfuerzo por relacionar esos estados con la conducta instintiva o el valor de supervivencia de la presencia de la madre o el mayor riesgo que deviene de su ausencia. En consecuencia, describen «el rol del objeto» en la vida del niño como «el de un vehículo para el logro del estado ideal de bienestar». A la inversa, «la pérdida del objeto significa la pérdida de un aspecto del yo», vale decir, esa «parte de la autopresentación que [...] *refleja la relación con el objeto*» (Joffe y Sandler, 1965, *bastardilla* de los autores).

Para Sandler y Joffe, por consiguiente, así como para Freud, la situación que a toda costa debe evitarse no es tanto la pérdida real como la opresión traumática del yo a la que conduce la pérdida. En función del modelo de Sandler y Joffe, la situación traumática que deberá evitarse se describe como «el trastrocamiento del estado emocional del individuo» (Sandler y Joffe, 1969).

Al resumir las diferencias que creen advertir entre su interpretación teórica y la mía propia, Joffe y Sandler (1965) llegan a la siguiente conclusión:

> La pérdida del objeto puede provocar un agudo sufrimiento mental, al infligir una herida al yo. Ello coincide con lo que Abraham y otros describen como el «severo daño infligido al narcisismo infantil» que entraña la pérdida del objeto. Y aunque Bowlby sostiene (1960b) que esta afirmación pasa por alto el auténtico significado de la pérdida del objeto, nosotros somos del parecer de que entraña su esencia.

Dichas posturas contradictorias, por supuesto, derivan simplemente del hecho de haber adoptado paradigmas diferentes.

Otras contribuciones

En vista de la insistencia de Sullivan en el sentido de que la psiquiatría es el estudio de las relaciones interpersonales, no es de extrañar que interprete toda ansiedad en función de la relación del niño con la madre y con otras personas de importancia significativa. No obstante, su postura difiere de la aquí propuesta, en particular con respecto al lugar de primacía que adjudica al rol del aprendizaje, ya que considera la ansiedad como producto exclusivo de la actitud de la madre. Cuando la madre da su aprobación, el niño está contento; cuando aquella lo desaprueba, el pequeño se muestra ansioso. A pesar del modo en que acentúa la importancia de la «necesidad de contacto» y la «necesidad de ternura», y los términos fuertes que utiliza para referirse a la experiencia de la soledad (*verdaderamente intimidante* y *terrible*, 1953, pág. 261), parece descartarse explícitamente la posibilidad de que la separación del objeto amado produzca de por sí ansiedad. En consecuencia, en un capítulo final señala algunas características que el hombre tiene en común con otras especies, como necesidades físicas e incluso «nuestra reiterada necesidad de contacto con otros», lo cual contrasta con características «privativas del hombre y de algunas de las criaturas a las que ha domesticado» que incluyen «la experiencia de ansiedad» (pág. 370). Su supuesto de que la ansiedad se limita a las especies domésticas deriva de otro supuesto en el sentido de que aquella es generada por medio de procesos de entrenamiento y aprendizaje: «en el campo de la acción interpersonal no se me ocurre nada sobre lo cual no podríamos tornarnos ansiosos como consecuencia del entrenamiento» (págs. 370-371). Incluso «la experiencia de intensa ansiedad» que da lugar a la represión se concibe como el resultado de métodos educacionales inadecuados en su concepción (pág. 163).[9]

Aunque de acuerdo con el punto de vista de Sullivan el modo en que se induce la ansiedad sigue siendo un misterio —«nunca puede comprenderse enteramente el carácter de las situaciones que provocan ansiedad» (pág. 190)— es evidente, no obstante, que efectivamente la ve siempre conectada con procesos de la educación infantil. Como considera que una de las sanciones más susceptibles de generar ansiedad que aplica la madre es la restricción o negación de la ternura (pág. 162), por momentos se acerca a nuestro propio concepto de la ansiedad de separación y su exacerbación como consecuencia de las amenazas de abandono. Lo que parece escapársele a Sullivan, sin embargo, es el hecho de que la zozobra y la ansiedad pueden ser, y a menudo lo son, consecuencias directas de la falta de ternura y la separación *de por sí*; y que de lo contrario las amenazas de restringir la ternura serían ineficaces. Aunque tiene conciencia de que la soledad puede constituir una experiencia devastadora para los adolescentes y los adultos, Sullivan no parece consciente de que la experiencia es aún más inquietante para los bebés y los niños pequeños. Por cierto, hay pasajes en los que parece excluir específicamente esa posibilidad: «La soledad, como experiencia tan terrible que prácticamente invita al olvido, es un fenómeno que por lo común se da *solo en la preadolescencia y años posteriores*» (pág. 261, *bastardillas* de Bowlby).

Al leer la obra de Sullivan tenemos la impresión de que nunca ha observado a niños pequeños, y que solo tiene conciencia parcial del estrecho vínculo que anudan con personas específicas y del sentido de seguridad que la mera proximidad de una figura amada produce. La «necesidad de contacto con otros, a menudo experimentada como soledad», *no* se identifica con la necesidad de una relación genital o paterno-filial, sino con el instinto gregario en los animales (pág. 370); su convicción de que «ninguna acción del bebé se asocia con frecuencia y de manera coherente al alivio de la ansiedad» (pág. 42), la cual pasa por alto el alivio que el bebé por lo común revela cuando se aferra de la madre, es uno de los puntos centrales de su teoría. Debido a ello, el autor no parece captar la realidad de la ansiedad de separación y, por consiguiente, y a pesar de la tensión que suscita el tema, es casi imposible atribuirle una teoría específica de su naturaleza y origen. Es probablemente por las mismas razones por las que ni el dolor ni el sufrimiento ocasionado por el fallecimiento de un ser querido desempeña ningún papel significativo en su sistema de psicopatología.

En las teorizaciones de Phyllis Greenacre (1952) también parecen omitirse la ansiedad de separación y el dolor y sufrimiento al que hiciéramos referencia. Por el contrario, se proponen experiencias vividas durante el proceso de nacimiento y las primeras semanas de la existencia posnatal como las principales variables que explicarían la posterior susceptibilidad diferencial que lleva a padecer una neurosis (véase el capítulo 16 de este volumen).

Ya hemos hecho referencia a los puntos de vista de Rank con respecto al trauma de nacimiento. En sus trabajos iniciales, Fairbairn, quien visualiza en la ansiedad de separación la fuente originaria de toda la psicopatología, sigue estrechamente a Rank en relación con sus orígenes: el postulado de Fairbairn (1943) en el sentido de que la ansiedad del nacimiento es «el prototipo de toda ansiedad de separación experimentada posteriormente», la contraparte de su postulado en el sentido de que los deseos de volver al vientre materno explican el vínculo infantil. Cabe agregar, no obstante, que se trata de tesis periféricas a la postura teórica central de Fairbairn (Fairbairn, 1952), la cual en todos los restantes aspectos coincide con la teoría de la frustración del apego aquí propuesta. En un trabajo posterior (1963) en el cual suministra una sinopsis de sus teorías, manifiesta: «La forma de ansiedad primitiva y originaria, tal como la experimenta el niño, es la ansiedad de separación».

Otros investigadores también han basado su psicopatología en el papel central que cumple la ansiedad de separación, y algunos adoptaron una teoría del vínculo de afecto frustrado para explicarla. Por ejemplo, ya para 1935 Suttie, quien sostenía el punto de vista de que el apego que une al niño con la madre es el resultante de una «necesidad primaria de compañía», vislumbra en la ansiedad «una expresión de aprensión, de incomodidad ante la frustración, o amenazas de frustración, de este motivo de tanta importancia». Un año después Hermann (1936) expresó un punto de vista casi idéntico. Relaciona la ansiedad con la urgente necesidad de buscar y aferrarse a la madre: «La ansiedad entraña, básicamente, la sensación de quedarse solo frente al peligro. Su expresión es la búsqueda de ayuda y, a la vez, la búsqueda de la madre... La ansiedad se desarrolla en el sentido de una urgente necesidad de aferrarse [...]».

Odier (1948) parece adoptar el mismo punto de vista. Tomando como punto de partida *Inhibición, síntoma y angustia,* critica la tesis freudiana sobre la base de que durante el segundo año de vida el bebé no puede conceptualizar el peligro. Como alternativa postula que «durante el segundo año esta emoción [es decir, la ansiedad] indica que ha llegado a diferenciarse un estado en particular: el estado de inseguridad subjetiva», y llega a la siguiente conclusión: «originariamente la causa de la inseguridad del bebé es, por sobre todo, la ausencia de la madre (o su sustituto) o el hecho de separarse de ella, por la época en que el bebé más necesita de sus cuidados y protección. Este estado es la teoría básica de la ansiedad, puesto que se relaciona con la inseguridad» (págs. 44-46). En la mayoría de sus aspectos la teoría de Odier coincide con la propuesta en la presente obra. Difiere al sostener que la ansiedad de separación solo se produce por primera vez durante el segundo año de vida, tesis que puede haber surgido porque como las muestras de ansiedad son mucho más obvias poco después del primer cumpleaños llegó a suponer, erróneamente, que antes no se experimentaba ningún tipo de ansiedad.

Winnicott no comete el mismo error. Aunque en varios de sus trabajos (por ejemplo, 1941; 1945; 1955b) parecería adherirse al postulado kleiniano en el sentido de que la ansiedad de separación no es sino una ansiedad de índole depresiva, en su breve contribución «La ansiedad asociada con la inseguridad» (1952) adopta un punto de vista coherente con el aquí presentado. Hace referencia a «las bien conocidas observaciones de que la ansiedad inicial es generada por el modo inseguro en que el bebé es tenido en brazos» y a la ansiedad causada por «los fallos en las técnicas de cuidado infantil, como, por ejemplo, la imposibilidad de dar el apoyo continuo requerido por medio de los cuidados maternos». A su juicio «resulta normal que el bebé experimente ansiedad cuando existen fallos en las técnicas del cuidado infantil».

Es esta también la postura de William James, quien, muchos años atrás, expresó simplemente: «La mayor fuente de terror en la infancia es la soledad» (James 1890).

Apéndice II

El psicoanálisis y la teoría de la evolución

Como no siempre se ha tenido en cuenta que el paradigma utilizado por Freud a lo largo de toda su metapsicología es predarwiniano en sus supuestos, cabe aquí considerar las implicaciones del caso.

Hacia finales del siglo pasado existían dos puntos básicos de controversia acerca de la evolución: uno, acerca de la realidad histórica de esta; el otro, acerca del modo en que, de tener lugar, se habría producido la evolución. Con no poca frecuencia el adjetivo *darwiniano* se utiliza en relación con la creencia en la realidad histórica de la evolución. Por supuesto, ello es erróneo. Además de Charles Darwin, muchos otros también propugnaron la realidad histórica de la evolución, si bien es cierto que nadie organizó y presentó los datos al respecto de manera tan concluyente como aquel. No obstante, el adjetivo *darwiniano* no debe aplicarse, en sentido general, con referencia al hecho mismo de la evolución, sino que debe reservarse estrictamente para definir la teoría de que la evolución resulta de un proceso biológico específico, al que Darwin denominó «selección natural», y que puede definirse más adecuadamente en función del éxito o fracaso diferencial en la reproducción de variantes que surgen naturalmente y que transmiten sus características a su descendencia.

Freud era, por cierto, un evolucionista, pero no hay prueba alguna de que fuese un darwiniano. Sin duda, en gran medida es debido a que toda creencia en la evolución se considera tan a menudo darwiniana que es fácil soslayar el hecho de que Freud se adhería profundamente a un punto de vista predarwiniano. En su *Estudio autobiográfico* (1925) Freud describe de qué manera, como estudiante, en la década de 1870, «las teorías de

Darwin, que constituían un tópico de interés, me atraían con fuerza» (*Standard Edition*, vol. 20, pág. 8); y nos enteramos por boca de Jones (1953) de que en su primer año en la Universidad de Viena (1872-1873) Freud siguió un curso sobre «Biología y darwinismo». Dichas referencias, aunadas al entusiasmo de Freud por la evolución en general y sus ocasionales y siempre favorables referencias a otras ideas darwinianas (como la de la horda primitiva y la expresión de las emociones), poseen un carácter engañoso, y nos llevan fácilmente a suponer que Freud adoptó la teoría darwiniana del proceso evolutivo, aun cuando no siempre la aplicó. Tal supuesto, sin embargo, es incompatible con los datos históricos, tal como lo demuestra con claridad una lectura de la biografía de Ernest Jones (véase especialmente el volumen III, 1957, capítulo 10).

Ahora que los aspectos explicativos del principio de selección natural propuesto por Darwin se hallan firmemente sentados y son universalmente aceptados por los biólogos, resulta fácil olvidar que de ninguna manera ocurría así durante los años iniciales del psicoanálisis. Eiseley (1958) describió el clima científico de los últimos veinticinco años del siglo pasado, época en que la creencia en la realidad histórica de la evolución se estaba haciendo más firme, en tanto que seguía desatándose una aguda controversia sobre los medios por los que llegaba a producirse. En particular, dicho autor describe el modo en que la autorizada aunque errónea crítica de la teoría darwiniana que formulara lord Kelvin había dado gran aliento a los críticos de Darwin y a los defensores de las ideas lamarckianas,[1] hasta tal punto que, en ediciones posteriores del *Origen*, Darwin modificó su postura incorporando la teoría de Lamarck sobre la herencia de los caracteres adquiridos a su propia teoría de la evolución por medio de la selección natural. Ritvo (1972) describe los avatares de la acalorada controversia, tal como llegó a oídos de Freud en Viena durante las décadas de 1870 y 1880, fundamentalmente a través del profesor de zoología, Claus. En 1909, para el centenario del nacimiento de Darwin, la aceptación de su teoría de la selección natural distaba de ser general, hasta tal punto que las celebraciones se realizaron por simple cuestión de forma. Durante los primeros veinticinco años del presente siglo las teorías sobre la evolución siguieron estando en «estado de caos y confusión» (De Beer, 1963); y luego hacia 1942, con la publicación del volumen de Julian Huxley, *Evolución: síntesis moderna*, se efectúa una reseña definitiva de la teoría cabalmente aceptada por fin durante la década precedente. Resulta significativo advertir que el cambio de enfoque se produjo durante la década de 1920, cuando el análisis genético comenzó a aplicarse no solo a los especímenes de laboratorio, sino a poblaciones salvajes que vivían y se propagaban en su propio ambiente natural.[2]

Al cotejarse las fechas claves en el desarrollo histórico de los conceptos psicoanalíticos de Freud con las de la teoría evolucionista ya no resulta sorprendente la ausencia de una perspectiva darwiniana en el psicoanálisis (así como en la mayor parte de las escuelas psicológicas). Por el contrario, resulta evidente que, no solo de joven sino ya hombre maduro y en sus últimos años, Freud no sería el único de su generación en mostrarse cauteloso y evitar comprometerse en su enfoque de las teorías referentes al proceso evolutivo, incluyendo la teoría darwiniana de la selección natural.

No obstante, por su propio temperamento, Freud era reacio a permanecer neutral. Aunque nunca rechazó explícitamente los principios darwinianos, es obvio que su aceptación inicial, decidida y continuada de los conceptos predarwinianos en la biología teórica no daba lugar a la adopción de los primeros. En ningún momento, a lo largo de sus escritos, Freud debate la teoría darwiniana de la selección natural, sino que directamente la pasa por alto, como si nunca hubiera sido formulada (Jones, 1957, pág. 332).

En el capítulo 1 del primer volumen de esta serie se puntualiza que el modelo de energía psíquica introducido por Freud en la esfera del psicoanálisis no provenía de su trabajo clínico con los pacientes, sino de ideas adquiridas muchos años antes, especialmente por la época en que trabajaba en el laboratorio de su admirado profesor de fisiología, Brücke. Ahora bien: esas ideas son muy anteriores al *Origen* de Darwin, publicado en 1859. Durante la década de 1840 Brücke había integrado un grupo de empeñosos científicos jóvenes (cuyo líder era Helmholtz), decididos a demostrar que en el campo de la ciencia todas las causas reales pueden simbolizarse por la palabra *fuerza*. Como los descubrimientos de la escuela de Helmholtz muy pronto cobraron celebridad, era natural que Freud, uno de sus discípulos, adoptara sus postulados. Tal como señala Jones (1953, pág. 46), el espíritu y contenido de las conferencias pronunciadas por Brücke en la década de 1870 se ajustaba estrechamente al modo en que Freud concebía el psicoanálisis en su aspecto dinámico: «[...] el psicoanálisis hace derivar todos los procesos mentales (fuera de la recepción de estímulos externos) de la interacción de fuerzas que se refuerzan o inhiben entre sí, se combinan las unas con las otras, hacen mutuas concesiones, etcétera» (Freud 1926b, *Standard Edition*, vol. 20, pág. 265).

Las limitaciones de este modelo de organización de los fenómenos clínicos, sobre el cual centró su atención Freud, ya se han analizado en el primer volumen de esta serie. El aspecto que se subraya en ese modelo no solo es predarwiniano en su origen, sino que se halla a gran distancia de los conceptos biológicos introducidos por Darwin. Para Freud y sus colegas, compenetrados con los postulados de Helmholtz, habría sido extremadamente difícil adoptar una perspectiva darwiniana. Por añadidura, con el paso de los años ello iba resultando imposible en el caso de Freud, quien se hallaba cada vez más convencido de la validez de las teorías vitalistas del tipo postulado por Lamarck. En el tercer volumen de su obra, Jones (1957) dedica medio capítulo a analizar la ininterrumpida adhesión de Freud a las explicaciones lamarckianas del proceso de evolución, partiendo de la postulada heredabilidad de los caracteres adquiridos, para culminar con la creencia en los poderes de un supuesto «sentimiento interno de necesidad».

Al comienzo de su vida profesional Freud se unió a sus colegas de la escuela helmholtziana adoptando los postulados de lo que ahora parecería un determinismo bastante ingenuo. Pero en los años anteriores a 1915 sus puntos de vista parecen haber sufrido un cambio radical, puesto que en 1917 expresa sumo interés por las ideas de Lamarck acerca de los efectos que el «sentimiento interno de necesidad» de un animal tendría sobre su estructura. Durante ese año Freud demostraba un entusiasmo desmedido por toda la obra de Lamarck, y se carteaba con Ferenczi y Abraham, con quienes discutía la posibilidad de emprender un ambicioso proyecto: integrar el psicoanálisis con las teorías de la evolución de Lamarck. «Nuestra intención es basar totalmente las ideas de Lamarck en nuestras teorías, y demostrar que el concepto de necesidad, el cual crea y modifica los órganos, no es sino el poder que las ideas inconscientes tienen sobre el cuerpo [...] en una palabra, la "omnipotencia de los pensamientos". La aptitud se explicaría entonces, realmente, desde una perspectiva psicoanalítica...»[3] Tal como señala Jones, lo antedicho equivale a postular la creencia de que la «necesidad» permite al animal introducir cambios, no solo en su ambiente, sino en su propio cuerpo. Por añadidura, la causalidad se confunde totalmente con la función. Observamos, en consecuencia, que por ese entonces la postura freudiana relativa a la biología teórica se hallaba a distancia radical de las perspectivas biológicas dominantes durante todo el siglo XX.

Por poco que reflexionemos nos daremos cuenta de que la adopción que hizo Freud de una perspectiva lamarckiana, con total exclusión de las ideas de Darwin acerca de los índices diferenciales de supervivencia y la correspondiente diferencia entre causalidad y función, coloreó toda la estructura del pensamiento y la teoría psicoanalítica.[4] Al basarse firmemente la biología restante en una versión desarrollada de los principios darwinianos, en tanto que el psicoanálisis continuaba adhiriéndose a la perspectiva lamarckiana, la brecha existente entre ambos se tornó, inevitablemente, cada vez más amplia. Existen, por lo tanto, solo tres consecuencias posibles. La primera es que la biología renuncie a la perspectiva darwiniana, cosa difícilmente imaginable. La segunda, que se postula en esta obra, es que el psicoanálisis adopte un nuevo enfoque, en función de la moderna teoría de la evolución. La tercera es que la brecha apuntada persista de manera indefinida, con lo cual el psicoanálisis quedaría permanentemente marginado del mundo de la ciencia.

Apéndice III

Problemas de terminología

Al comienzo de este volumen se puntualizaba que en el análisis del miedo y la ansiedad abundan los problemas de terminología. En los capítulos 6, 12, 18 y 20 se analizan algunos de ellos. En el presente apéndice consideraremos otros.

En lo que va de siglo se han efectuado innumerables esfuerzos por aclarar la terminología utilizada, y muchos escritores han propuesto el empleo de ciertas palabras de uso común con una acepción específica. Ninguna solución habrá de satisfacer a todos o, al menos, ello no ocurrirá hasta tanto el mundo entero no se adhiera a una teoría común. Con suma frecuencia, los términos adoptados no son sino reflejo de determinada orientación teórica.

LOS RIESGOS DE LA COSIFICACIÓN

En primer lugar, cabe señalar que las palabras *temor, alarma, ansiedad* y otras similares solo pueden utilizarse legítimamente con referencia al estado de un organismo individual. En la presente obra solo se utilizan a modo de adjetivo, para hacer referencia al modo en que un organismo puede evaluar determinada situación, la manera en que puede comportarse o sentir, todo lo cual guarda una estrecha interrelación. Por el contrario, no es legítimo hablar de «un temor» o «una ansiedad», cual si se tratara de objetos concretos. En el capítulo 7 del volumen anterior y en el capítulo 20 de este volumen se analizan los riesgos de cosificar los sentimientos.

Lamentablemente, tanto en el habla cotidiana como en la bibliografía psicológica, psiquiátrica y psicoanalítica se tiende a hablar del temor y la ansiedad como si fueran objetos concretos. Jersild, cuyos trabajos empíricos son tan valiosos, con no poca frecuencia, por ejemplo, tabula la cantidad de temores que experimentan los niños de una muestra («el miedo a tres grupos específicos de animales, como perros, gatos y caballos, recibía una puntuación de tres», Jersild, 1943) y expresa los resultados como porcentajes del total de temores computados. Afortunadamente, en otros cuadros suyos los resultados se expresan como porcentajes de los niños que dan muestras de temor en situaciones específicas. Son estas últimas las cifras que se consignan en este volumen.

En el campo del psicoanálisis fue en 1926 cuando Freud enfocó la ansiedad como reacción de un organismo ante determinada situación. Anteriormente había considerado la ansiedad como transformación de la libido, con lo cual cometía el error antes apuntado. Tal como señala Strachey en una de sus notas introductorias, en 1920 Freud agregó el siguiente comentario en una nota al pie de la página de la cuarta edición de los *Tres ensayos*: «Uno de los resultados más importantes de la investigación psicoanalítica es el descubrimiento de que la ansiedad neurótica surge de la libido, que es el producto de su transformación, y que por lo tanto existe entre ambas la misma relación que entre el vinagre y el vino» (*Standard Edition*, vol. 7, pág. 224).

Aún hoy en día sigue en vigencia ese tipo de pensamiento en algunas esferas y, como bien sabemos, no es demasiado fácil evitarlo.

«ANSIEDAD», «ALARMA», «TEMOR», «FOBIA»

Consideremos en primer lugar la palabra *ansiedad* (*anxiety*) y su contraparte alemana, *Angst*, ya que desempeñan un papel tan importante en el campo del psicoanálisis y la psiquiatría.

En la presente obra se utiliza el término *ansiedad* para denotar: a) el modo en que nos sentimos cuando se activa nuestra conducta de apego, y buscamos, sin hallarla, una figura de apego (capítulo 6), y b) el modo en que nos sentimos cuando por una razón x no sabemos a ciencia cierta si la figura o figuras de afecto estarán disponibles cuando las necesitemos (capítulo 15). Cabe preguntarse de qué manera el uso que le dimos a este vocablo coincide con otras acepciones de la palabra y con su origen etimológico. Son muchas las autoridades a que puede recurrirse con el fin de dar respuesta a estos interrogantes.

Strachey analiza el modo en que Freud utiliza el término alemán *Angst* y las dificultades de traducción al inglés a que da lugar (1959; 1962). Rycroft (1968b) analiza el empleo del término *ansiedad* entre los psicoanalistas de habla inglesa. Lewis (1967) examina el empleo de la palabra *ansiedad* y muchos derivados en distintos idiomas en el campo de la psiquiatría y la psicopatología, a la vez que estudia su etimología. De esta manera van poniéndose de manifiesto ciertas tendencias que distan de ser coherentes en el uso de dichas palabras.

Los tres escritores coinciden en señalar que, en las obras técnicas, tanto *ansiedad* como *Angst* suelen indicar un temor cuyos orígenes no fueron identificados. Por ejemplo, en la ocasión final en que analiza el problema, Freud (1926a) señala que el vocablo *Angst* «posee cierta cualidad de *indefinición y ausencia de objeto.* En un lenguaje preciso utilizamos la palabra *miedo* [*Furcht*], en vez de *ansiedad* [*Angst*] si se ha determinado el objeto» (*Standard Edition Edition*, vol. 20, pág. 165). Rycroft (1968b) recomienda el empleo del término *ansiedad* como «respuesta a algún factor todavía no reconocido, sea en el ambiente o en el sí mismo» y puntualiza que el psicoanálisis se interesa fundamentalmente por la ansiedad que provoca «la activación de fuerzas inconscientes y reprimidas del sí mismo». Lewis (1967) hace referencia a la ansiedad como un estado emocional afín al miedo, que se experimenta cuando «no existe una amenaza identificable, o la amenaza, juzgada según criterios razonables, está totalmente fuera de proporción con la emoción que en apariencia despierta».

Son varias las dificultades que plantea este empleo de la palabra. Por ejemplo, no se sabe a ciencia cierta a quién le resulta «indefinida» la situación causante de temor, o quién no logra «identificarla». ¿Es al individuo ansioso en sí (tal como lo sugieren Freud y Rycroft) o al especialista que lo trata (como postula Lewis)? La respuesta podría ser: a cualquiera de ellos, o a ambos. Por un lado, a veces el paciente tiene conciencia del objeto de sus temores, pero, por alguna razón, no divulga su conocimiento, o tal vez, incluso si lo hace, el especialista no lo cree. Por otro, el paciente puede no tener conciencia del origen de sus perturbaciones, pero el especialista puede creer saberlo, esté o no en lo cierto. Una ulterior dificultad surgiría cuando más adelante el paciente o el especialista, o ambos, llegan a identificar el objeto de los temores del primero. ¿Diremos, en este caso, que la ansiedad del paciente ya no es tal, sino que entra dentro del terreno del temor? De ser así, ¿qué deberá hacerse si uno o ambos identifican erróneamente el origen de los temores del paciente? Por cierto, se trata de dificultades nada fáciles de superar.

Las autoridades citadas hacen referencia a otras dos características del empleo histórico de los términos *ansiedad* y *Angst* en la esfera técnica: a) dichas palabras se utilizan, a veces, para indicar un temor considerado demasiado intenso y fuera de lugar en relación con la situación en que parece surgirá, y b) a veces se las utiliza para indicar que el temor a una situación prevista tiene mayor o menor probabilidad de surgir en el futuro, en vez de hacerse referencia al temor de una situación presente. No obstante, ni uno ni otro criterio resultan satisfactorios. En los capítulos 9 y 10 se señalaba que los criterios de «razonable» y «apropiado» aplicados al miedo y la conducta dictada por el miedo suelen inducir a graves errores. En el capítulo 10 se argumenta que, con suma frecuencia, el miedo surge en situaciones previstas pero no presentes, y que pueden surgir en un futuro inmediato o remoto. ¿Cuán remota debe ser la situación prevista para que se describa al individuo como «ansioso» en vez de «temeroso»? ¿La perspectiva futura de arder en el infierno torna ansioso o temeroso al creyente?

La convención adoptada en esta obra (utilizar el término *ansiedad* haciendo referencia, especialmente, a las emociones experimentadas ante una amenaza de separación) es, por supuesto, reflejo de la teoría propuesta. No obstante, guarda coherencia con los orígenes etimológicos de la ansiedad (y otros términos afines), así como con el modo en que Freud utilizó el vocablo alemán *Angst* en sus escritos postreros.

Según Lewis (1967), la palabra inglesa para ansiedad y la alemana *Angst* guardan relación con los respectivos términos en griego y latín clásicos, cuyos significados se centran en el dolor y la tristeza, con un vocablo alemán que en el siglo XVII también significaba «anhelo» y con dos palabras del inglés moderno: «angustia» (*anguish*) e «ira» (*anger*). Como la separación de la figura de apego provoca un estado anhelante acompañado con frecuencia de una sensación de ira, de la misma manera que a su pérdida sucede la angustia y la desesperación, resulta totalmente apropiado utilizar el término *ansiedad* para denotar las emociones que se experimentan cuando la figura de apego no puede ser hallada o cuando no puede confiarse en su disponibilidad y capacidad de respuesta en el momento que se desee. Dicho empleo de la palabra resulta también coherente con el pensamiento freudiano. Freud manifestó que «la ausencia de alguien a quien se ama, y cuya presencia se anhela [...] [es] la clave de la comprensión de la ansiedad» (1926a, *Standard Edition*, vol. 20, págs. 136-137).

El empleo del término *alarma* en la presente obra, como complemento del vocablo *ansiedad*, y con referencia a lo que se siente cuando uno trata de retirarse o huir ante una situación que llega a provocar pánico, guarda también relación con los orígenes de la palabra. *Alarma* deriva del italiano del siglo XVI «¡a las armas!» e implica, por consiguiente, un ataque por sorpresa (Onions, 1966).

Si bien el modo en que se emplean los términos *ansiedad* y *alarma* se ajusta a sus orígenes, no puede afirmarse que exista ninguna justificación, desde el punto de vista etimológico, para el empleo de la palabra *miedo* en el sentido general aquí propuesto. El término *miedo* (*peur* en francés y *Furcht* en alemán) tiene contraparte en alemán y nórdico antiguo, con un significado que incluye el de *emboscada* y *plaga* (Onions, 1966); como tal, el miedo está próximo a la alarma. Cabe advertir, sin embargo, y en defensa de su uso en sentido general, que en inglés moderno el término *miedo* comúnmente se utiliza con connotaciones similares.

En cuanto al empleo del término *fobia*, que no ha sido muy usado en esta obra, existe un pronunciado consenso. Marks (1969) analiza sus orígenes históricos y define la fobia como «un tipo especial de temor que: 1) está fuera de proporción con las exigencias de la situación; 2) no puede explicarse racionalmente; 3) está más allá del control voluntario, y 4) hace que el individuo trate de evitar la situación temida». Rycroft (1968b) define la fobia como: «El síntoma derivado de experimentar una ansiedad innecesaria o excesiva en una situación específica o en presencia de un objeto específico». El término siempre tiene connotaciones patológicas (*OED*).

Las desventajas de su empleo son las siguientes:

- Tiende a convertir el miedo en un objeto concreto, como en el título de la obra de Marks *Fears and Phobias* (*Miedos y fobias*).
- Un criterio básico en la definición es lo irracional del temor tan intenso que despierta determinada situación; de acuerdo con esta definición, el miedo a la oscuridad o a los ruidos fuertes o a cualquier otro estímulo natural podría recibir el calificativo de fóbico, de ahí sus connotaciones patológicas.

- Cuando un especialista introduce el concepto de fobia al procurar comprender los temores del paciente, centra su atención en 1) un aspecto específico de la situación, descuidando otros que pueden ser importantes, y 2) el componente escapista de la conducta dictada por el temor, en desmedro del componente afectivo (véanse los capítulos 18 y 19), puesto que el significado del vocablo griego *phobos* se centra en la huida y el escape.
- En la acepción actual que le atribuyen los psicoanalistas la palabra *fobia* implica siempre el resultado de un proceso patológico específico, en el sentido de que el objeto o situación no es temido «por sí mismo, sino porque se ha convertido en símbolo de algo diferente; vale decir, que representa algún impulso, deseo, objeto interno o parte del sí mismo que el paciente no logra enfrentar» (Rycroft, 1968b); en los capítulos 11, 18 y 19 se suministran razones en el sentido de que los procesos en cuestión se ven implicados con demasiada facilidad.

Una vez descartado el empleo del término *fobia* resulta más fácil analizar por qué la persona de marras puede haberse desarrollado de manera tal que experimenta un temor o ansiedad más intensa que sus congéneres en situaciones específicas.

Referencias bibliográficas

Abraham, K. (1913), «On the Psychogenesis of Agoraphobia in Children», *Clinical Papers and Essays on Psycho-analysis*, Londres, Hogarth; Nueva York, Basic Books, 1955.

— (1924), «A Short Study of the Development of the Libido», en Abraham, *Selected Papers on Psycho-analysis*, Londres, Hogarth, 1927. Nuevas ediciones: Londres, Hogarth, 1949; Nueva York, Basic Books, 1953.

Ainsworth, M. D. S. (1972), «Attachment and Dependency; A Comparison», en J. L. Gewirtz (comp.), *Attachment and Dependence*, Washington, D. C., Winston (distribuido por Wiley, Nueva York).

Ainsworth, M. D. S. y Bell, S. M. (1970), «Attachment, Exploration, and Separation; Illustrated by the Behaviour of One-year-olds in a Strange Situation», *Child Development*, vol. 41, págs. 49-67.

Ainsworth, M. D. S., Bell, S. M. y Stayton, D. J. (1971), «Individual Differences in Strange-situation Behaviour of One-year-olds», en H. R. Schaffer (comp.), *The Origins of Human Social Relations*, Londres y Nueva York, Academic Press.

— (en prensa), «Infant-Mother Attachment and Social Development: Socialization as a Product of Reciprocal Responsiveness to Signals», en M. Richard (comp.), *The Integration of a Child into a Social World*, Cambridge, Cambridge University Press.

Ainsworth, M. D. y Boston, M. (1952), «Psychodiagnostic Assessments of a Child after Prolonged Separation in Early Childhood», *British Journal of Medical Psychology*, vol. 25, págs. 169-201.

Ainsworth, M. D. S. y Wittig, B. A. (1969), «Attachment and Exploratory Behaviour of One-year-olds in a Strange Situation», en B. M. Foss (comp.), *Determinants of Infant Behaviour*, vol. 4, Londres, Methuen.

Alexander, F. y French, T. M. (1946), *Psychoanalytic Therapy*, Nueva York, Ronald Press. (trad. cast.: *Terapéutica psicoanalítica*, Buenos Aires, Paidós, 1972.)

Alland, A. (1967), *Evolution of Human Behavior*, Nueva York, Doubleday, Londres, Tavistock, 1969.

Anderson, J. W. (1972a), «An Empirical Study of the Psychosocial Attachment of Infants to their Mothers», tesis presentada para obtener el doctorado; Universidad de Londres.

— (1972b), «Attachment Behaviour Out of Doors», en N. Blurton Jones (comp.), *Ethological Studies of Child Behaviour*, Cambridge, Cambridge University Press.

— (1972c), «On the Psychological Attachment of Infants to their Mothers», *Journal of Biosocial Science.*, vol. 4, págs. 197-225.

Andrews, J. W. D. (1966), «Psychotherapy of Phobias», *Psychological Bulletin*. vol. 66, págs. 455-480.

Anthony, S. (1940), *The Child's Discovery of Death*, Londres, Regan Paul.

Argles, P. y Mackenzie, M. (1970), «Crisis Intervention with a Multi problem Family; A Case Study», *The Journal of Child Psychology and Psychiatry*, vol. 11, págs. 187-195.

Arnold, M. B. (1960), *Emotion and Personality, vol. 1, Psychological Aspects, vol. 2, Neurological and Physiological Aspects*, Nueva York, Columbia University Press, Londres, Cassell, 1961.

Arsenian, J. M. (1943), «Young Children in an Insecure Situation», *Journal of Abnormal Psychology*, vol. 38, págs. 225-249.

Backett, E. M. y Johnston, A. M. (1959), «Social Patterns of Road Accidents to Children; Some Characteristics of Vulnerable Children», *British Medical Journal*, vol. 1, pág. 409.
Baker, G W. y Chapman, D. W. (comps., 1962), *Man and Society in Disaster*, Nueva York, Basic Books.
Bandura, A. (1968), «Modelling Approaches to the Modification of Phobic Disorders», en R. Porter (comp.), *The Role of Learning in Psychotherapy*, Londres, J. y A. Churchill.
Bandura, A. y Menlove, F. L. (1968), «Factors Determining Vicarious Extinction of Avoidance Behavior through Symbolic Modeling», *Journal of Personality and Social Psychology*, vol. 8, págs. 99-108.
Bandura, A. y Rosenthal, T. L. (1966), «Vicarious Classical Conditioning as a Function of Arousal Level», *Journal of Personality and Social Psychology*, vol. 3, págs. 54-62.
Barker, R. G., Kounin, J. S. y Wright, H. F. (comps., 1943), *Child Behavior and Development*, Nueva York y Londres, McGraw-Hill.
Bateson, G., Jackson, D. D., Haley, J. y Weakland, J. (1956), «Toward a Theory of Schizophrenia», *Behavioral Sciences* , vol. 1, págs. 251-264.
Baumeyer, F. (1956), «The Schreber Case», *The International Journal of Psychoanalysis*, vol. 37, págs. 61-74.
Baumrind, D. (1967), «Child Care Practices Anteceding Three Patterns of Preschool Behavior», *Genetic Psychology Monographs*, vol. 75, págs. 43-88.
Bell, S. M (1970),«The Development of the Concept of Object as related to Infant-Mother Attachment», *Child. Dev.*, vol. 41, págs. 291-311.
Bell, S. M. y Ainsworth, M. D. S. (1972), «Infant Crying and Maternal Responsiveness», *Child Development*, vol. 43, págs. 1171-1190.
Bender, L. y Yarnell, H. (1941), «An Observation Nursery; A Study of 250 Children on the Psychiatric Division of Bellevue Hospital», *The American Journal of Psychiatry*, vol. 97, págs. 1158-1172.
Benedek, T. (1938), «Adaptation to Reality in Early Infancy», *Psychoanalytic Quarterly*, vol. 7, págs. 200-215.
– (1946), *Insight and Personality Adjustment: A Study of the Psychological Effects of War*, Nueva York, Ronald Press.
– (1956), «Toward the Biology of the Depressive Constellation», *Journal of the American Psychoanalytic Association*, vol. 4, págs. 389-427.
Berecz, J. M. (1968), «Phobias of Childhood; Aetiology and Treatment», *Psychological Bulletin*, vol. 70, págs. 694-720.
Berg, I. , Lipsedge, M. S. y Marks, I. M. (en preparación).
Berger, S. M. (1962), «Conditioning through Vicarious Instigation», *Psychological Review*, vol. 69, págs. 450-466.
Bernfeld, S. (1925, trad. ingl. 1929), *The Psychology of the Infant*, Londres, Regan Paul.
Bloch, D. A., Silber, E. y Perry, S. E. (1956), «Some Factors in the Emotional Reaction of Children to Disaster», *The American Journal of Psychiatry*, vol. 113, págs. 416-422.
Bolwig, N. (1963), «Bringing up a Young Monkey», *Behaviour*, vol. 21, págs. 300-330.
Bower, T. G. R., Broughton, J. M. y Moore, M. K. (1970), «Infant Responses to Approaching Objects; An Indicator of Responses to Distal Variables», *Perception & Psychophysics*, vol. 9 (2B), págs. 193-196.
Bowlby, J. (1940), «The Influence of Early Environment in the Development of Neurosis and Neurotic Character», *International Journal of Psychoanalysis*, vol. 21, págs. 154-178.
– (1944), «Forty-four Juvenile Thieves; Their Characters and Home Life», *International Journal of Psychoanalysis*, vol. 25, págs. 19-52 y 107-127.
– (1951), *Maternal Care and Mental Health*, Ginebra, WHO; Londres; HMSO; Nueva York, Columbia University Press. Versión abreviada, *Child Care and the Growth of Love*, Harmondsworth, Middx., Penguin Books, segunda edición, 1965.
– (1953), «Some Pathological Processes Set in Train by Early Mother-Child Separation», *Journal of Mental Science*, vol. 99, págs. 265-272.
– (1958a), «Psycho-analysis and Child Care», en J. D. Sutherland (comp.), *Psycho-analysis and Contemporary Thought*, Londres, Hogarth. Reimpreso en P. Halmos & A. Iliffe (comps.), *Readings in General Psychology*, Londres, Routledge, 1958.
– (1958b), «The Nature of the Child's Tie to his Mother», *International Journal of Psychoanalysis*, vol. 39, págs. 350-373.
– (1960a), «Separation Anxiety», *International Journal of Psychoanalysis*, vol. 41, págs. 89-113.

— (1960b), «Grief and Mourning in Infancy and Early Childhood», *Psychoanal. Study Child*, vol. 15, págs. 9-52.
— (1961a), «Separation Anxiety: A Critical Review of the Literature», *Journal of Child Psychology & Psychiatry*, vol. 1, págs. 251-269.
— (1961b), «Processes of Mourning», *International Journal of Psychoanalysis*, vol. 42, págs. 317-340.
— (1963), «Pathological Mourning and Childhood Mourning», *Journal of the American Psychoanalytic Association*, vol. 11, págs. 500-541.
Brain, C. K. (1970), «New Finds at the Swartkrans Australopithecine Site», *Nature*, vol. 225, págs. 1112-1119.
Britton, R. S. (1969), «Psychiatric Disorders in the Mothers of Disturbed Children», *Journal of Child Psychology & Psychiatry*, vol. 10, págs. 245-258.
Broadwin, I. T. (1932), «A Contribution to the Study of Truancy», *American Journal of Orthopsychiatry*, vol. 2, págs. 253-259.
Bronfenbrenner, U. (1958), «Socialization and Social Class through Time and Space», en E. E. Maccoby, T. M. Newcomb & E. L. Hartley (comps.), *Readings in Social Psychology*, Nueva York, Holt, Rinehart & Winston.
— (1961), «Some Familial Antecedents of Responsability and Leadership», en L. Petrullo y B. M. Bass (comps.), *Leadership and Interpersonal Behavior*, Nueva York, Holt, Rinehart & Winston.
— (1970), «Some Reflections on "Antecedents of Optimal Phychological Adjustment"», *J. Consult. Clin. Psychol.*, vol. 35, págs. 296-297.
Bronson, G. W. (1968), «The Development of Fear in Man and Other Animals», *Child Development*, vol. 39, págs. 409-431.
— (en prensa), «Infants' Reactions to Unfamiliar Persons and Novel Objects», *Monographs of the Society for Research in Child Development.*
Brun, R. (1946), *A General Theory of Neurosis*, Nueva York, International Universities Press.
Burlingham, D., y Freud, A. (1942), *Young Children in War time*, Londres, Allen & Unwin.
— (1944), *Infants without Families*, Londres, Allen & Unwin.
Burnham, D. L. (1965), «Separation Anxiety», *Archives of General Psychiatry*, vol. 13, págs. 346-358.
Burton, L. (1968), *Vulnerable Children*, Londres, Routledge; Nueva York, Schocken Books.
Caplan, G. (1964), *Principles of Preventive Psychiatry*, Nueva York, Basic Books; Londres, Tavistock.
Choi, E. H. (1961), «Father-Daughter Relationships in School Phobia», *Smith College Studies in Social Work*, vol. 31, págs. 152-178.
Clancy, H. y McBride, G. (1969), «The Autistic Process and its Treatment», *Journal of Child Psychology & Psychiatry*, vol. 10, págs. 233-244.
Clyne, M. B. (1966), *Absent: School Refusal as an Expression of Disturbed Family Relationship*, Londres, Tavistock.
Cole, S. (1963), *Races of Man*, Londres, Museo Británico (Historia Natural).
Colm, H. N. (1959), «Phobias in Children», *Psychoanalytic Review*, vol. 46, n.º 3, págs. 65-84.
Coolidge, J. C., Hahn, P. B. y Peck, A. L. (1957), «School Phobia; Neurotic Crisis or Way of Life», *American Journal of Orthopsychiatry*, vol. 27, págs. 296-306.
Coolidge, J. C., Tessman, E., Waldfogel, S. y Wilier, M. L. (1962), «Patterns of Aggression in School Phobia», *The Psychoanalytic Study of the Child*, vol. 17, págs. 319-333.
Coopersmith, S. (1967), *The Antecedents of Self-esteem*, San Francisco, W. H. Freeman.
Cox, F. N. y Campbell, D. (1968), «Young Children in a New Situation with and without their Mothers», *Child Development*, vol. 39, págs. 123-132.
Croake, J. W. (1969), «Fears of Children», *Human Development*, vol. 12, págs. 239-247.
Crook, J. H. (1968) «The Nature and Function of Territorial Aggression», en M. Ashley Montagu (comp.), *Man and Aggression*, Nueva York, Oxford University Press.
Darwin, C. (1859), *On the Origin of Species by means of Natural Selection*, Londres, Murray.
— (1871), *The Descent of Man.*, Londres, Murray.
Davidson, S. (1961), «School Phobia as a Manifestation of Family Disturbance; Its Structure and Treatment», *Journal of Child Psychology & Psychiatry*, vol. I, págs. 270-287.
De Beer, G. (1963), *Charles Darwin: Evolution by Natural Selection*, Edimburgo, Nelson; Nueva York, Doubleday, 1964.
Deutsch, H. (1929), «The Genesis of Agoraphobia», *International Journal of Psychoanalysis*, vol. 10, págs. 51-69.
— (1937), «Absence of Grief», *The Psychoanalytic Quarterly*, vol. 6, págs. 12-22.

DeVore, I., y Hall, K. R. L. (1965), «Baboon Ecology», en I. DeVore (comp.), *Primate Behavior*, Nueva York y Londres, Holt, Rinehart & Winston.
Douvan, E. y Adelson, J. (1966), *The Adolescence Experience*, Nueva York, Wiley.
Edelston, H. (1943), «Separation Anxiety in Young Children. A Study of Hospital Cases», *Genetic Psychology Monographs*, vol. 28, págs. 3-95.
Eiseley, L. (1958), *Darwin's Century*, Nueva York, Doubleday.
Eisenberg, L. (1958), «School Phobia; A Study in the Communication of Anxiety», *American Journal of Psychiatry*, vol. 114, págs. 712-718.
English, H. B. (1929), «Three Cases of the "Conditioned Fear Response"», *Journal of Abnormal and Social Psychology*, vol. 34, págs. 221-225.
Estes, H. R.; Haylett, C. H., y Johnson, A. (1956), «Separation Anxiety», *American Journal of Psychotherapy*, vol. 10, págs. 682-695.
Evans, P. y Liggett, J. (1971), «Loss and Breavement as Factors in Agoraphobia; Implications for Therapy», *British Journal of Medical Psychology*, vol. 44, págs. 149-154.
Fagin, C. M. R. N. (1966), *The Effects of Maternal Attendance During Hospitalization on the Post-hospital Behavior of Young Children: A Comparative Study*, Filadelfia, F. A. Davis.
Fairbairn, W. R. D. (1941), «A Revised Psychopathology of the Psychoses and Psychoneuroses», *International Journal of Psychoanalysis*, vol. 22, Reimpreso en Fairbairn, *Psychoanalytic Studies of the Personality*, Londres, Tavistock/Routledge, 1952, Nueva York, Basic Books, 1954 (edición estadounidense titulada *Object-relations Theory of the Personality*).
– (1943), «The War Neuroses; Their Nature and Significance», en Fairbairn, *Psychoanalytic Studies of the Personality*, Londres, Tavistock/Routledge, 1952; Nueva York, Basic Books, 1954 (edición estadounidense titulada *Object-relations Theory of the Personality*).
– (1952), *Psychoanalytic Studies of the Personality*, Londres, Tavistock/Routledge. Publicado en Estadous Unidos con el título de *Object-relations Theory of the Personality*, Nueva York, Basic Books, 1954.
– (1963), «Synopsis of an Object-relations Theory of the Personality», *International Journal of Psychoanalysis*, vol. 44, págs. 224-225.
Fantz, R. L. (1965), «Ontogeny of Perception», en A. M. Schrier; H. F. Harlow, y F. Stollnitz (comps.), *Behavior of Nonhuman Primates, vol. 2*, Nueva York y Londres, Academic Press.
Fenichel, O. (1945), *The Psychoanalytic Theory of Neurosis*, Nueva York, Norton.
Flavell, J. H. (1963), *The Developmental Psychology of Jean Piaget*, Princeton, N. J. y Londres, Van Nostrand.
Fleming, J. (1972), «Early Object Deprivation and Transference Phenomena», *Psychoanalytic Quarterly*, vol. 41, págs. 23-49.
Fraiberg, S. (1971), «Separation Crisis in Two Blind Children», *Psychoanalytic Study of the Child*, vol. 26, págs. 355-371.
Freud A. (1936), *The Ego and Mechanisms of Defence*, Londres, Hogarth (trad. cast.: *El yo y los mecanismos de defensa*, Buenos Aires, Paidós, 1974.)
– (1946), *The Psycho-analytical Treatment of Children*, Londres, Imago, Nueva York, International Universities Press, 1959.
– (1952), «The Mutual Influences in the Development of Ego and Id», *Psychoanalytic Study of the Child*, vol. 7, págs. 42-50.
– (1953), «Some Remarks on Infant Observation», *Psychoanalytic Study of the Child*, vol. 8, págs. 9-19.
– (1965), *Normality and Pathology in Childhood: Assessments of Development*, Nueva York, International Universities Press, Londres, Hogarth, 1966 (trad. cast.: *Normalidad y patología en la niñez*, Buenos Aires, Paidós, 1975.)
Freud, S. (1894), «The Neuro-psychoses of Defence», *Standard Edition*, vol. 3, n.º 1, págs. 45-61.
– (1895), «Anxiety Neurosis», *Standard Edition*, vol. 3, págs. 90-115.
– (1905a), «Fragment of an Analysis of a Case of Hysteria», *Standard Edition*, vol. 7, págs. 7-122.
– (1905b), *Three Essays on the Theory of Sexuality*, *Standard Edition*, vol. 7, págs. 135-243.
– (1909), «Analysis of a Phobia in a Five-year-old Boy», *Standard Edition*, vol. 10, págs. 5-149.
– (1910), «A Special Type of Choice of Object Made by Men» (contributions to *Psychology of Love I*), *Standard Edition*, vol. 11, págs. 165-175.
– (1911), «Psycho analytic Notes on an Autobiographical Account of a Case of Paranoia», *Standard Edition*, vol. 12, págs. 9-82.
– (1915a), «Instincts and their Vicissitudes», *Standard Edition*, vol. 14, págs. 117-140.

– (1915b), «The Unconscious», *Standard Edition*, vol. 14, págs. 166-204.
– (1917a), «Mourning and Melancholia», *Standard Edition*, vol. 14, págs. 243-258.
– (1917b), *Introductory Lectures on Psycho-analysis*, Parte III, *Standard Edition*, vol. 16.
– (1919), «Lines of Advance in Psycho analytic Therapy», *Standard Edition*, vol. 17, págs. 159-168.
– (1920), *Beyond the Pleasure Principle*, *Standard Edition*, vol. 18, págs. 7-64.
– (1925), *An Autobiographical Study*, *Standard Edition*, vol. 20, págs. 7-70.
– (1926a), *Inhibitions, Symptoms and Anxiety*, *Standard Edition*, vol. 20, págs. 87-172.
– (1926b), «Psycho-analysis», *Standard Edition*, vol. 20, págs. 263-270.
– (1931), «Female Sexuality», *Standard Edition*, vol. 21, págs. 225-243.
– (1933), *New Introductory Lectures on Psycho-analysis*, *Standard Edition*, vol. 22, págs. 7-182.
– (1937), «Constructions in Analysis», *Standard Edition*, vol. 23, págs. 257-269.
– (1940), *An Outline of Psycho-analysis*, *Standard Edition*, vol. 23, págs. 144-207.
Frick, W. B. (1964), «School Phobia: A Critical Review of the Literature», *Merrill-Palmer Quarterly*, vol. 10, págs. 361-374.
Friedman, J. H. (1950), «Short-term Psychotherapy of Phobia of Travel», *American Journal of Psychotherapy*, vol. 4, págs. 259-278
Friedman, P. (1959), «The Phobias», en S. Arieti (comp.), *American Handbook of Psychiatry*, Nueva York, Basic Books.
Fry, W. F. (1962), «The Marital Context of an Anxiety Syndrome», *Family Process*, vol. I, págs. 245-252.
Goldberg, T. B. (1953), «Factors in the Development of School Phobia», *Smith College Studies in Social Work*, vol. 23, págs. 227-248.
Goldfarb, W. (1943), «Infant Rearing and Problem Behavior», *American Journal of Orthopsychiatry*, vol. 13, págs. 249-265,
Greenacre, P. (1941), «The Predisposition to Anxiety», en Greenacre, *Trauma, Growth and Personality*, Nueva York, Norton, 1952.
– (1945), «The Biological Economy of Birth», en Greenacre, *Trauma, Growth and Personality*, Nueva York, Norton, 1952
– (1952), *Trauma, Growth and Personality*, Nueva York, Norton.
Grinker, R R. (1962), «Mentally Healthy Young Males (Homoclites)», *Archives of General Psychiatry*, vol. 6, págs. 405-453.
Hagman, (1932), «A Study of Fears of Children of Pre-school Age», *Journal of Experimental Education*, vol. I, págs. 110-130.
Hall, K. R. L. y DeVore, I. (1965), «Baboon Social Behavior», en I. DeVore (comp.), *Primate Behavior*, Nueva York y Londres, Holt, Rinehart & Winston.
Hansburg, H. G. (1972), *Adolescent Separation Anxiety: A Method for the Study of Adolescent Separation Problems*, Springfield, Ill., C. C. Thomas.
Hare, E. H. y Shaw, G. K. (1965), *Mental Health on a New Housing Estate*, Londres, Oxford University Press.
Harlow, H. F. (1961), «The Development of Affectional Patterns in Infant Monkeys», en B. M. Foss (comp.), *Determinants of Infant Behaviour*, vol. 1, Londres, Methuen; Nueva York, Wiley.
Harlow, H. F. y Harlow, M. K. (1965), «The Affectional Systems», en A. M. Schrier, H. F. Harlow y F. Stollnitz (comps.), *Behavior of Nonhuman Primates*, vol. 2, Nueva York y Londres, Academic Press.
Harlow, H. F. y Zimmermann, R. R. (1969), «Affectional Responses in the Infant Monkey», *Science*, vol. 130, pág. 421.
Harper, M. y Roth, M. (1962), «Temporal Lobe Epilepsy and the Phobic Anxiety. Depersonalization Syndrome», *Comprehensive Psychiatry*, vol. 3, págs. 129-151.
Hartmann, H. (1939, trad. ingl. 1958), *Ego Psychology and the Problem of Adaptation*, Londres, Imago; Nueva York, International Universities Press.
Hayes, C. (1951), *The Ape in our House*, Nueva York, Harper; Londres, Gollancz, 1952.
Heard, D. H. (1973), «Unresponsive Silence and Intra-familial Hostility», en R. Gosling (comp.), *Support, Innovation, and Autonomy*, Londres, Tavistock.
Heath, D. H. (1965), *Explorations of Maturity*, Nueva York, Appleton-Century-Crofts.
Heathers, G. (1954), «The Adjustment of Two-year-olds in a Novel Social Situation», *Child Development*, vol. 25, págs. 147-158.
Hebb, D. O. (1949), *The Organization of Behavior*, Nueva York, Wiley.
Heinicke, C. (1956), «Some Effects of Separating Two-years-old Children from their Parents; A Comparative Study», *Human Relations*, vol. 9, págs. 105-176.

Heinicke, C. M., Busch, F., Click, P. y Kramer, E. (en prensa); «Parent-Child Relations, Adaptation to Nursery School and the Child's Task Orientation; A Contrast in the Development of Two Girls», en J. C. Westman (comp.), *Individual Differences in Children*.

Heinicke, C. y Westheimer, I. (1966), *Brief Separations*, Nueva York, International Universities Press; Londres, Longmans.

Hermann, I. (1936), «Sich-Anklammern-Auf-Suche-Gehen», *Internationale Zeitschrift für Psychoanalyse*, vol. 22, págs. 349-370.

Hersov, L. A. (1960a), «Persistent Non-attendance at School», *J. Journal of Child Psychology & Psychiatry*, vol. 1, págs. 130-136.

– (1960b), «Refusal to Go to School», *J. Journal of Child Psychology & Psychiatry*, 1, págs. 137-145.

Hill, R. y Hansen, D. A. (1962), «Families in Disaster», en G. W. Baker y D. W. Chapman (comps.), *Man and Society in Disaster*, Nueva York, Basic Books.

Hinde, R. A. (1970), *Animal Behaviour: A Synthesis of Ethology and Comparative Psychology*, 2.ª ed., Nueva York, McGraw-Hill.

Hinde, R. A., y Davies, L. (1972), «Removing Infant Rhesus from Mother for 13 Days compared with Removing Mother from Infant», *J. Journal of Child Psychology & Psychiatry*, vol. 13, págs. 227-237.

Hinde, R. A., Spencer-Booth, Y. y Bruce. M. (1966), «Effects of Six-day Maternal Deprivation on Rhesus Monkey Infants», *Nature*, vol. 210, págs. 1021-1023.

Hinde, R. A. y Spencer-Booth, Y. (1968), «The Study of Mother-Infant Interaction in Captive Group-living Rhesus Monkeys», *Proceedings of the Royal Society of London. Series B*, vol. 169, págs. 177-201.

– (1970), «Individual Differences in the Responses of Rhesus Monkeys to a Period of Separation from their Mothers», *J. Journal of Child Psychology & Psychiatry*, vol. 11, págs. 159-176.

– (1971), «Effects of Brief Separation from Mother on Rhesus Monkeys», *Science*, vol. 173, págs. 111-118.

Hug-Hellmuth, H., von (1913. trad. ingl. 1919), *A Study of the Mental Life of the Child*, Washington, Nervous & Mental Disease Pub. Co.

Huxley, J. (1942), *Evolution: The Modern Synthesis*, Londres, Allen & Unwin; Nueva York, Harper.

James, W. (1890), *Principles of Psychology*, Nueva York, Holt.

Janis, M. G. (1964), *A Two-year-old Goes to Nursery School*, Londres, Tavistock.

Jay, P. (1965), «The Common Langur of North India», en I. DeVore (comp.), *Primate Behavior*, Nueva York y Londres, Holt, Rinehart & Winston.

Jensen, G. D. y Tolman, C. W. (1962), «Mother-Infant Relationship in the Monkey, *Macaca nemestrina*: The Effect of Brief Separation and Mother-Infant Specificity», *Journal of Comparative and Physiological Psychology*, vol. 55, págs. 131-136.

Jersild, A. T. (1943), «Studies of Children's Fears», en R. G. Barker: J. S. Kounin, y H. F. Wright (comps.), *Child Behavior and Development*, Nueva York y Londres, McGraw-Hill.

– (1947), *Child Psychology*, 3.ª edición, Londres, Staples Press.

Jersild, A. T. y Holmes, F. B. (1935a), «Children's Fears», *Monographs of the Society for Research in Child Development*, n.º 20, Nueva York, Teachers College, Columbia University.

– (1935b), «Some Factors in the Development of Children's Fears», *Journal of Experimental Education*, vol. 4, págs 133-141.

Jersild, A. T Markey, F. V. y Jersild, C. L. (1933), *Children's Fears, Dreams, Wishes, Day Dreams, Likes, Dislikes, Pleasant and Unpleasant Memories*, *Monographs of the Society for Research in Child Development*, n.º 12, Nueva York, Teachers College, Columbia University.

Jewell, P. A., y Loizos, C. (comps.) (1966), *Play, Exploration and Territory in Mammals*, Londres y Nueva York, Academic Press.

Joffe, W. G. y Sandler, J. (1965), «Notes on Pain, Depression, and Individuation», *Psychoanalytic Study of the Child*, vol. 20, págs. 394-424.

John, E. (1941), «A Study of the Effects of Evacuation and Air-raids on Pre school Children», *British Journal of Educational Psychology*, vol. 11, págs. 173-182.

Johnson, A. M., Falstein, E. I Szurek, S. A. y Svendsen, M. (1941), «School Phobia», *American Journal of Orthopsychiatry*, vol. 11, págs. 702-711.

Jones, E. (1927), «The Early Development of Female Sexuality», en Jones, *Papers on Psycho-analysis*, 5.ª edición, Londres, Bailliere, Tindall & Cox, 1948.

– (1929), «Fear, Guilt and Hate», en Jones, *Papers on Psychoanalysis*, 15.ª edición, Londres, Baillibre, Tindall & Cox, 1948.

– (1953), *Sigmund Freud: Life and Work, vol. 1*, Londres, Hogarth; Nueva York, Basic Books.

– (1955), *Sigmund Freud: Life and Work, vol. 2*, Londres, Hogarth; Nueva York, Basic Books.

– (1957), *Sigmund Freud: Life and Work, vol. 3*, Londres, Hogarth; Nueva York, Basic Books.

Jones, M. C. (1924a), «The Elimination of Children's Fears», *Journal of Experimental Psychology*, vol. 7, págs. 383-390. Reimpreso en H. J. Eysenck (comp.), *Behaviour Therapy and the Neuroses*, Oxford, Pergamon, 1960.

– (1924b), «A Laboratory Study of Fear; The Case of Peter», *Pedagogical Seminary*, vol. 31, págs. 308-315. Reimpreso en H. J. Eysenck (comp.), *Behaviour Therapy and the Neuroses*, Oxford, Pergamon, 1960.

Kahn, J. H. y Nursten, J. P. (1968), *Unwillingly to School*, 2.ª edición, Oxford, Pergamon.

Katan, A. (1951), «The Role of 'Displacement' in Agoraphobia», *International Journal of Psychoanalysis*, vol. 32, págs. 41-50.

Kaufman, I. C. y Rosenblum, L. A. (1967), «Depression in Infant Monkeys Separated from their Mothers», *Science*, vol. 155, págs. 1030-1031.

– (1969), «Effects of Separation from Mother on the Emotional Behavior of Infant Monkeys», *Annals of the New York Academy of Sciences*, vol. 159, págs. 681-695.

Kawamura, S. (1963), «The Process of Subculture Propagation among Japanese Macaques», en C. H. Southwick (comp.), *Primate Social Behavior*, Princeton, N. O. y Londres, Van Nostrand.

Kellogg, W. N. y Kellogg, L. (1933), *The Ape and the Child: A Study of Environmental Influence upon Early Behavior*, Nueva York, McGraw-Hill (Whittlesey House Publications).

Kennedy, W. A. (1965), «School Phobia; Rapid Treatment of Fifty Cases», *Journal of Abnormal Psychology*, vol. 70, págs. 285-289.

Kessen, W. y Mandler, G. (1961), «Anxiety, Pain, and the Inhibition of Distress», *Psychological Review*, vol. 68, págs. 396-404.

Kestenberg, J. S. (1943), «Separation from Parents», *Nerv. Child*, vol. 3, págs. 20-35.

Klein, E. (1945), «The Reluctance to go School», *The Psychoanalytic Study of the Child*, vol. 1, págs. 263-279.

Klein. M. (1932), *The Psychoanalysis of Children*, Londres, Hogarth (trad. cast.: *Obras Completas de M. Klein*, Buenos Aires, Paidós, 1975).

– (1932), *The Psychoanalysis of Children*, Londres, Hogarth.

– (1934), «On Criminality», en Klein, *Contributions to Psycho-analysis: 1921-1945*, Londres, Hogarth, 1948.

– (1935), «A Contribution to the Psychogenesis of Manic-depressive States», en Klein, *Contributions to Psycho-analysis: 1921-1945*, Londres, Hogarth, 1948.

– (1946), «Notes on Some Schizoid Mechanisms». en Klein y otros, *Developments in Psycho-analysis*, Londres, Hogarth, 1952.

– (1948a), *Contributions to Psycho-analysis: 1921-1945*, Londres, Hogarth.

– (1948b), «On the Theory of Anxiety and Guilt», *International Journal of Psycho-analysis*, vol. 29, Reimpreso en Klein y otros, *Developments in Psycho-analysis*, Londres, Hogarth, 1952.

Klein, M., Heimann, P., Isaacs, S. y Rivierie, J. (1952), *Developments in Psychoanalysis*, Londres, Hogarth.

Korchin, S. J. y Ruff, G. E. (1964), «Personality Characteristics of the Mercury Astronauts», en G. H. Grosser, H. Wechsler y M. Greenblatt (comps.), *The Threat of Impending Disaster: Contributions to the Psychology of Stress*, Cambridge, Mass., MIT Press.

Kreitman, N., Philip, A. E., Greer, S. y Bagley, C. R. (1969), carta de Parasuicide, *British Journal of Psychiatry*, vol. 115, págs. 746-747.

Kreitman, N., Smith, P. y Tan, E. S. (1970), «Attempted Suicide as Language; An Empirical Study», *British Journal of Psychiatry*, vol. 116, págs. 465-473.

Kris, E. (1950), «Notes on the Development and on Some Current Problems of Psychoanalytic Child Psychology», *The Psychoanalytic Study of the Child*, vol. 5, págs. 24-46.

– (1956), «The Recovery of Childhood Memories in Psycho-analysis», *The Psychoanalytic Study of the Child*, 11, págs. 54-88.

Kuhn, T. S. (1962), *The Structure of Scientific Revolutions*, Chicago y Londres, University of Chicago Press.

Kummer, H. (1967), «Tripartite Relations in Hamadryas Baboons», en S. A. Altmann (comp.), *Social Communication among Primates*, Chicago, University of Chicago Press.

Laing, R. D. y Esterson, A. (1964), *Sanity, Madness, and the Family*, Londres, Tavistock, Nueva York, Basic Books, 2.ª edición, 1970.

Lapouse, R. y Monk, M. A. (1959), «Fears and Worries in a Representative Sample of Children», *American Journal of Orthopsychiatry*, vol. 29, págs. 803-818.
Laughlin, H. P. (1956), *The Neuroses in Clinical Practice*, Londres, Saunders.
Lawick-Goodall, J. van (1968), «The Behaviour of Free-living Chimpanzees in the Gombe Stream Reserve», *Animal Behaviour Monographs*, vol. 1, págs. 161-311.
Lazarus, A. A. (1960), «The Elimination of Children's Phobias by Deconditioning», en H. J. Eysenck (comp.), *Behaviour Therapy and the Neuroses*, Oxford, Pergamon.
Lee, S. G. M., Wright, D. S. y Herbert, M. (en preparación), «Aspects of the Development of Social Responsiveness in Young Children».
Leighton, D. C., Harding, J. S., Macklin, D. B., Macmillan, A. M. y Leighton, A. H. (1963), *The Character of Danger*, Nueva York, Basic Books.
Levy, D. (1937), «Primary Affect Hunger», *The American Journal of Psychiatry*, vol. 94, págs. 643-652.
– (1951), «Observations of Attitudes and Behavior in the Child Health Center», *American Journal of Health Promotion*, vol. 41, págs. 182-190.
Lewis, A. (1967), «Problems presented by the Ambiguous Word "Anxiety" as used in Psychopathology», *Israel Annals of Psychiatry and Related Disciplines*, vol. 5, págs. 105-121.
Lidz, T., Cornelison, A., Fleck, S. y Terry, D. (1958), «The Intrafamilial Environment of the Schizophrenic Patient; The Transmission of Irrationality», *Archives of Neurology & Psychiatry*, vol. 79, págs. 305-316.
Lorenz, K. (1937), «Über die Bildung des Instinktbegriffes», *Naturwissenschaften*, vol. 25 (trad. ingl.; «The Establishment of the Instinct Concept», en Lorenz, *Studies in Animal and Human Behaviour*, vol. 1, trad, por R. Martin, Londres, Methuen, 1970).
Lynch, J. J. (1970), «Psychophysiology and the Development of Social Attachment», *Journal of Nervous and Mental Disease*, vol. 151, págs. 231-244.
MacCarthy, D., Lindsay, M. y Morris, I. (1962), «Children in Hospital with Mothers», *Lancet*, vol. 1, págs. 603-608.
Maccoby, E. E. y Feldmann, S. S. (1972), «Mother-attachment and Stranger-reactions in the Third Year ok Life», *Child DevelopmentMonographs of the Society for Research in Child Development*, vol. 37, vol. 1.
Macfarlane, J. W.; Allen, L., y Honzik, M. P. (1954), *A Developmental Study of the Behavior Problems of Normal Children between 21 Months and 14 Years*, Berkeley, University of California Press.
Mahler, M. D. (1968), *On Human Symbiosis and the Vicissitudes of Individuation*, vol. 1, *Infantile Psychosis*, Nueva York, International Universities Press; Londres, Hogarth, 1969.
Malmquist, C. P. (1965), «School Phobia; A Problem in Family Neurosis», *Journal of the American Academy of Child and Adolescent Psychiatry*, vol. 4, págs. 293-319.
Marks, I. M. (1969), *Fears and Phobias*, Londres, Heinemann Medical.
– (1971), «Phobic Disorders Four Years after Treatment; A Prospective Follow-up», *British Journal of Psychiatry*, vol. 118, págs. 683-688.
Marks, I. M., Boulougouris, J. y Marset, P. (1971), «Flooding versus Desensitisation in the Treament of Phobic Patients; A Crossover Study», *British Journal of Psychiatry*, vol. 119, págs. 353-375.
Marler, P. R. y Hamilton, W. J. (1966), *Mechanisms of Animal Behavior*, Nueva York, Wiley.
Marris, P. (en prensa), *Loss and Change*, Londres, Routledge.
Martin, H. L. (1970), «Antecedents of Burns and Scalds in Children», *British Journal of Medical Psychology*, vol. 43, págs. 39-47.
Marvin, R. S. (1972), «Attachment and Communicative Behavior in Two-, Three and Four-year-old Children», tesis del doctorado presentada a la Universidad de Chicago.
Mason, W. A. (1965), «Determinants of Social Behavior in Young Chimpanzees», en A. M. Schrier; H. F. Harlow, y F. Stollnitz (comps.), *Behavior of Nonhuman Primates, vol. 2*, Nueva York y Londres, Academic Press.
McCord, W., McCord, J. y Verden, P. (1962), «Familial and Behavioral Correlates of Dependency in Male Children», *Child Development*, vol. 33, págs. 313-326.
McDougall, W. (1923), *An Outline of Psychology*, Londres, Methuen.
Megargee, E. I., Parker, G. V. C. y Levine, R V. (1971), «Relationship of Familial and Social Factors to Socialization in Middle-class College Students», *Journal of Abnormal Psychology*, vol. 77, págs. 76-89.
Meili, R. (1959), «A Longitudinal Study of Personality Development», en L. Jessner y E. Pavenstedt

(comps.), *Dynamic Psychopathology in Childhood*, Nueva York, Grune & Stratton, Londres, Heinemann.

Meiges, F. T. (1968), «Postpartum Psychiatric Syndromes», *Psychosomatic Medicine*, vol. 30, págs. 95-108.

Meng, H. y Freud, E. L. (comps.) (1963), *Psycho-analysis and Faith: The Letters of Sigmund Freud and Oskar Pfister*, trad. por E. Mosbacher, Londres, Hogarth.

Miller, D. R. (1970), «Optimal Psychological Adjustment; A Relativistic Interpretation», *Journal of Consulting and Clinical Psychology*, vol. 35, págs. 290-295.

Mitchell, G. (1970), «Abnormal Behavior in Primates», en L. A. Rosenblum (comp.), *Primate Behavior: Developments in Field and Laboratory Research, vol. 1*, Nueva York y Londres, Academic Press.

Montenegro, H. (1968), «Severe Separation Anxiety in Two Preschool Children: Successfully Treated by Reciprocal Inhibition», *Journal of Child Psychology & Psychiatry*, vol. 9, págs. 93-103.

Moore, T. W. (1964), «Children of Full-time and Part-time Mothers», *International Journal of Social Psychiatry*, Special Congress Issue, n.º 2.

– (1969a), «Effects on the Children», en S. Yudkin y A. Holme (comps.), *Working Mothers and their Children*, 2.ª edición, Londres, Sphere Books.

– (1969b), «Stress in Normal Childhood», *Human Relations*, vol. 22, págs. 235-250.

– (1971), «The Later Outcome of Early Care by the Mother and Substitute Daily Regimes», resumen de un trabajo presentado ante la International Society for Study of Behavioral Development, Nijmegen, julio.

Morgan, G. A. y Ricciuti, H. N. (1969), «Infants. Responses to Strangers during the First Year», en B. M. Foss (comp.), *Determinants of Infant Behaviour*, vol. 4, Londres, Methuen.

Morris, R. y Morris, D. (1965), *Men and Snakes*, Londres, Hutchinson.

Moss, C. S. (1960), «Brief Successful Psychotherapy of a Chronic Phobic Reaction», *Journal of Abnormal and Social Psychology*, vol. 60, págs. 266-270.

Murphey, E B., Silber, E., Coelho, G. V., Hamburg, D. A. y Greenberg. I. (1963), «Development of Autonomy and Parent-Child Interaction in Late Adolescence», *American Journal of Orthopsychiatry*, vol. 33, págs. 643-652.

Murphree, O. D., Dykrnan, R. A. y Peters, J. E. (1967), «Genetically Determined Abnormal Behavior in Dogs: Results of Behavioral Tests», *Conditional Reflex*, vol. 2, págs. 199-205.

Murphy, L. B. (1962), *The Widening World of Childhood*, Nueva York, Basic Books.

Nagera, H. y Colonna, A. B. (1965), «Aspects of the Contribution of Sight to Ego and Drive Development; A Comparison of the Development of Some Blind and Sighted Children», *The Psychoanalytic Study of the Child*, vol. 20, págs. 267-287.

Newson, J. y Newson, E. (1968), *Four Years Old in an Urban Community*, Londres, Allen & Unwin; Chicago, Aldine.

Niederland, W. G. (1959a), «The Miracled-up World of Schreber's Childhood», *The Psychoanalytic Study of the Child*, vol. 14, págs. 383-413.

– (1959b); «Schreber; Father and Son», *Psychoanalytic Quarterly*, vol. 28, págs. 151-169.

Nunberg, H. (1932, trad. ingl. 1955), *Principles of Psychoanalysis*, Nueva York, International Universities Press.

Odier, C. (1948, trad. ingl. 1956), *Anxiety and Magic Thinking*, Nueva York, International Universities Press.

Offer, D. (1969), *The Psychological World of the Teenager: A Study of Normal Adolescent Boys*, Nueva York, Basic Books.

Offer, D., y Sabshin, M. (1966), *Normality: Theoretical and Clinical Concepts of Mental Health*, Nueva York, Basic Books.

Onions, C. T. (comp.) (1966), *The Oxford Dictionary of English Etymology*, Oxford, Clarendon Press.

Parkes, C. M. (1969), «Separation Anxiety; An Aspect of the Search for a Lost Object», en M. H. Lader (comp.), *Studies of Anxiety*, *British Journal of Psychiatry*, Special Publication, n.º 3, publicado por autorización de la World Psychiatric Association y la Royal Medico-Psychological Association.

– (1971a), «The First Year of Bereavement; A Longitudinal Study of the Reaction of London Widows to the Death of their Husbands», *Psychiatry*, vol. 33, págs. 444-467.

– (1971b), «Psycho-social Transitions; A Field of Study», *Social Science & Medicine*, vol. 5, págs. 101-115.

– (1972), *Bereavement: Studies of Grief in Adult Life*, Londres, Tavistock, Nueva York, International Universities Press.

Peck, R. F. y Havighurst, R. J. (1960), *The Psychology of Character Development*, Nueva York, Wiley.
Piaget, J. (1937, trad. ingl. 1954), *The Construction of Reality in the Child*, Nueva York, Basic Books. Publicado en el Reino Unido con el título *The Child's Construction of Reality*, Londres, Routledge, 1955.
Preston, D. G., Baker, R. P. y Seay, B. (1970), «Mother-Infant Separation in the Patas Monkey», *Developmental Psychology*, vol. 3, págs. 298-306.
Rank, O. (1924, trad, ingl. 1929), *The Trauma of Birth*, Londres, Regan Paul.
Reinhardt, R. F. (1970), «The Outstanding Jet Pilot», *The American Journal of Psychiatry*, vol. 127, págs. 732-736.
Rheingold, H. L. (1969), «The Effect of a Strange Environment on the Behaviour of Infants», en B. M. Foss (comp.), *Determinants of Infant Behaviour*, vol. 4, Londres, Methuen,
Rheingold, H. L. y Eckerman, C. O. (1970), «The Infant Separates Himself from his Mother», *Science*, vol. 168, págs. 78-83.
Ritvo, L. B. (1972), «Carl Claus as Freud's Professor of the New Darwinian Biology», *International Journal of Psychoanalysis*, vol. 53, págs. 277-283.
Roberts, A. H. (1964), «Housebound Housewives; A Follow-up Study of a Phobic Anxiety State», *British Journal of Psychiatry*, vol. 110, págs. 191-197.
Robertson, J. (1952), Film; *A Two-year old Goes to Hospital* (16 mm., 45 mins.; se provee guía; hay también versión abreviada, 30 mins.), Londres, Tavistock Child Development Research Unit; Nueva York, New York University Film Library.
– (1953), «Some Responses of Young Children to the Loss of Maternal Care», *Nursing Times*, vol. 49, págs. 382-386.
– (1958a), Film: *Going to Hospital with Mother* (16 mm., 40 mins.: se provee guía), Londres, Tavistock Child Development Research Unit; Nueva York, New York University Library.
– (1958b), *Young Children in Hospital*, Londres, Tavistock, 2.ª edición, 1970, Robertson, J. y Bowlby, J. (1952), «Responses of Young Children to Separation from their Mothers», *Courrier de la Centre International de l'Enfance*, vol. 2, págs. 131-142.
Robertson, J. y Robertson, J. (1967-73), Film series, *Young Children in Brief Separation*: n.º 1 (1967), Kate, 2 años 5 meses: cuidado sust. durante 27 días; n.º 2 (1968), Jane, 17 meses: cuidado sust. durante 10 días; n.º 3 (1969), John, 17 meses: 9 días en guardería con internado; n.º 4 (1971), Thomas, 2 años 4 meses: cuidado sust. durante 10 días; n.º 5 (1973), Lucy, 21 meses: cuidado sust. durante 19 días; Londres, Tavistock Institute of Human Relations (Films disponibles en el Concord Films Council, Ipswich, Suffolk, y en la New York University Library). Las guías para la serie de filmes se hallan disponibles en el Tavistock Institute of Human Relations y la New York University Film Library.
– (1971), «Young Children in Brief Separation; A Fresh Look», *The Psychoanalytic Study of the Child*, vol. 26, págs. 264-315.
Rosenberg, M. (1965), *Society and the Adolescent Self-image*, Princeton, N. J., Princeton University Press.
Rosenblum, L. A. y Kaufman, I. C. (1968), «Variations in Infant Development and Response to Maternal Loss in Monkeys», *American Journal of Orthopsychiatry*, vol. 38, págs. 418-426.
Roth, M. (1959), «The Phobic Anxiety-Depersonalization Syndrome», *Proceedings of the Royal Society of Medicine*, vol. 52, págs. 587-595.
– (1960), «The Phobic Anxiety-Depersonalization Syndrome and Some General Aetiological Problems in Psychiatry», *Journal of Neuropsychiatry*, vol. 1, pág. 293.
Roth, M., Garside, R. S. y Gurney, C. (1965), «Clinical-Statistical Enquiries into the Classification of Anxiety States and Depressive Disorders», en F. A. Jenner (comp.), *Proceedings of Leeds Symposium on Behavioural Disorders*, Dagenham, Essex, May & Baker.
Rowell, T. E. y Hinde, R. A. (1963), «Responses of Rhesus Monkeys to Mildly Stressful Situations», *Animal Behaviour*, vol. 11, págs. 235-243.
Ruff, G. E. y Korchin, S. J. (1967), «Adaptive Stress Behavior», en M. H. Appley y R. Trumbull (comps.), *Psychological Stress*, Nueva York, Appleton-Century-Crofts.
Rycroft, C. (1968a), *Anxiety and Neurosis*, Londres, Allen Lane The Penguin Press.
– (1968b), *A Critical Dictionary of Psychoanalysis*, Londres, Nelson.
Sandels, S. (1971), *The Skandia Report: A Report on Children in Traffic* (Resumen inglés), Estocolmo, Skandia Insurance Co.
Sandler, J. (1960), «The Background of Safety», *International Journal of Psychoanalysis*, vol. 41, págs. 352-356.

Sandler, J. y Joffe, W. G. (1969), «Towards a Basic Psychoanalytic Model», *International Journal of Psychoanalysis*, vol. 50, págs. 79-90.

Scarr, S. y Salapatek, P. (1970), «Patterns of Fear Development during Infancy», *Merrill-Palmer Quarterly*, vol. 16, págs. 59-90.

Schaffer, H. R. (1958), «Objective Observations of Personality Development in Early Infancy», *British Journal of Medical Psychology*, vol. 31, págs. 174-183.

– (1971), «Cognitive Structure and Early Social Behaviour», en H. R. Schaffer (comp), *The Origins of Human Social Relations*, Londres y Nueva York, Academic Press.

Schaffer, H. R. y Callender, W. M. (1959), «Psychological Effects of Hospitalization in Infancy», *Paediatrics*, vol. 24, págs. 528-539.

Schaffer, H. R, y Parry, M. H. (1969), «Perceptual-Motor Behaviour in Infancy as a Function of Age and Stimulus Familiarity», *British Journal of Psychology*, vol. 60, págs. 1-9.

– (1970), «The Effects of Short-term Familiarization on Infants Perceptual-Motor Co-ordination in a Simultaneous Discrimination Situation», *British Journal of Psychology*, vol. 61, págs. 559-569.

Schapira, K., Kerr, T. A. y Roth, M. (1970), «Phobias and Affective Illness», *British Journal of Psychiatry*, vol. 117, págs. 25-32.

Schatzman, M. (1971), «Paranoia or Persecution; The Case of Schreber», *Family Process*, vol. 10, págs. 177-207.

Schiff, W., Caviness, J. A., y Gibson, J. J. (1962), «Persistent Fear Responses in Rhesus Monkeys to the Optical Stimulus of "Looming"», *Science*, vol. 136, págs. 982-983.

Schnurmann, A. (1949), «Observation of a Phobia», *The Psychoanalytic Study of the Child*, vol. 4, págs. 253-270.

Schur, M. (1953), «The Ego in Anxiety», en R. D. Loewenstein (comp.), *Drives, Affects, Behavior*, Nueva York, International Universities Press.

– (1958), «The Ego and the Id in Anxiety», *The Psychoanalytic Study of the Child*, vol. 13, págs. 190-220.

– (1967), *The Id and the Regulatory Principles of Mental Functioning*, Londres, Hogarth.

Scott, J. P. y Fuller, J. L. (1965), *Genetics and the Social Behavior of the Dog*, Chicago, University of Chicago Press.

Scott, R. D (1973a), «The Treatment Barrier; 1», *British Journal of Medical Psychology*, vol. 46.

– (1973b), «The Treatment Barrier; 2, The Patient as an Unrecognized Agent», *British Journal of Medical Psychology*, vol. 46.

Scott, R. D. y Ashworth, P. L. (1969), «The Shadow of the Ancestor; A Historical Factor in the Transmission of Schizophrenia», *British Journal of Medical Psychology*, vol. 42, págs. 13-32.

Scott, R. D., Ashworth, P. L. y Casson, P. D. (1970), «Violation of Parental Role Structure and Outcome in Schizophrenia; X Scored Analysis of Features in the Patient-Parent Relationship», *Social Science & Medicine*, vol. 4, págs. 41-64.

Sears, R. R., Maccoby, E. E. y Levin, H. (1957), *Patterns of Child Rearing*, Evanston, Ill., Row, Peterson.

Seay, B., Hansen, E. y Harlow, H. F. (1962), «Mother-Infant Separation in Monkeys», *J. Journal of Child Psychology & Psychiatry*, vol. 3, págs. 123-132.

Seay, B. y Harlow, H. F. (1965), «Maternal Separation in the Rhesus Monkey», *Journal of Nervous and Mental Disease*, vol. 140, págs. 434-441.

Shand, A. F. (1920), *The Foundations of Character*, 2.ª edición, Londres, Macmillan.

Shirley, M. M. (1942), «Children's Adjustments to a Strange Situation», *Journal of Abnormal and Social Psychology*, vol. 37, págs. 201-217.

Shirley, M. y Poyntz, L. (1941), «Influence of Separation from the Mother on Children's Emotional Responses», *Journal of Psychology*, vol. 12, págs. 251-282.

Shoben, E. J. y Borland, L. (1954), «An Empirical Study of the Etiology of Dental Fears», *Journal of Clinical Psychology*, vol. 10, págs. 171-174.

Siegelman, E., Block, J., Block, J. y Lippe, A. von der (1970), «Antecedents of Optimal Psychological Development», *Journal of Consulting and Clinical Psychology*, vol. 35, págs. 283-289.

Smith, J. Maynard (1966), *The Theory of Evolution*, 2.ª edición, Harmonsdsworth, Middx, Penguin Books.

Snaith, R. P. (1968), «A Clinical Investigation of Phobias», *British Journal of Psychiatry*, vol. 114, págs. 673-698.

Spencer-Booth, Y, y Hinde, R. A. (1967), «The Effects of Separating Rhesus Monkey Infants from their Mothers for Six Days», *Journal of Child Psychology & Psychiatry*, vol. 7, págs. 179-197.

– (1971a), «Effects of Six Days Separation from Mother on 18 to 32-week-old Rhesus Monkeys», *Animal Behaviour*, vol. 19, págs. 174-191.
– (1971b), «The Effects of 13 Days Maternal Separation on Infant Rhesus Monkeys compared with those of Shorter and Repeated Separations», *Animal Behaviour*, vol. 19, págs. 595-605.
– (1971c), «Effects of Brief Separations from Mothers during Infancy on Behaviour of Rhesus Monkeys 6-24 Months Later», *Journal of Child Psychology & Psychiatry*, vol. 12, págs. 157-172.
Sperling, M. (1961), «Analytic First-aid to School Phobias», *Psychoanalytic Quarterly*, vol. 30, págs. 504-518.
– (1967), «School Phobias; Classification, Dynamics, and Treatment», *Psychoanalytic Study of the Child*, vol. 22, págs. 375-401.
Spiegel, J. P. (1958), «Homeostatic Mechanisms within the Family», en I. Galdston (comp.), *The Family in Contemporary Society*, Nueva York, International Universities Press.
Spitz, R. A. (1946), «Anaclitic Depression», *The Psychoanalytic Study of the Child*, vol. 2, págs. 313-342.
– (1950), «Anxiety in Infancy; A Study of its Manifestations in the First Year of Life», *International Journal of Psychoanalysis*, vol. 31, págs. 138-143.
Stendler, C. (1954), «Possible Causes of Overdependency in Young Children», *Child Development*, vol. 25, págs. 125-146.
Stott, D. H. (1950), *Delinquency and Human Nature*, Dunfermline, Fife, Carnegie UK Trust.
Strachey, J. (1958), nota del compilador a la ed. estándar de «Psycho analytic Notes on an Autobiographical Account of a Case of Paranoia», *Standard Edition*, vol. 12, págs. 3-8.
– (1959), Introducción del compilador a la ed. estándar de Freud; *Inhibitions, Symptoms and Anxiety, Standard Edition*, vol. 20, págs. 77-86.
– (1962), «The Term *Angst* and its English Translation», Apéndice del compilador a la ed. estándar del trabajo de Freud sobre la neurosis de ansiedad, *Standard Edition*, vol. 3, págs. 116-117.
Sullivan, H. S. (1953), *The Interpersonal Theory of Psychiatry*, Nueva York, Norton: Londres, Tavistock, 1955.
Suttie, I. D. (1935), *The Origins of Love and Hate*, Londres, Kegan Paul.
Talbot, M. (1957), «Panic in School Phobia», *American Journal of Orthopsychiatry*, vol. 27, págs. 286-295.
Terhune, W. B. (1949), «The Phobic Syndrome», *Archives of Neurology & Psychiatry*, vol. 62, págs. 162-172.
Thorpe, W. H. (1956), *Learning and Instinct in Animals*, Cambridge, Mass., Harvard University Press, Londres, Methuen, 2.ª edición, 1963.
Tinbergen, E. A. y Tinbergen, N. (1972), «Early Childhood Autism: An Ethological Approach», en el suplemento de *Zeitschrift für Tierpsychologie*, n.º 10.
Tinbergen, N. (1957), «On Anti-predator Responses in Certain Birds: A Reply», *Journal of Comparative and Physiological Psychology*, vol. 50, págs. 412-414.
Tizard, BJoseph, A Cooperman, O. y Tizard, J. (1972), «Environmental Effects on Language Development; A Study of Young Children in Long-stay Residential Nurseries», *Child Development*, vol. 43, págs. 337-358.
Tizard, J. y Tizard, B. (1971), «The Social Development of Two-year-old Children in Residential Nurseries», en H. R. Schaffer (comp.), *The Origins of Human Social Relations*, Londres y Nueva York, Academic Press.
Tyerman, M. J. (1968), *Truancy*, Londres, University of London Press.
Ucko, L. E. (1965), «A Comparative Study of Asphyxiated and Nonasphyxiated Boys from Birth to Five Years», *Developmental Medicine & Child Neurology*, vol. 7, págs. 643-657.
Valentine, C. W. (1930), «The Innate Bases of Fear», *Journal of Genetic Psychology*, vol. 37, págs. 394-419.
Waddington, C. H. (1957), *The Strategy of the Genes*, Londres, Allen & Unwin.
Waldfogel, S.; Coolidge, J. C., y Hahn, P. (1957), «The Development, Meaning and Management of School Phobia», *American Journal of Orthopsychiatry*, vol. 27, págs. 754-780.
Walk, A. (1972), «An Objection to "Parasuicide"», carta en *British Journal of Psychiatry*, vol. 120, pág. 128.
Walk, R. D. y Gibson, E. J. (1961), «A Comparative and Analytical Study of Visual Depth Perception», *Psychological Monographs*, vol. 75, n.º 519.
Walker, N. (1956), «Freud and Homeostasis», *British Journal for the Philosophy of Science*, vol. 7, págs. 61-72.

Warren, W. (1948), «Acute Neurotic Breakdown in Children with Refusal to go to School», *Archives of Disease in Childhood*, vol. 23, págs. 266-272.

Washburn, S. (1966), Afirmación citada (pág. 139) por William Dement en su comentario sobre un trabajo de Frederick Snyder titulado «Toward an Evolutionary Theory of Dreaming», *American Journal of Psychiatry*, vol. 123, págs. 121-142.

Washburn, S. L. y Hamburg, D A. (1965), «The Study of Primate Behavior», en I. DeVore (comp.), *Primate Behavior*, Nueva York y Londres, Holt, Rinehart & Winston.

Watson, J. B. y Rayner, R. (1920), «Conditioned Emotional Reactions», *Journal of Experimental Psychology*, vol. 3, págs. 1-14.

Webster, A. S. (1953), «The Development of Phobias in Married Women», *Psychological Monographs*, vol. 67, n.º 17.

Weiss, E. (1964), *Agoraphobia in the light of Ego Psychology*, Nueva York, Grune & Stratton.

Weiss, M. y Burke, A. (1970), «A 5- to 10-year Followup of Hospitalized School Phobic Children and Adolescents», *American Journal of Orthopsychiatry*, vol. 40, págs. 672-676.

Weiss, M. y Cain, B. (1964), «The Residential Treatment of Children and Adolescents with School Phobia», *American Journal of Orthopsychiatry*, vol. 34, págs. 103-114.

Wenner, N. K. (1966), «Dependency Patterns in Pregnancy», en J. H. Masserman (comp.), *Sexuality of Women*, Nueva York, Grune & Stratton.

Westheimer, I. J. (1970), «Changes in Response of Mother to Child during Periods of Separation», *Social Work*, vol. 27, págs. 3-10.

Winnicott, D. W. (1941), «The Observation of Infants in a Set Situation», *International Journal of Psychoanalysis*, vol. 22. Reimpreso en Winnicott, *Collected Papers*, Londres, Tavistock, 1958.

— (1945), «Primitive Emotional Development», *International Journal of Psychoanalysis*, vol. 26. Reimpreso en Winnicott, *Collected Papers*, Londres, Tavistock, 1958.

— (1952), «Anxiety Associated with Insecurity», en Winnicott, *Collected Papers*, Londres, Tavistock, 1958.

— (1955a), «Metapsychological and Clinical Aspects of Regression within the Psycho-analitycal Set-up», *International Journal of Psychoanalysis*, vol. 36. Reimpreso en Winnicott, *Collected Papers*, Londres, Tavistock, 1958.

— (1955b); «The Depressive Position in Normal Emotional Development», *British Journal of Medical Psychology*, vol. 28. Reimpreso en Winnicott, *Collected Papers*, Londres. Tavistock, 1958.

— (1958), «The Capacity to be Alone», *International Journal of Psychoanalysis*, vol. 39, págs. 416-20. Reimpreso en Winnicott, *The Maturational Processes and the Facilitating Environment*, Londres, Hogarth, Nueva York, International Universities Press, 1965.

Wolfenstein, M. (1955), «Mad Laughter in a Six-year-old Boy», *The Psychoanalytic Study of the Child*, vol. 10, págs. 381-394.

— (1957), *Disaster*, Londres, Routledge.

— (1969), «Loss, Rage, and Repetition», *The Psychoanalytic Study of the Child*, vol. 24, págs. 432-460.

Wolpe, J. (1958), *Psychotherapy by Reciprocal Inhibiton*, Stanford, Calif., Stanford University Press.

Wynne, L. C., Ryckoff, I. M., Day, J. y Hirsch, S. I. (1958), «Pseudo-mutuality in the Family Relations of Schizophrenics», *Psychiatry*, vol. 21, págs. 205-220.

Wynne-Edwards, V. C. (1962), *Animal Dispersion in relation to Social Behaviour*, Edimburgo, Oliver & Boyd.

Yarrow, L. J. (1963), «Research in Dimensions of Early Maternal Care», *Merrill-Palmer Quarterly*, vol. 9, págs. 101-114.

Yerkes, R. M. y Yerkes, A. W. (1936), «Nature and Conditions of Avoidance (Fear) Response in Chimpanzees», *Journal of Comparative Psychology*, vol. 21, págs. 53-66.

Zetzel, E. R. (1955), «The Concept of Anxiety in relation to the Development of Psychoanalysis», *Journal of the American Psychoanalytic Association*, vol. 3, págs. 369-388. Edinburg, Oliver & Boyd.

Notas

Prefacio

1. John Bowlby, *Attachment and Loss*, vol. I, *Attachment* (trad. cast.: *El apego*. Barcelona, Paidós, 2023).
2. Además de su informe por escrito, los Robertson produjeron una serie de filmes sobre los niños al cuidado de sustitutos; se suministran detalles al respecto en la lista de referencias al final del libro.

1. Prototipos de la aflicción humana

1. Aunque por lo general en toda la obra se hace referencia a la «madre» y no a la «figura materna» ello debe interpretarse con referencia a la persona que brinda cuidados y afecto materno al niño, y con la cual este desarrolla un vínculo afectivo. Para la mayoría de los pequeños, por supuesto, dicha persona es su madre verdadera.
2. Durante las dieciséis semanas transcurridas en el ínterin Ilse Westheimer mantuvo contacto con el hogar; la investigadora asimismo aplicó procedimientos para el juego con muñecas durante la sexta y decimosexta semanas siguientes al reencuentro y durante las semanas equivalentes para los niños del grupo de control.
3. El caso registrado constituye una adaptación y síntesis del que transcriben Heinicke y Westheimer (1966).
4. No fue solamente durante la decimosexta semana cuando los niños del grupo de control se comportaron de manera diferente hacia el observador, por comparación con los pequeños separados de su madre. Cuando se visitó en sus hogares a los niños del primer grupo durante el período equivalente al de separación, trataron a C. H. y a E. W. de manera mucho más amistosa que los pequeños separados de la madre, y no se advirtió ningún signo de pánico. Recuérdese, sin embargo, que por comparación con los niños separados de su familia, los del grupo de control obtuvieron una experiencia muy distinta de los observadores durante el período equivalente a la separación. En tanto que los pequeños separados de sus padres fueron observados seis veces por semana durante sus horas de juego en la guardería, y se les administró dos (o tres) sesiones de juego con muñecos, los del grupo de control solo tuvieron experiencia de las tres sesiones de juego. Es posible, por consiguiente, que la diferencia en el modo en que los dos grupos de niños trataron a los observadores se deba, en parte, a las diferentes experiencias recibidas.
5. El presente uso de la palabra *separación* ha de distinguirse del uso totalmente diferente que le da Mahler (1968), quien emplea ese vocablo para describir un proceso intrapsíquico que redunda en la «diferenciación entre el yo y el objeto simbiótico». Antes de este desarrollo se

postula la existencia de un «estado (psicológico) de indiferenciación, de fusión con la madre» al que se denomina simbiosis.

---

2. El papel de la separación y la pérdida en psicopatología

1. Carta a Oskar Pfister, 3 de enero de 1926 (véase H. Meng y E. L. Freud. 1963).
2. El punto de vista adoptado se describe más exhaustivamente en el capítulo 1 del primer volumen de esta serie.
3. La expresión *Standard Edition* (*SE*) designa la *Standard Edition of the Complete Psychological Works of Sigmund Freud*, publicada en veinticuatro volúmenes por la Hogarth Press Ltd., Londres (trad. cast.: *Obras Complelas,* Madrid, Biblioteca Nueva, 1967-1968). Todas las citas de Freud en la presente obra fueron tomadas de esta edición.
4. Para una reseña del desarrollo de las teorías freudianas de la ansiedad, véase la introducción de Strarhey a *Inhibición, síntoma y angustia* (1959, *Standard Edition*, vol. 20, págs. 77-86); véase también el Apéndice I de este volumen.

---

3. La conducta en presencia y en ausencia de la madre: seres humanos

1. Como los resultados se expresan en porcentajes y *N* varía para cada grupo según sexo y edad, no es posible calcular un porcentaje exacto para categorías más amplias de niños.
2. En el tercer volumen se analizarán los métodos de Lita para hacer frente a la ausencia de la madre; por ejemplo, sosteniendo ser una niña grande, como su hermana.
3. Treinta y tres de los bebés contaban cuarenta y nueve o cincuenta semanas de vida; veintitrés de ellos, cincuenta y una semanas.
4. Descripción tomada de Ainsworth y Wittig (1969).
5. Constituía una de las excepciones un bebé que ya contaba veintiocho semanas.

---

4. La conducta en presencia y en ausencia de la madre: primates no humanos

1. Véase el primer volumen de esta serie, capítulo 2.
2. Para una breve descripción del desarrollo de la conducta afectiva en los chimpancés, véase el primer volumen, capítulo 2.
3. Los últimos experimentos similares con chimpancés de que se tiene noticia son los de Mason (1965), pero en su caso se los había separado de un compañero de jaula de la misma edad, y no de la madre.
4. Para un informe sobre la conducta de apego en los monos rhesus, véase el primer volumen de esta serie, capítulo 2. Hasta alrededor de los tres años el pequeño mono rhesus que vive en su ambiente natural permanece estrechamente ligado a la madre.
5. Dos monitos separados de la madre por primera vez a las veintiuna semanas, y uno separado a las veintiséis semanas, murieron antes de cumplir un año; un segundo animal del grupo de veintiséis semanas murió al poco tiempo de cumplir dos años. Uno de los miembros del grupo separado por mayor tiempo, junto con tres de los monitos separados a las dieciocho semanas, a los que no se tuvo en cuenta, también murieron antes del primer año. No se sabe a ciencia cierta hasta qué punto la carencia puede haber contribuido a esas pérdidas.

---

5. Postulados básicos de las teorías de la ansiedad y el temor

1. Para un esquema de los orígenes históricos del modelo básico de Freud y, en especial, de la influencia de Fechner, véase el primer volumen de esta serie, capítulo 1. Para una reseña de las variantes de la teoría derivada por Freud a partir de su postulado básico y su relación con los conceptos de dolor y placer, véase Schur (1967). Para una crítica del postulado básico de Freud, véase Walker (1956).
2. En el Apéndice II de este volumen se suministra una reseña de los postulados freudianos sobre la evolución, en el contexto de las ideas sobre el tema corrientes en esa época.

6. Formas de conducta que indican temor

1. Rycroft propone otros dos argumentos en apoyo de sus teorías. Uno consiste en que «la progenie de la especie humana y animal no se torna ansiosa de manera invariable al quedarse sola; los pequeños pueden permanecer tranquilos y contentos a menos que se halle presente otro elemento perturbador». Se trata de un argumento de peso, ya analizado en el capítulo 12. El otro reside en que «la exposición de animalitos y bebés a condiciones simultáneas de aislamiento y tensión posee un carácter artificial». En realidad, no ocurre así. Existe buen número de pruebas en el sentido de que los bebés y los animalitos también se hallan sometidos a condiciones de aislamiento y tensión simultáneas en su ambiente natural, aun cuando ello ocurra con escasa frecuencia (véase, por ejemplo, las observaciones de Van Lawick-Goodall sobre los pequeños chimpancés, descritas sucintamente en el capítulo 4).

7. Situaciones que provocan temor en los seres humanos

1. El índice de frecuencia del miedo a las enfermedades, etcétera (sea en un miembro de la familia o en el sujeto mismo) es mucho más elevado en este estudio que en otros. La razón probable es que la muestra especial de la cual derivan estos descubrimientos fue tomada «de las clínicas externas de dos hospitales y de los consultorios de varios pediatras».
2. Muestra representativa, independiente de la muestra más reducida a la que se hizo referencia en la pág. 120.
3. Los principales estudios de Jersild fueron publicados en forma de monografías: Jersild, Markey y Jersild (1933) y Jersild y Holmes (1935a). En el simposio sobre *Conducta y desarrollo infantil* compilado por Barker, Kounin y Wright (1943), y en Jersild (1947) se suministran extractos de estos y otros estudios, con referencias completas.
4. Analizado por edad, surge el siguiente panorama de las seis situaciones descritas: de acuerdo con lo registrado, de los bebés de un año el 60 % demostró temor a los ruidos, el 52 % del dolor real o potencial, y del 35 al 40 % de las cuatro circunstancias restantes (una de ellas era la presencia de animales). De los niños de cuatro años, solo el 23 % demostró temor al ruido y los incidentes relacionados con él, pero no menos del 40 % demostró temer a los animales (porcentaje igual que para los bebés de un año). En cada una de las situaciones restantes, empero (incluida la posibilidad de dolor), solo alrededor del 15 % de los pequeños de cuatro años experimentaron temor.
5. Todos los bebés fueron puestos a prueba en presencia de dos extraños, uno del sexo masculino y otro del sexo femenino. En todas las edades las respuestas ante el desconocido del sexo masculino tendían a ser menos amistosas y más llenas de aprensión que las respuestas exhibidas ante la desconocida mujer. No es posible determinar a ciencia cierta si ello se debía a las diferencias de sexo o a cualquier otra diferencia entre ellos.

8. Situaciones que provocan temor en los animales

1. Para un análisis de las respuestas de temor en los animales, véase Tinbergen (1957), Marler y Hamilton (1966) y Hinde (1970).
2. Muchos zoólogos, entre quienes se incluye Charles Darwin, han demostrado interés por la pronunciada tendencia de los monos y antropoides superiores a dar grandes muestras de temor en presencia de las serpientes, temor que a menudo llega a convertirse en pánico. Se han registrado abundantes observaciones al respecto. Morris y Morris (1965) efectuaron una reseña de los datos, y también registran sorprendentes observaciones propias. Si bien no puede descartarse la relativa importancia del aprendizaje, es evidente que en los monos y primates superiores del Viejo Mundo la tendencia a temer a las serpientes es muy pronunciada, relativamente específica y, de ser producto del aprendizaje, notablemente prolongada en ausencia de cualquier experiencia ulterior.
3. En realidad, los gritos de temor habían sido grabados, y se escuchaba la grabación cada vez que el mono tocaba un objeto.
4. En el primer volumen de esta serie, capítulo 12, se suministra una reseña de algunos de los experimentos de Harlow. Véase también Harlow y Zimmermann (1959); Harlow (1961); Harlow y Harlow (1965).

5. Los bebés criados con una madre sustituta de alambre no variaban de actitud, sea que aquella se hallara presente o ausente. En ambos casos su conducta adolecía de grandes perturbaciones, y su intensidad era significativamente mayor que, incluso, la de los bebés criados con una madre sustituta de paño cuando esta se hallaba temporalmente ausente. En consecuencia, la madre sustituta de alambre resultó totalmente ineficaz como base de exploración.

---

9. Indicios naturales de peligro y seguridad

1. Desde la publicación del primer volumen se han obtenido más datos acerca de los peligros que los leopardos representaban para el hombre primitivo. Según Brain (1970), los huesos fosilizados de *Paranthropus robustus* descubiertos en una cueva del Transvaal se hallan fragmentados de acuerdo con la estructura típica del ataque de los leopardos. Una de las calaveras mejor conservadas (de un pequeño) presenta dos agujeros del tamaño y distancia exacta de los colmillos de un leopardo.
2. Vaya mi agradecimiento al señor V. E. Golds, funcionario de Seguridad Caminera del distrito, por las cifras suministradas.
3. Los estudios sobre los antecedentes familiares de los pequeños heridos en accidentes de tráfico (Backett y Johnston, 1959; Burton, 1968) permiten dilucidar por qué esos niños no estaban al cuidado de uno de los padres. Por comparación con los niños de un grupo de control se descubrió que un mayor número de niños accidentados no eran deseados ni amados y/o tenían una madre que se preocupaba ansiosamente por otros asuntos, como su propia salud o la de otros familiares, los hermanos menores, parientes ancianos o su propio embarazo. Martin (1970) registra descubrimientos similares sobre niños que sufrieron quemaduras.
4. El concepto de área de acción (*home range*) abarca el de territorialidad, pero es mucho más amplio. En tanto que muchas especies de aves y mamíferos muestran preferencia por un área de acción determinada (véase Jewell y Loizos, 1966), es mucho menor el número de las que mantienen y defienden un territorio exclusivo. Para un análisis de las funciones probables de la tenencia de un territorio, las cuales pueden diferir según las especies, véase Crook (1968).
5. En la parte final del tercer volumen de esta serie se esboza una teoría de los procesos defensivos que incorpora estas ideas; asimismo, se traza un cotejo con otros conceptos de homeostasis que, de vez en cuando, han sido propuestos por los psicoanalistas.

---

10. Indicios naturales, indicios culturales y evaluación del peligro

1. En la bibliografía científica existe una tendencia cada vez mayor a aplicar el término *imitación* exclusivamente en los casos en que se desarrolla una nueva pauta motriz. En los siguientes párrafos, no obstante, el término se utiliza en su acepción corriente, para denotar que un individuo observa el modo en que otros responden a estímulos determinados y luego responde de manera similar, incluso cuando no se halle involucrada una nueva pauta motriz.
2. En estos experimentos el modelo observado no sufre un *shock*. No obstante, actúa como si sintiera sus efectos, flexionando el brazo de manera abrupta, dejando caer el lápiz y dando un respingo.
3. Un defecto del experimento consistía en que, durante la segunda prueba, cuando se presentó la oruga y se hizo sonar el pito, Y se hallaba sentada en las rodillas del padre, no en el regazo de la madre. Es posible, por lo tanto, que al cambiar la persona que la tenía a su cuidado se produjesen resultados diferentes.

---

11. Racionalización, atribución errónea y proyección

1. Véase el capítulo 5 y el Apéndice I.
2. Además del trabajo de Freud y una nota de Strachey para la *Standard Edition*, existe una traducción inglesa de las memorias así como un artículo de Baumeyer (1956) en el que este resume los apuntes originales del caso Schreber y efectúa algunas citas a partir de aquel. En la

bibliografía de Schreber se hace referencia a los anteriores trabajos y a las obras publicadas de Schreber padre.

---

12. El temor a la separación

1. Citas tomadas de *Inhibición, síntoma y angustia* (*Standard Edition*, vol. 20, págs. 137-138 y 166). En el Apéndice I se describe más exhaustivamente la teoría freudiana.

---

13. Algunas variables que determinan diferencias individuales

1. Marks (1969) suministra una descripción completa de la desensibilización y otras técnicas afines.

---

14. Propensión a experimentar temor y disponibilidad de las figuras de apego

1. Aunque en muchos informes sobre casos clínicos se hace referencia a respuestas de este tipo, no conocemos la existencia de ningún informe empírico sistemático sobre el modo en que uno o más pacientes respondieron a la separación, planificada o no, producida en el curso del análisis.

---

15. El apego ansioso y algunas condiciones que lo determinan

1. Para un análisis del modo en que se relacionan los conceptos de dependencia y apego véase Ainsworth (1972); la superposición de sus significados no es total.
2. Los resultados de los test cognitivos indican que la media de los niños de guardería está dos meses por debajo de la norma y tres meses por debajo de la media para los pequeños criados con sus familias. La inferioridad de los niños de guardería se debió, fundamentalmente, a sus fallos en los subtest verbales (Tizard y otros, 1972).
3. En su informe, Tizard y Tizard hacen referencia a la «intensidad» de la conducta de apego de los niños criados en guarderías, la cual sería «mucho mayor» que la propia de los pequeños criados con su familia.
4. Las limitaciones del estudio de Fagin residen en que los datos provienen en su totalidad de los informes maternos; además, ambos grupos no eran análogos en relación con enfermedades y prolongación de la estancia. Veintiuno de los niños que habían sido acompañados por las madres se internaron para ser operados de hernia o de amigdalitis, y salieron del hospital a los dos días. Solo nueve de los niños no acompañados por sus madres tuvieron experiencias similares; trece de ellos padecían infecciones respiratorias o alimenticias y permanecieron en el hospital de tres a cinco días. Por lo tanto, es posible que dichas diferencias expliquen las producidas en la conducta ulterior de los pequeños, aunque los descubrimientos de MacCarthy, Lindsay y Morris (1962) no confirman esa interpretación.
5. Compárese el caso de Lita, que comenzó a asistir a una guardería a los dos años y tres meses (véase el capítulo 3).
6. No obstante, existen casos en que se ha amenazado con aplicar sanciones de tipo profesional con el fin de obligar a profesionales más jóvenes y débiles a aceptar las teorías de sus superiores.
7. Con el fin de resolver el problema, Kreitman y sus colegas (1969) propusieron el término *parasuicidio*, pero Walk (1972) planteó serias objeciones desde el punto de vista etimológico.
8. Debo agradecer a Norman Kreitman, director de la Unidad MCR de Estudios Epidemiológicos en Psiquiatría, por haber puesto a mi disposición algunas cifras recientes. Debido a los índices ascendentes y a otras razones, las estimaciones suministradas para madres y padres sobre un período de veinte años son totalmente aproximadas. Fueron calculadas por el autor, quien es el único responsable por haberlas suministrado, con el fin de demostrar la magnitud del problema.

16. La «sobredependencia» y la teoría de la malacrianza

1. En este estudio también se incluyen dos muestras comparables de niños «que no recibieron apoyo». Como era muy escasa la información disponible acerca de ellos y sus familias, dichos casos no pueden utilizarse para el presente análisis.

17. La ira, la ansiedad y el apego

1. Definiciones tomadas del *Oxford English Dictionary*.
2. Resulta interesante que en uno de los informes sobre un chimpancé bebé criado por seres humanos se describe la misma combinación de ira y ansiedad, puesta de manifiesto al haber amenazas de una separación (Kellogg y Kellogg, 1933). Los autores, quienes adoptaron un chimpancé hembra, Gua, a los siete meses, analizan la naturaleza de lo que da en describirse como «pataletas temperamentales» y las situaciones que las provocan. «La situación más común en que le daba una "pataleta"», informan, «era cuando la dejaban sola o cuando... momentáneamente le resultaba imposible refugiarse en los brazos protectores de uno de los experimentadores... Durante las "pataletas" más violentas, como cuando corríamos con tanta rapidez que Gua no nos podía seguir, parecía "enceguecer de terror" y emitía una serie de alaridos vibrantes y agudos [...]». Entonces corría casi al azar y, ocasionalmente, se daba de cabeza contra los arbustos o cualquier otro obstáculo. Por fin caía al suelo y se arrastraba por la arena. Al analizar el caso, los Kellogg no saben a ciencia cierta si la «pataleta» es un signo de ira o de temor. De acuerdo con su informe, parecería que contiene elementos de ambos.
3. Una diferencia fundamental reside en que en gran parte de su obra Fairbairn tiende a identificar el apego con el alimento y los elementos orales, por lo cual, proporcionalmente, atribuye mayor importancia que el autor de esta obra al primer año o dos en la vida del niño.
4. Otras frustraciones que pueden generar una cólera muy intensa contra uno de los progenitores son las que se producen cuando uno de ellos exige al hijo que actúe como su cuidador, con lo cual se invierten los roles corrientes de padres e hijos.

18. El apego ansioso y las «fobias» de la infancia

1. A comienzos de la década de 1920 Burt aplicó el término *fobia escolar*, de manera apropiada, a una condición muy diferente: la que se da cuando los niños temen asistir a la escuela debido a que debieron refugiarse en dicho edificio durante ataques aéreos (referencia de Tyerman, 1968).
2. Agradezco a mi colega, la doctora Marion Mackenzie, por la información suministrada acerca de esta familia.
3. A veces se utiliza el término *simbiosis* para describir ese tipo de relaciones estrechas y sofocantes entre madre e hijo. No obstante, la elección del término no sería acertada, ya que en el campo de la biología se utiliza para hacer referencia a la asociación adaptativa entre dos organismos, en la cual cada uno de ellos contribuye a asegurar la supervivencia del otro; en tanto que la relación que nos interesa aquí por cierto no favorece al niño, ni tampoco al progenitor, en ciertas oportunidades.
4. Davidson puntualiza que para el investigador sin experiencia en dicho campo puede ser muy fácil pasar por alto información de importancia vital. Con frecuencia los padres no solo no suministran voluntariamente información acerca de una enfermedad o una muerte, la cual, según se descubre más adelante, revestía suma importancia, sino que incluso pueden negar que hayan ocurrido esos hechos cuando se los interroga al respecto por primera vez.
5. Si bien no se indica de manera explícita que Pedro residía como interno en la guardería donde se produjo el descondicionamiento, la frase (transcrita hacia el final del trabajo) que puntualiza que «había sido colocado en un ambiente difícil» sugeriría que así ocurrió.

19. El apego ansioso y la «agorafobia»

1. La condición analizada aparece en la bibliografía especializada bajo muchas denominaciones, como histeria provocada por la ansiedad, neurosis producto de la ansiedad, estado ansiógeno

y síndrome de despersonalización y ansiedad fóbica (Roth, 1959). El término adoptado con mayor frecuencia en la actualidad es el de *agorafobia* (Marks, 1969). Como los criterios aplicados para seleccionar los casos difieren de un estudio al otro, todavía no se sabe a ciencia cierta en qué medida son comparables los descubrimientos.

2. En una de sus últimas obras, *Nuevas aportaciones al psicoanálisis* (1938), manifiesta Freud: «el paciente agorafóbico [...] teme las tentaciones que puedan nacer en él como consecuencia de su encuentro con la gente en la calle. Su fobia produce en él un desplazamiento y, desde entonces, teme las situaciones externas» (*Standard Edition*, vol. 22, pág. 84).
3. Marks basa sus argumentos en el hecho de que alrededor del 5 % de los pacientes agorafóbicos no se sienten mejor en compañía, sino que prefieren estar solos mientras viajan (Marks, 1969: 98). En la mayoría de los síndromes se producen casos en los cuales no se dan uno o más de los síntomas característicos; por ejemplo, sarampión sin erupciones. Dichos casos atípicos requieren estudio especial.
4. Otra de las razones podría ser que un psiquiatra sin experiencia en el reconocimiento de pautas patogénicas de interacción familiar tal vez no registre las situaciones que el paciente dice temer, sino que, por el contrario, lo describe como simple víctima de «temores irracionales», categoría dentro de la cual a menudo se clasifican ciertos indicios sumamente reveladores para comprender el estado del paciente. De los treinta pacientes agorafóbicos que describen Harper y Roth (1962), diecinueve, según los investigadores, habrían sido víctimas de temores irracionales.
5. Webster no analiza la posibilidad de que algunas de esas madres puedan haber amenazado a sus hijas con abandonarlas o expulsarlas del hogar.
6. En los doce casos restantes las pruebas no eran categóricas, o bien indicaban que las relaciones eran «normales», aunque, en vista de otros descubrimientos, parece cuestionable que efectivamente ocurriera así.
7. En un trabajo sobre técnicas, Freud (1919) expresamente aconseja que en el tratamiento de los pacientes agorafóbicos el analista debería «inducirlos, bajo los efectos del análisis [...], a salir a la calle y luchar contra la ansiedad que los abruma mientras efectúan el intento» (*Standard Edition*, vol. 17, pág. 166).

---

20. Omisión, supresión y falsificación del contexto familiar

1. Scott presenta pruebas que demuestran que en algunos casos el progenitor adopta esta actitud porque lo alarma la idea de que él mismo sea considerado un enfermo mental (Scott, Ashworth y Casson, 1970). En otros casos la percepción que del paciente tiene el progenitor, y su conducta hacia este, se caracteriza por el temor de que el hijo herede las características de algún pariente que se convirtió en psicópata durante la infancia del padre (Scott y Ashworth, 1969).
2. Algunas fobias animales específicas pueden constituir una excepción a esta generalización.
3. La mayoría de las investigaciones realizadas que toman como base este punto de vista enfocan la interacción en las familias de los pacientes esquizofrénicos. Adoptan este enfoque las obras de Bateson y otros (1956), Lidz y otros (1958), Wynne y otros (1958), Laing y Esterson (1964) y Scott, Ashworth y Casson (1970). Las conclusiones que señalan los descubrimientos efectuados a partir de estos y otros estudios son, en primer lugar, que el potencial patogénico de supresión y falsificación, tal como se dan dentro de una familia, es tan grande como el potencial patogénico de la represión y división de personalidad tal como se dan en un individuo; y, en segundo término, que se produce una interacción entre ambos tipos de procesos. En el tercer volumen de esta serie volveremos a examinar estos aspectos. Las investigaciones adecuadamente planificadas, destinadas a explorar dicha interacción, pueden facilitar la obtención de conocimientos de sumo valor en la esfera de la psicopatología.
4. En el Apéndice III se analiza de modo exhaustivo la tendencia citada.

---

21. El apego sereno y el desarrollo de la confianza en sí mismo

1. Conferencia en memoria de David Kissen, 26 de marzo de 1969.
2. Ya al comienzo de su estudio Peck y Havighurst reemplazan el criterio de «carácter moral» por el de «madurez de carácter». Al final del capítulo 14 se dan las razones por las cuales este

último concepto no se utiliza en la presente obra. En el capítulo final se las analiza más exhaustivamente.

3. Peck y Havighurst solo designan el tipo de personalidad por medio de letras. El autor de esta obra es quien suministra los rótulos.
4. Las otras dos dimensiones de la intervención familiar: «democracia contra autocracia» y «severidad de la disciplina paterna» no se relacionaban de manera significativa con el nivel de madurez del carácter de los niños.
5. Aunque menos detallado que los estudios de Korchin y Ruff, un estudio de Reinhardt (1970) sobre 105 pilotos de jet destacados de la Armada de EE. UU. sugiere que la población mucho más vasta de pilotos exitosos a partir de la cual se seleccionan los astronautas tiene mucho en común, con respecto a personalidad, antecedentes familiares y, especialmente, relación con el padre, con los astronautas mismos.
6. La clasificación aquí presentada, basada en la conducta puesta de manifiesto en *ambos* tipos de situación, es una versión ligeramente modificada de la que presentan Ainsworth y otros (1971), en la cual la conducta del niño en su propio hogar es la *única* fuente de datos. Los bebés clasificados en los grupos P, Q y R son idénticos a los bebés clasificados en los grupos I, II y III de Ainsworth. Los aquí clasificados en el grupo T coinciden con los del grupo V de Ainsworth, menos un bebé que, aunque pasivo en el hogar, demostró notable independencia en la situación de prueba extraña, y fue por lo tanto transferido al grupo S. Los bebés del grupo S son los mismos que los del grupo IV de Ainsworth más el bebé transferido a ese grupo. La nueva clasificación aquí presentada mereció la aprobación del profesor Salter Ainsworth.
7. Wenner (1966) registra los descubrimientos preliminares de un estudio de cincuenta y dos mujeres casadas durante y después del embarazo. Los sujetos eran norteamericanas de clase media e ingresos medios, de más de veinte años, e incluían primíparas y multíparas. Durante el embarazo se las había remitido a un psiquiatra debido a posibles problemas emocionales, y se les efectuó entrevistas terapéuticas semanales hasta por lo menos tres meses después del parto. Algunas de ellas pusieron de manifiesto grandes conflictos emocionales durante el período de estudio, aunque no en la mayoría de los casos.

Apéndice I

1. Se publicó una versión de la reseña en el *Journal of Child Psychology and Psychiatry*, vol. I, 1961. Solo se introdujeron ligeras modificaciones; los trabajos publicados desde 1960 no reciben consideración tan sistemática como los publicados anteriormente.
2. La separación entre el hijo y la madre como tema central y reiterado en el pensamiento freudiano sobre la ansiedad se pone claramente de manifiesto en la valiosa introducción de Strachey a la *Standard Edition* de *Inhibición, síntoma y angustia* (Strachey, 1959).
3. «[...] un adulto que se ha vuelto neurótico debido a su libido insatisfecha se comporta, en su ansiedad, como un niño: comienza a sentirse asustado cuando está solo [...] y busca atenuar sus temores recurriendo a los medios más infantiles» (*Standard Edition*, vol. 7, pág. 224).
4. En su *Introducción al psicoanálisis* describe al niño que extraña «la visión de una figura familiar y amada: la madre, en última instancia» en función de la «situación arquetípica de la ansiedad infantil» (*Standard Edition*, vol. 16, pág. 407). No obstante, considera que en esa situación puede producirse, por añadidura, una reproducción de la ansiedad de nacimiento. En *Inhibición, síntoma y angustia*, por otra parte, describe como prototipo la ansiedad de nacimiento. Sin embargo, en uno de los apéndices a su obra explica por qué no pudo sacar nada en limpio de las ideas de Rank sobre el rol primario del trauma del nacimiento y, haciendo referencia a sus propias conclusiones, puntualiza que la significatividad del nacimiento «se reduce a esta relación arquetípica con el peligro» (*Standard Edition*, vol. 20, pág. 162). Tal es la postura que adopta, asimismo, en las *Nuevas aportaciones al psicoanálisis* (1933), en donde repite su postulado de que «un determinante específico de la ansiedad (es decir, la situación de peligro) se atribuye a cada etapa del desarrollo como apropiada para ella» (*Standard Edition*, vol. 22, pág. 88). La situación de peligro del nacimiento y el peligro de la pérdida del objeto o del amor parecen tener igual importancia. Véanse también los análisis de Jones (1957, págs. 274-276) y de Strachey (1959, págs. 83-86). Strachey señala que, en los últimos trabajos de Freud, solo se interpreta que la *forma* adoptada por la ansiedad surgiría de la experiencia del nacimiento.

5. Véase, por ejemplo, su referencia al peligro externo que surge de la desaparición del objeto; «por ejemplo, la madre en el caso del *niño*» (pág. 311, *bastardillas* de Bowlby).
6. Cabe advertir que Sylvia Anthony (1940), en su estudio de la génesis de las ideas infantiles sobre la muerte, llegó a una conclusión similar. Por añadidura, la autora considera que al equipararársela a una separación la muerte adquiere su significado emocional: «La muerte se equipara a una partida [...] Para el niño pequeño la muerte significa, en el contexto de la separación, la muerte de la madre, y no la suya propia».
7. La cita de Isaacs, tomada de *Inhibición, sintonía y angustia*, proviene de la traducción inglesa de 1936 (Londres, Hogarth, pág. 167).
8. Freud no adopta un punto de vista favorable sobre este tipo de teoría. Escribe: «Un niño que desconfía de esta manera y se siente aterrorizado ante el instinto agresivo que domina al mundo es una construcción teórica que ha ido por mal camino» (*Standard Edition*, vol. 16, pág. 407).
9. La doctora Mabel Blake Cohen puntualiza que Sullivan no considera este «entrenamiento» como mero producto de las actitudes paternas conscientes: «Sullivan reconoció que las actitudes o tensiones inconscientes en la interacción de los padres con el hijo revestían importancia considerablemente mayor que la conducta planificada consciente» (informe privado).

Apéndice II

1. De Beer (1963) señala que la historia ha sido injusta con Lamarck. Como uno de los primeros (en 1809) en postular una teoría sistemática de la evolución de las especies vivientes a partir de otras anteriores, Lamarck efectuó una contribución significativa; pero como sus trabajos fueron eclipsados por la obra decisiva de Darwin, han caído en el olvido, excepto, quizá, en su Francia natal. Por el contrario, las ideas poco productivas de Lamarck acerca de los procesos mediante los cuales se ha producido la evolución (la atribuye no solo a la herencia de caracteres adquiridos, sino a los poderes de una «tendencia hacia la perfección» y de «un sentimiento interno de necesidad») siguen identificándose con su nombre. Ello ocurre debido a que se identificaron de esa manera a lo largo del debate generado sobre la naturaleza de los procesos que provocan la evolución, debate originado después de la publicación del *Origen* (en 1859), que se prolongó durante las primeras décadas del siglo y es ocasionalmente revivido aún hoy.
2. Para una reseña de las teorías actuales del proceso evolutivo véase Maynard Smith (1966) y Alland (1967).
3. Extracto de la carta de Freud a Abraham, en noviembre de 1917, citada por Jones (1957, pág. 335). Aunque en el primer tomo de su obra Jones (1953, pág. 50) sostiene que Freud «nunca reemplazó el determinismo por la teleología» es evidente que dicha afirmación no es sostenible.
4. Incluso la influyente obra de Hartmann, *Ego Psychology and the Problem of Adaptation* (*La psicología del yo y el problema de la adaptación*, 1939) fue concebida y redactada antes de difundirse el conocimiento de la moderna teoría evolucionista.